明清史学术文库

明清书院研究

白新良 著

故宫出版社
The Forbidden City Publishing House

《明清史学术文库》
编辑委员会

白新良，1944年生，河北省石家庄市人。1966年毕业于天津南开大学历史学系。1978年复入南开大学师从郑天挺先生攻读中国古代史专业研究生，1981年毕业，留校从事教学和科研工作。历任讲师、副教授、教授，1996年遴选为博士生导师。多年致力于清史和中国古代教育史研究，出版著作《乾隆传》、《中国古代书院发展史》、《清代中枢决策研究》、《清史考辨》等十余部，发表学术论文数十篇。并先后承担《清代中枢决策研究》、国家清史编委会《清史传记六 · 乾隆上》等国家级社科课题。

观朱霞，悟其明丽；
观白云，悟其卷舒；
观山岳，悟得灵奇；
观河海，悟其浩瀚，
是俯仰间皆有文章。
对绿竹得其虚心，
对黄华得其晚节，
对松柏得其本性，
对芝兰得其幽芳，
则游览处皆有师友。

——（清）王永彬《围炉夜话》第五十则

向新良

2012年6月6日

总序一

2012年是清帝退位一百周年，明清史研究也走过了百余年的风雨里程。出于总结和促进发展的目的，故宫出版社将百年来明清史专题研究的重要的甚至经典性著作，遴选四十余部再版发行，以期对当前的明清史研究有所裨益，这是令人高兴和值得肯定之举。

长达五百余年的明清两代，是中国历史上两个重要的王朝，既处于我国封建社会行将灭亡的衰落时期，又处在中国封建专制主义发展的巅峰时期。盛世与没落，帝王的文治武功与社会的演进变革，殖民者的“福音”传播与列强的坚船利炮，此起彼伏的农民起义与先进的中国人的图强探索，以及革命与改良，等等。这是一个多姿多彩且天翻地覆的历史时期。这一时期又连接着今天，影响着今天。因此，研究明清两代的历史，就有着十分重要的意义。

现代意义上的明清历史研究开始于20世纪初。面对清王朝的腐朽没落，半殖民地半封建社会的奴役屈辱，资产阶级革命的风起云涌，以梁启超、夏曾佑、严复、孟森、章太炎、向达、谢国桢、萧一山等学者为代表的中国知识界，继承中国古代社会“鉴古知今”的历史传统，吸收近代科学理论知识，开始对清先世、明满关系、南明史、学术史，后渐扩大到秘密社会史、华侨史、晚清史（这是一大热点）、民族史、历史地理、财政史、盐业史等明清历史的多个方面，进行系统研究，筚路蓝缕，取得了丰硕的成果。

新中国成立以后，特别是改革开放以来，学术界在马列主义理论指导下，继承老一辈学者的信实学风，汲取西方学术研究的科学方法，解放思想，大胆探索，推动了明清史研究的不断深入。研究领域在不断扩大，研究水平在不断提高，明清史学逐渐形成充满朝气、欣欣向荣的繁荣景象。经过数十年的发展与积淀，时间已为我们留下了一些有价值的学术著作，这些著作资料翔实，论述严密，条理贯通，至今仍为许多学者所推崇。因此，将多年以来明清史研究著作纳入《文库》，重新修订再版，可使我们回顾明清史学研究的发展轨迹，促进 21 世纪明清史学术研究的深入发展。

故宫博物院和故宫出版社推出这套《明清史学术文库》还有一层特殊的意义，这就是故宫和故宫博物院在明清史研究中的特殊地位。故宫作为明清两代的皇宫紫禁城，在明清两朝的统治历史中，共有 24 位皇帝在此生活执政，使之在五百多年中成为全国的政治中心、文化中心，演绎出一幕幕兴衰史剧，几乎明清时期的每一个重大历史事件，都与宫廷发生着密切的联系。故宫几乎每一座宫殿、每一个院落、每一处山石，甚至每一口水井、一床一案，都有一段传奇经历，蕴含着独特的、浓厚的历史文化信息，涉及建筑、园林、历史、地理、文献、文物、考古、美术、宗教、民族、典制、礼俗等诸多学科与门类。这也是研究明清时期典章制度、宫廷建筑、宫廷生活等历史问题的专家学者不能不予以关注、不能不去考察体验的诸多社会历史领域。建立在以明清两代皇宫“原址保护”基础上的故宫博物院，兼容建筑、藏品与其中蕴含丰富的宫廷历史文化为一体，这一特点及优势，决定了它在整个明清史研究中有着独特的、不可替代的重要地位。而故宫的一切研究工作也离不开明清史学术界的辛勤劳动。

正是基于这种独特关系，故宫博物院与清史编纂委员会联合举办清史研讨会，与北京大学联合主办《明清论丛》，成立明清宫廷史研究中心和故宫学研究所，组织编纂明清史研究丛书，并资助出版一大批重要的明清史学术研究成果，受到学界的广泛赞许。以突出皇宫、皇权和皇帝等皇家文化研究的“故宫学”学术概念，也得到了学界的广泛关注。浙江大学、中国社会科学院研究生院等高校已开始招收这方面的硕士研究生，浙江大学成立了故宫学研究中心，南开大学成立了明清宫廷史与故宫学研究中心，台湾清华大学开设了“故宫学概论”课程等。所有这些，必将对故宫博物院的日常工作和学术研究，以及明清史学界的进一步发展，产生重要的推动作用。

故宫出版社作为故宫博物院的重要部门，一直把促进明清史和故宫学的研究作为自己义不容辞的责任和义务，做出了积极的努力，也取得了重要的成果。本次推出这套《明清史学术文库》，在整合、出版既有学术成果的基础上，通过深入地与专家、学者沟通，对明清史及故宫学研究涉及的一些问题进行专题探讨，以提高明清史和故宫学研究的理论水平，并向成为我国明清史研究成果的出版重镇不断迈进，其精神也值得赞扬。我们相信，通过故宫出版社与明清学术界的不断努力，明清历史研究必将取得更大的发展。

郑欣淼

2012年 7 月

总序二

一百年前的 1912 年，清朝覆亡，宣统帝退位，中华民国建立。标志着统治中国长达两千多年封建帝制的终结。中国历史迈开了前进的脚步，中国人民觉醒奋起，在近代化的征途上努力前进。

伴随着清王朝的覆灭，中国的一大批学者对中国封建社会的最后两个王朝——明朝和清朝的历史进行了认真、系统的研究，章太炎、梁启超、孟森、钱穆、萧一山、蒋廷黻、郭廷以、郑天挺、吴晗、罗尔纲、王钟翰等学术前辈在明清史处女地上披荆斩棘、辛勤耕耘，为明清史学的发展奠定了基础。改革开放以来，学术界百花齐放、百家争鸣，以马克思主义为指导不断地解放思想，积极吸收外国的研究思想和方法，使我国明清史的研究出现了前所未有的长足进步，涌现出一批有价值的学术著作。但在当时，中国或者尚在战乱时期，或者尚在建设的探索时期，经济贫穷，文化欠发达，学术著作的印刷数量不多，流传不广，不利于学术交流和明清史研究更深入的发展，故而故宫出版社将多年来明清史专题性研究著作纳入《明清史学术文库》，重新修订再版，力求涵盖民国以来各个时期的学术大家及其代表性著作，目的就在于将涉及政治、经济、文化、社会生活等方面的研究著作汇集一起，以此反映明清社会的整体状况，为学者深入研究明清时期的社会状况提供学术平台。

明清两代，时间长达五百多年之久，道路崎岖，变化迅速，人物和事件丰富繁多，是最接近今天现实的历史，生产力已有相当发展，居于当时世界各国的前列，社会结构和各种关系已相当复杂，人口众多，经济繁荣，交流频繁，财富充盈，各种事业兴旺发达。至康雍乾时期，中国历史发展到最高峰。但社会中的各个领域存在着缺陷，各种主客观条件尚未具备，整个社会唯以协同推进，阻力重重，举步维艰。所以未能进入近代化的轨道，中国坐失了西方世界在18世纪所抓住的社会进步的良好时机，这是中国的不幸，也是我们前几辈先人痛心扼腕、力图奋起直追的动力和原因。今天，我们正在建设中国特色的社会主义，成绩辉煌，但前途还有许多艰难曲折，需要我们奋斗拼搏，晚近明清历史上先辈们走过的崎岖道路值得我们回顾、反思、探索、研究，以利于后人的继续快步前进。

在中华民国成立以前，明清史虽已编纂了许多重要的档案资料，但研究尚在起步阶段，历史编纂中充斥着对本朝的歌功颂德和对前朝的诋毁。民国以后的明清史研究则有了重大的进步。

其进步主要可举出三个方面：

第一，改变了形而上学和英雄史观，逐渐以社会进步史观和马克思主义唯物史观来研究历史；改变了停滞不动、堆砌史料、罗列历史事实，不讲究前因和后果，不揭示历史发展的客观规律，强调英雄创造了历史而忽视人民群众的生产斗争、阶级斗争，不能给人以真实的历史知识的做法。历史是人类进步的活动，是人民群众艰辛创造和英勇斗争的进程。经济活动是人类社会的基础，而政治、军事、法制、文化、思想都是其上层建筑，将会或早或迟地随着经济基础的变化而变化。二十世纪初进步史观和马克思主义唯物史观的出现，大大改变和推动了中国历史研究，明清史研究领域出现了许多高水平的、科学的、实证的明清史著作。

第二，研究领域的扩大。自民国以来，明清史研究的领域不断扩大，不仅着重于帝王将相活动，不仅有内外战争、官场升贬、刑律惩治，也不仅宣扬封建的纲常伦理，还涉及到中央和地方的典章制度、兴废沿革、官阶序列、财政收支、赋税征收，人口的增减迁移，城镇的设置变迁；经济方面有农林牧副各业的状况，开垦和耕作记录，各种传统的手工业和商业，以至近代工厂、矿场的兴起，电报的设置，火车轮船的建造；军事方面，有八旗、绿营、团练、湘军、淮军以至北洋水师、小站练兵等；文化方面，既有诗文词赋、绘画书法、人物传记，又有昆曲、京剧、小说、唱本各种民间艺术；加之民族、法制、科学、宗教、城市、乡镇、风俗习惯、生态海洋等方面。各种研究无所不包，覆盖了各个社会历史领域，使得每朝的史书类似于百科全书型的著作，可以阅读和寻找到各种各样的知识。

第三，史料的整理和发展大为进步。民国以后，大内档案公之于世，其数量达一千万件以上，其中尤以清朝的档案与史料为多，它们的大量公开出版为后人提供了无穷的研究宝藏。档案和各种史料是认识和研究历史的重要载体，只有对它进行积累、分析、辨识、考证，才能揭示出历史的真相。近百年来，收集、保存、整理和利用这些珍贵的历史资料取得了很大的成绩，使我们对五百多年的明清历史有了许多新的重要的发现和认识。

故宫出版社作为故宫博物院的下属部门，把服务和促进明清史和故宫学研究作为自己的责任和义务，并为此做出了不懈的努力，坚持资助出版《明清史论丛》，还抽出人力、物力出版了《明代宫廷史研究丛书》等一批颇具特色的明清史著作，逐渐成为明清史研究成果的一个重要的出版阵地，为明清史研究的深入发展，作出了积极贡献。相信本丛书的出版，无论对史学工作者还是普通的史学爱好者，都是一个极大的便利，必将对明清史学术知识和研究的深入发展与广度普及，产生积极的影响。

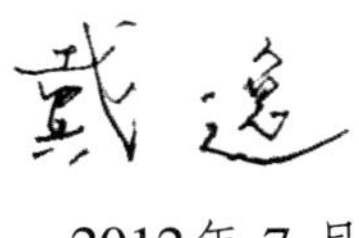

2012年 7 月

目　录

前　言

唐宋以后，随着封建经济和文化的发展，作为一种新的教育形式，书院开始兴起并逐渐趋于繁荣。明清时期，又得到更大发展并逐渐取代各级官学而成为地方教育中的一种主要机构。清朝末年，随着社会制度的剧烈变革，这种教育制度虽因不适应社会发展的需要而被废止，但是从其出现到废止，历时千年以上，而且在地域分布上也遍及全国各个角落，对于中国古代教育事业和学术文化的发展，无疑发挥过重要的作用。因而，民国时期，一些学者即先后从各个角度对书院加以研究，对于探讨中国封建社会后期教育和学术文化发展规律，总结古代文化遗产都做出了重要的贡献。然而，由于有关史料零碎分散，兼之以当时载录清代尤其是清末各地书院情况的大量地方志尚未刊印行世，因而，无论就总体，抑或就具体问题而言，研究仍然有待深入。为此，笔者不揣谫陋，历时数年，以地方志为中心，普阅各种古籍近三千种，将有关书院史料一一钩出，并删除重复，补充异名，订正讹误，又复将之分朝分省按年编排，从而对各代书院建置沿革有了一个概然的了解。在此基础上，又对明清两代书院盛衰原因、过程、内部结构、书院与科举关系、学风演变、书院和官学关系、书院取代官学的过程以及清末废书院为学堂的历史过程等重要问题分别进行了探讨，从而成此《明清书院研究》一书，以就正于学术界同仁。

目前，我国教育体制也正在经历着一场深刻的变化。如果拙著能在对前人研究有所深化的同时，还能对建设我国现代教育体制起到一些参考作用，笔者将感到不胜欣喜。

白新良

2012 年 4 月于

天津南开大学历史研究所

第一章　明清以前书院的兴起和发展

第一节　唐五代时期书院的萌芽

书院之名，始于唐朝中期。[1]最初，使用这一名称的是官方学术机构。据《新唐书·百官志》记载，开元五年（717年），唐朝政府组织文人于乾元殿校理经籍。为此，遂将乾元殿更名丽正修书院。随着这一活动的开展，又先后于国都长安皇宫光顺门外以及东都洛阳明福门外均置丽正书院。十三年（725年），又改丽正修书院为集贤殿书院。作为一个官方学术机构，书院最初的任务只是帮助皇帝了解经史典籍、举荐贤才和提出某些建议，供皇帝选用和参考，和后来意义上的书院根本不同。但是，在文化空前发展的唐代，这一官方学术机构的出现，却对当时的官僚、文人产生了重要的影响。在他们看来，书院是中央政府中秘图书收藏之处，坟籍无所不备；而在皇帝身边以备侍从顾问又是十分荣耀的事情。为了夸耀乡里，一些文人在致仕返里之后便也将自己藏书治学之处称为书院。如开元年间曾任集贤院学士的徐安贞即于返

1　书院之名，始于唐代中期，已为不少原始史料所证明。而一些古籍记载，安徽盱眙崇圣书院为西汉孔安国所建（成化《中都志》卷三），四川顺庆府果山书院为蜀汉谯周所建（《古今图书集成·职方典》卷六〇一），当皆是后人依托。

回浙江龙游原籍之后建九峰书院。[1]这样，书院就由官方学术机构变成了私人藏书治学机构的名称。本来，汉朝以后，私人治学、授徒之地一直称为精舍、精庐。南北朝以后，佛教大盛。不少佛教经师也将自己传经授徒之处混称精舍、精庐，以致僧俗不分，不少正统儒生对此极觉头疼。因而，当时这种以书院命名的私人藏书、治学机构的出现，立即引起了广大反对佞佛的官员和士人的欢迎。这样，自 8 世纪下半叶开始，至唐朝灭亡一个半世纪的时期中，先后建立之书院不下三十多所。其中，见于《全唐诗》诗题者有 11 所。它们是：李秘书院、第四郎新修书院、赵氏昆季书院、杜中丞书院、费君书院、李宽中秀才书院、南溪书院、李群玉书院、田将军书院、子侄书院、沈彬进士书院。[2]另据各种古籍及地方志记载，属于唐朝建立的书院还有 25 所。（见表一）

表一　唐朝各地建立书院情况表

<table>
<tr><th>省别</th><th>书院名称</th><th>介绍</th><th>资料来源</th></tr>
<tr><td>河南
(1 所)</td><td>洛阳丽正书院</td><td>开元十二年置；十三年改集贤殿修书院。</td><td rowspan="13">弘治《岳州府志》卷七；弘治《衢州府志》卷四；嘉靖《衡州志》卷五；嘉靖《建宁府志》卷七；嘉靖《九江府志》卷十；嘉靖《始兴县志》上；《古今图书集成·职方典》卷四三一、六二二、六四四、八九九、九八九、一〇九九；雍正《浙江通志》卷二九；雍正《陕西通志》卷二九；乾隆《福建通志》卷一八；乾隆《福宁府志》卷一三；</td></tr>
<tr><td rowspan="3">浙江
(3 所)</td><td>会稽丽正书院</td><td>开元十一年建。</td></tr>
<tr><td>龙游九峰书院</td><td>开元间集贤殿学士徐安贞读书处。</td></tr>
<tr><td>寿昌青山书院</td><td>唐僖宗时隐士翁洮建。</td></tr>
<tr><td rowspan="2">广东
(2 所)</td><td>始兴文献公书院</td><td>开元间建。</td></tr>
<tr><td>阳山尊韩书院</td><td>唐韩愈读书处。</td></tr>
<tr><td rowspan="6">湖南
(6 所)</td><td>衡山明道书院</td><td>唐李泌子李繁建。</td></tr>
<tr><td>衡阳石鼓（李秀才）书院</td><td>唐元和中士人李宽读书处。</td></tr>
<tr><td>衡山韦宙书院</td><td>唐宣宗时岭南节度使韦宙建。</td></tr>
<tr><td>湖南澧洲文山书院</td><td>唐宣宗时李群玉读书处。</td></tr>
<tr><td>衡山卢藩书院</td><td>唐隐士卢藩建。</td></tr>
<tr><td>耒阳杜陵书院</td><td>唐建。</td></tr>
</table>

1　（明）沈杰等纂修：弘治《衢州府志》卷四，上海书店，1990 年。

2　参见陈元晖编著：《中国古代书院制度》，上海教育出版社，1981 年。

续 表

省 别	书院名称	介 绍	资料来源
江西（5所）	高安桂岩书院	唐贞元进士、国子祭酒幸南容建。	嘉庆《重修一统志》卷三二五、四五五；同治《湖南通志》卷六九
	九江景星书院	唐元和间江州刺史李渤建。	
	德安李渤书院	唐长庆间江州刺史李渤建。	
	德安东佳书院	唐义门陈衮建，一名义门书院。	
	永丰皇寮书院	唐吉州通判刘庆霖流寓永丰，建以讲学。	
四川（2所）	遂宁张九宗书院	唐贞元间建。	
	大渡河海棠池书院	唐贞元间节度使韦皋建。	
福建（5所）	漳浦梁山书院	唐元和进士潘存实读书处。	
	福鼎草堂书院	唐乾符进士林嵩读书处。	
	福清闻读书院	唐水部郎中陈灿读书于此。	
	漳州松洲书院	唐陈珦与士民讲学处。	
	建阳鳌峰书院	唐尚书熊秘建。	
陕西（1所）	兰田瀛州书院	唐瀛州学士李元通建。	

扣除与《全唐诗》重复的李宽中秀才书院和李群玉书院，两者相加，见之于文献记载的唐代书院实有34所。如果考虑到由于时代久远，史料湮没，有些唐建书院已经湮没无闻，以及宋元以后各种史籍、方志关于唐代书院的记载或有依托，两相抵消，这一数字大致可信。另外，对有关上述各书院史料加以分析，可以看出，上引《全唐诗》作者以及各种方志中所载唐代书院始建人生活时代皆在开元以后，可证我们关于书院之称始于唐代中期以后的推断大致合乎历史事实。同时还可看出：这些书院除极个别者外，皆是私立；建立者身份，大多是文人、致仕官吏于原籍所建。建立书院之目的，多是为个人藏修治学；书院存在时间，一般皆与始建人活动年代相终始。所有这些，都是书院尚处于萌芽时期的标志。但是值得注意的是，其一，这时个别书院已兼有教学职能。如江西永丰皇寮书院，系吉州通判刘庆霖“流寓永丰，

建以讲学”。[1]唐义门陈衮所建之江西德安东佳书院，也“聚书千卷，以资学者，子弟弱冠悉令就学”。[2]福建漳州松洲书院，为唐陈珦与士民讲学处。[3]其二，现任地方官吏于任所建立书院也已出现。如贞元间岭南节度使韦皋所建之大渡河海棠池书院。尽管这些在当时只是个别现象，但是却对后世书院的发展开辟了广阔的前景并产生了深远的影响。

五代时期，政局混乱，战争连年，文化教育事业也遭到严重破坏。受此影响，处于萌芽之中的书院数量较之唐代明显减少。据统计，这一时期所建书院只有四所。它们是：河南登封太乙（后名太室、嵩阳）书院（后周末）、江西奉新梧桐书院、江西泰和匡山书院（南唐间）和广东连州天衢书院。其中，除河南登封太乙书院因史料缺乏无法了解其详细情况外，其余三所书院都转以教学为主要目的。如泰和匡山书院，系长兴间南唐里人罗韬所建，“以讲所学”。[4]与此同时，罗靖、罗简兄弟亦于奉新建梧桐书院，进行讲学。[5]连州天衢书院，亦是时人黄损肄业之处。[6]可见，正是由于战争破坏，官学废弛，使书院的教育职能进一步增长，从而为其完成向教学与学术研究机构的过渡准备了条件。总之，作为书院的萌芽时期，尽管当时书院数量颇少，而且存在时间短暂，内部结构也多不健全，但是在不长时间里，即完成了由官方学术机构向私立学术机构的转变，与此同时，其教学职能也

1 （清）陈梦雷等辑：《古今图书集成·职方典》卷八七五、八九九、一〇九九，中华书局，1986年。

2 （清）陈梦雷等辑：《古今图书集成·职方典》卷八七五、八九九、一〇九九，中华书局，1986年。

3 （清）陈梦雷等辑：《古今图书集成·职方典》卷八七五、八九九、一〇九九，中华书局，1986年。

4 （清）潘锡恩等编修：嘉庆《重修一统志》卷三二七，上海书店，1984年。

5 （清）陈梦雷等辑：《古今图书集成·职方典》卷八五〇，中华书局，1986年。

6 （清）阮元等纂修：道光《广东通志》卷二二五，商务印书馆，1934年。

有了明显的增长。就此而言，在中国古代书院发展史上，唐五代时期有着重要的地位。

第二节　北宋时期书院的初步发展

北宋王朝建立之后，中国古代书院进入了它的初步发展时期。

北宋时期新建书院数量，据前人统计，只有 37 所。[1]而据笔者统计，可以明定为北宋所建者已有 71 所。兹据各种地方志所载，将之按省摘录如下。（见表二）

表二　北宋时期各地新建书院情况表

<table>
<tr><th>省　别</th><th>书　院　名　称</th><th>资 料 来 源</th></tr>
<tr><td>直隶
（3 所）</td><td>元氏封龙书院、元氏西溪书院、元氏中溪书院</td><td rowspan="8">《明一统志》卷三、二二、二七、二九、三一；《古今图书集成·职方典》卷一九五、二一八、二六三、三三二、五四四、六〇一、六〇四、六二二、七一四、七九九、八五〇、八六三、八八一、一〇一九、一〇三八、一〇五九、一一一九、一三六八；明嘉靖《归德志》卷四；乾隆《嵩县志》卷一六；嘉靖《青州府志》卷九；至正《金陵新志》卷九；正德《松江府志》卷一三；至顺《镇江志》卷一一；嘉靖《惟扬志》卷七；雍正《浙江通志》卷二七、二九；嘉靖《建宁府志》卷七；雍正《江西通志》卷二一；光绪《江西通志》卷八一、</td></tr>
<tr><td>河南
（5 所）</td><td>商邱应天书院（大中祥符二年）、登封颍谷书院（崇宁间）、嵩阳和乐书院、洛阳同文书院、上蔡显道书院</td></tr>
<tr><td>陕西
（1 所）</td><td>肤施嘉岭书院（康定间）</td></tr>
<tr><td>山西
（1 所）</td><td>长治雄山书院（靖康间）</td></tr>
<tr><td>山东
（4 所）</td><td>泰安泰山书院、益都白龙洞书院、莒州文学书院、郓城岳麓书院</td></tr>
<tr><td>江苏
（4 所）</td><td>金坛茅山书院（真宗朝）、无锡龟山（东林）书院（徽宗朝）、华亭九峰书院、如皋王俊义书院</td></tr>
<tr><td>浙江
（4 所）</td><td>寿昌默山书院、建德龙山书院、永嘉东山书院（仁宗朝）、宁波桃源书院（神宗朝）</td></tr>
<tr><td>福建
（3 所）</td><td>侯官古灵书院（神宗朝）、政和星溪书院、政和云根书院（政和间）</td></tr>
</table>

1　曹松叶：《宋元明清书院概况》，《中山大学语言历史研究所周刊》第 111~115 期。

续 表

省 别	书 院 名 称	资 料 来 源
江西（23所）	庐陵光禄书院（开宝二年）、星子白鹿洞书院（太祖朝）、奉新华林书院（雍熙间）、新建秀溪书院、新建香滨（香溪）书院、乐安慈竹书院（太宗朝）、南城盱江书院、新城风月书院、宜黄鹿冈书院、安义社平书院、义宁樱桃书院、（仁宗朝）义宁濂山（濂溪）书院、萍乡宗濂书院、赣县清溪书院、义宁徐氏书院、泸溪进修书院、（神宗朝）安义秀峰书院、安义招贤书院、临川兴鲁书院、新昌义方书院、（哲宗朝）弋阳碧落洞天书院（徽宗朝）、宜黄定庵书院（钦宗朝）、宜黄宗文书院	八二；正德《建昌府志》卷七；成化《中都志》卷三；弘治《徽州府志》卷五；嘉靖《长沙府志》卷四；嘉靖《湘阴县志·学校》；嘉靖《衡州府志》卷五；雍正《湖广通志》卷二二；乾隆《荆州府志》卷一四；嘉靖《德庆州志》卷一二；乾隆《南雄府志》卷五；道光《广东通志》卷二二〇；嘉庆《重修一统志》卷三九三；雍正《四川通志》卷五；嘉靖《洪雅县志》卷二
安徽（4所）	颍州西湖书院（皇祐间）、南陵黉堂（元功）书院（熙宁间）、休宁柳溪书院（绍圣间）、休宁秀山书院（崇宁间）	
湖北（3所）	嘉鱼义学书院（庆历间）、荆门东山书院、咸宁相山书院	
湖南（8所）	长沙岳麓书院（开宝九年）、长沙湘西书院（咸平间）、湘阴汨罗（清烈）书院（大中祥符间）、湘阴笙竹书院（天禧间）、衡山清献书院（神宗朝）、临武南薰书院（元祐间）、永明顾尚书书院（政和间）、兴宁观澜（醽泉）书院	
广东（4所）	保昌孔林书院（建隆七年）、英德涵晖谷（涵晖）书院（景德间）、德庆州濂溪（三洲）书院（熙宁元年）、遂溪文明书院（元符三年）	
四川（4所）	顺庆府果山书院、洪雅遗直书院、（真宗朝）盐亭太元书院（神宗朝）、富顺柳沟书院（徽宗朝）	

除此之外，如果考虑到尚有125所不详南北两宋何时所建书院也有部分建于此时以及太宗至道年间还曾先后重修了登封太乙（太室、嵩阳）书院、衡山石鼓（李秀才）书院，那么，北宋一朝先后存在之书院当在百所左右，几乎相当于唐五代时期的三倍。可见，这一时期，中国古代书院已经有了初步的发展。

北宋时期书院的发展，既有它的一般原因，又有其特殊的具体的原因。就一般原因而言，北宋时期，社会安定，经济繁荣，所有这些，都有力地促进了文化事业的发展。就具体原因而言，一是因为五代以来，战乱频仍，官学普遍废弛。而在北宋初年，中央政府仍然忙于统一战争，没有余力兴办教育。士子如欲求学问道，只能依靠私人教育，从而使书院的兴起成为可能。二是自唐朝后期以来，军阀混战，武人专横跋扈，朝代更迭频繁。有惩于此，为了巩固自己一家一姓的统治，宋初统治者极力对武臣加以裁抑，并为文人入仕大开绿灯。因而，自太祖时起，宋朝政府连年开科取士，不断增加科举录取名额。与此同时，为了扩大官吏后备军，对于私人兴办书院，也取支持态度。赐书、赐扁、赐田、赐予官职皆史不绝书。其赐书者如太平兴国二年（977 年），赐“印本九经”于江西白鹿洞书院。[1] 至道二年（996 年），赐登封太室书院“九经子史”。[2] 真宗咸平四年（1001 年），赐“诸经释文、义疏、《史记》、《玉篇》、《唐韵》”于长沙岳麓书院。[3] 大中祥符三年（1010 年），“赐太室书院九经”。[4] 八年（1015 年），赐长沙岳麓书院中秘书。[5] 其赐额者如太宗至道二年（996 年），为登封太乙书院赐名太室书院。[6] 真宗大中祥符中，为商邱应天书院书扁赐额。[7] 同时，又为长沙岳麓书院“因旧名赐额”。[8] 仁宗景佑二年（1035 年），为衡山石鼓书院书扁赐额。[9] 神宗熙宁

---

1 （明）陈霖等纂：正德《南康府志》卷四，上海古籍书店，1982 年。
2 （清）陆继萼等纂修：乾隆《登封县志》卷一七，成文出版社，1976 年。
3 （明）孙存等纂修：嘉靖《长沙府志》卷四，中国书店，1992 年。
4 （元）脱脱等纂：《宋史》卷七，中华书局，1977 年。
5 （明）孙存等纂修：嘉靖《长沙府志》卷四，中国书店，1992 年。
6 （清）陆继萼等纂修：乾隆《登封县志》卷一七，成文出版社，1976 年。
7 （清）刘德昌等纂修：《商邱志》卷三，中州古籍出版社，1989 年。
8 （明）孙存等纂修：嘉靖《长沙府志》卷四，中国书店，1992 年。
9 （明）杨佩等纂修：嘉靖《衡州府志》卷五，上海古籍书店，1982 年。

九年（1076 年），为宁波桃源书院书扁赐额[1]。其赐田者如仁宗天圣二年（1024 年），赐金坛茅山书院田三顷，“充书院赡用”。[2]景佑二年（1035 年）给登封太室书院田一顷。[3]同时，又赐衡山石鼓书院田五顷。[4]宝元元年（1038 年），又赐登封太室书院田十顷。[5]其赐官职者如太宗太平兴国二年（996 年），“官（白鹿）洞主明起为褒信县主簿”。[6]真宗大中祥符八年（1015 年），召见岳麓书院山长周栻于便殿，“拜国子监主簿，使归教授”。[7]北宋政府的这种积极态度，使得“书院之称闻于天下”，从而极大地刺激了书院的发展。三是北宋时期，封建社会进入了它的成熟阶段，其在思想文化上的表现即是古文运动的深入和道学的兴起。其中，古文运动的领袖欧阳修、王安石、三苏、曾巩等皆在文化界有着广泛的影响。以周、张、二程为代表人物的道学，作为理学的先驱，开始超出伦理范围，从更高的哲学层次论证封建统治的合理性。虽然由于最高统治者感觉迟钝，对其态度并不积极，但是因其对于维护封建统治有着重要的意义，兼之以这些代表人物皆淹通坟籍，学识渊博，识见深邃，品行敦厚，足堪为人师表，故而在其传播之始，即在思想、文化界各自拥有不少的信徒。因而，尽管北宋中期以后，由于政府多次兴学，官学渐趋完备，一些有名书院如江西白鹿洞书院、长沙岳麓书院、商邱应天书院等皆被强制改为官学，但是新建书院仍然不断出现。其由古文运动倡导者及其信徒所建之书院在

1 （明）张瓒等纂修：成化《宁波郡志》卷六，书目文献出版社，1998 年。
2 （元）张铉等纂修：至正《金陵新志》卷九，南京出版社，1991 年。
3 （清）陆继萼等纂修：乾隆《登封县志》卷一七，成文出版社，1976 年。
4 （清）郭嵩焘等纂修：同治《湖南通志》卷六九。
5 （清）毕沅撰：《续资治通鉴》卷四、一一、二八，中华书局，1979 年。
6 （明）陈霖等纂修：正德《南康府志》卷四，上海古籍书店，1982 年。
7 （明）孙存等纂修：嘉靖《长沙府志》卷四，中国书店，1992 年。

仁宗朝有陕西肤施嘉岭书院（康定中）、安徽颍州西湖书院（皇祐中）、江西义宁樱桃书院、江西临川兴鲁书院、浙江建德龙山书院等，在哲宗朝则有广东遂溪文明书院（元符三年）等。其由道学代表人物及其信徒所建之书院计有山东泰安泰山书院、江苏无锡龟山（东林）书院、广东德庆州濂溪（三洲）书院、江西南城盱江书院、江西新城风月书院、江西义宁濂山（濂溪）书院、江西萍乡宗濂书院、江西赣县清溪书院等。所有这些，也都推动了北宋时期书院的发展。

北宋时期，不但书院数量较之唐五代时期成倍增长，而且，在许多方面还有着自己的特点。一是教学职能普遍增长，二是书院内部结构也渐趋完备。据笔者统计，在71所北宋所建书院中，具有教学职能者不下21所，而以个人藏修为目的者只有十余所。两相比较，可以看出，此时书院教学职能有了明显的增长。如直隶元氏封龙书院、元氏中溪书院为宋初学者李昉、张蟠叟讲学之处。[1]江西新建秀溪书院，为宋初学者邓晏建以讲学。[2]浙江永嘉东山书院，为宋儒王儒志讲学处。[3]江西南城盱江书院，为宋儒李觏教授之所。[4]山东泰安泰山书院，为宋儒孙明复讲学处。[5]江苏金坛茅山书院，为学者侯遗讲学处。[6]湖南湘阴笙竹书院，系天禧中县人邓咸所建，“以训子弟及游学之士”。[7]江西临川兴鲁书院，

1 （清）唐执玉等纂修：雍正《畿辅通志》卷二九，清雍正十三年刻本。

2 （清）刘坤一等纂修：光绪《江西通志》卷八一、八二，江苏广陵古籍刻印社，1987年。

3 （清）张宝琳等纂修：光绪《永嘉县志》卷七，上海书店，1993年。

4 （清）刘坤一等纂修：光绪《江西通志》卷八一、八二，江苏广陵古籍刻印社，1987年。

5 （清）岳濬等纂修：乾隆《山东通志》卷一四。

6 （元）张铉等纂修：至正《金陵新志》卷九，南京出版社，1991年。

7 （明）张灯等纂修：嘉靖《湘阴县志》《学校》，湖南湘阴县县志编纂委员会办公室，1985年。

为曾巩所建，“以讲学”。[1]江西义宁樱桃书院，为时人黄中理所建，“延四方学者，宋郊、宋祁并至焉”。[2]安徽南陵蒉堂书院，为宋熙宁中学士徐元功乞归后所建，“延师训乡子弟”。[3]江西萍乡宗濂书院，为周敦颐监税之处，“立书院以教授”。[4]江西义宁濂山（濂溪）书院，亦系周敦颐所建，“以延游学之士”。[5]江苏无锡东林（龟山）书院，为学者杨时讲学处。[6]至于以书院命名家塾者更比比皆是。在此同时，山长、生徒、斋舍、祭祀、藏书、田产等书院内部结构及成分也都渐趋完备。不少书院都设有山长，主持书院讲席。如张著曾任直隶元氏西溪书院、中溪书院山长。[7]太平兴国年间，明起为江西白鹿洞书院洞主。[8]真宗咸平中，周栻任长沙岳麓书院山长。[9]大中祥符年间，以宋初名儒戚同文孙戚舜宾为应天书院山长。[10]仁宗景佑间，王曾为河南登封嵩阳（太乙、太室）书院“奏置院长”。[11]至于生徒，则凡有教学职能之书院无

1 （清）刘坤一等纂修：光绪《江西通志》卷八一、八二，江苏广陵古籍刻印社，1987年。

2 （清）刘坤一等纂修：光绪《江西通志》卷八一、八二，江苏广陵古籍刻印社，1987年。

3 （清）陈梦雷等辑：《古今图书集成·职方典》卷七九九、七一四，中华书局，1986年。

4 （清）刘坤一等纂修：光绪《江西通志》卷八一、八二，江苏广陵古籍刻印社，1987年。

5 （清）刘坤一等纂修：光绪《江西通志》卷八一、八二，江苏广陵古籍刻印社，1987年。

6 （清）陈梦雷等辑：《古今图书集成·职方典》卷七九九、七一四，中华书局，1986年。

7 （清）唐执玉等纂修：雍正《畿辅通志》卷二九，清雍正十三年刻本。

8 （清）刘坤一等纂修：光绪《江西通志》卷八一、八二，江苏广陵古籍刻印社，1987年。

9 （清）吕肃高等纂修：乾隆《长沙府志》卷一三，清乾隆十二年刻本。

10 （明）黄均等纂修：嘉靖《归德志》卷四，上海书店，1990年。

11 （清）田文镜等纂修：《河南通志》卷四三，清光绪二十八年刻本。

不有之，有的书院还因规模较大而生徒众多。如河南登封太室（嵩阳）书院，太宗至道中，“赐九经子史，置校官”之后，“生徒至数百人”。[1]江西白鹿洞书院，北宋时期，“与睢阳、石鼓、岳麓并名天下，学徒常数百人”。[2]咸平年间，长沙岳麓书院，生徒定额“六十余人”。[3]皇祐间，王儒志设帐讲学之浙江永嘉东山书院，“席下常数百人”。[4]因为前来就学人数甚多，一些有名书院建筑也颇为齐全。如长沙岳麓书院，自开宝年间朱洞始建时，即“作讲堂五间，斋序五十二间”。咸平四年（1001年），在当地政府支持下，“益崇大其规，中开讲堂，揭以书楼，塑先师十哲之象，画七十二贤”。[5]江西白鹿洞书院，亦于宋初建设基础上，“增学舍”。[6]河南商邱应天书院，初建时，即有斋舍150余间。[7]著名学者李觏主讲之江西南城盱江书院，有明伦堂、洙泗堂及诚章、正心、致知、格物四斋。[8]在此同时，受官学影响，一些书院也开始有了祭祀对象。如宋初所建之江西新建秀溪书院，“中设夫子位置，翼以颜曾思孟”。[9]长沙岳麓书院，真宗咸平间，即“塑先贤十哲之象，画七十二贤”。[10]同时，江西白鹿洞书院亦

---

1 （清）阿思哈等纂修：乾隆《续河南通志》卷三九，清乾隆三十二年刻本。

2 （清）刘坤一等纂修：光绪《江西通志》卷八一、八二，江苏广陵古籍刻印社，1987年。

3 （清）吕肃高等纂修：乾隆《长沙府志》卷一三，清乾隆十二年刻本。

4 （清）张宝琳等纂修：光绪《永嘉县志》卷七，上海书店，1993年。

5 （清）吕肃高等纂修：乾隆《长沙府志》卷一三，清乾隆十二年刻本。

6 （清）刘坤一等纂修：光绪《江西通志》卷八一、八二，江苏广陵古籍刻印社，1987年。

7 （明）黄均等纂修：嘉靖《归德志》卷四，上海书店，1990年。

8 （清）刘坤一等纂修：光绪《江西通志》卷八一、八二，江苏广陵古籍刻印社，1987年。

9 （清）刘坤一等纂修：光绪《江西通志》卷八一、八二，江苏广陵古籍刻印社，1987年。

10 （清）吕肃高等纂修：乾隆《长沙府志》卷一三，清乾隆十二年刻本。

"修缮圣贤象"。[1]此外，不少书院如长沙岳麓书院、河南登封嵩阳书院、江西白鹿洞书院等还皆以政府赐书为基础，建立了自己的藏书机构——书楼。河南商邱应天书院亦由创办者曹诚"聚书千卷，博延生徒，讲习甚盛"。[2]为了维持书院的日常开支，一些书院还有了自己的经济来源——学田。其中，除政府曾经赐予江苏金坛茅山书院、河南登封嵩阳书院、湖南衡山石鼓书院田产之外，对一些史料加以分析，也可看出，其他不少书院也都有其经常性的收入。如江西白鹿洞书院，皇祐中，"四方来学者，并给廪饩"。[3]其中一些书院还因生徒众多，规制健全，兼有名师讲学而成为一方学术中心。所有这些，说明北宋书院不但在数量上较之唐五代时期大有超越，而且也有了质的提高。

北宋时期，在内地书院不断发展的同时，值得注意的是，少数民族政权控制地区也有了自己的书院。据雍正《山西通志》所载，辽翰林学士邢抱朴曾于山西应州建龙首书院。由于史料缺乏，我们无法了解其详细情况，但是这一书院的建立，无疑对后来少数民族政权建立书院产生了重要的影响。

北宋时期，各地书院虽然有了一定的发展，但是，除个别书院外，多数书院斋舍简陋，其他许多内部规制如招收生徒、考试制度、学习科目和师资聘请也多不健全。祭祀中，受官学影响颇深；除个别书院因政府赐田而有经常性经济收入外，多数书院没有固定经济收入，以致不能保持永久。而且，从整体上看，书院地位也还在官学之下。所有这些，都是书院尚处于早期发展阶段的表现。尽管如此，这一时期书院数量的增加和其教育职能的进

1 （清）刘坤一等纂修：光绪《江西通志》卷八一、八二，江苏广陵古籍刻印社，1987年。

2 （清）毕沅撰：《续资治通鉴》卷四、一一、二八，中华书局，1979年。

3 （清）刘坤一等纂修：光绪《江西通志》卷八一、八二，江苏广陵古籍刻印社，1987年。

一步增长以及其社会影响的日益扩大却表明其有着旺盛的生命力，它将随着社会的不断发展而在教育事业中发挥愈来愈为重要的作用。

第三节　南宋时期书院的繁荣

南宋时期，书院建设出现了有史以来的第一个高潮。书院数量之多，分布区域之广，都为前此所不及。与此同时，书院各种内部规制也愈加细密和完备，以至不少著名学者皆至书院讲学，有志求学问道的士子也趋之若鹜，从而使得书院超出官学之上而在社会上有着很高的地位和广泛的影响。这些情况表明，中国古代书院开始进入了它的成熟发展时期。

对于南宋时期的书院数量，学术界一直没有详细统计。笔者依据各种资料统计，总数当在500所以上。其一是南宋时期新建书院，计299所。（见表三）

表三　南宋时期各地新建书院情况表

省　别	书　院　名　称	资料来源
安徽（12所）	绩溪槐溪书院、无为州林泉书院、休宁西山书院（孝宗朝）、当涂采石书院（宁宗嘉定间）、歙县紫阳书院；当涂天门书院（理宗淳祐六年）、贵池八柱书院（八年）、当涂丹阳书院（景定五年）、泾县翠峰书院、六安州龙山书院、六安州武陟书院（理宗朝）、歙县西畴书院	弘治《徽州府志》卷五；《古今图书集成·职方典》卷七九一、八一三；嘉庆《泾县志》卷八；民国《安徽省通志稿·教育考三》；嘉靖《池州府志》卷三；康熙《太平府志》卷一九；光绪《重修安徽通志》卷九二；万历《六安州志》

续 表

省 别	书 院 名 称	资 料 来 源
江苏（16所）	溧阳金渊书院（绍兴间）、上元南轩书院、阳湖城南书院、丹徒淮海书院、无锡遂初书院（淳熙间）、泰州胡公（安定）书院（宝庆二年）、武进龟山书院（绍定三年）、长洲和靖书院（端平二年）、吴县鹤山书院（三年）、上元明道书院（淳祐元年）；丹徒濂溪书院（宝祐间）、吴县学道书院（咸淳五年）、金坛龙山书院、泰兴马洲书院、昆山玉峰书院、金坛申义书院（度宗朝）	景定《建康志》卷二九；至正《金陵新志》卷九；万历《江宁县志》卷二；嘉庆《溧阳县志》卷七；正德《姑苏志》卷二四；康熙《吴县志》卷二四；崇祯《吴县志》卷一四；乾隆《江南通志》卷九〇；光绪《昆新续志》卷四；嘉靖《昆山县志》；光绪《青浦县志》卷九；雍正《崇明县志》卷四；乾隆《娄县志》卷八；光绪《武进阳湖县志》卷五；万历《丹徒县志》卷二；至顺《镇江志》卷一一；嘉定《镇江志》卷十；嘉靖《惟扬志》卷七；万历《淮安府志》卷六；嘉庆《如皋县志》卷九
浙江（60所）	东阳石洞书院、东阳西园书院、东阳南湖书院、东阳高塘书院、东阳青溪书院、东阳鬣金书院、东阳洛阳书院、东阳南园书院（绍兴间）、建德丽泽书院（乾道间）、富阳始置书院、归安长春书院（淳熙间）、临海溪山第一书院、平阳会邱（会文）书院（孝宗朝）、富阳春江书院、象山丹山书院、缙云独峰书院（嘉定间）、仙居上蔡书院（宝庆间）、严州钓台书院（绍定元年）、龙泉桂山书院、龙泉笏洲（笏山）书院（端平间）、缙云美化书院、德清东莱书院（嘉熙间）、湖州安定书院、德清履斋书院、余姚高节书院、金华丽泽书院、淳安柘山书院、淳安五峰书院、温州永嘉书院、泰顺中村书院、泰顺侯林书院（淳祐间）、台州上蔡书院、西安柯山书院、嘉兴宣公书院（景定间）、宁波甬东书院、定海翁洲书院、江山克斋书院（理宗朝）、石门传贻书院、慈溪慈湖（正学）书院、奉化登瀛书	雍正《浙江通志》卷二六、二七、二八；万历《嘉兴府志》卷二；光绪《归安县志》卷三；万历《湖州志》卷一二；成化《宁波郡志》卷六；雍正《宁波府志》卷九；民国《鄞县志·古迹》；延祐《四明志》卷一四；至正《四明续志》卷八；嘉靖《象山县志》卷六；嘉靖《定海县志》卷十；天启《舟山志》卷二；万历《绍兴府志》卷一八；万历《余姚新志》卷七；万历《新昌县志》卷七；康熙《临海县志》卷二；万历《黄岩县志》卷二；嘉靖《太平县志》卷四；康

续　表

省　别	书　院　名　称	资 料 来 源
	院、定海岱山书院、西安清献书院、西安明正书院、江山崧山书院、淳安石峡书院、乐清宗晦（艺堂）书院；松阳明善书院；龙泉仙岩书院、鄞县本心书院（咸淳间）、绍兴旧稽山书院、上虞月林书院（咸淳间）、金华北山书院、兰溪仁山书院、兰溪重乐书院、兰溪瀔东书院；兰溪齐芳书院、江山逸平（南塘、正学）书院、瑞安心极书院、奉化龙津（文公）书院、余杭龟山书院（未详南宋何年）	熙《金华府志》卷十；正德《永康县志》卷七；嘉靖《浦江志略》卷六；弘治《衢州府志》卷四；天启《衢州志》卷五；景定《严州续志》卷三；民国《建德县志》卷六；嘉靖《淳安县志》卷六；万历《严州府志》卷三；乾隆《桐庐县志》卷五；乾隆《温州府志》卷七；弘治《温州府志》卷二；嘉靖《温州府志》卷一；嘉靖《瑞安县志》卷二
江西（94所）	丰城龙光书院、武宁柳山书院、浮梁新田书院、临川槐堂书院、金溪石林书院（绍兴间）、赣县先贤（义泉）书院（淳熙元年）、九江濂溪港书院（三年）、分宜钤冈（钤阳、钤山、太常）书院、上饶带湖书院、玉山怀玉书院、弋阳保训书院、铅山稼轩（瓢泉）书院、德兴银峰书院、永丰清风书院、余干东山书院、玉山草堂（斗山）书院、吉水龙城书院、丰城龙山书院、建昌修江书院、萍乡东轩（胡安之）书院、清江清江书院、鄱阳鄱江书院、临川南湖书院、广丰瑜山书院、永丰瑜山书院、德兴盘涧书院、德兴蒙斋书院、德兴柳湖书院、德兴拙斋书院、铅山鹅湖（文宗）书院、安仁玉贞书院、乐安心斋书院（孝宗朝）、浮梁长芗书院（庆元三年）、泰和龙洲（鹭洲）书院（嘉泰三年）、安福秀溪书院（嘉泰间）、新淦高峰书院（嘉定六年）、广丰龙山书院、广丰河源书院（嘉定十四年）、南昌东湖书院、新宁虎溪书院、泰和云津书院、泰和柳溪书院、永丰龙山书院、临川峨峰书院、高安乐善书院、德兴归轩书院、临川碧涧书院、吉水山松书院、吉水山堂书院、德兴南隐书院（宁宗朝）、贵溪象山书院（绍定四年）；金溪槐堂书院（六年）、庐陵凤山书院（绍定间）、高安西涧书院（端平三年）、宜春南轩书院（端平间）、庐陵白鹭洲书院（淳祐元年）、	嘉靖《丰乘》、《学校志》；光绪《江西通志》卷八一、八二；嘉靖《永丰县志》卷三；正德《南康府志》卷四；嘉靖《九江府志》卷十；《古今图书集成·职方典》卷八五〇、九〇七、九一三、九二二；嘉庆《重修一统志》卷三〇八、三二六、三三三；雍正《江西通志》卷二一、二二；民国《江西省通志稿》卷二三；正德《袁州府志》卷四；嘉靖《袁州府志》卷二；隆庆《临江府志》卷四；嘉靖《临江府志》卷五；顺治《吉安府志》卷一五；弘治《抚州府志》卷一四；正德《建昌府志》卷七；正德《新城县志》卷六；嘉靖《广信府志》卷一一；嘉靖《铅山县志》卷五；正德《饶州府志》卷三；嘉靖《南安府志》卷一七；嘉靖《赣州府志》卷六

续 表

省 别	书 院 名 称	资 料 来 源
	南昌宗濂书院、南安周程（道源）书院（二年）、安远梅江书院（六年）、临川临汝（南湖）书院（九年）、上犹太傅书院（十二年）、余干忠定书院（淳祐间）、安仁环溪书院、万年南溪书院（理宗朝）、吉水崇桂书院（咸淳四年）、分宜清源书院（六年）、兴国安湖书院（八年）、高安文溪书院、浦江金凤书院、新喻蒙山书院、上饶御书院、安义雷塘（雷湖）书院、德兴初庵书院、德兴息斋书院、万年石洞书院、万年水东书院、万年斛峰书院、万年道一书院、上饶叠山书院、万年昂溪书院、万安鳌溪书院、丰城徐孺子（龙泽）书院（度宗朝）、南昌豫章书院、新建竹梧书院、德兴深山书院、乐安子男书院、乐安古梅书院、鄱阳忠宣书院、德兴双桂书院、永丰湖头书院、贵溪理源书院、弋阳石月书院、德兴双溪书院、安仁锦江书院	
福建（47所）	侯官拙斋（尊拙）书院、长乐兰田书院（绍兴间）、建阳莳山书院（乾道二年）、建阳云谷书院（六年）、长乐德成书院、建阳同文书院、建阳芦峰书院（乾道间）、古田溪山书院（淳熙二年）、崇安武夷（紫阳）书院、沙县凤冈书院（十年）、古田浣溪书院、古田螺峰书院、古田兰田书院、泉州小山丛竹书院、福鼎石湖书院、福安晦翁书院、福安考亭书院（淳熙间）、南平延山（延平）书院、沙县谏议（了斋）书院（嘉定二年）、建阳云庄书院（三年）、泉州石井书院（四年）、浦城西山书院（十四年）、建阳瑞樟书院（嘉定间）、宁德来清书院（绍定九年）、诏安丹诏书院（绍定间）、建宁建安（建溪）书院（嘉熙二年）、龙溪南溪书院（淳祐元年）、建阳考亭书院、建阳环峰书院（四年）、建阳潭溪书院（十七年）、兴化涵江书院（淳祐间）、侯官三山书院、建阳横渠书院（宝祐二年）、福清石塘书院（景定四年）、邵武樵溪书院（景定间）、泰宁南谷书院、福安北山书院、莲城莲峰（冠豸、邱氏）书院（理宗朝）、将乐龟山书院（咸淳三年）、兴化芝山（龙江）书院、莆田珠霸（闽阳）书院、泉州泉山（温陵）书院、崇安南山书院、崇安九峰书院、松溪湛卢书院、邵武云谷书院、漳州芝山（龙江）书院（未详南宋何年）	乾隆《福建通志》卷一八；同治《福建通志》卷六二、六三、六四、六五、六六；乾隆《福州府志》卷一一；乾隆《泉州府志》卷一三、嘉靖《延平府志》卷一二；弘治《将乐县志》卷五；嘉靖《尤溪县志》卷二；嘉靖《建阳县志》卷五；康熙《松溪县志》卷三；嘉靖《邵武府志》卷九；嘉靖《安溪县志》卷二；嘉靖《龙溪县志》卷六

续　表

省　别	书　院　名　称	资 料 来 源
湖　北（4所）	武昌南湖书院（淳祐二年）、荆州南阳书院、公安竹林（公安）书院（淳祐间）、黄冈河东（黄中）书院（宝祐间）	《古今图书集成·职方典》卷一一一九、一一七七、一一九一；民国《湖北通志》卷五九；雍正《湖广通志》卷二二；嘉靖《沔阳志》卷一一；弘治《黄州府志》卷四、乾隆《荆州府志》卷一四；乾隆《江陵县志》卷一五
湖南（26所）	醴陵东莱（莱山）书院、安仁五峰书院、邵阳濂溪书院、泸溪东洲书院（绍兴间）、桂阳石林书院（淳熙五年）、长沙城南书院、宁乡道山（云峰、灵峰）书院、茶陵州明经书院、衡山南轩书院（淳熙间）、安乡深柳（文正）书院（庆元间）、衡山南岳（邺侯）书院（开禧间）、宁远濂溪书院（嘉定十一年）、湘乡涟滨（涟溪）书院、安仁清溪书院、靖州作新书院（嘉定间）、宁远九疑山书院、平江阳坪书院、湘潭主一（敬一）书院（宁宗朝）、黔阳宝山书院、澧州澧阳（溪东）书院（宝庆间）、龙阳龙津书院（绍定间）、道州濂溪（九江）书院（嘉熙三年）、醴陵西山书院（淳祐间）、靖州鹤山书院（理宗朝）、醴陵昭文书院、宁乡南轩书院（未详南宋何年）	嘉靖《长沙府志》卷四；雍正《湖广通志》卷二三；同治《湖南通志》卷六八、六九、七〇；嘉靖《茶陵州志》下；嘉靖《衡州府志》卷五；弘治《永州府志》卷二；嘉庆《宁远县志》卷三；隆庆《宝庆府志》卷三；嘉靖《常德府志》卷九；万历《郴州志》卷一三；弘治《岳州府志》卷七、卷八；万历《慈利县志》卷十
广东（17所）	博罗钓鳌书院、博罗豫章书院、高明蜕斋书院、归善张留书院（绍兴间）、曲江相江（旧濂溪、曲江）书院（乾道六年）、广州羊额书院（淳熙间）、番禺禺山书院（嘉定间）、增城菊坡书院（嘉熙间）、海阳韩山（韩公）书院（淳祐二年）、归善丰湖书院（淳祐四年）、海阳元公书院（开庆元年）、四会旧濂溪（兴文）书院（景定五年）、顺德鼎斋书院、顺德义斋书院（度宗朝）、吴川翔龙书院（景炎间）、龙川东山（彭侯）书院、海阳得全书院（未详南宋何年）	正德《琼台志》卷一七；道光《广东通志》卷一三九、一四〇、二一八——二二三；嘉靖《惠大记》卷二；嘉靖《惠州府志》卷八；《古今图书集成·职方典》卷一三〇六——一三二八；《明一统志》卷七九至八一；乾隆《大清一统志》卷三三九至三五三；嘉庆《重修一统志》卷四四〇至四五九

续　表

省　别	书　院　名　称	资料来源
广西 (7所)	马平驾鹤书院、容县勾漏书院、容县思贤(南山)书院(绍兴间)、全州清湘(柳山)书院(嘉定八年)、庆远龙溪书院(九年)、富川江东书院(十四年)、桂林宣城(华掌)书院(景定三年)	《明一统志》卷八三、八四;乾隆《大清一统志》卷三五五或三六六;嘉庆《重修一统志》卷四六〇至四七四;雍正《广西通志》卷三七;嘉庆《广西通志》卷一三三
贵州 (1所)	沿河銮塘书院(绍兴间)	康熙三十六年《贵州通志》卷一五;乾隆《贵州通志》卷九
四川 (15所)	丹棱巽崖书院、丹棱栅头书院、眉州东馆(东观)书院(绍兴间)、夔州静晖书院、江安龙门书院(乾道间)、泸州五峰书院(庆元间)、夹江同人书院、泸州鹤山(穆清)书院、黎州玉渊泉书院(开禧间)、涪州钓深(北岩)书院(嘉定十年)、蒲江鹤山书院(嘉定间)、夔州竹林书院、夔州南阳书院(嘉熙间)、宜宾蟠龙书院、蒲江鹤山书院(理宗朝)	《明一统志》卷六七至七三;乾隆《大清一统志》卷二九二至三二三;嘉庆《重修一统志》卷三八三至四二三;万历《合州志》卷二;雍正《四川通志》卷五;嘉庆《四川通志》卷七九;正德《蓬州志》卷五;正德《夔州府志》卷六;《古今图书集成·职方典》卷六四四;嘉靖《洪雅县志》卷二;嘉庆《夹江县志》卷三;民国《泸县志》卷四

其二,有些书院,虽然不详其建于南北两宋何时,但在南宋时期皆有活动。这些书院共计125所。(见表四)

表四　南北宋时期不详何时建立书院情况表

省　别	书　院　名　称	资料来源
安徽 (2所)	泾县峨岱书院、无为州芝山书院	弘治《徽州府志》卷五;《古今图书集成·职方典》卷七九一、八一三;嘉庆《泾县志》卷八;民国《安徽省通志稿·教育考三》;嘉靖《池州府志》卷三;康熙《太平府志》卷一九;光绪《重修安徽通志》卷九二;万历《六安州志》

续　表

省　别	书　院　名　称	资 料 来 源
江苏 (5所)	昆山石湖书院、嘉定北府书院、青浦孔宅书院、如皋丁天锡书院、丹阳丹阳书院	景定《建康志》卷二九；至正《金陵新志》卷九；万历《江宁县志》卷二；嘉庆《溧阳县志》卷七；正德《姑苏志》卷二四；康熙《吴县志》卷二四；崇祯《吴县志》卷一四；乾隆《江南通志》卷九〇；光绪《昆新续志》卷四；嘉靖《昆山县志》；光绪《青浦县志》卷九；雍正《崇明县志》卷四；乾隆《娄县志》卷八；光绪《武进阳湖县志》卷五；万历《丹徒县志》卷二；至顺《镇江志》卷一一；嘉定《镇江志》卷十；嘉靖《惟扬志》卷七；万历《淮安府志》卷六；嘉庆《如皋县志》卷九
浙江 (22所)	余杭宣公书院、余杭集虚书院、奉化广平书院、鄞县菊坡书院、淳安云峰（翰峰）书院、余姚怡思（怡偲）书院、新昌石鼓(鼓山）书院、淳安蜀阜（雉峰）书院、定海虹桥书院、江山江郎书院、金华山桥书院、江山集义书院、寿昌岑山书院、太平东屿书院、太平云阳书院、黄岩南峰书院、仙居桐林书院、淳安梅村书院、青田介石书院、青田习坎书院、临海观澜书院、平阳平阳书院	雍正《浙江通志》卷二六、二七、二八；万历《嘉兴府志》卷二；光绪《归安县志》卷三；万历《湖州志》卷一二；成化《宁波郡志》卷六；雍正《宁波府志》卷九；民国《鄞县志》《古迹》；延祐《四明志》卷一四；至正《四明续志》卷八；嘉靖《象山县志》卷六；嘉靖《定海县志》卷十；天启《舟山志》卷二；万历《绍兴府志》卷一八；万历《余姚新志》卷七；万历《新昌县志》卷七；康熙《临海县志》卷二；万历《黄岩县志》卷二；嘉靖《太平县志》卷四；康熙《金华府志》卷十；正

续　表

省　别	书　院　名　称	资料来源
		德《永康县志》卷七；嘉靖《浦江志略》卷六；弘治《衢州府志》卷四；天启《衢州志》卷五；景定《严州续志》卷三；民国《建德县志》卷六；嘉靖《淳安县志》卷六；万历《严州府志》卷三；乾隆《桐庐县志》卷五；乾隆《温州府志》卷七；弘治《温州府志》卷二；嘉靖《温州府志》卷一；嘉靖《瑞安县志》卷二
江西（46所）	南昌龙冈书院、南昌龙冈书院、南昌城山书院、南昌竹林书院、新建东山书院、新建东山书院、新建万坊书院、新建柳塘书院、新建三洲书院、新建五溪书院、丰城盛家洲书院、丰城莲溪书院、丰城石峰书院、丰城敷山书院、奉新龙洲书院、义宁州芝兰（芝台）书院、新昌熊氏书院、萍乡濂溪书院；泰和文溪（文洲）书院、泰和南熏书院、吉水白云书院、吉水磻溪书院、永丰吟阳书院、安福竹园书院、安福石冈书院、龙泉盘窝书院、万安濂溪（龙溪）书院、永宁巽峰书院、崇仁渔墅（文溪）书院、宜黄遗安（道安）书院、宜黄静逸书院、乐安杏坞书院、乐安沂水书院、乐安道山书院、贵溪桐原（桐源）书院、贵溪玉溪书院、广丰霞溪书院、德兴勿斋书院、德兴靖翁书院、德兴觉翁书院、万年白羊书院、万年翠岩书院、万年南园书院、万年西溪书院、万年团湖书院、石城琴江书院	嘉靖《丰乘》、《学校志》；光绪《江西通志》卷八一、八二；嘉靖《永丰县志》卷三；正德《南康府志》卷四；嘉靖《九江府志》卷十；《古今图书集成·职方典》卷八五〇、九〇七、九一三、九二二；嘉庆《重修一统志》卷三〇八、三二六、三三三；雍正《江西通志》卷二一、二二；民国《江西省通志稿》民二三；正德《袁州府志》卷四；嘉靖《袁州府志》卷二；隆庆《临江府志》卷四；嘉靖《临江府志》卷五；顺治《吉安府志》卷一五；弘治《抚州府志》卷一四；正德《建昌府志》卷七；正德《新城县志》卷六；嘉靖《广信府志》卷一一；嘉靖《铅山县志》卷五；正德《饶州府志》卷三；嘉靖《南安府志》卷一七；嘉靖《赣州府志》卷六

续　表

省　别	书　院　名　称	资料来源
福建（9所）	福清龙江书院、古田魁龙书院、金门燕南书院、南安奉先书院、建宁府紫芝书院、崇安屏山书院、崇安梓翁书院、崇安独善书院、诏安石屏书院	乾隆《福建通志》卷一八；同治《福建通志》卷六二、六三、六四、六五、六六；乾隆《福州府志》卷一一；乾隆《泉州府志》卷一三、嘉靖《延平府志》卷一二；弘治《将乐县志》卷五；嘉靖《尤溪县志》卷二；嘉靖《建阳县志》卷五；康熙《松溪县志》卷三；嘉靖《邵武府志》卷九；嘉靖《安溪县志》卷二；嘉靖《龙溪县志》卷六
湖北（5所）	武昌东山书院、嘉鱼竹溪书院、蒲圻新溪书院、沔阳州南湖（南湘）书院、麻城万松书院	《古今图书集成·职方典》卷一一一九、一一七七、一一九一；民国《湖北通志》卷五九；雍正《湖广通志》卷二二；嘉靖《沔阳志》卷一一；弘治《黄州府志》卷四、乾隆《荆州府志》卷一四；乾隆《江陵县志》卷一五
湖南（14所）	益阳松凤书院、茶陵州南溪书院、常宁双蹲（芹东、集贤）书院、酃县台山书院、零陵东邱书院、武冈州谏议书院、岳州天岳书院、平江台川（莹川）书院、平江殊恩书院、郴州濂溪书院、兴宁辰冈书院、桂阳环绿书院、慈利清溪书院、临武环绿书院	嘉靖《长沙府志》卷四；雍正《湖广通志》卷二三；同治《湖南通志》卷六八、六九、七〇；嘉靖《茶陵州志》下；嘉靖《衡州府志》卷五；弘治《永州府志》卷二；嘉庆《宁远县志》卷三；隆庆《宝庆府志》卷三；嘉靖《常德府志》卷九；万历《郴州志》卷一三；弘治《岳州府志》卷七、卷八；万历《慈利县志》卷十

续 表

省 别	书 院 名 称	资 料 来 源
广东（15所）	广州濂溪书院、顺德金峰书院、连州丞相书院、博罗罗浮书院、博罗郑公书院、博罗擢桂书院、博罗清湾书院、龙川鳌峰书院、龙川望高书院、兴宁探花书院、阳江濂溪书院、海康平湖（莱泉）书院、石城松明书院、琼山东坡书院、儋州零春书院	正德《琼台志》卷一七；道光《广东通志》卷一三九、一四〇、二一八——二二三；嘉靖《惠大记》卷二；嘉靖《惠州府志》卷八；《古今图书集成·职方典》卷一三〇六——一三二八；《明一统志》卷七九至八一；乾隆《大清一统志》卷三三九至三五三；嘉庆《重修一统志》卷四四〇至四五九
广西（4所）	全州明经书院、义宁连城书院、庆远香林书院、融县兴文（真仙）书院	《明一统志》卷八三、八四；乾隆《大清一统志》卷三五五或三六六；嘉庆《重修一统志》卷四六〇至四七四；雍正《广西通志》卷三七；嘉庆《广西通志》卷一三三
四川（3所）	巴州丹梯书院、夔州晋阶（少陵）书院、盐亭东台书院	《明一统志》卷六七至七三；乾隆《大清一统志》卷二九二至三二三；嘉庆《重修一统志》卷三八三至四二三；万历《合州志》卷二；雍正《四川通志》卷五；嘉庆《四川通志》卷七九；正德《蓬州志》卷五；正德《夔州府志》卷六；《古今图书集成·职方典》卷六四四；嘉靖《洪雅县志》卷二；嘉庆《夹江县志》卷三；民国《泸县志》卷四

其三，南宋时期，还先后修复了唐五代和北宋所建书院18所。其中唐建3所，它们是江西高安桂岩书院、江西永丰皇寮书院和湖南衡山石鼓书院。五代南唐所建书院1所，即江西泰和匡

山书院。北宋所建14所，它们是江苏金坛茅山书院、江苏无锡龟山（东林）书院、福建政和星溪书院、江西星子县白鹿洞书院、江西南城盱江书院、江西安义社平书院、江西萍乡宗濂书院、安徽休宁柳溪书院、安徽休宁秀山书院、湖南长沙岳麓书院、湖南长沙湘西书院、广东英德涵晖（涵晖谷）书院、广东德庆州濂溪（三洲）书院、广东遂溪文明书院。

上述442所书院之外，如果再加上本书未予收录的各地书堂、书室、精舍等，总数当在500所以上。一个多世纪的时间里，书院数量较之北宋时期骤增五倍。这些情况表明，南宋时期，书院数量有了极大的发展。为了反映这一时期书院发展盛况，兹将上述情况制表如下。（见表五）

表五　南宋书院一览表

省　份	新建书院数	修复前代书院数	未详南北宋何时所建书院数	总　数
安徽	12	2	2	16
江苏	16	2	5	23
浙江	60		22	82
江西	94	7	46	147
福建	47	1	9	57
湖北	4		5	9
湖南	26	3	14	43
广东	17	3	15	35
广西	7		4	11
贵州	1			1
四川	15		3	18
总数	299	18	125	442

在南宋辖区内书院迅速发展的同时，中原地区却因处于少数民族政权统治之下，书院发展长期沉寂无闻。直到金朝后期，受南宋影响，才先后修复了河南商邱应天书院和直隶元氏封龙书院，并新建了山东日照状元书院、山东武城弦歌（学道、道学）书院、

山西浑源州翠屏书院、河南林县黄华书院和湖北谷城文龙书院等5所书院。这些，和南方自然无法相比，但是却对元朝以后中国北方书院的发展产生了一定的影响。

南宋书院所以发展如此迅速，大致有以下几个方面的原因。首先是靖康之变后，衣冠南渡，南宋辖区内文化水平骤然提高。相形之下，政府官学数量有限，不能满足广大士人的求学要求。这样，私人兴办书院便自然具备了发展的条件。其次，南宋时期，雕板印刷术进一步普及，私人刻书业也有了更大发展，书籍流通日广，也为书院的发展提供了便利条件。再次，南宋时期，官学、科举的腐败也对书院的发展起了重要的刺激作用。北宋王朝建国之初，即将科举考试作为选拔官吏的主要途径。为了培养官吏后备军，北宋中期以后，中央政府曾累次兴学。但是，南渡以后，随着南宋政权的渐趋没落，官学和科举都日益腐败。早在南宋初年，“赡学田土”即“多为势家侵占”。[1]而南宋政权也因财政困难，无力拨款兴学，致使不少官学“诸生无所仰食，而往往散去，以是殿堂倾圮，斋舍荒废”。[2]其他尚存之官学，亦因受科举考试影响，“奔竞之习盛，而忠信之俗微”，生徒“视庠序如传舍，目师儒如路人。季考月书，尽成虚文”。[3]即以当时国家最高学府——太学而言，据当时著名学者朱熹所见：“所谓太学者，但为声利之场，而掌其教事者，不过取其善为科举之文而尝得隽于场屋者耳。士之有志于义理者既无所求于学，其奔趋辐辏而来者，不过为解额之滥、舍选之私而已。师生相视，漠然如行路之人。间相与言，亦未尝开以德行道艺之实，而月书季考者，又只以促其嗜利苟得冒昧无耻之心。”[4]南宋后期，情况更为糟糕。宁宗嘉

1 （元）马端临撰：《文献通考》卷四六，中华书局，1986年。

2 （明）朱熹撰：《朱文公集》卷七九，上海书店，1989年。

3 （元）脱脱等纂：《宋史》卷一五七，中华书局，1977年。

4 （明）朱熹撰：《朱文公集》卷六九，上海书店，1989年。

定年间，据兵部侍郎虞俦所奏："州郡立学，往往多就废坏。士子游学，非图哺啜以给朝夕，则假衣冠以诳流俗，而乡里之自好者过其门而不入，为教授者则自以为冷官而不事事。自一郡观之，若未甚害也；举天下皆然，则实关事体矣。"[1]由于自宋初以来，科举考试一直是选拔官吏的主要途径，"一出其外而有所取舍，则上蓄缩而不安，下睥睨而不服"。[2]因而南宋政权不能从根本上改革科举制度。其所可行者，便只能是在一般官学之外依靠私人兴办书院对之加以补充，从而也在一定程度上推动了书院的发展。再次是理学的广泛传播也对书院的发展起了直接的推动作用。经过一个时期的发展，南宋时期，道学发展进入了它的成熟时期。其主要表现是，朱熹、吕祖谦、张栻、陆九渊等一大批理学名师登上学术舞台。尽管他们在具体问题上各自观点不完全相同，但在总体上，却继周、张、二程之后，进一步摆脱了经学研究中的只重词句训诂的窠臼，而十分注重探讨其内在义蕴。在此同时，他们还极力主张加强个人修养。因此，在哲学上，尤其是关于认识世界的方法论上，他们也比道学前驱更进一步，从而将道学发展到了一个新的阶段——理学阶段。当时，由于时过境迁，北宋以来政府对道学的打击政策虽已逐渐取消，但是由于统治集团内部斗争，既得利益集团对道学限制之处仍然所在多有。这样，为了传播自己的思想，他们只能利用私立书院。因而，较之道学前辈，这些理学家更加重视教育，普遍藉书院讲学。在他们的带动下，孝宗以后，书院林立，从而极大地推动了书院的发展。最后，南宋政府的支持也极大地推动了书院的发展。南宋统治者所以对书院表示支持，肇源于他们对理学态度的转变。北宋后期和南宋初年，由于统治集团内部政争，道学曾遭到严厉打击。高宗以后，

1 （清）嵇璜等纂修：《续文献通考》卷五〇，商务印书馆，1936 年。
2 （元）脱脱等纂：《宋史》卷四二四，中华书局，1977 年。

时过境迁，南宋统治者对理学的态度亦渐趋缓和。如绍兴七年（1137年），胡安国上疏奏请“加程颢、程颐、邵雍、张载四人封爵，载在祀典，比于荀扬之列”。对此，朝廷虽未予批准，但“仍诏馆阁裒程颢遗书”。[1]与此同时，在科举考试中，也开始采用程颐之说，要求“自今毋拘一家之说，务求至当之论，道学之禁稍解”。[2]以至“场屋之权，尽归其党”，[3]从而使其政治影响迅速扩大。光宗以后，虽因统治集团内部斗争，理学被列于伪学，朱熹、蔡元定等理学领袖遭到打击，但是由于理学传播已久，门生弟子遍布郡邑，受此影响，嘉泰二年（1202年）解禁之后，最高统治者对于理学的态度更为热情。嘉定五年（1212年），宋宁宗下令“以朱熹《论语》、《孟子》集注立学”。[4]嘉定十三年（1220年），“追谥周敦颐曰元，程颢曰纯，程颐曰正，张载曰明”。[5]宋理宗即位后，又以朱熹《四书集注》“发挥圣贤之蕴，羽翼斯文，有补治道”、“读之不释手，恨不与之同时”，而特赠朱熹为太师，追封信国公，旋改徽国公。[6]不久，又下令将周、张、二程和朱熹一起从祀学宫。[7]这样，程朱理学一跃而成为官方正统思想。与此相一致，对于各地书院，他们也一改原来漠不关心或压制态度而积极加以扶持。尤其是理宗、度宗两朝，最高统治者向书院赐额、任命书院山长、教授和向各地书院赐田史不绝书。即以为书院赐额而言，理宗以前，最高统治者为书院赐额者只有江西白鹿洞书院（孝宗淳熙间）、福建建阳云庄书院（宁宗嘉定三年）、江西南昌东湖书院（嘉定间）等三处。而至理、度两朝，则将及三十来

1 （清）毕沅撰：《续资治通鉴》卷一一八，中华书局，1979年。
2 （元）脱脱等纂：《宋史》卷一五六，中华书局，1977年。
3 （清）毕沅撰：《续资治通鉴》卷一五四，中华书局，1979年。
4 （元）脱脱等纂：《宋史》卷一五七，中华书局，1977年。
5 （清）毕沅撰：《续资治通鉴》卷一五九，中华书局，1979年。
6 （清）毕沅撰：《续资治通鉴》卷一六四，中华书局，1979年。
7 （清）毕沅撰：《续资治通鉴》卷一七〇，中华书局，1979年。

处，它们是：广西全州清湘书院（理宗宝庆元年）、江西贵溪象山书院（绍定四年）、江苏吴县鹤山书院（端平三年）、福建延平府延平（延山）书院（端平间）、湖南道州濂溪书院（嘉熙三年）、福建尤溪南溪书院（淳祐元年）、福建建阳芦峰书院（三年）、福建建阳考亭书院、福建建阳环峰书院（四年）、安徽徽州紫阳书院（五年）、安徽当涂天门书院（九年）、江西铅山鹅湖（文宗）书院（十年）、江苏江宁明道书院、湖南长沙岳麓书院（淳祐间）、江西大庾道源书院（宝祐三年）、广西桂林宣城书院（景定三年）、福建浦田涵江书院（八年）、安徽当涂丹阳书院（八年）、湖南道州濂溪（九江）书院、四川邛州鹤山书院、四川蒲江鹤山书院、江苏丹徒淮海书院、浙江宁波甬东书院、浙江定海翁洲书院、浙江江山克斋书院、江西南昌宗濂书院、江西庐陵白鹭洲书院（理宗朝）、福建将乐龟山书院（度宗咸淳二年）、福建淳安石峡书院、浙江江山包山书院、江西赣州先贤书院（度宗朝）。以赐田而言，如度宗咸淳二年（1266年），福建将乐建立龟山书院，宋度宗书扁赐额之外，"仍诏郡县拨田养士"。[1]御书扁额、赐田之外，有时，最高统治者还应臣下之请亲自下令，敕建书院。如浙江仙居上蔡书院系宋理宗应赵必升所请而建，浙江西安清献书院系宋度宗应臣下之请为祭祀赵抃而建，江西上饶御书院系宋度宗应吏部尚书徐直方之请为祀其父而建。上行下效，长时期中，朝野上下都视建立书院为荣，纷纷以各种理由如庆祝战争胜利，安置沦陷区士子就学，祭祀先贤及有名学者，为有功官吏歌功颂德，敕旌义门、先贤过化之地，致仕乞恩等建立书院。书院建立者的身份，也甚为复杂，有各级贵族和官吏，有学者。此外，以地域为主的乡人公建书院、以血缘为主的族姓公建书院也不胜枚举，几乎遍及各个阶级和阶层。正是由于上述诸多原因，南宋时期，中国古代书院进入了它的第一个高潮发展时期。

1 （明）李敏纂修：弘治《将乐县志》卷五，上海书店，1990年。

在南宋时期书院建设中，值得注意的是，官办书院数量迅速增长。据统计，在当时四百多所书院中，各级地方官吏所建书院不下一百多所，几占当时书院总数的三分之一。北宋以前，地方官吏建立书院甚为罕见，而且多是个人藏修之所。而至南宋时期，由于理学在思想界和政治上逐渐取得合法地位，相当一批理学信徒通过科举考试步入仕途，为了显示政绩或者弘扬师说，纷纷建立书院、派拨田土、延聘师资、招收生徒，以致各路各州都普遍有了书院，有的还不止一所。而且，由于这些书院以官府为后盾，资金充裕，大多都能以优厚修脯聘请名师讲学，兼之以藏书丰富，室宇宽敞，不少书院的地位和影响还在一般官学之上，从而使其超出一般官学而成为一方学术中心。这些，不但在当时对于书院的迅速发展起了重要的推动作用，而且也对元朝以后以迄明清时期的书院官学化及其更大发展产生了深刻的影响。

在南宋书院建设中，理学学者是一支生力军。南渡之初，虽然理学尚处于受压抑状态，但是为了宣传自己的学说，一些理学家如杨时、胡宏、罗从彦等即顶着压力，在各地创办书院。而后不久，吕祖谦、汪应辰、朱熹、张栻、陆九渊等新一代理学大师登上学术舞台，对于创办书院更为热心。如吕祖谦讲学浙江并建建德丽泽书院，张栻主讲于湖南长沙并于此建立城南书院，陆九渊则以江西金溪故里为中心，往来于全省各处讲学，“每诣城邑，环坐率一二百人，至不能容，徙观寺，县大夫为设坐于学宫，听者贵贱老少，溢塞途巷”。[1] 在这些学者中，对于书院建设贡献最大的是著名理学大师朱熹。

朱熹（1130~1200 年），字元晦，一字仲晦，祖籍安徽婺源，出生于福建尤溪。父朱松，为二程三传弟子。在朱松的影响下，朱熹自幼即接受了理学教育。绍兴十八年（1148 年）进士及第后，

1 （宋）陆九渊撰：《陆九渊集》卷三三《象山先生行状》，中华书局，1980 年。

由于仕宦关系，行踪遍及福建、浙江、江西、湖南，其间，因为守制、候缺等原因，长期研探理学并从事教育。据各种地方志所载，由他讲学或主持兴办之书院不下十数所，它们是：福建古田螺峰书院、福建建阳瑞樟书院、福建建阳同文书院、福建建阳考亭书院、福建建阳云谷书院、福建崇安武夷书院、福建崇安紫阳书院、浙江上虞月林书院、浙江黄岩樊川书院、浙江江山逸平书院、浙江建德丽泽书院、浙江缙云美化书院、江西丰城龙山书院、江西星子白鹿洞书院、江西玉山草堂书院、江西德兴银峰书院、湖南长沙岳麓书院。其中，影响较大的是主持修复江西白鹿洞书院和在长沙岳麓书院的讲学活动。

白鹿洞书院建于庐山五老峰下。南唐升元中，于此建庐山国学。北宋初年，生徒达百余人，成为一方学术中心。后来，由于官学兴起，此洞日渐荒废。孝宗淳熙六年（1179 年），朱熹受命知南康军。上任不久，即修复庐山白鹿洞书院，聘杨日新为堂长，“奏赐敕额及太上皇帝（宋高宗）御书石经板本、九经注疏，遍求江西诸郡文字藏之，又置田以赡学者，每休沐辄一至，诸生质疑问难，诱诲不倦，退则相与徜徉泉石间，竟日乃返”。[1] 在此同时，为了活跃学术气氛，他还特邀与他持不同学术见解的陆九渊、刘清之、林择之前来讲学。经过他的整顿，不长时间，白鹿洞书院即成为各地书院的样板。光宗绍熙五年（1194 年），朱熹调知潭州，又于公务之余，下令修复荒废已久的长沙岳麓书院。书院修复后，朱熹“穷日之力治郡事甚劳，夜则与诸生讲论，随问而答，略无倦色，多训以切己务实，毋厌卑近而慕高远，恳恻至到，闻者感动”。[2] 长期的教育实践使他积累了丰富的教学经验，从而形成了他的循序渐进的学习方法。他指导学生读书，不但为其开列

1 王懋竑纂订：《朱子年谱》，台湾商务印书馆，1982 年。
2 王懋竑纂订：《朱子年谱》，台湾商务印书馆，1982 年。

书目，而且还排列阅读次序。如他指导学生阅读《四书》，即要求他们先读《大学》，再读《论语》，接读《孟子》，最后读《中庸》。在教学中，他自己不作满堂灌式的讲解，而是自觉地做“引路人”，把重点放在帮助生徒自行学习上。他说：“某此间讲说时少，践履时多，事事都用你自去理会，自去体察，自去涵养……某只是做得个引路底人，做个证明得底人，有疑难处同商量而已。”[1]在学习中，他主张“少读精思”，并注重温习。在此同时，他还特别强调实践对于学习的重要作用。他认为，实践既可增进掌握知识的深度，又是学习的目的。他说：“方其知之而未及行之，则知尚浅，既亲历其域，则知之益明，非前日之意味。”“致知，力行，用功不可偏。……论先后，当以致知为先；论轻重，当以力行为重。”[2]此外，在教学中，他还极为重视榜样的作用。他说：“学校规矩虽不可无，亦不可专恃，须多得好朋友在其间表率劝导，使之有向慕之意，则教者不劳而学者有益。”[3]在此基础上，修复庐山白鹿洞书院后，他为学生制定了著名的《白鹿洞书院揭示》，简明扼要地开列了他的教学内容、步骤、方法、目的。针对当时封建士人唯务科举成名、不讲德行道艺的普遍性问题，在《白鹿洞书院揭示》中，朱熹十分强调就学士子的品德修养，以“父子有亲，君臣有义，夫妇有别，长幼有序，朋友有信”为“五教之目”；以“博学之，审问之，慎思之，明辨之，笃行之”为“为学之序”；以“言忠信，行笃敬，惩忿窒欲，迁善改过”为“修身之要”；以“正其义不谋其利，明其道不计其功”为“处身之要”；以“己所不欲，勿施于人；行有不得，返求诸己”为“接物之要”。[4]在教学方式上，他还和陆九渊一起开创了著名的讲会

1 （宋）黎德靖编：《朱子语类》卷一三《力行》，第一册223页，中华书局，1986年。
2 （宋）黎德靖编：《朱子语类》卷九《论知行》，第一册148页，中华书局，1986年。
3 （明）朱熹撰：《朱文公集》卷六二《答常郑卿》，上海书店，1989年。
4 王懋竑纂订：《朱子年谱》，台湾商务印书馆，1982年。

制度。在他的影响下，他的弟子蔡元定、李蟠、黄干等也都热心教育，纷纷创办书院，即使是在党禁最为严厉的庆元时期，也都极其顽强地坚持下来。后来，随着党禁的解除，朱熹信徒所建书院更多，直至宋亡，不下一百数十所。与此同时，陆九渊及其门徒弟子亦在江西先后建立了铅山鹅湖（文宗）书院、安仁玉贞书院、乐安心斋书院等，同时，在教学方法上，也发明了著名的“顿悟”教学法。这样，在朱陆两派学者的共同努力下，南宋时期，书院发展到了一个全新的阶段。

南宋书院不但数量众多，建设阶层广泛；而且其教学职能进一步上升，学术研究气氛浓厚。以教学而言，在当时四百多所书院中，见诸载籍明确为教学而建者约一百二十余所。如果再加上大量的乡人公建书院和族姓书院也都是为教授乡里、族姓子弟而建，那么，半数以上的书院都是为教学而建。与之相反，个人藏修性质的书院只有几十所。这些情况表明，教学已经成为南宋书院主要职能。与此同时，由于理学广泛传播，义理之学成为学者探讨的一个重点，相当一部分书院还兼搞学术研究，从而使其超出官学之上成为一方学术研究中心，不但在当时思想界、政治界都产生了极大的影响，而且在中国古代书院发展史上也写下了光辉的一页。

作为中国古代书院已经成熟的标志，南宋书院还有着几个显著的特点。一是书院内部结构更加完善，二是在祭祀对象上开始摆脱官学影响而有了自己的特色，三是普遍地有了自己的经济来源。首先是书院内部结构更加完善。如上所述，早在北宋时期，一些有名书院如江西白鹿洞书院、河南商邱应天书院、湖南长沙岳麓书院、江西南城盱江书院的内部结构即趋于细密。据记载，当时书院有山长，有生徒，有斋舍，有藏书。南宋时期，上述情况更加普遍。以教职人员而言，北宋以前，只有山长、洞主的记载。南宋时期，山长之外，一些规模较大的书院还有副山长，其下尚有堂长、堂录、讲书、职事各职，分管教学和维持纪律。其中公立书院之山长，大多由州学教授兼任或由地方行政长官延聘知名学者出任。理宗以后，又由政府统一规定，由朝廷选派正式通过科举考试或从太学毕业符合教职人员标准的官员担任山长。以生徒而言，数量也普遍超过北宋。如绍兴中陈自俯所建之江西丰城龙光书院，“四方来学者三百余人”。[1]淳祐中所建之湖北公安公安书院和南阳书院，定额分别为140人和120人。招收生徒，也有一定规定：“士之有志于学者，不拘远近，诣山长入状廉引疑义一篇，文理通明者，请入书院，以杜其泛”。在教学安排上，则一般规定，“每旬三八讲经，一六讲史。每月三课，上旬经疑，中旬史疑，下旬举业”。[2]至于考试，则讲究月试积分。如湖南长沙岳麓、湘西各书院，“州学生月试积分高等升湘西、岳麓书院生，又积分高等升岳麓精舍生”。[3]由于生徒众多，内部结构细密，供生徒学习之斋舍及各种建筑也愈加完备。如绍定进士周辚所建之湖南龙阳龙津书院，内分博文、笃行、怀忠、守信四斋。[4]端平中所建之江苏长洲和靖书院，“有四斋：三省、务本、朋来、明哲”。宝祐中所建之江苏丹徒濂溪书院，“有堂二、斋二、亭二”。福建宁德来清书院，“建圣殿，分六斋”。一些有名书院因有官府资助，气象更为壮观。如江西玉山草堂书院“堂庑号舍俱备”。[5]江西贵溪象山书院自绍定四年（1231年）理宗赐额之后，建设极为华奂。“中为圣殿，翼以两庑，后为彝训堂，翼以居仁、由义、志道、明德四斋。堂后为仰止亭，有池，上建濯缨、浸月二亭。堂左为储云、佩玉二精舍，右为九韶、九龄、九渊祠。”[6]理宗淳祐元年（1241年）由

1 （清）刘坤一等纂修：光绪《江西通志》卷八一、八二，江苏广陵古籍刻印社，1987年。

2 （宋）周应合等纂修：景定《建康志》卷二九，四库全书本，商务印书馆，1986年。

3 （清）郭嵩焘等纂修：同治《湖南通志》卷六八、六九。

4 （明）陈洪谟纂修：嘉靖《常德府志》卷九，上海古籍书店，1982年。

5 （明）张士镐等纂修：嘉靖《广信府志》卷一一，上海书店，1990年。

6 （明）张士镐等纂修：嘉靖《广信府志》卷一一，上海书店，1990年。

郡守吴渊主持修建的江苏江宁明道书院，有祠堂专祀程颢，有御书阁五门以“严奉宸翰，环列经籍”，有春风堂以作会讲之所，有主敬堂以作会食会茶之所，有燕夫堂以设先圣及十四先贤神位于堂中，有供生徒学习之尚志、明善、敏行、成德、省身、养心等六斋；还有后勤机构公厨、米敖、钱库、直房、蔬园等。其次是祭祀对象摆脱了官学影响而有着自己的特色。北宋时期，书院尚处于早期发展阶段，因而，在祭祀对象上，受官学影响颇深，皆以儒家先师先贤为祭祀对象。如湖南长沙岳麓书院，“祀先师、十哲、七十二贤”，江西新建秀溪书院，“中设夫子位置，翼以颜曾思孟”。南宋时期，除上述儒家先师先贤之外，忠臣、名宦、乡贤以及北宋以来著名理学大师也开始列为书院祭祀对象。据有关南宋书院史料大致统计，其主要者有唐狄仁杰、韩愈，宋周敦颐、张载、程颢、苏轼、邵雍、李纲、游酢、洪皓、朱熹及其祖朱森父朱松、李侗、杨时、胡安国、张栻、陈瓘、吕祖谦、陆九韶、陆九龄、陆九渊、杨简、楼昉、曾兴宗等。祭祀对象的多元化对于活跃南宋时期书院的学术气氛起了一定的作用。再次，是书院普遍有了固定的经济来源。北宋时期，具有经常性经济来源的只是少数有名书院，而且也大致只有政府赐田一种方式，以致多数书院因为经费不常而旋兴旋废。与此相反，南宋时期，具有经常性经济来源的书院更加普遍和广泛。其中，有的是官府拨田，有的是官吏捐俸，有的是主办学者及门生自筹，大抵都是以其资金置买田产出租民人，以所收租息为师生膏火之需。其由官府捐田者如江苏江宁明道书院，建立之初，即由“帅府累次拨到田产四千九百八亩，岁入米一千二百六十九石，稻三千六百六十二斤，菽麦一百一十余石，折租钱一百一十贯七百文。又有白地房廊钱，本府每月拨下赡士”。[1]他如江苏吴县学

1 （宋）周应合等纂修：景定《建康志》卷二九，商务印书馆，1986年。

道书院，“以官田赡士”。[1]理宗淳祐初郡守陆遹建浙江严州钓台书院，“郡捐帑五万缗就城为抵质库，月收其息，以助养士”。[2]与此同时，州守江万里建江西庐陵白鹭洲书院，“置田租八百石有奇，绕城濠池，岁入租银五十两赡生徒”。[3]衡山石鼓书院，开庆间提学黄干“出公帑置田三百五十亩，以赡生徒”。[4]其由官吏捐俸所建者如咸淳进士黎宏建广东顺德义斋书院，“捐俸给，招集四方贤士，讲习其中”。[5]嘉定二年（1209年），郡守陈宓建福建南平延山（延平）书院，“捐俸市田，以赡生徒”。[6]其由学者及门人置买田产者如罗从彦创办广东博罗钓鳌书院，“置渡田若干，以赡来学”。[7]蔡沈建福建建阳芦峰书院后，“其孙公亮拨田三百亩以赡来学者”。[8]江西玉山怀玉书院，原为汪应辰、朱熹、二陆讲学之地，“有司及门人拓建书院，置田以供四方来学者，自是怀玉之名，与四大书院相埒”。[9]江西大庾道源书院，“置田租以赡学者”。[10]江西上饶叠山书院，系宋末谢枋得讲学处，“门人郑康仲、徐炎午辈裒田供费”。[11]即使是一些层次较低的乡人公建书院和族姓书院，也大多置有学田。如福建建宁东山书院，为杨姓公建以祀杨时，“置田延师，训课学者”。[12]江西贵溪桐源书院，为高可仰所建，“以教乡

1（清）陈梦雷等辑：《古今图书集成·职方典》卷六七四，中华书局，1986年。
2（宋）郑瑶等纂修：景定《严州续志》卷三，中华书局，1985年。
3（清）李兴元等纂修：顺治《吉安府志》卷一五，成文出版社，1976年。
4（清）郭嵩焘等纂修：同治《湖南通志》卷六八、六九。
5（清）陈梦雷等辑：《古今图书集成·职方典》卷一三〇六，中华书局，1986年。
6（清）陈梦雷等辑：《古今图书集成·职方典》卷一〇六八，中华书局，1986年。
7（明）李玿等纂修：嘉靖《惠州志》卷八，书目文献出版社，1991年。
8（明）冯继科等纂修：嘉靖《建阳县志》卷五，上海古籍书店，1962年。
9（清）刘坤一等纂修：光绪《江西通志》卷八一、八二，江苏广陵古籍刻印社，1987年。
10（清）刘坤一等纂修：光绪《江西通志》卷八一、八二，江苏广陵古籍刻印社，1987年。
11（明）张士镐等纂修：嘉靖《广信府志》卷一一，上海书店，1990年。
12（清）陈寿祺纂修：同治《福建通志》卷六五，台北华文书局股份有限公司，1968年。

族子弟，置赡田四百亩”。[1]刘养浩所建之江西广丰白石书院，“立有学田，以教族里子弟”。[2]总之，至南宋之末，各地书院普遍都有经常性的经济收入。这些，对于书院的持久存在和发展，起了重要的保证作用。

总之，南宋时期，中国古代书院经过一个较长时期的准备阶段之后，进入了它的飞速发展时期。与此同时，书院内部结构也趋于细密和完备，书院官学化倾向更加明显，书院和理学之间也开始结下了共存共荣的密切关系。所有这些，对于此后书院的发展，都产生了极其深刻而久远的影响。

第四节　元朝时期书院的曲折发展

13 世纪 70 年代，蒙元政权挥师南下，消灭南宋政权。这样，中国古代书院又进入了一个新的发展时期。

宋元两朝的兴废陵替中止了南宋时期书院蓬勃发展的局面。据记载，宋元战争中，不少书院毁于兵燹。如桂林宣成书院，“俱成灰烬”；[3]福建沙县凤岗书院“宋末毁于兵”；[4]浙江缙云美化书院，“化为蒿莱烬砾”。[5]其他不少有名书院如长沙岳麓书院、衡山石鼓书院、广东海阳韩山书院、广东遂溪文明书院、江西南昌宗濂书院、浙江江山崧山书院也都不同程度地遭到破坏。战争破坏之外，不少书院还因寺僧、豪右侵夺院产而处境艰难甚至被

1 （清）刘坤一等纂修：光绪《江西通志》卷八一、八二，江苏广陵古籍刻印社，1987 年。

2 （清）刘坤一等纂修：光绪《江西通志》卷八一、八二，江苏广陵古籍刻印社，1987 年。

3 （清）谢启昆等纂修：嘉庆《广西通志》卷一三三，广西人民出版社，1988 年。

4 （清）陈梦雷等辑：《古今图书集成·职方典》卷一〇六八，中华书局，1986 年。

5 （元）戴表元著：《剡源集》卷一《美化书院记》，上海书店，1989 年。

迫倒闭。如江苏吴县学道书院，元初，“据为僧寺，田悉夺去”[1]。江苏长洲和靖书院，“元初，为云岩寺僧所据”；[2]江苏丹徒淮海书院，“至元中并入甘露寺”；[3]江苏丹徒濂溪书院，“入元为鹤林寺所并”；[4]江西玉山怀玉书院，“元时，改为寺田，并于僧”。[5]它如江苏青浦孔宅书院、浙江宁波甬东书院、浙江慈溪慈湖书院等也都改为寺院。福建建阳芦峰书院，田产则“攘于豪右，书院亦圮”[6]。据统计，在南宋400多所书院中，元朝修复者只有124所。而且，元朝初年(至元间）修复前代书院只有15所。其中，除部分书院是南宋时期自然湮废外，绝大多数都是毁废于此时。一时之间，书院发展呈现了十分凋敝的局面。

宋元兴废虽然一度使得书院数量锐减，但是就元朝一代书院发展总趋势而言，当时书院发展情况仍然是退中有进。元朝虽是一个由少数民族政权建立的王朝，但是在进入中原地区后，由于受汉族先进文化的影响，一些高级官员即开始兴办书院。其中，最先建立的是行中书省杨惟中在京师兴建的太极书院。该书院始建于13世纪30年代，书院建成后，“贮江淮书，立周子祠，刻太极图及通书、西铭于壁”。以所俘大儒赵复为主讲，“以为天下标准”，“从而学者将百人”，“多达材其间”。[7]与此同时或稍后于此，金朝遗民李治修复直隶元氏封龙书院、京兆宣抚司参议杨奂于陕西乾州建紫阳书院、湖北提刑副使姚燧于湖北潜江建白鹤书院。元世祖忽必烈继位后，宋元决战提上议事日程。为了减少

1 （清）陈梦雷等辑：《古今图书集成·职方典》卷六七四，中华书局，1986年。
2 （清）陈梦雷等辑：《古今图书集成·职方典》卷六七四，中华书局，1986年。
3 （清）何绍章等纂修：光绪《丹徒县志》卷一九，江苏古籍出版社，1991年。
4 （清）陈梦雷等辑：《古今图书集成·职方典》卷七二八，中华书局，1986年。
5 （清）刘坤一等纂修：光绪《江西通志》卷八一、八二，江苏广陵古籍刻印社，1987年。
6 （明）夏玉麟等纂修：嘉靖《建宁府志》卷七，上海书店，1990年。
7 （元）姚燧：《牧庵集》卷四《序江汉先生事实》，上海书店，1989年。

进军阻力，元世祖又进一步制定了颇为开明的书院政策。中统二年（1261年），他下令："凡有书院，亦不得令诸人骚扰"。[1]进军江南途中，又下令不准占据书院房屋租产，"书院依例复旧，由是，诸学者弦诵不绝"。[2]统一全国以后，又迭下命令，"将原有学田归还学校"，[3]并行文各按察司，"体覆山长"。[4]至元二十八年（1291年）还专门颁令江南诸路："各州县设立小学，其他先贤名儒旧迹，与出钱粟赡学者，并立为书院"。[5]根据这些政策，对于入元不仕的南宋遗民通过讲学或建立书院以寄托自己故国之思的行动，也格外宽容，有的还加以褒奖，赐额或授予山长之职。如南宋遗民丁易东入元不仕，建湖南常德沅阳书院，"捐己田一千二百亩，以赡生徒"。[6]事闻于朝，元世祖授为山长，并为赐额。一时之间，南宋遗民所建书院纷纷出现。如汪维岳建安徽歙县友陶书院、翁森建浙江仙居安洲书院、卫富益建建浙江石门白社书院、刘希泌建福建建阳化龙书院、裴方润建江西贵溪临清书院、陈古迂建湖南茶陵东山书院、饶鲁讲学于江西万年石洞书院等。与此同时，一些地方官员也开始兴建书院，其主要者有：至元十四年（1277年）宣慰使张宏范修复安徽当涂采石书院、至元十七年（1279年）按察副使粤屯希鲁建江西浮梁绍文书院、至元二十四年（1287年）知州汪元奎建安徽婺源紫阳书院、至元三十一年（1294年）廉访副使王俣建浙江青田石门书院。同时，由官吏兴建的各地书院还有监邑阿里主持建立的江西崇仁草堂书院和银场提举侯勃兰奚建立的江西上高正德书院等。受此影响，民建书院也开始

1 （元）姚燧撰：《元典章》卷三一《礼部·禁止骚扰文庙》，中国书店，1990年。
2 （元）张铉等纂修：至正《金陵新志》卷九，南京出版社，1991年。
3 （明）宋濂等纂：《元史》卷四《世祖本纪》，中华书局，1976年。
4 （元）姚燧撰：《元典章》卷九《吏部·体覆山长》，中国书店，1990年。
5 （清）战效曾纂修：乾隆《海宁州志》卷一，道光二十八年重刊本。
6 （明）陈洪谟纂修：嘉靖《常德府志》卷九，上海古籍书店，1982年。

出现。对此，元朝政府都概于承认，有的还赐额以荣。如至元三年（1266 年）为河南永宁洛西书院、山西永济首阳书院书扁赐额，至元十五年（1278 年）为新建山东曲阜洙泗书院书扁赐额。同时，还为直隶新安静修书院、江西贵溪锦江书院书扁赐额。总计至元时期，新建书院 34 所，修复、重建前代书院 15 所。此外，元代还有不详何时所建书院 133 所和不详何时修复书院 79 所，如果考虑到其中相当部分也都新建或修复于至元时期，那么，至元末年，全国书院当在百所左右。这一数字和南宋书院相比，自然不足为道，但是对于少数民族占统治地位的元朝来说，却是一个不小的数目。世祖以后，元朝统治者继续执行世祖时期的书院政策。因而，书院数量又有了新的发展。成宗、武宗时期，又增新建书院 21 所，修复、重建前代书院 10 所。虽然数字略低于至元时期，但因两朝只有 16 年，仅当至元时期的二分之一，按年平均，发展速度仍然高于至元时期。尤其是仁宗时期，元朝政府下令恢复科举，同时，又为了巩固思想统治而大力提倡理学，因而元朝政府的这些政策，进一步刺激了全国书院的发展。据统计，自仁宗至宁宗，20 年的时间里，新建书院不下 40 所，修复、重建前代书院 4 所。元顺帝时期，元朝统治摇摇欲坠，为了保持统治，元朝政府更加乞灵于理学，对于书院建设也更加热心。据统计，先后由元顺帝敕建或书扁赐额之书院达 11 所之多。它们是：浙江慈溪杜洲书院（元统三年）、河南登封颍谷书院（至正五年）、直隶开州崇义书院（至正十三年）、福建松溪湛卢书院（至正二十二年）、福建光泽崇仁书院（至正二十三年）、湖南长沙东冈书院、山东高唐州静山书院、山西汾县卜山书院、江苏江阴澄江书院、福建同安浯江（文公）书院、江西丰城贞文书院（至正间），几占元朝历代皇帝赐额书扁次数的三分之一。除此之外，为了加快书院发展速度，有时，最高统治者还应地方官绅之请，下令将一些义塾改为书院。如浙江海宁黄冈书院，宋时本为义学，至正五年（1345 年），“行中书省核实，遂立为书院”[1]。同时，江阴人蔡以忠“以别业一区、田六顷立义塾”，事闻，赐额澄江书院”[2]。其他由义塾改为书院的还有浙江宁波东湖书院、浙江余姚古灵书院、湖南长沙乔江书院、湖南桃源沅阳书院、江苏上元昭文书院、安徽歙县师山书院等。受此影响，全国书院建设更加广泛而又普遍。据统计：终顺帝一朝，全国新建书院 56 所，修复重建前代书院 17 所，连同元初以来新建和修复前代书院，全国书院数量不下 400 来所，地区也遍及直隶、河南、山西、山东、陕西、江苏、安徽、江苏、浙江、江西、福建、两湖、两广、四川等 14 省。至此，经过一个世纪的发展，元代书院又大致恢复到了南宋时期的数量。

为便于详细了解元朝一代书院发展全貌，兹将元代新建及修复、重建前代书院备载于下：

其一，元代新建书院 282 所。（见表六）

表六　元代各地新建书院情况表

省　别	书　院　名　称	资 料 来 源
直隶（20 所）	京师太极书院（太宗十二年）、安州静修书院（大德间）、昌平谏议书院（泰定间）、霸县益津书院（至顺三年）、深泽乐善书院（至正五年）、开州崇义书院（十三年）、完县忠孝（养正、乐群）书院、河间毛公书院、景县董子书院（至正间）、房山文靖书院、文安老泉书院、获鹿太行书院、新乐壁里书院、新乐滋溪（滋阳）书院、清池中和书院、内邱林公书院、曲周安仁书院、开州颜宗道书院、宣仁景贤书院、蔚县暖泉书院（未详元朝何年）	《明一统志》卷一至卷五；乾隆《大清一统志》卷一至卷三四；嘉庆《重修一统志》卷一至卷五六；雍正《畿辅通志》卷二九；光绪《畿辅通志》卷一一五、一一六；万历《顺天府志》卷二；正德《大名府志》卷五；乾隆《宣化府志》卷二

1 （清）嵇曾筠等纂修：雍正《浙江通志》卷二五，上海古籍出版社，1991 年。

2 （清）陈梦雷等辑：《古今图书集成·职方典》卷七九九、七一四，中华书局，1986 年。

续 表

省 别	书 院 名 称	资料来源
河南（16所）	永宁洛西书院（至元元年）、南阳诸葛书院（至大二年）、登封伊川（乐道）书院（延祐间）、光山涑水书院（至治二年）、禹州儒林书院、永城浍滨书院、巩县嵩洛书院、巩县河洛书院、宝丰明道（程子）书院、长社颍昌书院、偃师缑山书院、内乡博山书院、河内鲁斋书院、辉州共山书院、辉州雪斋书院、南阳南阳书院（未详元朝何年）	《明一统志》卷二六至三一；乾隆《大清一统志》卷一四九至一七六；嘉庆《重修一统志》卷一八五至二二五；田文镜《河南通志》卷四三；阿思哈《河南通志》卷三九；嘉靖《归德志》卷四；康熙《上蔡县志》卷二；嘉靖《永城县志》上；民国《巩县志》卷九；正德《汝州志》卷四；嘉靖《南阳府志》卷一
山西（14所）	蒲州首阳书院（至元三年）、黎城沧溪书院（延祐二年）、夏县涑水书院（至治三年）、临汾晋山书院（泰定二年）、绛县涑阳书院（泰定间）、陵川文忠（望洛）书院、夏县温公书院（至正间）、榆次源池书院、屯留藕泽（藕池）书院、平定州冠山书院、平定州松峰书院、解州裕斋书院、闻喜董泽书院；汾阳卜山书院（未详元朝何年）	《明一统志》卷一九至二一；乾隆《大清一统志》卷九六至一二三；嘉庆《重修一统志》卷一三五至一六〇；雍正《山西通志》卷三五、三六；乾隆《闻喜县志》卷二
陕西（8所）	咸宁鲁斋书院（延祐元年）、三原学古书院（七年）、高陵渭上书院（延祐间）、眉县横渠书院（泰定四年）、凤翔岐阳（崇正）书院（天历二年）、西安正学书院、临潼居善书院；乾州紫阳书院（未详元朝何年）	《明一统志》卷三二至三三；乾隆《大清一统志》卷一七八至一九六；嘉庆《重修一统志》卷二二六至二五〇；雍正《陕西通志》卷二七；民国《陕西省通志稿》卷三七、三八；道光《陕志辑要》卷一至卷六；乾隆《西安府志》卷二〇；嘉靖《高陵县志》卷二；雍正《乾州新志》卷三
山东（22所）	曲阜洙泗书院（至元十五年）、邹县中庸（子思）书院（大德间）、费县东山书院(皇庆二年)、滕县性善（道一）书院（延祐元年）、历城闵子书院（天历间）、曲阜尼山书院、郯城一贯（宗圣、琴声）书院(后至元二年)、高唐州静轩（静山）书院(后至元间)、濮州崇义书院（至正十二年）、	《明一统志》卷二二至二五；乾隆《大清一统志》卷一二六至一四七；嘉庆《重修一统志》卷一六二至一八四、乾隆《山东通志》卷一四；民国《山东通志》卷八八、八九；崇

续　表

省　别	书　院　名　称	资料来源
	费县思圣书院（至正间）、恩县会斋书院、乐安明诚书院、沂州王氏书院、蒙阴北麓书院、肥城牛山书院、肥城育英书院、东阿野斋书院、濮州历山书院、朝城雪林书院、嘉祥曾子（宗圣）书院、费县颜鲁公书院、邹平伏生书院（未详元朝何年）	祯《历乘》卷五；康熙《邹平县志》卷四；乾隆《郯城县志》卷六
江苏（18 所）	上元昭文书院、青浦白社书院（至元间）、华亭西湖书院（元贞元年）、武进东坡书院（至大间）、上元江东书院（至治元年）、常熟文学（学道、虞山）书院（至顺二年）、长洲甫里书院（至顺间）、吴县文正书院（至正六年）、崇明三沙书院（三沙书堂）（二十年）、青浦清忠书院、江阴澄江书院（至正间）、上海沂源书院、华亭石洞书院、如皋陈省元（应雷）书院、如皋许芳书院、如皋万竹书院、金坛依绿书院、江宁青溪书院（未详元朝何年）	《明一统志》卷六至一三；乾隆《大清一统志》卷五〇至七三；嘉庆《重修一统志》卷七二至一〇七、乾隆《江南通志》卷九〇、嘉庆《江宁府志》卷一六；至正《金陵新志》卷九；万历《江宁县志》卷二；正德《姑苏志》卷二四；康熙《吴县志》卷二四；崇祯《吴县志》卷一四；万历《丹徒县志》卷二；至顺《镇江志》卷一一；嘉靖《惟扬志》卷七；嘉庆《如皋县志》卷九；弘治《上海县志》卷五；嘉靖《江阴县志》卷七
浙江（36 所）	黄岩柔川书院、黄岩西清书院、石门白社书院、杭州西湖（孤山）书院、镇海湖山书院、仙居安洲书院、开化包山书院、青田石门书院（至元间）、嵊县二戴书院（元贞二年）、黄岩回浦书院、太平回浦（迁浦）书院（元贞间）、义乌五云书院、宁波鄮山书院（大德三年）、慈溪杜洲书院（至大二年）、仙居桐江书院（皇庆间）、宁波东湖书院（天历元年）、鄞县鲁斋书院（后至元六年）、奉化松溪书院（至正七年）、余姚古灵书院（二十三年）、黄岩文献书院（二十四年）、海宁黄冈书院、上虞咏泽（承泽）书院（至正间）、秀水江南书院、嘉兴燕居书院、长兴东湖书院、宁波鄞江书院、山阴兰亭书院、会稽和靖书院、临海鉴湖（鉴溪）书院、黄岩九溪书院、金华正学（崇正、四贤）书院、东阳八华书院、浦江月泉书院、浦江东明书院、平阳交川书院、常山石门书院（未详元朝何年）	《明一统志》卷三八至四八；乾隆《大清一统志》卷二一六至二三六；嘉庆《重修一统志》卷二八一至三〇六；雍正《浙江通志》卷二五至二九；光绪《嘉兴府志》卷八；万历《湖州志》卷一二；乾隆《鄞县志》卷五；雍正《宁波府志》卷九；天启《舟山志》卷二；万历《绍兴府志》卷一八；万历《余姚新志》卷七；嘉靖《浦江志略》卷六；弘治《衢州府志》卷四；光绪《严州府志》卷六；万历《严州府志》卷三；嘉靖《淳安县志》卷六；嘉靖《温州府志》卷一；弘治《温州府志》卷二；雍

续　表

省　别	书　院　名　称	资料来源
		正《处州府志》卷三；乾隆《海宁县志》卷二；嘉靖《仁和县志》卷五；嘉庆《长兴县志》卷四；万历《黄岩县志》卷二；万历《金华府志》卷十；嘉庆《义乌县志》卷三
安徽（27所）	盱眙淮山书院（至元十五年）、婺源紫阳（晦庵）书院（二十四年）、歙县友陶书院、望江慈湖书院（至元间）、婺源明经书院（至大三年）、舒城龙眠书院、舒城正学书院（天历二年）、无为州绣溪书院、无为州兴文书院（至正八年）、黟县集成书院（十一年）、休宁商山书院、婺源阆山书院、婺源石丘书院、歙县师山书院（顺帝间）、婺源湖山书院、祁门李源书院、绩溪翚阳书院、池州齐山书院、合肥西岩书院、合肥景贤书院、合肥三贤书院、宿州文山书院、六安州怀德书院、歙县虚谷书院、当涂东山书院、芜湖临汝书院、盱眙崇圣（登瀛）书院（未详元朝何年）	《明一统志》卷一四至一八；乾隆《大清一统志》卷七六至九四；嘉庆《重修一统志》卷一〇八至一三四；成化《中都志》卷三；弘治《徽州府志》卷五；嘉靖《池州府志》卷三；康熙《安庆府志》卷七；乾隆《江南通志》卷九〇；嘉庆《庐州府志》卷一七；乾隆《盱眙县志》卷十；光绪《凤阳府志》卷一三；光绪《重修安徽通志》卷九二；民国《安徽省通志稿》、《教育考》三
江西（53所）	浮梁绍文（双溪）书院。（至元十七年）、弋阳兰山书院（十八年）、乐平慈湖书院(十九年)、永丰阳丰书院（二十九年）、上高正德书院、吉水东山书院、崇仁草庐书院、贵溪临清书院、建昌甘棠书院、大廋山堂（仙棠）书院（至元间）、乐安鳌溪书院（大德四年）、金溪青田书院（七年）、永新屏山书院、乐安柳堂（梅隐）书院(大德间)、永丰志欧书院(延祐元年)、永丰武城书院（四年）、万载凤冈书院（七年）、贵溪灵谷书院（延祐间）、安福安贤书院(天历间)、永丰中山书院（至顺间）、永丰原道书院（后至元四年）、奉新三贤书院(五年)、丰城贞文书院（至正三年）、彭泽靖忠书院（四年）、安仁石麓书院（六年）、泰和清节书院（七年）、临川青城（汉阳张公）书院（八年）、玉山端明（怀玉）书院（十年）、丰城同文书院、崇仁邵庵书	《明一统志》卷四九至五八；乾隆《大清一统志》卷二三八至二五六；嘉庆《重修一统志》卷三〇七至三三三；《古今图书集成·职方典》卷八五〇至九二二；雍正《江西通志》卷二一、二二；光绪《江西通志》卷八一、八二；正德《袁州府志》卷四；光绪《吉安府志》卷一九；嘉靖《永丰县志》卷三；顺治《吉安府志》卷一五；弘治《抚州府志》卷四；正德《新城县志》卷六；正德《建昌府志》卷七；嘉靖《广信府

续　表

省　别	书　院　名　称	资 料 来 源
	院、南丰南丰书院(至正间)、新昌石溪书院、新昌养正书院、万载张岩书院、泰和朴山书院、吉水文昌书院、吉水白沙书院、永丰浮云书院、崇仁成冈书院、乐安西溪书院、乐安龙冈书院、弋阳湖山书院、贵溪静明书院、广丰原道书院、兴安白石书院、鄱阳玉溪书院、余干南溪书院、余干石洞书院、安仁竹庄书院、万年魏山书院、德兴方塘书院、都昌经归(云住)书院、南丰水云书院(未详元朝何年)	志》卷一一；同治《贵溪县志》卷四；同治《兴安县志》卷一；正德《饶州府志》卷三；同治《万年县志》卷四；正德《南康府志》卷四；嘉靖《九江府志》卷十；嘉靖《南安府志》卷一七
福建（15所）	建阳化龙书院（至元二十四年）、漳州龙江书院（泰定间）、光泽云岩书院（天历二年）、同安文公（大同）书院、沙县豫章书院（至正元年）、莆田瑶台书院（四年）、建宁府屏山书院（六年）、崇安文定书院（十一年）、福州勉斋书院（十九年）、光泽崇仁书院（二十三年）、古田城南书院、仙游夹漈书院、同安浯州书院、崇安少微书院、顺昌双峰书院（未详元朝何年）	《明一统志》卷七四至七八；乾隆《大清一统志》卷三二五至三三七；嘉庆《重修一统志》卷四二四至四三九；乾隆《福建通志》卷六二至六六；同治《福建通志》卷一八；乾隆《福州府志》卷一一；乾隆《泉州府志》卷一三；乾隆《晋江县志》卷四；乾隆《延平府志》卷十；嘉靖《延平府志》卷一二；弘治《将乐县志》卷五；嘉靖《尤溪县志》卷二；嘉靖《建宁府志》卷七；嘉靖《邵武府志》卷九
湖北（20所）	潜江白鹤书院（中统间）、荆州东山（孙氏）书院、武昌湖山书院（至元十年）、武昌龙川书院（元贞末）、京山石桥书院（泰定间）、襄阳隆中书院（至正间）、江夏南阳书院、江夏主一书院、崇阳鸣鹤书院、崇阳状元书院、德安长庚书院、德安江汉书院、天门天门书院、松滋山谷（鸣凤）书院、松滋傅氏书院、松滋陈氏书院、枝江白水书院、宜都清江（北山）书院、黄风龙仁夫（孔山、问津）书院、荆门荆山书院（未详元朝何年）	《明一统志》卷五九至六二；乾隆《大清一统志》卷二五八至二七四；嘉庆《重修一统志》卷三三四至三五二；民国《湖北通志》卷五九；光绪《武昌县志》卷七；雍正《湖广通志》卷二二；道光《蒲圻县志》卷二；弘治《黄州府志》卷四；《古今图书集成·职方典》卷一一三九；乾隆《荆州府志》卷四

续　表

省　别	书　院　名　称	资 料 来 源
湖南 (22 所)	茶陵州东山书院、桃源沅阳书院、浏阳文靖书院（至元间)、攸县凤山书院（元贞二年)、澧阳车渚（萤渚）书院（大德四年)、慈利天门书院（七年)、澧阳学殖书院（大德间)、武冈州儒林书院（皇庆二年)、益阳庆洲书院（仁宗朝)、澧阳道溪书院（至治元年)、慈利聚奎书院（至治间)、慈利环溪书院（至顺间)、长沙乔江书院（元统间)、祁阳浯溪书院（后至元三年)、衡阳城南书院（至正八年)、长沙东冈书院、善化文定公书院、浏阳南台（近圣）书院、湘潭碧泉书院、茶陵州紫微书院、会同广德书院、兴宁文峰书院（未详元朝何年)	《明一统志》卷六三至六六；乾隆《大清一统志》卷二七六至二九〇；嘉庆《重修一统志》卷三五三至三八二；同治《湖南通志》卷六八、六九、七〇；雍正《湖广通志》卷二三；嘉靖《长沙府志》卷四；同治《浏阳县志》卷八；同治《醴陵县志》卷四；嘉靖《衡州府志》卷五；同治《酃县志》卷八；隆庆《宝庆府志》卷三；嘉靖《常德府志》卷九；万历《郴州志》卷一三；弘治《岳州府志》卷七、卷八；弘治《永州府志》卷二；民国《澧县志》卷四；万历《慈利县志》卷十
广东 (3 所)	新会古冈书院（至正间)、番禺玉岩（萝峰）书院、归善白鹤书院（未详元朝何年)	《明一统志》卷八〇至八二；乾隆《大清一统志》卷三三九至三五三；嘉庆《重修一统志》卷四四〇至四五九；雍正《广东通志》卷一六；道光《广东通志》卷一三七至一四一；卷二一九至二二五；正德《琼台志》卷一七；嘉靖《惠大记》卷二；乾隆《潮州府志》卷二四；嘉靖《惠州府志》卷八；乾隆《南雄府志》卷五
广西 (2 所)	全州璜溪书院（至正七年)、阳朔曹公书院(未详元朝何年)	《明一统志》卷八三至八五；乾隆《大清一统志》卷三五五至三六六；嘉庆《重修一统志》卷四六〇至四六四；雍正《广西通志》卷三七；嘉庆《广西通志》卷一三三；嘉庆《临桂县志》卷一四；《古今图书集成·职方典》卷一四〇一至一四二五；民国《阳朔县志》卷三；光绪《广西通志辑要》卷三

续　表

省　别	书　院　名　称	资料来源
四川（6所）	绵竹紫岩（景宣、月波）书院（延祐三年）、剑州文贞（魏公）书院（泰定间）、剑州亲民书院（至顺间）、射洪金华书院（至正九年）、成都草堂书院、成都石室书院（未详元朝何年）	《明一统志》卷六七至七三；乾隆《大清一统志》卷二九二至三二三；嘉庆《重修一统志》卷三八三至四二三；雍正《四川通志》卷五；嘉庆《四川通志》卷七九；《古今图书集成·职方典》卷五九八至六四四；嘉靖《洪雅县志》卷二；道光《保宁府志》卷二七；同治《剑州志》卷三；民国《绵竹县志》卷十

其二，新建书院之外，元朝还修复和重建了前代书院124所。（见表七）

表七　元代各地修复、重建前代书院情况表

省　别	书　院　名　称	资料来源
直隶（2所）	元氏封龙书院、元氏中溪书院	《明一统志》卷一至卷五；乾隆《大清一统志》卷一至卷三四；嘉庆《重修一统志》卷一至卷五六；雍正《畿辅通志》卷二九；光绪《畿辅通志》卷一一五、一一六；万历《顺天府志》卷二；正德《大名府志》卷五；乾隆《宣化府志》卷一二
河南（2所）	登封颍谷书院（至正五年）、商邱应天书院	《明一统志》卷二六至三一；乾隆《大清一统志》卷一四九至一七六；嘉庆《重修一统志》卷一八五至二二五；田文镜《河南通志》卷四三；阿思哈《河南通志》卷三九；嘉靖《归德志》卷四；康熙

续　表

省　别	书　院　名　称	资料来源
		《上蔡县志》卷二；嘉靖《永城县志》上；民国《巩县志》卷九；正德《汝州志》卷四；嘉靖《南阳府志》卷一
山西（1所）	长治雄山书院（泰定二年）	明一统志》卷一九至二一；乾隆《大清一统志》卷九六至一二三；嘉庆《重修一统志》卷一三五至一六〇；雍正《山西通志》卷三五、三六；乾隆《闻喜县志》卷二
山东（1所）	益都白龙洞书院	《明一统志》卷二二至二五；乾隆《大清一统志》卷一二六至一四七；嘉庆《重修一统志》卷一六二至一八四；乾隆《山东通志》卷一四；民国《山东通志》卷八八、八九；崇祯《历乘》卷五；康熙《邹平县志》卷四；乾隆《郯城县志》卷六
江苏（7所）	上元南轩书院（至元间）、丹徒淮海书院（元贞间）、青浦孔宅书院（至正间）、吴县鹤山书院、长洲和靖书院、上元明道书院、丹徒濂溪书院	《明一统志》卷六至一三；乾隆《大清一统志》卷五〇至七三；嘉庆《重修一统志》卷七二至一〇七、乾隆《江南通志》卷九〇、嘉庆《江宁府志》卷一六；至正《金陵新志》卷九；万历《江宁县志》卷二；正德《姑苏志》卷二四；康熙《吴县志》卷二四；崇祯《吴县志》卷一四；万历《丹徒县志》卷二；至顺《镇江志》卷一一；嘉靖《惟扬志》卷七；嘉庆《如皋县志》卷九；弘治《上海县志》卷五；嘉靖《江阴县志》卷七

续　表

省　别	书　院　名　称	资料来源
浙江（22所）	淳安石峡书院（至元十五年）、宁波甬东书院、定海岱山书院、金华丽泽书院、温州永嘉书院（至元间）、湖州安定书院（延祐间）、奉化龙津（文公）书院（至正十八年）、宁波桃源书院、嘉兴陆宣公书院（至正间）、定海翁洲书院、慈溪慈湖书院、余姚高节书院、台州上蔡书院、西安明正书院、严州钓台书院、乐清宗晦（艺堂）书院、缙云独峰书院、缙云美化书院、龙泉桂山（林山）书院、龙岩仙岩书院、龙泉笏州（笏山）书院、江山江郎书院	《明一统志》卷三八至四八；乾隆《大清一统志》卷二一六至二三六；嘉庆《重修一统志》卷二八一至三〇六；雍正《浙江通志》卷二五至二九；光绪《嘉兴府志》卷八；万历《湖州志》卷一二；乾隆《鄞县志》卷五；雍正《宁波府志》卷九；天启《舟山志》卷二；万历《绍兴府志》卷一八；万历《余姚新志》卷七；嘉靖《浦江志略》卷六；弘治《衢州府志》卷四；光绪《严州府志》卷六；万历《严州府志》卷三；嘉靖《淳安县志》卷六；嘉靖《温州府志》卷一；弘治《温州府志》卷二；雍正《处州府志》卷三；乾隆《海宁县志》卷二；嘉靖《仁和县志》卷五；嘉庆《长兴县志》卷四；万历《黄岩县志》卷二；万历《金华府志》卷十；嘉庆《义乌县志》卷三
安徽（5所）	当涂采石书院（至元十四年）、歙县紫阳书院（至元间）、当涂丹阳书院（至大元年）、休宁柳溪书院、当涂天门书院	《明一统志》卷一四至一八；乾隆《大清一统志》卷七六至九四；嘉庆《重修一统志》卷一〇八至一三四；成化《中都志》卷三；弘治《徽州府志》卷五；嘉靖《池州府志》卷三；康熙《安庆府志》卷七；乾隆《江南通志》卷九〇；嘉庆《庐州府志》卷十七；乾隆《盱眙县志》卷十；光绪《凤阳府志》卷一三；光绪《重修安徽通志》卷九二；民国《安徽省通志稿》、《教育考》三

续　表

省　别	书　院　名　称	资 料 来 源
江西（38所）	高安西涧书院（至元二十二年）、余干忠定书院（至元间）、浮梁长芗书院（元贞二年）、赣县义泉（先贤）书院；新淦高峰书院（大德间）、宜春南轩书院（后至元间）、万安濂溪（龙溪）书院（至正二年）、安仁锦江书院（八年）、丰城龙光书院、永宁巽峰书院（至正间）、南昌宗濂书院、武宁柳山书院、修水濂溪（濂山）书院、新昌义方书院、新昌熊氏书院、分宜钤冈（钤阳、钤山、太常）书院、萍乡濂溪书院、庐陵白鹭洲书院、庐陵凤山书院、安福石冈书院、临川临汝（南湖）书院、金溪槐堂书院、南城盱江书院、上饶叠山书院、贵溪象山书院、贵溪桐原（桐源）书院、贵溪玉溪书院、铅山鹅湖（文宗）书院、余干东山书院、德兴初庵书院、万年南溪书院、万年石洞书院、星子白鹿洞书院、九江景星书院、安义社平书院、大庾周程（道源）书院、上犹太傅书院、安远梅江书院	《明一统志》卷四九至五八；乾隆《大清一统志》卷二三八至二五六；卷三〇七至三三三；《古今图书集成·职方典》卷八五〇至九二二；雍正《江西通志》卷二一、二二；光绪《江西通志》卷八一、八二；正德《袁州府志》卷四；光绪《吉安府志》卷一九；嘉靖《永丰县志》卷三；顺治《吉安府志》卷一五；弘治《抚州府志》卷四；正德《新城县志》卷六；正德《建昌府志》卷七；嘉靖《广信府志》卷一一；同治《贵溪县志》卷四；同治《兴安县志》卷一；正德《饶州府志》卷三；同治《万年县志》卷四；正德《南康府志》卷四；嘉靖《九江府志》卷十；嘉靖《南安府志》卷一七
福建（16所）	建阳同文书院（大德间）、松溪湛卢书院（至正十六年）、邵武樵溪书院（十八年）、侯官三山书院、长乐兰田书院、兴化涵江书院、建阳考亭书院、建阳环峰书院、崇安梓翁书院、崇安武夷（紫阳）书院、浦城西山书院、政和星溪书院、南平延山（延平）书院、将乐龟山书院、沙县谏议（了斋）书院、尤溪南溪书院	《明一统志》卷七四至七八；乾隆《大清一统志》卷三二五至三三七；嘉庆《重修一统志》卷四二四至四三九；乾隆《福建通志》卷六二至六六；同治《福建通志》卷一八；乾隆《福州府志》卷一一；乾隆《泉州府志》卷一三；乾隆《晋江县志》卷四；乾隆《延平府志》卷十；嘉靖《延平府志》卷一二；弘治《将乐县志》卷五；嘉靖《尤溪县志》卷二；嘉靖《建宁府志》卷七；嘉靖《邵武府志》卷九

续　表

省　别	书　院　名　称	资料来源
湖北（3所）	武昌南湖书院、公安竹林（公安）书院、荆门东山书院	《明一统志》卷五九至六二；乾隆《大清一统志》卷二五八至二七四；嘉庆《重修一统志》卷三三四至三五二；民国《湖北通志》卷五九；光绪《武昌县志》卷七；雍正《湖广通志》卷二二；道光《蒲圻县志》卷二；弘治《黄州府志》卷四；《古今图书集成·职方典》卷一一三九；乾隆《荆州府志》卷四
湖南（9所）	兴宁观澜（醽泉）书院（至元二十八年）、醴陵东莱（莱山）书院（大德三年）、道州濂溪（九江）书院（至正二年）、湘乡涟滨（涟溪）书院、安仁清溪书院、衡山南岳（邺侯）书院（至正间）、长沙岳麓书院、衡山石鼓（李秀才）书院、酃县台山书院	《明一统志》卷六三至六六；乾隆《大清一统志》卷二七六至二九〇；嘉庆《重修一统志》卷三五三至三八二；同治《湖南通志》卷六八、六九、七〇；雍正《湖广通志》卷二三；嘉靖《长沙府志》卷四；同治《浏阳县志》卷八；同治《醴陵县志》卷四；嘉靖《衡州府志》卷五；同治《酃县志》卷八；隆庆《宝庆府志》卷三；嘉靖《常德府志》卷九；万历《郴州志》卷一三；弘治《岳州府志》卷七、卷八；弘治《永州府志》卷二；民国《澧县志》卷四；万历《慈利县志》卷十
广东（15所）	曲江相江（曲江、旧濂溪）书院（至元十八年）、海康平湖（莱泉）书院（至元间）、归善丰湖书院（大德三年）、阳江濂溪书院（大德间）、海阳韩山（韩公）书院、遂溪文明书院（至顺间）、博罗钓鳌（豫章）书院（至正间）、广州濂溪书院、归善张留书院、博罗郑公书院、龙川鳌峰书院、海阳得全书院、德庆州濂溪（三洲）书院、吴川翔龙书院、琼山东坡书院	《明一统志》卷八十至八十二；乾隆《大清一统志》卷三三九至三五三；嘉庆《重修一统志》卷四四〇至四五九；雍正《广东通志》卷十六；道光《广东通志》卷一三七至一四一；卷二一九至二二五；正德《琼台志》卷十七；嘉靖《惠大记》卷二；乾隆《潮州府志》卷二十四；嘉靖《惠州府志》卷八；乾隆《南雄府志》卷五

续　表

省　别	书　院　名　称	资料来源
广西 (2所)	桂林宣城（华掌）书院、全州清湘（柳山）书院（元贞间）	《明一统志》卷八三至八五；乾隆《大清一统志》卷三五五至三六六；嘉庆《重修一统志》卷四六〇至四六四；雍正《广西通志》卷三七；嘉庆《广西通志》卷一三三；嘉庆《临桂县志》卷一四；《古今图书集成·职方典》卷一四〇一至一四二五；民国《阳朔县志》卷三；光绪《广西通志辑要》卷三
四川 (1所)	眉州东馆（东观）书院（至元间）	《明一统志》卷六七至七三；乾隆《大清一统志》卷二九二至三二三；嘉庆《重修一统志》卷三八三至四二三；雍正《四川通志》卷五；嘉庆《四川通志》卷七九；《古今图书集成·职方典》卷五九八至六四四；嘉靖《洪雅县志》卷二；道光《保宁府志》卷二七；同治《剑州志》卷三；民国《绵竹县志》卷十

在元代书院发展过程中，有两点值得重视：一是在分布区域上，北方书院有了迅速的发展；二是在书院建设者身份上，少数民族成为建立书院的一支生力军。如前所述，中原地区曾是书院的发源地，并在北宋时期有了一定的发展。但是，由于宋金战争破坏，北方书院毁废殆尽。金朝后期，受南宋书院发展的影响，虽然先后修复了河南商邱应天书院和直隶元氏封龙书院并新建了山东日照状元书院、山东武城弦歌（学道、道学）书院、河南林县黄华书院、山西浑源州翠屏书院、湖北谷城文龙书院等数所书院，但在全国书院总数中，只占百分之一二。元朝崛起北

方，消灭南宋政权之后，黄河流域成为腹里地区。为了居重驭轻，对于北方格外重视。不但在科举考试中使中书省及河南、陕西各行省录取名额大大高于南方各省，以为北方士子开放仕途，同时还为巩固思想统治起见，积极引导理学北传。受此影响，北方书院迅速发展。至元朝末年，合直隶、河南、山西、山东、陕西五省新建书院，已达 80 所，几占元朝全国新建书院的百分之三十。而元朝历代统治者对此也多持积极态度。终元之世，最高统治者为北方新建书院书扁赐额达 16 处之多。它们是：河南永宁洛西书院、山西永济首阳书院（至元三年）、山东曲阜洙泗书院（至元十五年）、直隶新安静修书院（至元间）、河南南阳诸葛书院（皇庆元年）、山东滕县性善书院（延祐三年）、陕西凤翔岐阳书院（天历二年）、河南巩县嵩洛书院、山东曲阜尼山书院（至顺间）、河南登封颍谷书院（至正五年）、直隶开州崇义书院（至正十二年）、山东高唐州静山书院、山西汾阳卜山书院（至正间）、山东东阿野斋书院、山东濮州历山书院、山西太原冠山书院（未详元朝何年），将及元朝历代统治者为各地书院书扁赐额总数之一半。所有这些，不但扭转了长期以来北方书院发展落后的局面，同时，也为明清时期北方书院的更大发展奠定了重要的基础。除此之外，少数民族人士建立和修复书院也是此时书院发展中的新现象。辽、金时期，在其统治区域内，虽然也修复和新建了少数书院，但就建立者民族成分而论，却颇为单一，都是汉族官吏或知识分子。元朝时期，国家空前统一，这样，随着书院的发展及其影响的扩大，蒙古族官吏也加入了书院建设者的行列。这种情况，早在元朝初年即已开始。如至元年间，按察使粤屯希鲁建江西浮梁绍文（双溪）书院，同知万不花修复福建邵武樵溪书院，银场提举侯孛兰溪建江西上高正德书院，监邑阿里建江西崇仁草庐书院等。此后，蒙古族官吏建立书院者更是史不绝书，如成宗朝有浙东佥事完颜直建立浙江嵊县二戴书院和县尉明安塔拉建立江西乐安柳堂书院，仁宗朝有克列士希建立河南嵩县伊川（乐道）书院，英宗朝有邑令帖木儿不花先后建立河南光山涑水书院和山西夏县涑水书院，泰定帝朝有监察御史忽鲁大兴亚建立四川剑州文贞书院，文宗朝有知县燮理溥化建立安徽舒城龙眠书院。顺帝时期，随着蒙汉融合深入，蒙古族官吏修复、新建书院数量更多，计有浙东道镇南班建立浙江鄞县鲁斋书院，副使干玉伦、总管麻合马建立福建建瓯屏山书院，达鲁噶齐纳苏尔丹修复江西庐陵白鹭洲书院，国子生唐兀崇喜建立直隶开州崇义书院，达鲁花赤铁山修复湖北武昌南湖书院并新建湖北武昌龙川书院，达鲁花赤察罕修复浙江奉化龙津（文公）书院，揭傒司建立江西丰城贞文书院，监邑重喜建立江西崇仁邵庵书院，监州额森布哈重建江西宁都梅江书院等。其他由蒙古族官吏建立之书院还有知县贯阿思南海牙所建立湖北天门天门书院，拔都抹温司所建立之湖北枝江白水书院，丞相康里脱脱所建立之直隶宣化景贤书院和肃政廉访使丑的所建立之浙江杭州西湖书院等。其中不少书院建立者还非常热心教育，所建书院规模宏敞，规制完备，藏书丰富，田产充裕。如至元间银场提举侯孛兰奚所建之江西上高正德书院，“有大成殿，两庑先贤祠、明伦堂、致思堂、佑善堂，有六斋课士”。[1] 成宗大德间著名学者吴澄弟子夏友兰建立江西乐安鳌溪书院后，“邑尉明安塔拉捐田五百亩”，由于资金充裕，其“规制与白鹿、鹅湖等”。[2] 仁宗延祐间克列士希建立河南嵩县伊川（乐道）书院，“起稽古阁，贮书万卷”。[3] 英宗至治年间邑令帖木儿不花建立山西夏县涑水书院，“堂七楹，中设

1 （清）刘坤一等纂修：光绪《江西通志》卷八一、八二，江苏广陵古籍刻印社，1987 年。

2 （清）刘坤一等纂修：光绪《江西通志》卷八一、八二，江苏广陵古籍刻印社，1987 年。

3 （清）田文镜等纂修：《河南通志》卷四三，清光绪二十八年刻本。

司马文正公象，颜曰粹德堂，左延宾，右延师，辟斋五，聚邑士之俊选，与幼学者分授焉。游息之所，讲肄之堂，庖廪井厩，靡不俱备，复入田亩若干，岁入以赡，且以供祀事”。[1]泰定帝时期，中书平章千奴致仕后建山东濮州历山书院，“聚书割田，继以廪粟，延名师教其乡里子弟”。[2]至正间国子生唐兀崇喜建直隶开州崇义书院，“买田四百亩，以供脯修”。[3]蒙古族人士热心书院建设不但在当时对书院的恢复和发展起到了直接的推动作用，而且对于清朝时期满蒙少数民族人士建立书院也产生了深远的影响。

由于受南宋影响，元代书院大致仍由官民两个途径兴办。据统计，在元代新建及修复的 400 余所书院中，除 80 余所由政府兴办外，其余全是民建。其中，官建书院多是由中央或地方在职官员兴建。民办书院兴办者，除学者之外，大致都是地方绅耆、致仕官吏。虽然在官民兴办书院比例上与南宋时期大致持平，但是较之南宋时期，元代书院的官学化色彩进一步突出。早在元朝初年，地方官员纷纷兴办书院已为南宋初年所不能比拟，而后不久，元朝政府进一步加强了对各书院主持人——山长的控制。至元二十六年（1289 年），御史台正式行文各地按察司“体覆山长”。[4]元朝中期以后，元朝政府又规定，各书院山长由礼部、行省或宣慰司任命，“秩视下州之正”。山长之下，“设直学以掌钱谷”。直学“从郡守及宪府官试补”，考满，“又试所业十篇，升为学录、教谕”。学录、教谕“历二考，升为学正、山长”。学正、山长，“一考，升散府上中州教授……又历一考，升路教

1 （清）石麟等纂修：雍正《山西通志》卷三六，清雍正十二年刻本。

2 （元）程文海撰：《雪楼集》卷一二《历山书院记》，商务印书馆，1986 年。

3 （明）石禄等纂修：正德《大名府志》卷五，上海古籍书店，1981 年。

4 （元）姚燧撰：《元典章》卷九《吏部·体覆山长》，中国书店，1990 年。

授”[1]。虽然在实际执行中并非完全如此，延祐前，多由地方官或中央官员提名，直接任命山长；延祐以后，又多以下第举人充任。但是这些规定，却使各书院山长、直学等实际上成为朝廷命官。即使是已经有人主持的民办书院，朝廷也往往下令任命修建者或先贤后裔为书院山长，予以名义上的承认以加强控制。如浙江淳安石峡书院，为南宋方逢辰讲道所。至元十五年（1278年），“以先生长子为山长”，对书院重加修葺。[2]福建莆田涵江书院，为南宋所建，入元后，“诏求圣裔世充山长”。[3]浙江定海翁洲书院，为南宋应繇所建，元朝政府“以其孙翔孙，克绍先志，割田赡士，授公山长”。[4]元朝政府对于书院的控制进一步加强了。

值得称道的是，不少元代书院都保留了宋代以来的传统，一直是以教学和学术研究为中心。据统计，在有关元代书院的记载中，明载具有教学和学术研究职能者将近百处。如元进士艾朝瑞建立湖北崇阳鸣鹤书院，“远近游学者居之”。[5]陕西西安正学书院，由著名学者许衡主教事，“聚徒讲学其间”，多造就。[6]安徽婺源阆山书院，为至正间行枢密院判汪同所建，“聘赵汸为师，以教乡之俊秀者”。[7]安徽望江慈湖书院，为著名学者王幼学讲学并著《纲目集览》处。[8]江西丰城同文书院，为元人李克家所建，“凡乡人有志于学者，聚而教焉”。[9]至正中邑人肖继文建江西泰和

1 （明）宋濂等纂：《元史》卷八一《选举志》，中华书局，1976年。
2 （明）杨守仁等纂修：万历《严州府志》卷三，书目文献出版社，1991年。
3 （清）陈梦雷等辑：《古今图书集成·职方典》卷一〇八一，中华书局，1986年。
4 （明）何汝宾辑：天启《舟山志》卷二，成文出版社，1983年。
5 （清）陈梦雷等辑：《古今图书集成·职方典》卷一一一九，中华书局，1986年。
6 （清）刘于义等纂修：雍正《陕西通志》卷二七，兰州古籍书店，1990年。
7 （清）沈葆桢等纂修：光绪《重修安徽通志》卷九二，光绪四年刻本。
8 （清）沈葆桢等纂修：光绪《重修安徽通志》卷九二，光绪四年刻本。
9 （清）刘坤一等纂修：光绪《江西通志》卷八一、八二，江苏广陵古籍刻印社，1987年。

清节书院，“教四方来学者”。[1]翰林院编修王相建江西吉水文昌书院，“以教其乡之子弟及四方从游者”。[2]处士何英建江西鄱阳玉溪书院，“以处四方来学之士”。[3]江西贵溪灵谷书院，为元陈立大藏书及著《论语正义》处。[4]江西都昌经归（云住）书院，为元儒陈澔与饶节注《礼记集说》处。[5]其中不少书院还因兴办人士尽心，先后聘请不少名师至所在书院讲学。如赵复主讲于京师太极书院，同恕主讲陕西咸宁鲁斋书院，任士林主讲于浙江湖州安定书院，桂彦良主讲于浙江开化包山书院，祝蕃主讲于浙江余姚高节书院，袁易主讲于江西万年石洞书院，欧阳龙生主讲于湖南浏阳文靖书院，袁桷主讲于浙江金华丽泽书院，吴澄、程端礼主讲于江苏江宁江东书院等。他如林起宗讲学于直隶内邱林公书院，颜宗道讲学于直隶开州颜宗道书院，郑玉讲学于安徽徽州师山书院，也都在当时产生了很大的影响。由于有名师讲学，因而前来就学的士子也趋之若鹜。如陕西三原学古书院，因有著名学者程谓讲学其中，“远近从游者百余人”。[6]郑玉讲学于安徽徽州，“受业者众，玉所居至不能容”，乃由门人另辟师山书院。[7]江苏江宁江东书院，因有著名学者吴澄主讲，“郡士受业者甚众”。[8]至

1 （清）刘坤一等纂修：光绪《江西通志》卷八一、八二，江苏广陵古籍刻印社，1987年。

2 （清）刘坤一等纂修：光绪《江西通志》卷八一、八二，江苏广陵古籍刻印社，1987年。

3 （清）刘坤一等纂修：光绪《江西通志》卷八一、八二，江苏广陵古籍刻印社，1987年。

4 （清）刘坤一等纂修：光绪《江西通志》卷八一、八二，江苏广陵古籍刻印社，1987年。

5 （清）刘坤一等纂修：光绪《江西通志》卷八一、八二，江苏广陵古籍刻印社，1987年。

6 （清）刘于义等纂修：雍正《陕西通志》卷二七，兰州古籍书店，1990年。

7 （清）马步蟾纂修：道光《徽州府志》卷三，成文出版社，1975年。

8 （清）陈梦雷等辑：《古今图书集成·职方典》卷六五七，中华书局，1986年。

元间隐士翁森建浙江仙居安洲书院，“盖授徒八百”。[1] 严用父建江西泰和朴山书院，“以白鹿洞之规行之，已而书院之盛，俨然与石门、岳麓相先后”。[2] 江西永丰志欧书院，“生徒常百余人”。[3] 元贞间官建江苏华亭西湖书院，“一时生徒甚盛”。[4] 浙江余姚高节书院，因有著名学者祝蕃主讲，“生徒甚盛”。[5] 就讲学内容而言，由于自南宋后期始，程朱理学被确定为官方哲学思想。元朝时期，对此相沿不改。元朝中期，始行科举，又以朱熹《四书集注》为科举取士内容及标准，因而书院讲授内容，皆是打上程朱烙印的儒家学说。不过，值得注意的是，也有个别书院于此之外兼习其他课程。如山东濮州历山书院设有医学，河南内乡博山书院设有数学、书学，江西鄱阳鄱江书院设有蒙古字学等。这些，在当时虽然只是个别现象，但却多多少少突破了程朱理学对书院的严密控制。书院肄业之生徒，除少数人通过科举成名外，其他多数人则和官学学生一样，由地方官荐举，再经监察机关考核，“或用为教官，或取为吏属”，为元朝政府治理国家输送了大批的人才[6]。

除此之外，元代不少书院还以建筑严整、规制完备、藏书丰富、学田充裕而著称。以建筑规制而言，房屋、斋舍在百间以上者即有湖北江夏主一书院、安徽婺源明经书院、河南南阳南阳书院、浙江会稽和靖书院、广西全州清湘书院、陕西三原学古书院等，至于拥有房产数十间者更比比皆是，不胜枚举。有的建筑还

1　喻长霖等纂修：民国《台州府志》卷九〇，上海书店，1993 年。

2　（清）刘坤一等纂修：光绪《江西通志》卷八一、八二，江苏广陵古籍刻印社，1987 年。

3　（清）陈梦雷等辑：《古今图书集成·职方典》卷八九九，中华书局，1986 年。

4　（清）尹继善等纂修：乾隆《江南通志》卷九〇，齐鲁书社，1996 年。

5　（明）萧良乾等纂修：万历《绍兴府志》卷一八，书目文献出版社，1995 年。

6　（明）宋濂等纂：《元史》卷八一《选举志》，中华书局，1976 年。

相当宏伟，成为一方胜地。如山西平定州冠山书院，由元朝地方政府兴建，“建燕居殿，设宣圣象，以颜、曾二子列配。复建会经堂，德本、行源二斋”。[1]江苏长洲甫里书院，“有宣圣殿，明伦堂，大学、小学二斋”。[2]江西永丰志欧书院，“有殿庑讲堂四斋，左为欧阳修祠”。[3]江西安福安贤书院，一仿书院精舍之制，礼殿庑门，讲堂斋舍。各有其所”。[4]江西安仁石麓书院，“中有凤鸣台，含光亭、雪邱、鹿泉诸胜”。[5]福建福州勉斋书院，“堂曰道原，阁曰云章，堂后叠石为山，曰小鳌峰”。[6]即使是普通民建书院，也大多有屋三楹，二斋。以藏书而言，不少书院有藏书万卷以上的记载，有的书院还专辟藏书楼以收藏图书。如延祐间克列士希建河南嵩县伊川（乐道）书院，“起稽古阁，贮书万卷”。[7]山东朝城雪林书院，为学者楚惟善读书处，“中有五车楼”。山东濮州历山书院，“聚书万卷”。山西平定州冠山书院，“藏书万卷”。[8]陕西三原学古书院，藏书 2500 卷；河南长社颍昌书院，藏书“若千万卷”。[9]再以学田而言，普遍都有上百亩甚至千亩以上的良田。最多的如江苏常熟文学书院、河南南阳南阳书院，竟达 4000 亩以上。另如湖南常德沅阳书院，有田 1200 亩；直隶开州崇义书院，有田 400 亩；山西长治雄山书院，“有田二

1　（清）石麟等纂修：雍正《山西通志》卷三六，清雍正十二年刻本。
2　（清）陈梦雷等辑：《古今图书集成·职方典》卷六七四，中华书局，1986 年。
3　（清）陈梦雷等辑：《古今图书集成·职方典》卷八九九，中华书局，1986 年。
4　（清）刘坤一等纂修：光绪《江西通志》卷八一、八二，江苏广陵古籍刻印社，1987 年。
5　（清）刘坤一等纂修：光绪《江西通志》卷八一、八二，江苏广陵古籍刻印社，1987 年。
6　（清）陈寿祺纂修：同治《福建通志》卷六五，台北华文书局股份有限公司，1968 年。
7　（清）田文镜等纂修：《河南通志》卷四三，清光绪二十八年刻本。
8　（清）石麟等纂修：雍正《山西通志》卷三六，清雍正十二年刻本。
9　参见王颋：《元代书院考略》，《中国史研究》1984 年第 1 期。

顷，松万株，以资讲学费”。[1] 宋建安徽当涂丹阳书院，至大元年（1308 年）时，“宪使卢挚置田六百亩以养多士”。[2] 江苏江宁江东书院，在吴澄主讲期间，其子吴霖“置田溧阳九百亩，供赡生徒”。[3] 至正中民建江苏江阴澄江书院，有田六顷。宋建浙江余姚高节书院，元时，“养赡田至八百亩”。[4] 至大中童金建浙江慈溪杜洲书院，“割田四百亩，以赡来学”。[5] 延祐间民建江西永丰志欧书院，“置赡田五百亩”。[6] 所有这些，对于教学和学术研究活动的正常开展，起了重要的保证作用。

元代书院虽有上述诸多值得称述之处，但就总体发展情况而言，也有一些明显的缺陷与不足。一是多数书院祭祀功能不适当的增长影响了教学。北宋时期，书院即已具有祭祀功能。南宋时期，随着书院的普遍增多，祭祀对象也更加广泛。举凡先贤、名儒和当代理学大师无不在祭祀之列。元朝统一后，作为其巩固统治总政策中的一个组成部分，在制定书院政策时，既要考虑以此笼络汉族士人，又要防止他们利用书院讲学煽动汉族人民反元思想，因而便有意将书院朝着祭祀先贤、名儒方面加以引导。至元二十八年（1368 年），元朝中央政府下令：“江南诸路学及各县学内设立小学，选老成之士教之。或自愿招师，或自受家学于父兄者，亦从其便，其他先儒过化之地，名贤经行之所，与好事之家出钱粟赡学者，并立为书院。”[7] 在元朝统治者看来，政府兴办的各级学校才是主要的教育场所，各地书院不过只是祭祀先儒、名贤，

1 （清）石麟等纂修：雍正《山西通志》卷三六，清雍正十二年刻本。
2 （清）沈葆桢等纂修：光绪《重修安徽通志》卷九二，光绪四年刻本。
3 （元）张铉等纂修：至正《金陵新志》卷九，南京出版社，1991 年。
4 （明）萧良乾等纂修：万历《绍兴府志》卷一八，书目文献出版社，1995 年。
5 （清）曹秉仁等纂修：雍正《宁波府志》卷九，上海书店，1993 年。
6 （清）陈梦雷等辑：《古今图书集成·职方典》卷八九九，中华书局，1986 年。
7 （明）宋濂等纂：《元史》卷八一《选举志》，中华书局，1976 年。

至多不过是在教育中充当配角而已。这样，在元朝政府的错误引导下，各地书院祭祀功能明显增长，除宋代以来各书院祭祀对象仍行普遍祭祀外，在普遍祭祀理学大师朱熹的同时，各书院还各依具体地理、人文情况又新增了战国屈原、孟子、孟母、滕文公、万章；汉朝伏生、毛苌、贾谊、诸葛亮、庞统；晋朝陶潜，唐朝魏征、陈子昂、杜甫、颜真卿、刘蒉、元结；宋朝黄庭坚、黄震以及元代儒师姚枢、许衡、吴澄、李谦、刘因、虞集、杜瑛、许熙载、牟楷、郑玉等，而且有的书院建立者或主持人还将书院祭祀功能加以恶性发展，祭祀自己的先祖。如浙江仙居桐江书院，系皇庆中方姓后裔为祀其先祖而建；浙江慈溪杜洲书院，系至大中童金为祀其祖童居易而建；江西丰城贞文书院，为圣正间揭傒司祀父而设；湖南长沙东冈书院，是元中书省左丞相许有壬为祀其父而建。还有不少书院，不搞教学和学术研究，而专以祭祀为事。如终元一代，宁波新建、修复书院不下十四五所，“惟鄮山、东湖尝设山长，其余只为奉祀先贤之地，名为书院，实即祠也”。[1]与此相适应，在书院建筑中，祭祀部分所占比重也显著增大，一般都有庙堂以祀孔夫子，两庑翼以孔门弟子后学，并有明伦堂、乡贤祠等，从而使得一年四季，书院之中香火缭绕。兼之以大部分书院山长遵行迁转之法，书院学术气氛无法长期坚持。所有这些，都严重地影响了教学和学术研究活动的正常开展。如同学者吴澄所批评的：“有之靡所益，无之靡所损。”[2]其次，由于书院数量过少以及不少书院兴废靡常使其在社会教育中作用极为有限。在元朝统治者看来，书院只是笼络汉族知识分子以防止其反抗的一个手段，因而，在处理书院和地方官学的关系时，元朝统治者

1　(清) 钱大昕等纂修：乾隆《鄞县志》卷五，乾隆五十三年刻本。

2　(清) 刘坤一等纂修：光绪《江西通志》卷八一、八二，江苏广陵古籍刻印社，1987年。

更为注重地方官学的发展，而只将书院作为点缀太平盛世的一种装饰品。据估计，元世祖时期，全国书院最多不过百十余所，而至元二十三年（1286 年），全国官学数量为 20166 所，二十五年（1288 年）为 24400 所，二十八年（1291 年）为 21300 所[1]，几乎超出当时书院总数 200 多倍。元世祖以后，元代书院数量虽续有增加，但是由于寺僧侵吞、豪强兼并，不少书院兴废不常。如浙江湖州安定书院，至元二十三年为寺僧所据，直至延祐中才得以恢复。江西庐陵白鹭洲书院，自至元重修之后，有奉浮屠者觊觎院产，经山长余天民力争，始得保全。浙江西安明正书院，元初，“学田之夺于浮屠、老氏者什七八，有司漫弗如省也”。皇庆初，始由地方官吏认真清厘，“返所侵田”。[2]湖南衡山石鼓书院，至元中，僧徒“鼓众取其禾，且置伪碑垄上”，强夺学田。直到后至元二年（1336 年），始由山长程敬直呈请官府，“穷追故牍”，才将学田全部追回。江苏长洲和靖书院，“故在虎丘，为寺僧所据。既徙置城中，豪家又欲夺而有之”，赖山长程郇“力争而止”。[3]泰定间，还发生了僧徒贿赂学官侵夺浙江嘉兴宣公书院院产的事件。安徽舒城龙眠书院，天历二年（1329 年）建后不久，即于至正中为寺僧吞并”。[4]这样，相当一批书院因院产被夺而废止。总之，由于种种原因，终元之世，书院在全国教育机构中所占比例极小，兼之以不少书院兴废不常，对于社会教育所发挥的作用是十分有限的。

综上所述，继南宋时期书院大发展之后，由于宋元战争的破坏，元朝初年，书院数量锐减。而后，由于元朝政府的开明政策和蒙汉官民的共同努力，书院数量不断恢复和发展，至元朝末年，

1 （清）嵇璜等纂修：《续文献通考》卷五〇，商务印书馆，1936 年。
2 （元）黄溍撰：《金华集》卷八《明正书院记》，上海书店，1989 年。
3 （元）黄溍撰：《金华集》卷三二《程郇墓志铭》，上海书店，1989 年。
4 （清）沈葆桢等纂修：光绪《重修安徽通志》卷九二，光绪四年刻本。

大致恢复到了南宋末年的数量。其中，北方书院发展最为迅速，填补了长期以来书院发展中的空白局面。与此同时，多数书院还能坚持教学与学术研究相结合的正确方向，个别书院还突破了程朱理学的严密束缚，在教学内容上进行了大胆的革新。这些，都是元代书院发展中所取得的成就，应予肯定。但是，同样不可忽视的是，由于元朝政府的干预，书院官学化色彩进一步突出，祭祀功能也显著增加，从而使其教育职能有所下降。另外，由于政府育才重点在官学而不在书院，因而，书院在全国教育结构中所占比重微乎其微，发挥作用也十分有限。所有这些情况表明，元朝时期书院发展有进有退，是中国古代书院发展史上一个曲折发展的时期。

表八　元朝书院一览表

省　份	新建书院数	修复前代书院数	总　数
直隶	20	2	22
河南	16	2	18
山西	14	1	15
陕西	8		8
山东	22	1	23
江苏	18	7	25
浙江	36	22	58
安徽	27	5	32
江西	53	38	91
福建	15	16	31
湖北	20	3	23
湖南	22	9	31
广东	3	15	18
广西	2	2	4
四川	6	1	7
总数	282	124	406

第二章　明朝时期书院的全面发展

第一节　明初书院的凋敝和初步发展

14 世纪中叶，在全国反元起义的烽火中，朱元璋起兵推翻元朝，统一全国，建立明朝。从此，中国古代书院发展又掀开了新的一页。

明代书院以其自然发展情况大致可分四个时期。即从洪武至宣德因最高统治者强力压制而极为沉寂的明初时期，从正统至弘治因官学腐败而初步恢复和发展的时期，从正德到万历因王学传播而飞速发展的时期和因政局动荡而急剧衰落的明末时期。

元末明初，二十多年的社会动乱使得文化事业遭到了严重的破坏，绝大多数书院都毁于兵燹。明朝政权的建立，本应为书院的恢复和发展提供良好的环境，而且明朝政权开国之初，为了收揽人心以争取士人对新建政权的承认，朱元璋也曾下令修复山东曲阜尼山书院。但是因为当时百废待兴，明朝统治者首先考虑的是政府直属学校的建设和发展。洪武元年，明朝政府于南京建国子监，“规模之广，东汉以降，未能或先”。[1] 并以各种形式从天下广收生徒，“最多时达九千余人，设官师四十余，以约束之”。

1　叶楚伧等主编：民国《首都志》卷七，正中书局，1947 年。

同时，又“随时任监生以时务”，“凡清理田赋，修治水利，稽查黄册”，无不加以任使。[1]在地方上则于兴建府州县各级学校之外，朱元璋还继元朝之后，大力提倡兴办社学。要求“恁台省大官人用心提调，教各州县在城并乡村，但有三五十家，便请个秀才开学，教军民之家子弟入学读书，不妨他本业，务要成效”。[2]这些政策，使得全国士子的求学和出仕问题基本上得到解决。在此同时，出于加强个人专制统治的强烈愿望，对于以民办为主体的各地书院，则采取限制乃至禁绝的政策。洪武元年，他下令“改天下山长为训导，书院田皆令入官”。[3]洪武五年，又进一步采取行动，“革罢训导，弟子员归于邑学。书院因以不治，而祀亦废”。[4]在明朝政府的强力压制下，元建书院遗留者皆改作官学。这样，从洪武到宣德，六十多年的时间里，除个别省份如福建、江西、广东、广西因距政治中心颇远而又有建立书院传统新建一些书院外，其他各省，只有个别新建书院出现。至于修复前代书院，也甚属寥寥，书院发展呈现了十分沉寂的局面。兹将洪武至宣德全国新建及修复前代书院备载于下，以见当时书院发展之凋敝情况：

其一，从洪武到宣德时期，各地新建书院 37 所。（见表一）

表一 洪武至宣德时期各地新建书院情况表

	朝 代	省 别	书 院 名 称
新建书院（37 所）	洪武朝（25 所）	山东（1 所）	济阳闻韶书院
		安徽（4 所）	绩溪龙峰书院（九年）、歙县枫林书院、婺源天衢书院、婺源桂岩书院

1 叶楚伧等主编：民国《首都志》卷七，正中书局，1947 年。

2 （明）秦镒等纂修：嘉靖《东乡县志》上，上海古籍书店，1982 年。

3 （清）曹秉仁等纂修：雍正《宁波府志》卷九，上海书店，1990 年。

4 （清）曹秉仁等纂修：雍正《宁波府志》卷九，上海书店，1990 年。

续　表

	朝　代	省　别	书　院　名　称
		江西（7所）	新喻凤台（石门）书院、吉水竹林书院、吉水仁山书院、鄱阳白云书院、安仁环谷书院、星子庐阳书院、星子龙潭书院
		福建（7所）	龙溪建溪书院（十二年）、龙溪芗江书院、长泰泰亨（文公）书院、长泰龙津书院（二十三年）、龙溪观澜（文山）书院、漳浦鸿江书院、诏安傍江书院
		湖北（1所）	安陆郢门书院
		广东（4所）	广州崇正书院（三年）、顺德昌溪书院、顺德锦云书院、儋州义斋书院
		广西（1所）	藤县南麓书院（八年）
	永乐朝（9所）	江西（2所）	万载坞溪书院、万载绿荫书院
		湖北（1所）	襄阳鹿门（荆南）书院
		广东（4所）	东莞养正书院（六年）、乐昌凤山书院（二十年）、东莞西石书院、东莞象冈书院
		广西（2所）	怀集明伦（怀原）书院（十五年）、宁明州明江（太子泉）书院
	宣德朝（3所）	山西（1所）	平定州石楼（嘉山）书院
		江西（1所）	弋阳九川书院
		广东（1所）	高要嵩台书院

其二，从洪武到宣德时期，各地修复、重建前代书院39所。（见表二）

表二　洪武至宣德时期各地修复、重建前代书院情况表

	朝　代	省　别	书　院　名　称
修复重建前代书院（39所）	洪武朝（25所）	山西（1所）	平定州冠山书院（十一年）
		江苏（1所）	丹阳濂溪书院（十八年）
		江西（4所）	万安濂溪书院（三年）、吉安凤冈书院（六年）、建昌甘棠书院（十年）、兴国安湖书院
		福建（10所）	崇安梓翁书院、崇安屏山书院（二年）、浦城西山书院（九年）、将乐龟山书院（十三年）、建宁府建安（建溪）书院（十九年）、建阳莳山书院（二十四年）、建阳同文书院（二十七年）、沙县豫章书院（三十年）、古田城南书院、建阳横渠书院
		广东（1所）	曲江相江（曲江、旧濂溪）书院
		广西（1所）	阳朔曹公书院
	建文朝（1所）	福建（1所）	福清龙江书院
	永乐朝（10所）	山东（1所）	曲阜尼山书院（十五年）
		江西（5所）	永丰湖头书院（五年）、泰和匡山书院、安福竹园书院、新昌养正书院、安仁竹庄书院
		湖南（1所）	衡山石鼓（李秀才）书院
		福建（1所）	沙县谏议（了斋）书院（二年）
		广东（1所）	海阳韩山（韩公）书院（二年）
		广西（1所）	全州清湘（柳山）书院（九年）
	宣德朝（10所）	河南（1所）	永宁洛西书院
		江苏（3所）	吴县文正书院、常熟文学（学道、虞山）书院（九年）、阳湖城南书院
		安徽（1所）	当涂采石书院（三年）
		浙江（2所）	湖州安定书院、嘉兴陆宣公书院
		江西（1所）	贵溪桐源（桐原）书院
		福建（2所）	建阳考亭书院（七年）、福清闻读书院

除了数量骤减之外，明初书院在其他方面也有严重倒退。有的书院虽仍保留书院名称但却改作他用。如元建福建古田城南书院，“洪武间改为射圃，仍扁其门曰城南书院”。[1]还有一些书院如福建崇安梓翁书院、福建龙溪芗江书院、江苏丹阳濂溪书院、江西鄱阳白云书院等皆以祭祀先贤、名儒或自己先祖为内容，和文化教育活动基本绝缘。即或一些书院进行一些文化活动，也是以个人藏修为内容。如江西新喻凤台（石门）书院，系洪武初乡人梁寅所建，“结庐石门山，聚书遗子孙，名曰书庄”。[2]江西吉水竹庄书院，为邑人陈秉献、陈秉哲读书所。福建诏安傍江书院，为陈汶辉隐居处。有些书院虽有教学活动，但多是士大夫或缙绅私人家塾。如洪武十二年乡人苏廷贵建福建龙溪建溪书院，“延邑中宿儒教子弟于此”。[3]江西星子龙潭书院，为邑人查琛“教其宗党”之处。江西万载绿荫书院，为永乐间邑人郭彦正所建，“以课其子弟”。[4]当然，由于禁绝书院的政令在各处贯彻程度不一，其间也有个别书院招徒讲学。如洪武初邑人刘惠廷建江西吉水仁山书院，“其子龄增构馆阁，聚古今图书，以待来学者”。[5]同时，乡人陈彝则建福建漳浦鸿江书院，“授徒讲学”。[6]永乐间所建之广东顺德锦云书院，由解元曾节司教事，“学者从游甚众”。[7]但是因为主讲者既非有名儒师，也无生徒千里负笈求学的

1　黄澄渊等纂修：民国《古田县志》卷一四，古田县修志委员会铅印本1942年。

2 （清）刘坤一等纂修：光绪《江西通志》卷八一、八二，江苏广陵古籍刻印社，1987年。

3 （明）刘天授等纂修：嘉靖《龙溪县志》卷六，上海古籍书店，1982年。

4 （清）谢旻等纂修：雍正《江西通志》卷二一、二二，四库全书本，商务印书馆，1986年。

5 （清）刘坤一等纂修：光绪《江西通志》卷八一、八二，江苏广陵古籍刻印社，1987年。

6 （清）陈寿祺纂修：同治《福建通志》卷六四，台北华文书局股份有限公司，1968年。

7 （清）陈梦雷等辑：《古今图书集成·职方典》卷一三〇六，中华书局，1986年。

记载，在社会上基本上没有产生什么影响。一时之间，书院数量及其影响下降到了南宋以来的最低点。

经过一个时期的极度沉寂之后，从正统朝开始，明代书院进入了它的初步发展时期。就政治形势而言，由于开国以后统治集团内部斗争频繁，君主专制逐渐削弱，武人执政的局面也已成为历史，从而为书院的发展提供了可能。而就全国教育情况来看，也因封建社会内部的矛盾运动，旧的教育机构渐趋腐败，并成为文化教育事业进一步发展的障碍，迫使各级封建政府不得不改弦易辙，对教育机构进行改革。即以中央政府最高学府国子监而言，明朝初年，虽确为政府培养了不少人才，但自永乐迁都以后，南京国子监地位下降，江南士子仕途大受影响。景泰以后，又以边事孔棘，推行纳粟、纳马捐监之例，更使监生“流品混淆，不为士人所重”。[1]与此同时，其他各类学校如府州县学以及社学，也因吏治腐败和士子惟务科举成名而逐渐流于形式。如正统初年，浙江副使胡轸上疏言，“比来习俗颓弊，不务实德，于已惟记诵旧文以图侥幸，今宜首革此弊”。[2]有鉴于此，为了培养合乎封建统治所需要的人才，正统以后，一些地方官员开始于地方各类学校之外兴办书院。如正统元年，翟溥福任职江西南康，即“率僚属捐俸铲秽除荒”，修复白鹿洞书院。[3]“延师训其子弟，朔望躬诣讲授”。[4]同年，在地方官员主持下，浙江淳安石峡书院、浙江严州钓台书院也相继修复，不少新建书院也先后出现。受此影响，明朝中央政府也一改原来对于书院的压制态度，转而表示积极支持。这些情况，虽在正史、政书中几乎没有记载，但在一些志书

1　叶楚伧等主编：民国《首都志》卷七，正中书局，1947 年。

2　（明）李宗元纂修：嘉靖《沈丘县志·学校》，上海书店，1990 年。

3　（清）刘坤一等纂修：光绪《江西通志》卷八一、八二，江苏广陵古籍刻印社，1987 年。

4　（清）张廷玉等撰：《明史》卷二八一，中华书局，1984。

中却保存了十分可贵的资料。如嘉靖《建宁府志》卷一“七建阳环峰书院”条下载，“正统、成化间，历奉礼、兵二部勘合，官为修理名贤书院”。民国《名山新志》卷一一亦载:“正统九年，诏改生徒肄业之所为书院”。后来，为了推动书院发展，最高统治者还以书扁赐额甚至敕建书院以表示对书院的肯定和支持。如成化十四年成化皇帝为浙江金华正学（崇正、四贤）书院书扁赐额；成化十七年又为河南襄城紫云书院书扁赐额；弘治初，弘治皇帝还敕建山西绛州崇理（崇礼）书院。在明朝中央政府的号召下，各地官员或废除僧寺淫祠，或对社学加以扩建兴办书院，与此同时，地方绅衿和有名学者所建书院也开始出现，全国书院数量开始上升。据统计，正统朝，全国新建书院 15 所，修复、重建前代书院 16 所；景泰朝分别为 8 所和 9 所；天顺朝，分别为 8 所和 11 所；成化朝分别为 48 所和 30 所；弘治朝分别为 75 所和 20 所。总计五朝新建书院 154 所，修复、重建前代书院 86 所，共计 240 所。如果考虑到洪武以来新建和修复、重建前代书院这时也大多重修，此时全国书院当不下三百来所。而且就其地区而言，还北至辽东、西至甘肃、南至云南等边徼地区，大大超出了宋元时期书院分布区域。兹将此时新建和修复前代书院详载于下，以见此时书院发展之状况：

其一，正统至弘治时期新建书院凡 154 所。（见表三）

表三　正统至弘治时期各地新建书院情况表

	朝　代	省　别	书　院　名　称
新建书院（154 所）	正统朝（15 所）	山东（3 所）	德州董子（醇儒）书院、馆陶陶山书院（七年）、平度州蔡文忠书院
		陕西（1 所）	蒲城正学书院
		江苏（2 所）	句客句曲书院（二年）、崇明西沙书院（九年）

续　表

	朝　代	省　别	书　院　名　称
		江西 (4所)	弋阳潭石书院、吉水养中书院、广昌清溪书院、铅山东冈书院
		福建 (1所)	龙岩文峰书院
		广东 (2所)	番禺崇正书院（二年）、琼山桐墩书院
		四川 (2所)	名山月心（仰山）书院（九年）、乐山东坡书院（十三年）
	景泰朝 (8所)	山东 (1所)	掖县东莱书院（五年）
		江苏 (2所)	江都资政书院（六年）、丹阳练湖书院
		江西 (3所)	崇仁小陂（康斋）书院、崇仁巴山书院、广昌东园书院
		湖北 (1所)	石首城南书院
		广西 (1所)	藤县三元书院（元年）
	天顺朝 (8所)	河南 (1所)	开封丽泽（大梁）书院（五年）
		江苏 (2所)	山阳节孝书院（二年）、昆山富春书院
		湖北 (1所)	麻城龙溪书院
		广东 (4所)	东莞城南书院（七年）、东莞凤冈书院、东莞宁溪书院、海阳玉华书院
	成化朝 (48所)	河南 (9所)	郏县青云书院（五年）、南阳志学书院、南阳豫山书院（八年）、汝阳汝南书院（十一年）、洛阳伊洛书院、辉县百泉书院（十七年）、邓州贾状元书院、襄城紫云书院、长葛紫云山书院
		山东 (7所)	安邱公冶长书院（八年）、诸城东武书院、诸城沧浪书院（十一年）、邹平范公书院（十六年）、邹平长白书院（十八年）、益都松林书院、即墨东崖书院
		甘肃 (1所)	静宁州陇干（阿阳）书院
		江苏 (1所)	江阴延陵书院（五年）

续 表

	朝 代	省 别	书 院 名 称
		安徽（4所）	休宁李溪（率溪）书院、天长始兴（芝生）书院（五年）；石埭紫潭书院（二十三年）、青阳李白书院
		浙江（4所）	萧山道南书院（二年）、淳安清溪书院（十一年）、永康龙川书院、淳安仙居书院
		江西（2所）	德化靖忠（丰储坊）书院（五年）、新淦惜阴书院（九年）
		福建（2所）	侯官登云书院（十一年）、泉州欧阳书院（十八年）
		湖北（2所）	远安新城书院（十六年）、武昌芹香（芹南）书院
		湖南（3所）	新化濂溪书院（元年）、衡阳资政书院、△茶陵州光岳书院[1]
		广东（4所）	澄迈秀峰书院（元年）、琼山同文书院（九年）、保昌大中（天峰、弘道）书院（十一年）、番禺粤洲书院
		广西（2所）	马平同仁书院（二十三年）、梧州绿漪书院
		四川（7所）	蓬州南山书院（十一年）、叙州翠屏书院、叙州培翁书院（十八年）、广安州甘棠书院（二十二年）、岳池甘泉书院、长宁清平书院、犍为子云书院
	弘治朝（75所）	直隶（1所）	西宁宁邑书院（四年）
		河南（2所）	郏县崇正（崇道）书院（十五年）、信阳州义阳书院
		山西（6所）	河津文清书院（元年）、偏关儋林（凤山）书院（二年）、大同务学书院（八年）、襄陵姑汾书院、荣河大宁（大安）书院、绛州崇理书院
		陕西（11所）	榆林榆阳书院、武功绿野书院（八年）、三原弘道书院（九年）、延安龙溪书院、延安育英书院、扶风多贤书院、陇州岍山书院、鄜州西山书院、兰田芸阁书院、鄜州丽泽书院、三原嵯峨书院

1 凡前加△号码者皆采自当时成书之地方志书，下仿此，不再另注。

续　表

	朝　代	省　别	书　院　名　称
		山东（1所）	昌邑四知书院
		辽东（3所）	沈阳辽右书院（六年）、辽阳辽左（正学）书院（七年）、广宁崇文书院
		江苏（5所）	江浦石洞书院、昭文东湖书院、江浦养正书院、宜兴东坡（蜀山）书院、常熟虞溪书院
		安徽（2所）	庐州包公（孝肃）书院、霍山东（南岳）书院
		浙江（2所）	杭州敷文（太和）书院（十一年）、永嘉鹿城书院（十三年）
		江西（9所）	永丰金牛书院、永丰一峰书院、泰和清风书院、泰和文明书院、安福前溪书院、上犹兴文书院、余干南谷书院、余干礼吾书院、余干碧峰书院
		福建（4所）	延平府道南书院（五年）、长乐龙峰书院、长乐南山书院、长乐凤岐书院
		湖北（8所）	宜昌墨池书院（十年）、黄陂二程书院（十八年）、崇阳高堤书院、麻城白杲书院、麻城东溪书院、随州白云书院、荆门象山书院、黄冈东坡书院
		湖南（4所）	茶陵州洣江书院（十七年）、浏阳南山书院、衡山文定书院、华容龙峰书院
		广东（9所）	嘉应州周溪书院（二年）、清远瑞峰书院（十七年）、番禺鳌峰书院、新会小庐山（庐阜精舍）书院、海阳义安书院、恩平凤皇书院、琼山奇甸书院、嘉应州先贤书院、嘉应州立诚书院
		广西（2所）	梧州东湖书院（十年）、宜山竹池书院
		云南（4所）	浪穹龙华书院（十一年）、太和苍山（苍麓）书院（十二年）、腾越秀峰书院、蒙化明志（崇正）书院
		贵州（2所）	定番州中峰书院（三年）、贵阳文明书院（十七年）

其二，正统至弘治时期修复、重建前代书院86所。（见表四）

表四　正统至弘治时期各地修复、重建前代书院情况表

	朝　代	省　别	书　院　名　称
修复、重建前代书院（86所）	正统朝（16所）	山东（1所）	邹县中庸书院
		浙江（2所）	淳安石峡书院、严州钓台书院（元年）
		江西（3所）	星子白鹿洞书院（元年）、九江濂溪港书院、赣县义泉（先贤）书院
		福建（7所）	莆田瑶台书院（九年）、建阳鳌峰书院、建阳瑞樟书院、建阳芦峰书院、崇安武夷（紫阳）书院（十三年）、建阳环峰书院、崇安文定书院
		湖南（1所）	鄠县台山书院
		广东（1所）	广州濂溪书院（二年）
		广西（1所）	桂林宣城（华掌）书院（五年）
	景泰朝（9所）	浙江（1所）	慈溪慈湖书院
		江西（6所）	玉山端明（怀玉）书院（三年）、大庾周程书院（四年）、龙泉盘窝书院（七年）、上饶叠山书院、贵溪象山书院、铅山鹅湖（文宗）书院
		福建（2所）	松溪湛卢书院（六年）、龙溪南溪书院
	天顺朝（11所）	山西（1所）	夏县涑水书院（二年）
		浙江（2所）	宁波桃源书院、西安清献书院
		江西（4所）	义宁州濂溪（濂山）书院（三年）、金溪槐堂书院、玉山草堂（斗山）书院、乐安龙冈书院
		福建（1所）	建宁屏山书院
		湖南（1所）	武冈州谏议书院
		广东（2所）	英德涵晖（涵晖谷）书院、琼山东坡书院

续　表

	朝　代	省　别	书　院　名　称
	成化朝(30所)	直隶(1所)	新乐璧里书院（二年）
		河南(1所)	南阳诸葛书院（八年）
		陕西(2所)	乾州紫阳（乾阳）书院（四年）、兰田瀛洲书院
		山东(2所)	郯城一贯（宗圣）书院（四年）、滕县性善（道一）书院（十年）
		江苏(1所)	无锡东林书院
		安徽(2所)	婺源明经书院（十六年）、歙县紫阳书院
		浙江(5所)	嵊县二戴书院（十年）、杭州西湖（孤山）书院（十二年）、金华正学（崇正、四贤）书院（十四年）、台州上蔡书院、金华丽泽书院
		江西(4所)	乐安道山书院（四年）、武宁柳山书院、高要桂岩书院、玉山怀玉书院
		福建(5所)	泉州石井书院、同安文公（大同）书院（十二年）、政和星溪书院（十四年）、建阳云谷书院（十七年）、兴化府芝山（龙江）书院
		湖北(1所)	咸宁相山书院
		湖南(4所)	长沙岳麓书院、常宁双蹲（芹东、集贤）书院、黔阳宝山书院、安乡深柳（文正）书院
		四川(2所)	顺庆府果山书院（十一年）、蒲江鹤山（穆清）书院
	弘治朝(20所)	直隶(1所)	安州静修书院
		河南(1所)	上蔡显道（上蔡）书院（十一年）
		山西(2所)	平阳晋山书院（三年）、永济首阳书院
		陕西(3所)	三原学古书院（元年）、西安正学书院（九年）、延安嘉岭书院（十七年）

续　表

	朝　代	省　别	书　院　名　称
		山东 (2 所)	莒州文学书院（六年）、泰安泰山书院
		安徽 (2 所)	舒城龙眠书院（十二年）、绩溪翚阳书院
		浙江 (1 所)	德清东莱书院（九年）
		江西 (5 所)	余干东山书院（二年）、萍乡濂溪书院、泰和龙洲（鹭洲）书院、泰和文溪（文洲）书院、贵溪玉溪书院
		湖北 (1 所)	阳新叠山书院（十二年）
		湖南 (2 所)	郴州濂溪书院、湘乡涟滨书院（十二年）

由于是中央政府下令建立书院，故而这一时期，官建书院几乎占压倒优势。据统计，在此时新建 154 所书院中，明确为官建者达 90 所；在修复前代 86 所书院中，官修达 60 所，官建、官修总数占 60%以上。而且，除江西、福建等个别省份因历史原因民建书院稍多外，其他各省几乎全是清一色的官办书院。官办书院，资金充裕，效率显著，可以迅速造成声势。同时，还可以动用行政力量，向侵吞院产的僧道和其他社会恶势力进行斗争，有利于书院的迅速发展。其中一些官员对于兴办书院还非常热心，筹建殿堂、斋舍，规划院产，聘请师资，招收生徒，皆不遗余力。如成化中南阳知府段坚，上任之后，见元建南阳诸葛书院“兵燹之后，仅存遗址”。[1] 乃组织人力，将之修复。而后，又废除僧寺，改建南阳豫山书院，“聚教生徒，置地三十顷，以资其费”。[2] 同时，又筹建南阳志学书院，“聚军民子弟五百人于其中，举内乡

1 （清）田文镜等纂修：《河南通志》卷四三，清光绪二十八年刻本。

2 （明）杨应奎等纂修：嘉靖《南阳府志》卷一，张嘉谋校注本，南阳前锋报社铅印本，1942 年。

柴升等五人为之师。坚又时出所学，以教其不及”。[1]又如巡按御史樊祉，弘治六、七年间，先后在辽东建立了沈阳辽右书院、辽阳辽左书院、广宁崇文书院等三所书院，填补了长期以来东北地区书院的空白。再如弘治中知府潘府，任职福建时，先后兴办长乐龙峰书院、长乐南山书院、长乐凤岐书院等三所书院，调任广东，又陆续建立了清远瑞峰书院和恩平凤皇书院。还如弘治中署知府胡光，改僧寺建立云南蒙化明志（崇正）书院，“规制宏雅”[2]。书院建成后，又派人“直往江南中州市群书，贮于观文楼。于是云南诸学积书之富，惟蒙化为最”。[3]他如弘治八年提学副使杨一清等建立陕西武功绿野书院，“以训导为师，择士子充于中，规约大率与白鹿、睢阳类。时西安、凤翔诸生，闻风踵至，公时坐堂上督劝之，沨沨乎道学之流行也”。[4]弘治九年，提学王云凤修复陕西西安正学书院，“建楼，广收书籍，以资诸生育览”。[5]所有这些，也都在各地产生了较大的影响并对全国书院的普及和发展，起了重要的推动作用。

官建书院虽于当时书院发展起了一定的作用，但是，由于自明初以来，程朱理学一直是官方哲学思想，处于这一环境之下，官方书院也无法跳出其窠臼。因而当时书院讲授内容，仍是打上程朱烙印的儒家经典；祭祀对象，孔子之外，也多是周程张朱五子。而且，由于自正统以后，监生地位下降，科举考试逐渐成为士子出仕的主要途径，因而，有的官办书院便转而教授举业。如景泰中扬州知府王恕上任之后，“慨兹郡自谢泾第进士以来，垂五十年无继者”。因于江都建资政书院，从而使当地士子“登名甲

1 （清）潘守廉等纂修：光绪《南阳县志》卷六，清光绪三十年石印本。
2 （清）陈梦雷等辑：《古今图书集成·职方典》卷一五〇七，中华书局，1986 年。
3 （明）周季凤纂修：正德《云南志》卷六，嘉靖二十三年刻本。
4 （清）刘于义等纂修：雍正《陕西通志》卷二七，兰州古籍书店，1990 年。
5 （清）刘于义等纂修：雍正《陕西通志》卷二七，兰州古籍书店，1990 年。

科者遂数有其人”。[1]这在当时，虽然只是个别现象，而且也招致了有识之士的非议和抵制。如有的学者即认为："夫学以规之者，常也；耸耳目以新之者，书院也，异也若是”。[2]有的学者如弘治中提学邵宝在重修江西白鹿洞书院时，即“谓诸生之来游者曰，非罢科举进取之念，无辄至此”。[3]但是，这种现象的出现，却对明清时期的书院发展方向产生了重要的影响。

在当时书院发展中，知名学者兴办书院数量虽少，但却对活跃当时学术气氛起了重要的作用。其中比较突出的代表是吴与弼（1391~1469 年）和他的两个学生胡居仁（1434~1484 年）、陈献章（1428~1500 年）。早在正统、景泰年间，吴与弼即在原籍江西崇仁小陂（康斋）书院讲学授徒，而后，他的弟子胡居仁亦于学成之后返回江西余干原籍，先后于余干南谷书院、余干礼吾书院、余干碧峰书院讲授“穷理居敬”之学，后来，又应聘主讲于江西白鹿洞书院和贵溪桐源书院。尤其是在主讲贵溪桐源书院期间，由“门人徐宏嗣主教事，一时称盛”。[4]陈献章则于学成之后返广东原籍，以讲求涵养为宗旨，先后主讲于番禺鳌峰书院、新会小庐山书院，并培养出了湛若水这样的著名学者，不但活跃了当时的学术气氛，而且也为明代陆王之学的兴起和全国书院的更大发展做出了重要的贡献。

第二节　明朝中叶书院的普及

随着封建经济和文化的发展，正德、嘉靖时期，明朝书院进

1 （清）尹会一等纂修：雍正《扬州府志》卷九，成文出版社，1975 年。

2 （明）曾才汉等纂修：嘉靖《太平县志》卷四，上海古籍书店，1981 年。

3 （清）刘坤一等纂修：光绪《江西通志》卷八一、八二，江苏广陵古籍刻印社，1987 年。

4 （清）刘坤一等纂修：光绪《江西通志》卷八一、八二，江苏广陵古籍刻印社，1987 年。

入了它的飞速发展时期。

首先是官学的进一步腐败刺激了书院的发展。据时人所见，当时各级官员普遍不重视官学教育，“黉宫圮而不修”者比比皆是。[1]如至正德间，安徽祁门县“邑儒学弟子员凡二百，而学舍仅百之十，无从卒业久矣”。[2]又如河南夏邑县儒学，嘉靖时期，“环学皆水，而号舍倾圮，青衿无肄业之地，黉宫绝讲诵之声，日复一日，渐沦于废”。[3]在官场中，教职人员也备受歧视，待遇低下，人才流失，疲癃充数。“率视之为散秩轻且易之”，以致教职人员“人则庸众驽散，一切概举而滥授之，仅以备厥数而已。于此而望其兴教化、育贤才，其可得耶？譬之被衣冠于土木，而冀其效灵昭异，其不为愚夫愚妇之所诮也几希矣”。[4]“乃类以仕贫迟幕之伦克之，即能奉行条规足矣，其秉道自尊，立有所化道，兴起几人哉”。[5]“官学渐废，公廪不续，学官奉空腹而卧，士或易衣而行”。[6]至于生徒，情况也甚为糟糕。“日刺候有司之门，请寄为奸利，持短长尼政，或纵荡敖辟，父兄党友病之，大都见利不见义，羔羊素丝之风，伏节死义之事，可多望乎？此士之自待者浅也”。[7]“月书季考，徒事虚文而已，德行道艺之稽列，蔑如也”。[8]这样，明初以来兴办的各类府州县学基本上都只具形式，“朔旦诣学，谒先师已事而退，终岁未闻登堂讲课，学宫颓垣，灌莽不一顾”。[9]对此，当时不少有识之士都十分感慨：“今学校之废

1 （明）王家士等纂修：嘉靖《临朐县志》卷四，上海古籍书店，1982年。
2 （清）周溶等纂修：同治《祁门县志》卷一八，成文出版社，1975年。
3 （明）郑相等纂修：嘉靖《夏邑县志》卷四，上海古籍书店，1982年。
4 （明）程嗣功等纂修：嘉靖《武康县志》卷四，上海古籍书店，1981年。
5 （明）杨载鸣纂：嘉靖《惠志略·学校》，上海古籍书店，1982年。
6 （明）范铉等纂修：嘉靖《辉县志》卷六，上海书店，1990年。
7 （明）杨载鸣纂：嘉靖《惠志略·学校》，上海古籍书店，1982年。
8 （明）郑希侨等纂修：嘉靖《武定州志》卷六，上海古籍书店，1982年。
9 （明）杨载鸣纂：嘉靖《惠志略·学校》，上海古籍书店，1982年。

久矣”。[1]“后世学校之设，徒为文具，先王作人之美意，谁则知之”。[2]一般府州县学之外，原为普及教育而设的各地社学也因基层官吏办事疲玩而问题甚多。一般情况是“惟坊厢设之，而村落则寥然无闻”。[3]如江苏江阴，周境三百七十里，正德年间，只有社学七所（城四乡三），远不能满足下层人民的文化需求。[4]有的社学教师“文理绝谬”，时人传为笑谈。[5]还有一些教职人员，视社学为利薮，或“挟社学与游士为市”，“风俗大坏”；或向就学子弟“月征其课金、鸡米酒食，民之子或苦而不来，则禀诸官勾摄而鞭斥之”。[6]这样，明朝中叶以后各类官学的腐败使得长期以来形成的教育体制发生了深刻的变化，“儒学自明而后，但为春秋释奠习礼之地，其考课讲贯之事，悉归书院”。[7]为了解决士人出仕、朝廷选拔官吏以及广大下层人民的文化需求等重要问题，当时正处于初步发展阶段的各地书院愈来愈引起各阶级、阶层的普遍关注。试看弘治十八年中，全国新建和修复前代书院约九十余所，虽和此前相比已经大大超越。但至正德时期，新建和修复前代书院却骤增至一百五十余所，按年平均，增长速度较之弘治时期几乎翻了一番。这就说明，当时官学腐败和书院的发展有着密不可分的因果关系。

正德、嘉靖时期，正在各地书院因官学腐败而迅速发展之时，湛王之学的兴起及其广泛传播又为书院的飞速发展注入了新的活力。南宋以后二百多年间，由于封建统治者的提倡，程

---

1 （明）杨载鸣纂：嘉靖《惠志略·学校》，上海古籍书店，1982 年。

2 （明）陈甘雨纂修：嘉靖《莱芜县志》卷五，上海古籍书店，1982 年。

3 （明）陈光前纂修：万历《慈利县志》卷十，上海古籍书店，1982 年。

4 （明）赵锦等纂修：嘉靖《江阴县志》卷七，上海古籍书店，1981 年。

5 （明）莫尚简等纂修：嘉靖《惠安县志》卷九，上海古籍书店，1981 年。

6 （清）刘坤一等纂修：光绪《江西通志》卷八一、八二，江苏广陵古籍刻印社，1987 年。

7 饶宗颐等纂修：民国《潮州志》《教育志》，汕头潮州修志馆铅印本，1949 年。

朱理学一直是官方哲学思想。长期居于统治地位使其内容逐渐僵化，严重地桎梏了人们的思想，阻碍着学术文化事业的发展，自然而然地也遭到了广大学者的厌弃。正德、嘉靖时期，著名学者湛若水、王守仁先后登上学术舞台。他们针对程朱理学对儒学经典解释过于支离破碎，使人不能从总体上掌握其精神实质的弊病，揭起为早已隐霾不闻的陆学辩诬的旗帜，分别提出了“随处体认天理”和“致良知”的学说，从而使长期以来极其沉闷的思想界吹过一阵清新之风，当即赢得了知识界不少人士的拥护和支持。湛若水、王守仁不但是思想家，而且还是优秀的教育家，对于明代中期以后书院的迅速发展做出了突出的贡献。湛若水（1465~1560 年），广东增城人，弘治十八年进士，仕至南京礼部尚书，是著名学者陈献章的得意门生。为了弘扬师说，从 40 岁以后一直到 95 岁死前数日，无日不讲学，足迹遍及江南各地，“生平所至，必建书院以祀献章”，“道德尊崇，四方风动，虽远蛮夷，皆知向慕，相从士三千九百有余”。[1]“合天下之士出其门者四千人，车从所至，咸有精舍”。[2]据当时学者罗洪先为其所作《墓表》一文所记，其先后兴建及讲学之书院不下数十所。“于其乡，则有甘泉、独冈、莲花；馆谷于增城、龙门，则有明诚、龙潭；馆谷于羊城，则有天关、小禺、白云、上塘、蒲涧；馆谷于南海之西樵，则有大科，云谷、天阶；馆谷于惠之罗浮，则有朱明、青霞、天华；馆谷于韶之曲江，则有帽峰；英德则有清溪、灵泉；馆谷南都，则有新泉、同人、惠化；馆谷溧阳，则有张公、洞口、甘泉；馆谷扬州，则有城外、行窝、甘泉山；馆谷池州，则有九华山、中华；馆谷在徽州，则有福山、斗山，馆谷福建武夷，则有六曲、仙掌、

1 （明）湛若水撰：《湛甘泉集》卷三二《罗洪先墓表》，齐鲁书社，1977 年。

2 （明）湛若水撰：《湛甘泉集》卷三二《罗洪先墓表》，齐鲁书社，1977 年。

一曲；……湖南，则有南岳、紫云”。[1]除此之外，据各种地方志所载，湛若水讲学或建立之书院尚有安徽休宁天泉书院、江苏江浦新江书院等。王守仁（1472~1529年），浙江余姚人，弘治十二年进士，仕至南京兵部尚书。早在正德初年，在他谪居贵州期间，即建立修文龙冈书院。同时，还应贵州提学副使席书之聘于贵阳文明书院讲授知行合一、朱陆异同。任职江西期间，又先后修复赣县义泉（先贤）书院并于赣县新建正蒙书院、富安书院、镇宁书院、龙池书院，“选生儒行义表俗者立为教读，选子弟秀颖者分入书院”。[2]同时，又组织学者会讲于庐山白鹿洞书院。嘉靖初，他在归越守制期间，又至绍兴、杭州等处讲授“致良知”之说，“刹舆隘，至不能容，盖环坐而听者三百余人”。[3]为此，又重建绍兴稽山书院，“聚八邑彦士，身率讲习以督之”。[4]在他晚年任职广西时，还于南宁建敷文书院。湛若水、王守仁不但热心书院建设，而且对于教学方法也深有研究。如湛若水即为广州大科书院制定《大科训规》，对教学内容、方法、态度、读书次序、考试方式做出系统的规定。王守仁则针对青少年特点，提出“其栽培涵养之方，则宜诱之歌诗以发其志意，导之习礼以肃其威仪，讽之读书以开其知觉”。[5]因此由他们主讲或兴办的书院大都师生关系融洽，充满生机和活力，与官办府州县学截然不同。如正德八年王守仁在滁期间，“日与门人遨游琅琊流泉间，月夕则环龙潭而坐者数百人，歌声振山谷，诸生随地请正”。[6]嘉靖三年中秋节，王守仁与门人欢宴于绍兴天泉桥，“门人在侍者百余人。酒半酣，

1（明）湛若水撰：《湛甘泉集》卷三二《罗洪先墓表》，齐鲁书社，1977年。
2（明）王守仁撰：《王文成公全书》卷三四《年谱三、四》，商务印书馆，1934年。
3（明）王守仁撰：《王文成公全书》卷三四《年谱三、四》，商务印书馆，1934年。
4（明）王守仁撰：《王文成公全书》卷三四《年谱三、四》，商务印书馆，1934年。
5（明）王守仁著：《传习录》卷中，商务印书馆，1927年。
6（明）王守仁撰：《王文成公全书》卷三四《年谱三、四》，商务印书馆，1934年。

歌声渐动。久之，或投壶聚算，或击鼓，或泛舟”。[1]守仁见诸生兴剧，退而作诗，“铿然舍瑟春风里，点也虽狂得我情”。嘉靖七年王守仁死后，他的门生弟子为了弘扬师说，纷纷于各地建立或修复书院，讲授“致良知”之说。仅据《年谱》附录所载，便已有薛侃所建之杭州天真（精舍）书院（嘉靖九年），邹守益所建之安徽安福复古书院（十三年），沈谧所建之浙江秀水文湖书院（十六年），周桐应所建之浙江永康寿昌书院（十九年），范引年所建之浙江青田混元书院（二十一年），徐珊所建之湖南辰州虎溪（精舍）书院（二十三年），江西门人所建之江西万安云兴书院（二十七年），史际所建之江苏溧阳嘉义书院（二十九年），阎东所建之安徽泾县水西书院（三十三年），耿定向、罗汝芳所建之安徽宣城志学书院（四十二年）等。在当时由王门弟子所建各处书院中，以安徽声势最大。嘉靖四年，王守仁弟子邹守益谪广德州判官，建复初书院，延同门王心斋讲授“良知”之学。受此影响，安徽各地王门弟子亦各建书院、学会，以相呼应。“一时学会兴起，徽郡有紫阳学会，宁郡有天邑会，泾县有水西学会、赤山学会，太平有九龙学会，池属有五松、陵阳、九华诸学会，桐城有陋巷会，舒城有辅仁学会”。[2]其中主讲之王门弟子不但学有渊源，而且“皆能整躬率物，无愧人师”。在讲学活动中，他们针对程朱理学“有待于读书穷理，故其教仅及士大夫而止”，传播面不广的弱点，力求简易，集中致力于“良知”、“良能”等王学主要观点的传播。如石埭陵阳馆《考德会约》即规定:“会中置簿一册，入会者刊姓名其上，令各书其志向何在，习气偏重何在，退而修省克治，至每月朔望后一日，聚集馆中，直书近日愤发几何。务要怀刑法，懔矩度，不得为瑰奇复藏之语，诸生亦面相砥砺、箴规，

---

1 （明）王守仁撰：《王文成公全书》卷三四《年谱三、四》，商务印书馆，1934 年。

2 安徽通志馆编：民国《安徽省通志稿》《教育考三》，成文出版社，1985 年。

毋为欺隐”。[1]在教学方法上，他们也大胆改革，推广讲会制度，从而不但使其宣传面普及于士农工商各阶层，而且也极大地推动了安徽书院的发展和兴盛。其中，影响最大的是泾县水西书院。其会条曰:“立真意，用实功，销旧习，求益友。”首创时，“每会逾三百人，僧房无所容”，“水西书院之名闻天下”，“其盛直欲与仲晦之白鹿、子渊之石鼓以迄岳麓、睢阳媲美焉”。[2]在此同时，王门弟子还将王守仁文集陆续刊印行世，以广流传。受此影响，以讲授王学为主要内容的新建书院如同雨后春笋，层出不穷，王学风靡于时。如嘉靖四年，薛侃讲学于广东海阳中斋书院，“讲习格致之学，四省同志闻风远来，至不能容，各自架屋以居”。[3]又如杭州虎林书院，在王学门徒讲“致良知”之说时，“讲堂之上，济济彬彬，声气之浮，日昌日炽，诸生会讲，观者如堵”。[4]即使是在北方，一些官员和学者也迎合潮流，讲“致良知”之说。如嘉靖四十五年建立直隶大名思诚书院之后，“士子数百人争相负笈以来就正，公（大名知县李栻）首启以周程张朱之道，参阳明致知之说，而归于忠定公思诚之学”。[5]一时之间，全国书院数量激增，学术气氛空前活跃。如同当时学者罗洪先所称:“濂洛之后至今日，讲学之风遍天下，其亦可谓盛矣。”[6]据笔者统计，正德、嘉靖时期，全国新建书院 672 所，修复和重建前代书院 74 所。总计 60 年间，新增书院 750 所，平均每年新增 12 所。如果考虑到尚有 399 所不详建于明朝何时的书院和 31 所不详修复于明朝何时的书院也有相当部分修建于此时，那么，这一时期，全国

1　安徽通志馆编：民国《安徽省通志稿》《教育考三》，成文出版社，1985 年。
2（明）邱时庸等纂修：嘉庆《泾县志》卷八，上海书店，1990 年。
3　饶宗颐等纂修：民国《潮州志》《教育志》，汕头潮州修志馆铅印本，1949 年。
4（明）聂心汤纂修：万历《钱塘县志》卷三，成文出版社，1975 年。
5（清）李鸿章等纂修：光绪《畿辅通志》卷一一六，河北人民出版社，1989 年。
6（清）刘坤一等纂修：光绪《江西通志》卷八一、八二，江苏广陵古籍刻印社，1987 年。

新建和修复前代书院当近千所。连同明初以来新建和修复前代书院，总数不下1300余所。这是继南宋之后中国古代书院发展史上的第二个高潮时期。而且，和第一个高潮时期南宋时期相比较，持续时间更长，涉及范围更广，数量更多。于此将正德、嘉靖时期新建和修复前代书院以及未详新建和修复于明朝何代的书院详录于下，以见其时书院发展之盛况。

其一，正德、嘉靖两朝新建书院672所。（见表五、表六）

表五　正德朝各地新建书院情况表

朝　代	省　别	书　院　名　称
正德朝（122所）	直隶（6所）	永年漳川（紫山）书院（十三年）、大名元城（天雄）书院（十五年）、大名黎公书院、晋州恒山书院、开州明道书院、浚县性道书院
	河南（2所）	南阳养正书院、信阳子贡（仕学、申阳）书院
	山西（4所）	吉州文城书院（二年）、浑源州石溪书院（六年）、运城河东书院（九年）、永济河中书院
	陕西（2所）	蒲城崇理书院（五年）、户县渼陂书院
	山东（6所）	平度州太泉书院（六年）、即墨郑公（康成）书院（七年）、沂水闵子书院（八年）、益都崇义书院（九年）、平度州状元书院（十五年）、堂邑元蕃书院
	江苏（8所）	山阳仰止书院（十一年）、嘉定练川书院（十二年）、上海仰高书院、武进道南书院、山阳忠孝书院（十四年）、丹徒清风书院（十五年）、无锡二泉（尚德）书院、通州至圣（忠孝、文正）书院
	安徽（7所）	池州绣春书院（十年）、贵池翠微书院（十四年）、祁门东山（环谷）书院（十六年）、歙县紫阳书院、宁国西洋（凤山、明德、开文）书院、芜湖于湖书院、和州峨嵋（古和）书院
	浙江（4所）	嘉善思贤书院（十二年）、嘉兴东湖（屠康粹）书院（十五年）、绍兴陆太傅书院、青田鹤山书院

续 表

朝 代	省 别	书 院 名 称
	江西（21所）	进贤征士书院、进贤锺陵书院（七年）、南昌阳春书院、南安筠阳（尊道）书院（八年）、永丰泷冈书院（十一年）、新建丹陵书院、高安槐东书院、新淦金川书院、安仁见山书院、安仁阳刚书院、建昌扶风（马融）书院、赣县阳明书院、赣县正蒙书院、赣县富安书院、赣县镇宁书院、赣县龙池书院、于都龙溪书院、信丰崇正（阳明）书院、南城三谷书院、南城斗湖书院、南城圭峰书院
	福建（22所）	长泰状元书院（六年）、建阳崇文书院（十一年）、永安豫章书院（十二年）、侯官玉泉书院、延平府文公书院、延平府衍山书院、延平府两吴书院、顺昌二贤（六贤）书院、永安先贤（四贤）书院、邵武府福山书院、邵武府矩墨书院、邵武府白渚书院（十五年）、安溪凤山书院、安溪考亭（凤池）书院（十六年）、侯官竹田书院、闽县泉山书院、闽县养心书院、莆田水南书院、莆田立诚书院、仙游朝天书院、建阳溪山书院、建宁濉溪书院
	湖北（13所）	蕲水南门书院（三年）、蒲圻凤山（等川）书院、罗田老塔书院、蕲春凤麓书院、郧阳五贤书院、鄂州雉峰书院、襄阳凤楼书院、当阳北山书院、石首崇正书院、宜都北山书院、天门梦野台书院、天门东湖书院、蒲圻霞山书院
	湖南（3所）	辰州崇正书院（五年）、常德府阳明书院、石门有竹书院
	广东（4所）	泷水（即罗定州）同人（大同）书院（九年）、海康怀坡书院（十三年）、保昌西清书院（十六年）、琼州西洲（养优）书院
	广西（1所）	横州淮南（淮海）书院
	云南（7所）	浪穹凝川（宁川）书院（四年）、姚州楝川书院（八年）、云南青华书院、嵩明州鹿元（碧澜、崇文、瑶华、龙山）书院、浪穹宁州书院、寻甸州养正书院、鹤庆州龙溪书院
	贵州（3所）	铜仁铜江书院（二年）、修文龙冈书院、开泰天香书院
	四川（9所）	华阳大益书院、邛州鹤山书院（十三年）、峨眉峨山书院（十四年）、剑州兼山书院、蓬州振德书院、夹江隔江（平川）书院、夹江一崖书院、酆都平山书院、△大宁凤山书院

表六　嘉庆朝各地新建书院情况表

朝　代	省　别	书　院　名　称
嘉靖朝（550所）	直隶（36所）	正定崇正（恒阳、天谕）书院（二年）、宣化上谷书院（七年）、长垣河内公（求仁、子路）书院、滦州横渠书院（八年）、蠡县振英（有斐）书院（九年）、安州观光（正学）书院、保定二程（金台）书院（十年）、献县万春书院、献县献陵书院、藁城滹阳书院（十三年）、交河董子书院，祁州贞文书院（十四年）、深州恒麓书院、深州文瑞（博陵）书院（二十六年）、通州通惠书院（二十七年）、宁晋正学书院、宁晋洨滨书院、磁县滏阳书院（三十年）、井陉陉山书院（三十三年）、饶阳近圣书院（三十五年）、大名应龙书院（三十八年）、成安育英书院（四十二年）、大名思诚书院（四十五年）、容城正学（正义）书院、定兴南台书院、任邱珍谟书院、任邱水东书院、正定恒阳（常山、尊闻）书院、顺德国士（龙冈、连城）书院、威县洺阳书院、霸州文明书院、东光兴贤书院、密云后卫书院、赤城独石书院、赤城云州书院、龙门西关书院
	河南（19所）	睢州锦襄书院（四年）、淮宁知德（思鲁、弦歌）书院（七年）、舞阳舞泉书院（九年）、禹州辋山书院、邓州临湍（韩文公）书院、新野白水书院（十年）、禹州白沙书院、禹州仙棠书院、禹州东峰书院（十一年）、叶县问津书院、汝阳天中（笃志）书院（十二年）、许州西湖书院（十三年）、孟阳同寅书院（十五年）。夏邑崇正书院、扶沟明道（大程）书院（二十五年）、禹州西溪书院、禹州颍滨书院、汤阴主静书院、郏县临汝书院
	山西（13所）	太谷凤山（繁穰）书院、汾州仰高书院、解州解梁书院（元年）、翼城丽泽书院（十一年）、翼城绵山书院（十二年）、洪洞丽泽书院（十三年）、太平龙门书院（十四年）、大同云中书院（四十年）、洪洞相观书院、荣河三凤书院、长治东山书院、高平晋城书院、运城正学书院
	陕西（8所）	耀州文正书院（二年）、岐山文宪书院（七年）、同官崇正书院（八年）、富平新城书院（九年）、沔县龙冈书院《三十一年）、周至集贤书院（四十二年）、商州商山书院、华州华山书院
	甘肃（11所）	徽县徽山（凤山）书院（十三年）、清源渭川书院、巩县崇羲书院（十四年）、酒泉酒泉书院（二十六年）、肃州肃州书院、凉州凉州书院（二十七年）、狄道州超然书院（三十年）、甘州甘泉书院（三十一年）、泾州仰止书院（三十七年）、宁夏府揆文（养正、鼎新）书院（四十三年）、灵州朔方书院（四十五年）
	辽东（3所）	广宁仰高书院（八年）、蒲河蒲阳书院（十三年）、辽阳习武书院

续　表

朝　代	省　别	书　院　名　称
	山东 (30所)	汶上圣泽（复古、孔堂）书院、平度州两山书院（二年）、济宁州正学书院（三年）、郓城养正书院（七年）、兖州章贤书院（八年）、临朐朐山书院、临清清源书院（十一年）、肥城大成书院（二十年）、陵县三泉书院（二十八年）、高苑崇正书院（二十九年）、莱阳泮东书院（三十四年）、观城松书院（三十六年）、蓬莱道东书院（三十九年）、长清丽泽书院、兖州勉学书院、兖州养正书院、泗水崇德书院、黄县河滨书院、蒙阴东山书院、蒙阴中山书院、沂水沂水书院、日照奎山书院、东阿东流书院、曹州居敬（五经、雨膏、井莲）书院、鱼台崇德书院、鱼台棠浒书院、△淄川康成书院、临朐李公书院、益都范公书院、郯城曾子书院
	江苏 (34所)	吴县金乡书院、丹徒景贤书院、海州崇正书院、海州明道书院、海州石棚书院、海州伊卢书院（二年）、高淳高淳书院（四年）、江都惟扬书院、通州崇川书院、铜山彭西书院（六年）、甘泉甘泉（崇雅、梅花）书院（七年）、无锡崇正书院（八年）、如皋修篁书院、铜山吕梁书院（十二年）、铜山正谊书院（十四年）、山阳文节书院（十五年）、通州文会书院（十六年）、句容三友书院、盐城正学书院、泰州泰山书院（十七年）、铜山彭东书院、铜山养正书院、丰县华山书院（二十五年）、沛县仰圣书院（二十九年）、上元新泉书院、江浦新江书院、溧阳嘉义书院、浒墅关文正书院、无锡城南东林书院、江阴梧溪书院、△甘泉安石（谢公、谢安）书院、泰州富郑公书院、泰州贵溪书院、沛县泗滨（汉高）书院
	安徽 (53所)	广德复初书院（四年）、庐江毛公书院（五年）、六安州龙津（格致）书院（六年）、青阳阳明书院（七年）、全椒望阳书院、定远青云（贞蒙）书院（十二年）、怀远西山（两山）书院、怀远真儒书院、怀远文昌书院（十三年）、贵池会华书院（十四年）、贵池储才（五经、实学）书院、石埭广阳（长林）书院（二十年）、怀宁龙山书院（二十二年）、庐江水濂书院（三十年）、泾县水西书院（三十一年）、太湖同春书院、宿松禹江（日新）书院（三十二年）、庐江扬林书院（三十四年）、黟县碧阳书院（四十二年）、宣城志学书院（四十三年）、怀宁二良书院、怀宁近思书院、怀宁山谷书院、桐城桐溪（钱家）书院、潜山皖山书院、潜山山谷书院、歙县斗山书院、歙县南山书院、歙县崇正书院、休宁天泉书院、绩溪颍滨书院、绩溪梅林书院、泾县云龙书院、太平天都（文峰、仙源）书院、合肥正学（庐阳）书院、怀远独山书院、全椒南谯书院、全椒襄水书院、和州历阳书院、六安州懋中书院、天长同人书院、△青阳甘泉书院、无为州文翁书院、怀宁青阳书院、太湖太白书院、寿州安丰书院、寿州怀南书院、寿州涌泉书院、贵池李白书院，铜陵李白书院、建德五经书院、石埭李白书院、石埭丁公书院

续　表

朝　代	省　别	书　院　名　称
	浙江 （45 所）	孝丰定性书院（二年），龙泉仁山书院（三年）、德清织帘书院、缙云五云书院、绍兴阳明书院（四年）、镇海南山书院，永嘉贞义（罗峰、忠义）书院（七年）、平阳正学（东山）书院、杭州天真书院（九年），泰顺罗阳书院（十一年）、诸暨紫阳（紫山）书院（十四年）、永嘉龙渠书院（二十年）、处州紫阳书院（二十四年）、青田心极书院、景宁豸山书院（三十二年）、黄岩樊川（紫阳）书院、桐庐镜塘书院（三十五年）、长兴讲德书院（三十七年）、寿昌莲谷书院（三十九年）、湖州一庵书院（四十一年）、分水兴贤（志学、玉华）书院（四十四年），杭州虎林（吴山、两浙）书院，富阳富春书院、秀水闻湖（文湖）书院、秀水景贤书院、平湖崇文（风溪）书院、嵊县慈湖书院、临海南屏书院、黄岩文毅书院、黄岩石龙书院、太平方岩书院、东阳崇正（中兴）书院、永康五峰书院、江山仰山书院、淳安吾溪书院、瑞安仙岩书院、瑞安罗山书院、青田混元（文明）书院、青田瑞龙书院、遂昌凤池书院、平湖介庵书院、△太平龙山（五龙）书院、淳安南山书院、淳安蛟池书院、永嘉浮沚书院
	江西 （53 所）	建昌宏斋书院、南康旭岭书院（二年）、清江石龙书院（三年）、会昌湘江书院（四年）、新淦求仁书院（五年）、泰和静斋书院、德化肄武书院（六年）、义宁州山泉（风山）书院（十三年）、上高金石书院、安福复古书院（十五年）、南丰紫阳书院（二十一年）、德安敷阳（河东）书院（二十六年）、清江芗林书院、清江仰高书院（二十八年）、永丰六一书院（二十九年）、安福复贞（复真）书院、德兴绪山书院、湖口射圃书院（三十七年）、泰和萃和书院（三十九年）、龙泉群英书院、会昌湘江书院（四十三年）、萍乡昌文书院（四十五年）、新建龙光书院、丰城罗山书院、宜春昌黎书院、宜春芳江（秀江）书院、分宜钤麓书院、清江艺林书院、新喻石门书院、永丰太极书院、永丰云邱书院、永新崇正（宗正）书院、永新东华书院、金溪崇正书院、金溪象山书院、南城道一书院、南城明德书院、新城正宗书院、新城东园书院、广昌石冈书院、上饶闻讲书院、贵溪严家书院、鄱阳浮洲书院、德兴二贤书院、德化濂溪书院、湖口成德书院、南康旭升书院、上犹东山书院、瑞金绵江（文成）书院、永宁鹅峰书院、于都濂溪书院、△赣县夜光澄清书院、义宁州山谷书院

续　表

朝　代	省　别	书　院　名　称
	福建（50所）	漳浦崇正书院、诏安崇文书院（二年）、仙游双林（崇正）书院、永春州文公书院（三年）、仙游会心书院、延平府九龙书院（四年）、漳浦南溟书院、诏安东瀛书院（五年）、侯官养正书院、德化紫阳书院（七年）、晋江梅石（一峰、清源）书院、晋江南塘书院（八年）、崇安崇贤书院、福安环溪书院（十年）、古田崇正书院、建宁东山书院（十一年）、邵武府崇贤书院、邵武府养正书院（十二年）、宁德灵溪书院、宁德广福书院（二十二年）、宁化××书院（二十五年）、延平府四贤书院、德化丁溪书院（二十六年）、长汀崇正书院（二十九年）、安溪紫阳书院、安溪养正书院、漳州五经书院（三十五年）、德化龙浔书院（四十年）、侯官崇正书院、古田正学（探本）书院、古田翠屏书院、古田蘖山书院、古田青山书院、莆田寿泽书院、莆田考亭（锺山）书院、仙游紫阳书院、同安鳌江书院、崇安阳明书院、延平府定夫书院、龙溪镇山书院、永安栟榈书院、长汀新罗书院、诏安新成书院、龙岩龙岩书院、龙岩石埭书院、福安斗南书院、△崇安荐山（文肃）书院、上杭杭川书院、上杭练堂书院、龙溪周潘书院
	湖北（26所）	宜都三台（青峰）书院（元年）、通城青阳书院（十六年）、武昌东皋书院（二十一年）、武昌凤台书院（二十二年）、郧阳郧山（龙门）书院（二十六年）、黄梅调梅（梅调、大林）书院（三十四年）、沔阳复中书院（三十九年）、光化文忠书院（四十一年）、武昌濂溪书院（四十二年）、崇阳崇阳书院、孝感西湖书院、麻城道峰书院、麻城辅仁书院、蕲春阳明书院、蕲春崇正书院、广济江汉书院、应城上蔡书院、随州仰高书院、随州印台书院、潜江同仁书院、江陵龙山书院、宜昌六一书院、△沔阳州梦野台书院、巴东文昌书院、归州文澜（灵均）书院、郧阳郢山书院
	湖南（31所）	宁乡玉潭（玉山）书院（三年）、桂阳州蒙泉书院（五年）、绥宁南山书院（八年）、慈利月川书院（十年）、沅州明山（文清）书院（十六年）、桂阳州濂溪书院（二十八年）、耒阳杜陵书院（三十年）、邵阳希濂（东山）书院（三十一年）、湘阴仰高书院（三十二年）、邵阳城南书院（三十六年）、宁远志道书院（三十八年）、武冈州鳌山书院（四十一年）、长沙惜阴书院（四十二年）、益阳龙洲书院、衡山白沙书院、衡山甘泉书院、衡山集贤书院、衡山东廓书院、衡山文昌书院、耒阳白石书院、永州宗濂（濂溪）书院、东安清溪（景濂）书院、永明濂溪书院、新化文昌书院、辰州虎溪（阳明）书院、辰州让溪书院、临武双溪（武溪、侑溪）书院、△茶陵州云崖书院、衡山赵季西书院、衡山景行书院、桃源桃溪（天宁）书院

续　表

朝　代	省　别	书　院　名　称
	广东（64所）	英德龙山（七贤）书院、归善濂溪书院、泷水（即罗定州）泷川（泷江）书院（元年）、广州泰泉书院、合浦又了斋书院（二年）、乳源仰止书院（三年）、高要濂溪书院（四年）、仁化濂溪书院（六年）、翁源翁山书院（八年）、英德南山书院、大埔茶阳书院（九年）、海阳宗山书院（十一年）、灵山海北书院（十五年）、清远崇文书院（十七年）、曲江翠峰（颍江）书院、乐昌龟峰书院（十九年）、仁化锦石书院（二十年）、新会象山书院（二十二年）、海康崇文书院、罗定州南征书院（二十三年）、番禺白山书院、合浦尚志书院（二十四年）、归善横槎书院、临高澹庵书院、澄迈天池书院（二十五年）、大埔汇川书院（二十六年）、潮阳北城书院（二十七年）、琼山崇文书院（三十二年）、保昌正学书院、儋州振德书院（三十四年）、英德会英书院（三十五年）、开建储元书院（四十一年）、广州矩州书院、广州云谷书院、广州大科书院、广州石泉书院、广州四峰书院、广州石头书院、广州白云书院、广州黄佐书院、番禺天关书院、番禺迂冈书院、番禺慎德书院、从化翠峰书院、增城明诚书院、增城独冈书院、增城莲花（莲洞）书院、香山仁山书院、海阳虞山书院、海阳中斋书院、新兴澹庵书院、茂名泗水书院、化州宝贤书院、琼山石湖书院、嘉应州培风（双忠、七贤、九贤、程江）书院、△博罗涵江书院、海丰文山书院、海丰桂林书院、海丰清明书院、海丰西峰书院、龙川仰止书院、长乐东山书院、河源崇文书院、陆丰倡南（观澜）书院
	广西（22所）	藤县解元书院（元年）、庆远四贤书院（二年）、临桂桂林书院（三年）、梧州梧山书院（六年）、宾州敷文书院、南宁敷文书院（七年）、全州湘山书院、平乐道乡（访贤）书院（九年）、梧州岭表书院、崇善笔花书院（十一年）、永淳腾蛟书院（十四年）、南宁东泉书院（十五年）、崇善肇化书院（二十一年）、博白养正书院（二十四年）、南宁东郭书院、南宁西郭书院、南宁中郭书院（二十九年）、藤县凤山书院、横州悟斋书院、左州左阳书院、崇善静庵书院、△武缘修文书院
	云南（23所）	禄丰松岩书院（元年）、赵州玉泉书院、建水崇文（崇正）书院（二年）、昆明五华书院（三年）、建水景贤书院、楚雄府龙冈书院（六年）、宾川州秀峰书院（二十三年）、寻甸州萃华书院（二十八年）、楚雄府南峰书院（三十一年）、定远文龙（定远）书院（三十五年）、楚雄府龙泉（雁峰）书院（四十年）、保山保山书院（四十二年）、太和汲泉（崇敬）书院（四十五年）、安宁州云峰书院、云南五云书院、邓川州玉泉书院、太和桂林书院、太和龙关书院、太和玉龙书院、太和桂香（中溪）书院、河阳点苍书院、保山正学书院、元江北池书院

续　表

朝　代	省　别	书　院　名　称
	贵州 (11 所)	平越石壁书院（七年）、平越中峰书院（十三年）、贵阳阳明书院（十四年）、兴隆卫南山书院（十五年）、贵阳正学书院（二十一年）、都匀鹤楼书院、镇远紫阳书院、贵阳渔矶书院、△兴隆卫月潭书院、普定卫××书院、安庄卫××书院
	四川 (18 所)	汉州南轩书院（元年）、乐山九峰（高标）书院（二年）、富顺学易（西湖、景阳、江阳）书院（四年）、遂宁书台(武信、斗城、鱼山）书院、眉州鹤山书院（九年）、合州合宗（濂溪）书院（十年）、井研崇正书院（二十一年）、屏山楼山书院（二十八年）、巴县凝道书院、阆中锦屏书院、长宁文明书院、万县集贤书院、开县三贤书院、中江斗山书院、东乡石鼓书院、△南溪云台书院、南溪南溪(凤翔）书院、洪雅修文（雅江）书院

其二，正德、嘉庆两朝修复、重建前代书院 74 所。（见表七、表八）

表七　正德朝各地修复、重建前代书院情况表

朝　代	省　别	书　院　名　称
正德朝 (28 所)	直隶 (2 所)	河间毛公书院（十年）、景县董子书院
	河南 (1 所)	宝丰明道书院（七年）
	山西 (1 所)	黎城沧溪书院
	陕西 (1 所)	凤翔岐阳（崇正）书院
	山东 (1 所)	曲阜洙泗书院
	江苏 (2 所)	华亭九峰书院、金坛龙山书院（十一年）
	安徽 (1 所)	池州齐山书院（九年）
	浙江 (2 所)	绍兴旧稽山书院、江山逸平（南塘、正学）书院

续　表

朝　代	省　别	书　院　名　称
	江西（6所）	都昌经归（云住）书院（六年）、南城盱江书院（七年）、高安文溪书院、鄱阳忠宣书院、万年石洞书院、乐安鳌溪书院
	福建（4所）	晋江泉山（温陵）书院、崇安九峰书院（十年）、光泽云岩书院（十二年）、顺昌双峰书院
	湖北（2所）	宜都清江（北山）书院、黄冈问津（龙仁夫）书院
	湖南（3所）	醴陵东莱（莱山）书院（二年）、长沙城南书院、澧州澧阳（溪东）书院
	广东（1所）	兴宁探花书院
	广西（1所）	全州璜溪书院（九年）

表八　嘉靖朝各地修复、重建前代书院情况表

朝　代	省　别	书　院　名　称
嘉靖朝（46所）	河南（5所）	光山涑水书院（三年）、禹县儒林书院（七年）、永城浍滨书院（二十一年）、商邱应天书院、登封嵩阳（太乙、太室）书院
	山西（1所）	榆次源池书院（三年）
	江苏（6所）	吴县学道书院、长洲和靖书院（二年）、丹徒淮海书院（三年）、泰州胡公（安定）书院（十七年）、上元南轩书院、上元明道书院
	安徽（2所）	婺源紫阳（晦庵）书院（九年）、阜阳西湖书院（十四年）
	浙江（10所）	镇海湖山书院（五年）、浦江月泉书院（九年）、瑞安心极书院（三十三年）、淳安蜀阜（雉峰）书院（四十三年）、归安长春书院、新昌石鼓（鼓山）书院、黄岩南峰书院、永嘉东山书院、奉化广平书院、黄岩九溪书院
	江西（8所）	新淦高峰书院（元年）、庐陵白鹭洲书院（五年）、丰城龙光书院、德兴柳湖书院（十年）、临川临汝（南湖）书院（三十七年）、上饶御书院（三十八年）、德兴蒙斋书院、德兴归轩书院

续 表

朝 代	省 别	书 院 名 称
	福建 (3所)	侯官三山书院、晋江小山丛竹书院、政和云根书院
	湖南 (6所)	湘潭碧泉书院（四年）、桃源沅阳书院（九年）、靖州鹤山书院（十三年）、衡山清献书院（三十六年）、安仁清溪书院、邵阳濂溪书院
	广东 (4所)	阳江濂溪书院（十一年）、博罗钓鳌（豫章）书院（十九年）、广州羊额书院、四会濂溪（兴文）书院
	四川 (1所)	绵竹紫岩（景宣、月波）书院（十五年）

其三，根据各种文献记载统计，明代尚有不详始建年代的书院399所。（见表九）

表九　明代各地不详始建年代书院情况表

省 别	书 院 名 称
直隶 (18所)	平谷平川书院、蠡县宙泉书院、定兴白河书院、尧山资治书院、任县莲州书院、开州聚魁书院、南宫东郭书院、南宫紫微书院、枣强养正书院、柏乡槐川书院、宣化二贤书院、△[1]卢龙孤竹书院、安国横渠书院、献县见麟书院、广平春熙书院、浚县东山（阳明）书院、易州成德书院、怀来绿荫书院
河南 (30所)	开封二程书院、开封崇正书院、开封东坡书院、荥阳兴文书院、太康连城（兴贤、二贤）书院、洛阳望嵩书院、偃师两程书院、新安川上书院、郏县符井书院、伊阳小书院、伊阳崆峒书院、伊阳连珠书院、延津莲塘书院、河内中丞王公书院、孟县造士书院、镇平××书院、邓州大成书院、西平东隅书院、西平文城书院、西平朝阳书院、西平新建（闫公、定颍）书院、正阳贤良书院、正阳慎独书院、襄城汝南书院、舞阳晒书台书院、△汤阳精忠书院、偃师首阳书院、渑池邓公书院、鲁山鲁阳书院、叶县问政书院
山西 (18所)	太原晋阳（三立、河汾）书院、太原晋溪书院、榆次涂川书院、浑源州凤山书院、崞县石桥书院、崞县宁文书院、赵城云龙（罗云、龙云）书院、太宁北寨书院、偏关关西书院、阳城聚奎书院、△交城通济书院、交城一隅书院、蒲州济南吴公书院、猗氏××书院、汾阳文昌书院、平遥乡土书院、介休景贤书院、介休三贤书院

1　凡《古今图书集成远·职方典》中不详始建年代之书院，概列于此，并于前加三角号码，以资识别。下同。

续　表

省　别	书　院　名　称
陕西(7所)	高陵泾野书院、兰田秦关书院、华阴华岳书院、△渭南正学书院、延安赵公书院、宜川正学书院、岐山三公（三王）书院
甘肃(3所)	△平凉崇文书院、秦州××书院、阶州××书院
山东(20所)	历城白鹤书院、阳谷冉子（谷山）书院、聊城东林书院、潍县麓台(公孙弘）书院、肥城同川书院、濮州丹陵书院、朝城南泉书院、△德平磐阳书院、滋阳承训书院、滋阳颜子书院、汶上汶阳书院、冠县崇文书院、蓬莱资政书院、蓬莱蓬莱书院、掖县韩信书院、沂州诸葛书院、沂州李氏书院、兰山鲁公书院、兰山荀子书院、定陶养正书院
江苏(17所)	吴县碧山书院、吴县道南书院、吴县芥隐书院、吴县天池书院、新阳可贞书院、新阳苏公书院、华亭日新书院、山阳黄公书院、肖县易安书院、海安凤山书院、△江宁长干书院、江浦江干书院、上元三山书院、上元清惠书院、句容江左（成山）书院、溧水中山书院、山阳清江书院
安徽(30所)	潜山三高书院、黟县中天书院、黟县林历书院、黟县南屏书院、绩溪东园书院、绩溪谦和（谦如、蜀川）书院、旌德××书院、旌德大学(储英）书院、铜陵紫阳书院、石埭陵阳书院、合肥青阳书院、庐江崇文书院、寿州淮肥书院、全椒大观书院、含山西书院、六安州莲祯书院、英山志学书院、英山湖山书院、泗州决科书院、石埭鸣凤书院、△绩溪二峨书院、歙县凤池书院、歙县见山书院、歙县白云书院(三峰精舍)、婺源霞源书院、繁昌丛文书院、泗州两所甓山书院、泗州龙泉书院、五河××书院
浙江(48所)	杭州两峰书院、於潜天目书院、平湖天心书院、长兴养正书院、长兴霞舟书院、长兴静虚书院、武康开元书院、鄞县镜川书院、绍兴阳和书院、会稽念斋书院、会稽康洲书院、上虞中峰书院、嵊县长春书院、台州赤城（正学）书院、临海白云书院、临海崇正书院、临海白象书院、临海南衡书院、黄岩灵峰书院、仙居蓼溪书院、龙游枫林书院、江山高斋书院、江山景濂书院、江山清漾书院、江山留斋书院、江山三益书院、淳安宾兴（鹿鸣）书院、淳安云起书院、淳安高山书院、淳安龙山书院、淳安琼林书院、淳安凤山书院、桐庐沧江书院、桐庐桐江书院、永嘉芙蓉书院、乐清雁山书院、乐清梅溪书院、乐清马屿书院、乐清凤南书院、乐清南屏书院、乐清招贤书院、庆元松源书院、景宁鹤溪书院、△秀水南溪书院、石门绿槐书院、临海丹崖书院、兰溪源石书院、遂昌兑谷书院

续 表

省 别	书 院 名 称
江西（51所）	新建清溪书院、新建枥山书院、新建浯溪书院、新建云中书院、新建罗溪书院、新建香城书院、奉新吟溪书院、高安南嬛书院、高安息园书院、高安仿莲书院、高安绿槐书院、新昌尉山书院、新昌曲江书院、新昌四知书院、万载三峰书院、万载步云书院、庐陵三清书院、庐陵积秀书院、泰和兴仁书院、吉水复初书院、吉水同江书院、永丰恩江书院、永丰龙云书院、永丰斋明书院、乐安卧龙（卧云）书院、乐安安定书院、乐安大成书院、南城正学书院、广丰东岩书院、兴安荷峰书院、鄱阳菁峨书院、鄱阳里仁书院、德兴银麓书院、安仁临池书院、万年玉溪书院、万年松冈书院、建昌石潭书院、于都皇华书院、△南昌此洗书院、新建层林书院、新昌南征书院、新昌三台书院、万载欧江书院、吉水登东书院、吉水仁寿书院、吉水化成书院、吉水金滩书院、万安梅陂书院、鄱阳湖东书院、万年方塘书院、安义灵溪书院
福建（25所）	古田鹤鸣书院、古田明德书院、莆田兴安（明宗）书院、光泽月山书院、龙岩新罗（瀛龙）书院、福安苏江书院、△永安纹山书院、连城程公书院、连城雷公书院、连城李公书院、连城陶公书院、连城李公书院、连城王公书院、永定吴公书院、永定岳公书院、永定卢公书院、漳州云龙书院、漳州西清书院、漳州丽泽书院、龙岩黄岩书院、福安景台书院、福安东塾书院、福安正学书院、福安乐山书院、宁德晦庵（晦翁）书院
湖北（27所）	武昌清风书院、嘉鱼乾山书院、崇阳山谷书院、崇阳百泉书院、汉阳凤山书院、黄冈王公书院、黄冈淋山书院、罗田义川（薪樵、塔山）书院、云梦尚行书院、京山郑公（敬业）书院、京山同仁书院、京山中洲书院、襄阳凤栖书院、襄阳凤山书院、竹山秋江书院、荆州阳春书院、石首崇正书院、当阳玉阳（回峰）书院、麻城白云书院、麻城明德书院、罗田养正书院、潜江江阳书院、随州白石书院、△孝感经正书院、麻城蒋公书院、广济××书院、枣阳沧浪书院
湖南（23所）	善化珋谷书院、攸县光岭书院、攸县紫麟书院、攸县跃龙书院、茶陵州西畴书院、酃县天香书院、宁远申义书院、邵阳吐秀书院、邵阳囊萤书院、新宁文昌（青莲、莲潭）书院、岳州精忠书院、临湘人文书院、桃源漳江（桃川）书院、沅州耀文书院、宜章玉溪书院、靖州武功书院、靖州紫阳书院、澧阳怀德书院、安乡文溪书院、安福龙池书院、桂阳州子龙书院、临武白石书院、△攸县石山书院

续　表

省　别	书　院　名　称
广东（41 所）	番禺镇海书院、海阳龙湖书院、海阳正元（贞元）书院、海阳玉简书院、潮阳文昌书院、高要仰湖书院、化州四贤书院、信宜丽泽（双川）书院、定安绿漪书院、儋州图南书院、儋州丽泽书院、△广州正学书院、顺德翠岩书院、顺德义庵书院、顺德九峰书院、顺德凤皇书院、顺德帆园书院、顺德鹏山书院、顺德五峰书院、顺德泮浦书院、东莞鳌台书院、东莞园沙书院、东莞宝冈书院、东莞龙头书院、东莞道山书院、东莞同寅书院、东莞金鳌（金溪）书院、东莞凤山书院、东莞鹏南书院、东莞濯鳞书院、东莞中石书院、东莞天南书院、从化韶山书院、从化濂泉书院、乐昌文昌（濂溪、昌江）书院、英德复所书院、海丰龙门书院、大埔神泉书院、电白观澜书院、信宜龙山书院、合浦和融书院
广西（7 所）	义宁义江书院、北流养正书院、岑溪文昌书院、平乐明贤书院、△义宁南宫书院、义宁觐日书院、北流起潜书院
云南（16 所）	罗次碧城书院、石屏州州前书院、石屏州五亩书院、石屏州张本寨书院、石屏州崇正书院、石屏州秀山书院、广通兴贤书院、南安州景贤书院、河阳玉笋书院、马龙州通泉书院、鹤庆州学修书院、腾越厅春秋书院、腾越厅春风亭书院、永平博南书院、武定州武阳书院、黑盐井提举司龙江书院
贵州（3 所）	贵定魁山书院、思南为仁书院、石阡屏山（文澜）书院
四川（15 所）	华阳少陵书院、温江××书院、郫县子云书院、巴县来凤书院、长寿凤山书院、长寿香泉书院、巴州云霞书院、夔州夔龙书院、乐山九龙（东岩）书院、荣县崇仁书院、井研来凤（凤山）书院、酆都凌云书院、盐亭青莲书院、△叙州孝节书院、长宁东溪书院

其四，根据各种文献记载，明代尚有不详何朝修复、重建的前代书院 31 所。（见表十）

表十 明代不详何朝各地修复、重建前代书院情况表

省 别	书 院 名 称
直隶（4所）	房山文靖书院、完县忠孝（养正、乐群）书院、元氏封龙书院、元氏中溪书院
河南（1所）	林县黄华书院
江苏（1所）	上海沂源书院
安徽（3所）	休宁柳溪书院、无为州芝山书院、黟县集成书院
浙江（3所）	江山江郎书院、淳安五峰书院、太平回浦（迁浦）书院
江西（9所）	分宜铃冈（铃阳、铃山、太常）书院、泰和南薰书院、吉水崇桂书院、乐安慈竹书院、德兴初庵书院、吉水文明书院、泰和朴山书院、永丰浮云书院、兴安白石书院
福建（5所）	长乐兰田书院、兴化府涵江书院、建阳云庄书院、南平延山（延平）书院、崇安少微书院
湖北（3所）	嘉鱼义学书院、公安竹林（公安）书院、襄阳隆中书院
湖南（1所）	祈阳浯溪书院
广东（1所）	博罗罗浮书院

正德、嘉靖时期，书院的普遍发展使其逐渐取代各级官学而成为主要教育机构，这样，书院的正统教育色彩也更加明显。一是招生对象逐渐转向廪膳生员。如嘉靖三年时，绍兴知府南大吉修复绍兴稽山书院，“试八邑诸生，选其尤者，升于书院，月给廪饩”。[1]嘉靖九年，浙江浦江知县修复当地月泉书院，“令邑庠生，肄业其中”。[2]嘉靖二十九年，福建汀州知府建长汀崇正书院，“集各属诸生，肄业其中”。[3]二是学习目的逐渐转向服务于科举考

1 （清）嵇曾筠等纂修：雍正《浙江通志》卷二七、二八，上海古籍出版社，1991年。
2 （清）嵇曾筠等纂修：雍正《浙江通志》卷二七、二八，上海古籍出版社，1991年。
3 （清）陈寿祺纂修：同治《福建通志》卷六四，台北华文书局，1968年。

试。如云南寻甸州，“旧无书院”。嘉靖中，当地知府“因见本府生员屡科不第”，择地创建萃华书院，“业斯院者凡三十余人”。[1]又如王守仁门人徐珊主讲江西德兴银麓书院，“一时人文丕振，领乡荐者四人，登进士第者四人，皆出其门”。[2]即使是湛若水、王守仁等学术大师，本以传播“心学”为己任，也不得不面对现实，在书院中招收生员并对院生参加科举考试持鼓励态度。如湛若水在《大科训规》中即规定，“间有生员向慕而来，亦所不却，但可以请假、养病行之”。[3]他还提出，“诸生慎勿以举业、德业为二段事”，“科举乃圣代之制，诸生若不遵习，即是生今反古，便非天理。虽孔、孟复生，亦由此出”。[4]王守仁也认为“圣学无妨于举业”，并于嘉靖四年支持浙江提学佥事万潮拓新杭州万松书院，“取试士之未尽录者，廪饩之”。[5]这样，书院从其取代官学之日起，便已混同于一般学校了。

湛王之学的广泛传播动摇了程朱理学在思想界的统治地位，而书院的迅速发展及其逐渐取代各级府州县学又严重伤害了相当一批守旧势力的物质利益。因而，尽管湛若水、王守仁等在鼓吹“心学”同时，依然推崇周程，在热心书院建设的同时，反复表示“圣学无妨于举业”，在招收生徒时也努力不与官办府州县学争夺生源，但是，湛王之学的广泛传播和书院的迅速发展仍然引起了各种守旧势力顽强的抵抗。早在湛王之学尚处于青萍之末时，一些守旧官绅即从卫道的角度出发，建立书院，与湛王之学争夺阵地。如正德和嘉靖初年，知府留志淑、提学邵锐等先后建立安徽祁门东山（环谷）书院、福建延平文公书院、福建安溪考亭书院、

1 （明）王尚用等纂修：嘉靖《寻甸州志》卷九，上海古籍出版社，1982 年。
2 （清）孟庆云等纂修：同治《德兴县志》卷四，成文出版社，1975 年。
3 （明）湛若水撰：《湛甘泉集》卷五，齐鲁书社，1977 年。
4 （明）湛若水撰：《湛甘泉集》卷五，齐鲁书社，1977 年。
5 （明）王守仁撰：《王文成公全书》卷三三《年谱》，商务印书馆，1934 年。

福建漳浦崇正书院、福建诏安东瀛书院，皆“祀朱子”或“塑朱文公象”。而后，嘉靖中，安徽徽州知府冯世雍、安庆知府胡缵宗等又先后建立安徽歙县崇正书院、安徽安庆近思书院、安徽桐城桐溪书院、安徽潜山皖山书院，皆“奉周程张朱五子，使有志性理之学者，肄业其中”，[1]“使诸生有志学道者，有所观法”。[2]与此同时，一批在朝官员也与地方上守旧势力遥相呼应，在宰辅唆使下，上疏朝廷，将攻击矛头直接指向了王守仁及其学说。嘉靖元年，给事中章侨、毛玉、御史梁世骠、程启充先后上疏:“三代以下，正学莫如朱熹。近有聪明才智，倡异学以号召天下。好高务名者靡然宗之，取陆九渊之简便，诋朱熹为支离，乞行天下，痛为禁革。”[3]嘉靖二年会试，他们又藉策问试题攻击王学。策问称:“朱陆之论，终以不合，而今之学者，顾欲强而同之，乐彼之径便，而欲阴诋吾朱子之学欤，究其用心，其与何澹、陈贾辈亦大相远欤，至笔之简册，公肆诋訾，以求售其私见。礼官举祖宗朝故事燔其书而禁斥之，得无不可乎”？[4]嘉靖七年王守仁死后，他们还穷追不舍，指斥“王守仁事不师古，言不称师，欲立异以为高，则非朱熹格物致知之论。知公众论之不与，则为《朱熹晚年定论》之书，号召门徒，互相倡和，才美者乐其任意，庸鄙者借其虚声，传习转讹，背谬弥甚”。[5]因而，尽管王守仁功勋卓著，却不予恤典。在此同时，还以各种借口对王学门徒进行打击。继王守仁之后，湛若水成为“心学”思想界的一面旗帜。而且，由于其弟子遍布郡邑，新建书院层出不穷，讲授湛王之学的越来越多。这样，数年之后，这股守旧势力攻击的矛头又指向了湛若

1 安徽通志馆编：民国《安徽省通志稿》《教育考三》，成文出版社，1985 年。
2 安徽通志馆编：民国《安徽省通志稿》《教育考三》，成文出版社，1985 年。
3 （明）陈鹤撰：《明纪》卷二八、三〇，世界书局，1935 年。
4 （清）顾炎武撰：《日知录》卷一八，岳麓书社，1994 年。
5 （明）陈鹤撰：《明纪》卷二八、三〇，世界书局，1935 年。

水及各地新建书院。嘉靖十六年二月，御史游居敬上疏朝廷，指斥南京礼部尚书湛若水“倡其邪学，广收无赖，私创书院，乞戒谕以正人心”。嘉靖皇帝下令“慰留若水，而令有司毁其书院”。[1]次年五月，又由吏部尚书许赞上疏，要求将禁绝范围扩大到所有书院。该疏称：“近来抚按两司及知府等官，多将朝廷学校废坏不修。别起书院，动费万金。征引各属师儒，赴院会讲。初发则一邑制装，及舍供亿科扰尤甚。日者南畿各处，已经御史游居敬奉行拆毁，人心称快。而诸未及，宜尽查算。如仍有建者，许抚按据奏参劾。”“帝以其悉心民隐，即命内外严加禁约，毁其书院。”[2]虽然如此，但因各级官学已经完全腐败，政府需要通过书院培养官吏后备军，士人也要由此求仕问学，书院取代学校已是大势所趋。因而，这道命令最后还是成了一张废纸。据统计，就在政府查禁书院最为严厉的嘉靖十六、十七两年，全国至少新建和修复前代书院 8 所。在嘉靖朝全国新建和修复前代 600 来所书院中，明确为嘉靖十六年以后修建者不下 140 所，这场由朝廷发起的禁毁书院的活动彻底失败了。

第三节　明朝后期书院的继续发展和衰落

隆庆、万历时期，明朝政治已走上了下坡路，受此影响，书院发展速度较之正德、嘉靖时期有所降低，但是，由于文化教育事业发展的巨大惯性，书院数量仍在不断增加。据统计，隆庆中，全国新建书院 65 所，修复和重建前代书院 2 所；万历中，全国新建书院 275 所，修复和重建前代书院 20 所，总计两朝共新建和修复前代书院 362 所。更主要的是，正统以来各朝新建和修复前代

1 （清）嵇璜等纂修：《续文献通考》卷五〇，商务印书馆，1936 年。
2 （明）朱国祯著：《皇明大政记》，齐鲁书社，1996 年。

书院绝大多数此时仍在活动。因而，可以说，这一时期是明朝书院数量最多的时期。为便于了解这一时期书院建设情况，兹将隆庆、万历两朝新建和修复前代书院载录于下：

其一，隆庆、万历时期全国新建书院 330 所。（见表十一、表十二）

表十一　隆庆朝各地新建书院情况表

朝　代	省　别	书　院　名　称
隆庆朝（65 所）	直隶（5 所）	滦州育贤书院（四年），卢龙北平书院、东明扶义（漆阳）书院（六年）、肥乡崇德书院、枣强大原书院
	河南（2 所）	永城太邱书院（二年）、汝阳正学书院（三年）
	山东（4 所）	昌邑养志书院（二年）、莱芜观礼（垂扬）书院、东阿柯亭书院、东阿安平书院
	江苏（9 所）	铜山河清书院、沛县镇山（两河）书院（三年）、铜山境山书院（四年）、清河崇正书院、邳州河清书院、海州朐阳书院（六年）、江阴爱溪书院、邳州敬简书院、△海州毓秀书院
	安徽（3 所）	泾县喻义书院（元年）、太湖正学书院（三年）、芜湖湖南（阳明）书院
	浙江（4 所）	定海紫阳书院（元年）、龙游鸡鸣书院、遂安狮山（五狮）书院（六年）、遂安瀛山书院
	江西（12 所）	万安云兴书院、南丰南台书院（二年）、清江明经书院（三年）、安远太平书院（五年）、安福复礼书院、安远濂溪书院（六年）、吉水江阳书院，上饶忠礼书院、上饶桂山书院、新建洪崖书院、新建鹿溪书院、丰城莲槎书院
	福建（5 所）	海澄清漳书院（元年）、侯官道山书院（五年）、永定绿筠书院（六年）、建阳崇正书院、永安道南书院
	湖南（1 所）	祁阳永昌（文昌）书院
	广东（2 所）	澄海冠山书院（六年）、茂名笔山（南岳）书院
	广西（1 所）	藤县友仁书院（元年）

续　表

朝　代	省　别	书　院　名　称
	云南（12 所）	禄丰文明（桂香）书院（元年）、昆明文昌书院、晋宁州梅谷书院、安宁州泊阳书院、易门文昌书院、昆阳州海春书院、昆阳州三泊县书院、蒙自见湖书院、河阳澄心书院、鹤庆州复性书院、剑川州金华书院、腾越厅凤山（来凤）书院
	贵州（2 所）	石阡明德（龙川）书院（六年）、思南斗坤书院
	四川（3 所）	叙州三台书院（元年）、屏山沐川书院（二年）、营山西林书院（五年）

表十二　万历朝各地新建书院情况表

朝　代	省　别	书　院　名　称
万历朝（275 所）	直隶（18 所）	灵寿松阳（敬业）书院、冀州旧书院、文安崇正书院（四年）、元氏文清书院（九年）、临城乐天书院（十九年）、密云白檀书院（二十二年）、沧州天门书院（二十七年）、南皮瀛洲书院（三十年）、滑县欧阳文忠公书院（三十一年）、清苑上谷书院（三十四年）、蠡县聚星书院（三十七年）、抚宁云从书院（四十三年）、清丰崇宁宫书院（四十五年）、安次金台书院（四十六年）、通州马闻道书院、广平清晖（莲花）书院、大名洹阳（洹水）书院、衡水育贤书院
	河南（18 所）	河内昌黎书院、河内怀仁书院，光山宏道书院（十九年）、商邱范文正公书院（二十九年）、济源启运书院（三十年）、开封游梁书院（三十一年）、通许咸平书院（三十五年）、鄢陵宏仁书院（四十年）、阌乡三希书院（四十八年）、临漳漳阳书院、临漳建才书院、武安紫金书院、巩县城中书院、武陟讲学书院、泌县丰羽书院、信阳州瑚琏（仕学）书院、新蔡大吕（铜阳）书院、涉县兴文书院
	山西（11 所）	沁水凤原书院（六年）、介休绵山书院（十八年）、襄垣秦晋书院（十九年）、平定州寿阳（受川）书院（二十五年）、壶关尚友（尚文）书院（三十二年）、保德州见龙书院、芮城子夏（文学）书院（四十年）、长治文昌（共学、起文、上党）书院（四十七年）、汾州白公书院、泽州体仁书院、霍州正学（霍山）书院
	陕西（11 所）	乾州文明书院（十二年）、安定敬学书院（十七年）、岐山崇德（文明）书院（十九年）、延续兴文书院（三十二年）、华阴太华书院（三十六年）、西安关中书院（三十七年）、华阴四知书院（四十年）、同官问以书院（四十六年）、延安云岩书院、潼关明新书院、三水乐育书院

续　表

朝　代	省　别	书　院　名　称
	甘肃 (1所)	平凉府正学书院
	山东 (12所)	长清见泰书院（元年）、历城至道（湖南）书院、长清愿学书院、平原闲道（云龙）书院、曹州重华（爱莲）书院（万历初）、蒲台大清书院（十七年）、金乡会田（会山）书院（三十五年）、诸城云门书院（四十年）、历城历山（白雪）书院（四十二年）、恩县青莲书院（四十五年）、冠县聚奎书院、益都云门书院
	江苏 (19所)	砀山龙峰书院（元年）、山阳正学书院（二年）、句容正心书院（三年）、宿迁陵云（毓俊）书院（五年）、盐城西书院（十年）、东台泰东书院（十八年）、山阳志道书院（二十一年）、溧水图南书院（二十七年）、宜兴崇儒书院、嘉定明诚书院（三十二年）、句容华阳书院（四十年）、上元文昌书院（四十三年）、上元崇正书院、溧水三贤书院、武进龙城书院、宜兴明道书院、丰县中阳书院、通州五山书院、宜兴明道书院、丰县中阳书院、通州五山书院、△沛县建中书院
	安徽 (19所)	青阳蓉城（临城）书院（四年）、当涂青山书院（八年）、南陵籍山书院（十三年）、滁州老丰山书院（十六年）、宣城敬亭（待学、正学）书院（十七年）、休宁还古书院（二十年）、来安连龙书院（二十四年）、繁昌同仁书院（二十五年）、来安景濂书院（四十六年）、桐城桐阳书院、歙县崇文（崇本）书院、泾县赤麓书院、泾县兰山书院、建德兰台书院、东流喻义书院、芜湖求仁书院、灵璧正学书院、和州云兴书院、舒城明德书院
	浙江 (25所)	东阳复初书院、分水志学书院（二年）、青田新建书院（五年）、景宁崇正书院（六年）、遂昌相圃书院、绍兴五云（云衢）书院（七年）、嵊县艇湖书院（十年）、嵊县鹿山书院（十五年）、宁海缑城书院、丽水圭山（南明、莲城）书院（三十二年）、嵊县宗传（海门）书院（二十九年）、嘉兴仁文（天心）书院（三十一年）、东阳文明书院（三十三年）、长兴箬溪书院（三十四年）、余姚复初书院、浦江浦阳（文昌、仙华）书院（四十三年）、杭州正学书院、杭州崇文（紫阳）书院、象山聚奎书院、金华蓉峰（桐荫、宝婺）书院、西安定志书院、建德会文书院、永宁鸡鸣书院、平阳魁峰书院、景宁三胜书院

续　表

朝　代	省　别	书　院　名　称
	江西（34所）	湖口联云书院（五年）、吉水仁文（文江）书院（十一年）、安福识仁书院（十九年）、安福道东书院（二十一年）、宜春高士书院（二十二年）、乐平洎阳书院（二十三年）、庐陵明学书院（三十年）、峡江观澜书院、兴国鸿飞书院（三十一年）、进贤栖贤书院（三十二年）、石城龙门书院（三十五年）、鄱阳芝山书院、瑞昌濂溪（瀼溪）书院、兴国长春书院（四十三年）、浮梁两河书院（四十五年）、奉新四贤（九贤）书院、武宁云龙书院、上高留余书院、泰和求仁书院、吉水泷江书院、吉水泮东书院、吉水曲江书院、永新明新书院、永宁郑溪书院、临川崇儒书院、临川宝塘书院、兴安岑山（文昌、岑阳）书院、德兴兴贤书院、德化匡庐阳明书院、于都思皇书院、长宁忠文书院、新建石井书院、庐陵依仁书院、庐陵复初书院
	福建（13所）	罗源凤鸣书院（十三年）、龙岩仰止书院（十五年）、侯官共学书院、南靖欧山书院（二十二年）、崇安见罗书院（二十四年）、将乐正学（五经）书院（三十年）、长汀龙江书院、邵武府九曲书院（三十一年）、龙溪天池（天崇）书院、永安云龙书院、长汀龙山书院、长汀东山书院、宁洋钟灵书院
	湖北（16所）	潜江阳春书院（元年）、监利大观书院（三年）、阳新叠山书院（四年）、郧阳龙门书院（三十五年）、武昌江汉书院、德安碧霞书院（四十五年）、蕲水孙公书院、蕲水宋公书院、蕲水云路书院、黄安天窝书院、黄安天台书院、随州摛珠（汉东、烈山）书院、安陆濂溪书院、安陆文昌书院、襄阳岘山（昭明、武侯）书院、襄阳洌泉书院
	湖南（9所）	兰山宗濂书院、兰山正学书院（元年）、宁远会濂书院（三年）、宁远崇正（春陵）书院（四年）、衡山九龙书院、安仁宜溪（南湫）书院、辰州龙山书院、兴宁汉宁（文昌）书院、△慈利阳山（羊山）书院
	广东（36所）	高要端溪（天章）书院、新兴古筠（筠城）书院（元年）、阳春瑞云（育英）书院（十二年）、电白志学书院（十五年）、番禺营道书院、番禺龙德书院（十八年）、徐闻贵生院（十九年）、清远同文书院、文昌蔚文（至公、玉阳）书院（二十三年）、归善天泉书院（二十五年）、德庆州旧书院（二十九年）、海康文昌书院（三十年）、新兴莲池书院（三十三年）、会同同文（应台、端山）书院（三十七年）、高明熊公书院（三十八年）、海康起秀书院（四十二年）、琼山苏泉（栗泉）书院（四十三年）、翁源崇德书院、海阳李见罗书院、潮阳龙首书院、惠来文明书院、澄海景韩书院、高要庆云书院、高要景星书院、高要瞻淇书院、高要文峰书院、高要铎阳书院、高要行素书院、高明罗阳书院、恩平敷文书院、茂名墨池书院、吴川江阳书院、定安尚友书院、乐会安乐书院、万州万安书院、吴川正谊（正疑听涛）书院

续 表

朝 代	省 别	书 院 名 称
	广西（5所）	贺县鸣阳（昂霄）书院（五年）玉林州兴文书院（二十四年）、梧州梧阳书院（四十八年）、思恩阳明书院、桂平浔江（浔阳）书院
	云南（14所）	姚州南中书院（十二年）、云南九峰书院、赵州凤仪书院、浪穹桂亭书院、石屏州龙泉书院、姚州三台书院、路南州敬一（南阳）书院、保山见罗书院、景东新城书院、武定州文峰书院、△邓川州象山书院、河阳桂香书院、南宁靖阳书院、他郎厅道南书院
	贵州（7所）	毕节××书院（十八年）、都匀南皋（归仁）书院（二十二年）、施秉兴文书院（二十四年）、绥阳儒溪书院（二十八年）、思南中和（大中）书院（三十九年）、天柱开化书院、安顺××书院
	四川（7所）	奉节仰高书院（二年）、蓬溪环溪（蓬莱）书院（三年）、岳池凤山书院（十三年）、南充嘉陵书院、南充嘉湖书院、犍为印清（五龙、龙池）书院、△定远印山（和溪）书院

其二，这一时期各地修复、重建前代书院22所。（见表十三）

表十三 隆庆、万历两朝各地修复、重建前代书院情况表

	朝 代	省 别	书 院 名 称
修复、重建前代书院（22所）	隆庆朝（2所）	山东（1所）	武城学道（道学、弦歌）书院（元年）
		湖南（1所）	桂阳州石林书院
	万历朝（20所）	直隶（1所）	霸县益津书院（四年）
		山西（1所）	汾阳卜山书院（四十二年）
		山东（1所）	嘉祥曾子书院
		江苏（2所）	溧阳金渊书院、丹徒濂溪书院
		安徽（2所）	盱眙崇圣书院（六年）、当涂天门书院
		浙江（2所）	上虞泳泽（承泽）书院（十二年）、石门传贻书院

续　表

	朝　代	省　别	书　院　名　称
		江西 (4 所)	浮梁绍文（双溪）书院（三十二年）、南昌豫章书院、德兴拙斋书院、德兴勿斋书院
		福建 (2 所)	建阳潭溪书院（八年）、莆田珠坝（闽阳）书院（十七年）
		湖北 (1 所)	武昌龙川书院（十七年）
		湖南 (2 所)	道州濂溪（九江）书院（二十年）、武冈州儒林书院（二十三年）
		广东 (1 所)	吴川翔龙书院
		广西 (1 所)	容县思贤（南山）书院（四十六年）

值得注意的是，由于此时府州县学完全趋于腐败，隆万时期，书院已完全取代官学而成为主要的教育机构。不少地方志都记载了明代教育史上这一深刻而重要的变化。如康熙《新会县志》载："嘉隆以还，教官不过具员，号舍竟同虚设。学使者，岁科考校惟论文艺，虽有修法博习之士，无所用之。由是士日濡首于八股之中，揣摩掇拾，以求科第而博富贵，即《诗》、《书》、六艺亦且视为赘疣，置之不讲，而况求所谓明伦敦行者耶？呜乎！此学校之所以日远于古也。"[1] 道光《南雄州志》载："前明以还，学官与山长渐分为二。士子约束，责之学官；书院训课，专之山长；取其总者，则州县官也。"[2] 民国《潮州志》亦载："儒学自明而后，但为春秋释奠习礼之地，其考课讲贯之事，悉归书院。"[3] 这样，尽管一些书院承王学遗风仍以讲授心性之学为主要内容，其他多数书院则担负起原来官学所承担的任务，改以考课为主，并以培

1 （清）贾雒英等纂修：康熙《新会县志》卷八，书目文献出版社，1991 年。

2 （清）戴锡纶纂修：道光《南雄州志》卷一四，成文出版社，1967 年。

3 饶宗颐等纂修：民国《潮州志》《教育志》，汕头潮州修志馆铅印本，1949 年。

养科举人才为终极目的。于此略举数省有关实例，以见其大致情况。首先是畿辅地区，此类事例便甚为繁多。如万历二十二年，按察使王见宾视察密云，以近三十年来当地士子无举于乡者，而建白檀书院。[1]又如万历四十三年时，抚宁县令王台看到当地“往岁登乙甲籍者，不乏人，迩乃寥寥晨星”。为了改变这种情况，当地士绅纷纷建立浮屠。而王台认为：“与其乞灵于天地，固不若乞灵于多士”，因建云从书院。[2]“日集诸生会文讲艺，一切纸笔之需，皆捐俸以给，六年如一日。”[3]还如沧州天门书院，为了应付科举考试，在招收生徒时严格把关，“凡附近州县生员，不拘民灶，但系学院考试优等，申取入院”。[4]至于外地各省，此类情况也甚为普遍。如万历初，知县沈梦斗来守安徽盱眙，“既至，则诸生咸集，济如肃如。及询科目于往牒，则自嘉靖辛卯后寥乎无人”，因即崇圣书院旧址建登瀛书院。[5]又如万历四十三年，黎宏道就任浙江浦江县知县，了解到该县自明初宋濂以后，“代不乏人，至于科第蝉联”，而“迩来历科贤书遂至寥寥”，因建文昌（浦阳、仙华）书院。[6]再如万历四十六年，陕西同官知县刘泽远建问以书院，“时课士于其中”，[7]“是岁，士果登科”[8]。还如万历中知府昝云鹤建南充嘉湖书院，“为诸生讲艺，获隽甚多”。[9]天启间，有的书院还直接争取到了参加乡试的科举考试名额，如江西

1 （清）李鸿章等纂修：光绪《畿辅通志》卷一一四，黄辉《白檀书院记》；卷一一五，王台《云从书院记》，河北人民出版社，1989年。

2 （清）李鸿章等纂修：光绪《畿辅通志》卷一一四，黄辉《白檀书院记》；卷一一五，王台《云从书院记》，河北人民出版社，1989年。

3 （清）陈梦雷等辑：《古今图书集成·职方典》卷五八，中华书局，1986年。

4 （清）祖泽潜等纂修：康熙《沧州新志》卷三，全国图书馆缩微文献复制中心，1992年。

5 （清）王锡元纂修：光绪《盱眙县志稿》卷三，成文出版社，1970年。

6 （清）善广等纂修：光绪《浦江县志稿》卷四，新文丰出版公司，1986年。

7 （清）陈梦雷等辑：《古今图书集成·职方典》卷五〇〇，中华书局，1986年。

8 （清）袁文观纂修：乾隆《同官县志》卷五，成文出版社，1969年。

9 （清）常明等纂修：嘉庆《四川通志》卷七九，巴蜀书社，1984年。

星子白鹿洞书院，乡试之年，可保送 8 人参加科举考试。吉安白鹭洲书院保送名额更多，达 42 人。有名书院如此，其他书院也可想而知。总之，至明朝后期，就全国情况而言，书院已经基本上变成科举考试制度的附庸了。

隆、万时期，对当时全国书院发展产生过一定影响的还有张居正之禁毁天下书院。由于政治形势的变化，隆、万时期，王守仁已被追赠为新建侯，从祀孔庙，并被吹捧为“绍尧孔之心传，微言是阐；倡周程之道术，来学攸宗”。[1] 王学和程朱理学一起被尊为官方哲学思想。因而，各地书院中原来十分激烈的程朱陆王之争仅在个别地区仍存痕迹。如安徽歙县斗山书院，万历间，“祀程朱三夫子”。[2] 而隆庆中建立的安徽芜湖湖南（阳明）书院和万历中建立的安徽泾县兰山书院，则仍祀王守仁。[3] 这样，原来以讲授王学为主要内容的多数书院都不再具备以前反对程朱理学时的活力和进步作用，并且于社会进步、民生利病毫无关系。而张居正秉政时期，自上而下地推行了各种改革措施，一定程度上伤害了部分官僚、士大夫的政治利益和物质利益，因而也就招致了统治集团内相当一批人的反对。他们或在中央唆使言官上疏，或在地方利用书院讲坛，对张居正本人及其推行政策进行了激烈的攻击。这使张居正极为反感。因而，早在万历三年，他即主张对书院加以限制并在《请申旧章饬学政以振兴人才疏》中提出：“圣贤以经术垂训，国家以经术作人。若能体认经书，便是讲明学问，何必又别标门户，聚党空谈。今后各提学官督率教官生儒，务将平日所习经书义理，着实讲求，躬行实践，以需他日之用，不许别创书院，群聚党及号召地方游食无行之徒，空谈废业，因而启

1 （明）王守仁撰：《王文成公全书》卷三四《年谱三、四》，商务印书馆，1934 年。
2 石国柱等纂修：民国《歙县志》卷二，成文出版社，1975 年。
3 （清）陈梦雷等辑：《古今图书集成·职方典》卷八一三，中华书局，1986 年。

奔竞之门，开请托之路。违者，提学御史听吏部督察院考察奏黜；提学按察司官，听巡按御史劾奏。游士人等，许各抚按衙门，访拿解发。”[1] 万历七年春，他以原任常州知府施观民“科敛民财，私创书院”为由，以万历皇帝名义，颁诏禁毁天下书院。[2] 平心而论，当时一些书院为守旧士大夫所用，攻击改革，遭到禁毁，固是咎所应得。但是，张居正以憎恶讲学而不分青红皂白，禁毁所有书院，也属行之太过。因而，这一政策当时便遭到普遍抵制，据《明通鉴》记载，所毁者不过 64 所。万历十年张居正死后不长时间，朝廷又颁旨："凡天下书院，俱准复之"。[3] 而且，不少书院仍然坚持讲学。然而，经过此次打击，一些书院在讲学中竭力避免涉及政治。如冯从吾讲学陕西西安关中书院，即为书院制定讲学会约，规定“讲论勿及朝廷利害，官长贤否，政事得失，毋及各家门私事与众人所作过失及词讼请托等事”。[4] 同时，全国书院发展速度也明显放慢，仅及正德、嘉靖时期的半数左右。书院自然毁废者也逐年增多。所有这些，标志着明代书院开始进入了衰落阶段。

天启、崇祯时期，政治腐败，天灾连年，对辽战事日益扩大，各地书院日益衰落。据统计，终天启间，全国新建书院只有 21 所。与此同时，由于统治集团内部斗争激烈，天启五年，宦官魏忠贤矫旨尽毁天下书院。这样，不但新建书院扫地以尽，而且，相当一批旧有书院也被强令拆除。崇祯初，魏忠贤垮台，虽由政府下令恢复天下书院并新建了 84 所书院、修复了 2 所前代书院，但是，在关外清军和关内李自成、张献忠两支起义军的联合打击下，明朝统治摇摇欲坠。十数年间，中原地区绝大多数书院毁于

1 （明）张居正撰：《张文忠公全集》卷四《奏疏》，商务印书馆，1935 年。

2 （清）夏燮撰：《明通鉴》卷六七，上海古籍出版社，1990 年。

3 （清）裘树荣等纂修：雍正《永安县志》卷六，成文出版社，1974 年。

4 （清）王志沂纂修：道光《陕西志辑要》卷一，成文出版社，1970 年。

兵燹。与此同时，江南各地不少书院亦因吏治腐败，或因“年久，租侵于役”，[1]或“为土豪所居”，[2]而大多“空遗基址，鞠为茂草”。[3]至明朝灭亡时，全国书院数量下降到了嘉靖以来的最低点。于此将天启、崇祯两朝新建及修复、重建前代书院载录于下，以见明朝末年书院发展之凋敝情况。

其一，天启、崇祯两朝新建书院105所。（见表十四、表十五）

表十四　天启朝各地修建书院情况表

朝　代	省　别	书　院　名　称
天启朝（21所）	直隶（1所）	京师首善书院（二年）
	山西（5所）	运城启弘书院（元年）、运城弘运书院（三年）、垣曲勉庸书院（五年）、洪洞澄赢书院、长子廉山书院（六年）
	山东（2所）	文登文山书院（四年）、泰安育英书院
	江苏（1所）	泰州凝秀书院
	安徽（1所）	凤台循理书院
	江西（3所）	宜春王公书院、乐安道乡书院、新城肖曲书院
	湖北（2所）	咸宁三元书院、蕲水大成书院
	湖南（1所）	溆浦九苍书院
	广东（1所）	嘉应州锦江书院（元年）
	广西（2所）	怀集文昌书院（元年）、兴安漓江书院
	云南（1所）	南宁兴古书院
	四川（1所）	蓬溪石鱼书院（六年）

1 （清）胡寿海等纂修：光绪《遂昌县志》卷一，成文出版社，1970年。
2 （清）阮元等纂修：道光《广东通志》卷一四〇，商务印书馆，1934年。
3 （清）陈梦雷等辑：《古今图书集成·职方典》卷一四二〇，中华书局，1986年。

表十五 崇祯朝各地修建书院情况表

朝 代	省 别	书 院 名 称
崇祯朝（84所）	直隶（3所）	曲周公善书院、肥乡偃武（振武）书院、蠡县阳春书院
	河南（6所）	荥泽人龙书院（二年）、陈州洁己书院（六年）、淮宁与言书院（九年）、郑州天中书院、洛阳瀍东书院、新安芝泉书院
	山西（1所）	翼城翔山书院
	陕西（2所）	白水明德书院（十二年）、洛川泰征书院
	甘肃（1所）	金县××书院（七年）
	江苏（3所）	靖江马洲书院（十一年）、丹徒香山（三山）书院（十四年）、江浦白马书院
	安徽（8所）	休宁海阳（瞻云）书院、宁园谢侯书院（八年）、全椒双岩书院（十五年）、歙县天都书院（十六年）、歙县道存书院、黟县桃源书院、怀远府东南××书院、怀远府大察院东××书院
	浙江（7所）	绍兴蕺山（蕺里）书院、会稽证人（稽山）书院（四年）、嘉善鸳湖（鹤湖）书院（十年）、余姚姚江书院（十二年）、桐乡正心书院（十四年）、乌程保滋书院、瑞安绿芸书院
	江西（8所）	永新文行书院（七年）、清江明宗书院（九年）、南城凤冈（盱江）书院（十一年）、南城紫阳书院（十二年）、星子汇东（南山）书院（十三年）、丰城龙门（龙山）书院、上高联璧书院、宜春六柳书院
	福建（7所）	福安兴文书院（元年）、建阳西铭书院（二年）、长汀鄞江书院（七年）、长汀文明书院（十年）、长汀觉罗书院、漳州郯山书院、漳浦明诚书院
	湖北（6所）	武昌寿昌（崇文）书院、，蒲圻大宗书院、黄冈定惠书院、黄冈阳明（韩魏公）书院、麻城经正书院、罗田白公书院
	湖南（3所）	邵阳爱莲书院（十一年）、醴陵超然（文成）书院、攸县金仙书院
	广东（19所）	三水凤冈书院（元年）、高要星岩书院、海康雷阳书院、西宁典学（东皋）书院（九年）、英德桃溪书院（十三年）、增城凤台书院、大埔湖山书院、临高通明书院（十三年）、番禺云淙书院、番禺峦山书院、广州文昌书院、番禺赤山书院、东莞凤冈书院、潮阳文光书院、揭阳文起书院、饶平瑞光书院、高要蓬山书院、化州石龙（罗江）书院、罗定州连棠书院

续　表

朝　代	省　别	书　院　名　称
	广西 (4所)	永淳大同书院（九年）、玉林州瑞泉书院（十三年）、怀集南溪书院（十六年）、全州凤坡书院
	云南 (2所)	邓川州新州书院、蒙化厅文昌书院
	四川 (4所)	温江紫奎书院、南充金泉书院、乐至乐阳（名世）书院、眉州眉山书院

其二，修复、重建前代书院，天启朝无，崇祯朝只有 2 所。它们是：江西德兴银峰书院（十四年）和福建古田溪山书院。

天启、崇祯时期，书院虽然日益衰落，但是在当时的政治斗争中却发挥了突出的作用。万历中期以后，政治黑暗，天启年间，进一步发展成为阉党专权，从而使得统治集团内部矛盾更加激化。这样，不少封建士大夫即以书院作为讲坛，抨击时政。如天启二年十一月，都御史邹元标、副都御史冯从吾等于京师建首善书院，以为都人讲学之所。因被阉党攻击为“聚不三不四之人，说不痛不痒之话，作不深不浅之揖，食不冷不热之饼”。[1] 与此同时，东林、关中、江右、徽州等各地书院亦遥相呼应，其中声名最著的是无锡东林书院。东林书院在无锡城东，宋儒杨时讲学旧地，原名龟山书院。宋后数百年间，兴废不常。万历中，顾宪成、高攀龙二人相继以直言革职，放归田里，遂以在野之身，在原籍讲学。万历三十二年，由他们主持，重建东林书院并以此为基地，宣传自己的政治主张和学术思想。针对当时朝政黑暗的现实，他们积极主张学者参与国家政治。如顾宪成认为：“官辇毂，志不在君父；官封疆，志不在生民；居水边林下，志不在世道，君子无取焉。”[2] 因而，在讲学中，“往往讽议朝政，

1 （明）刘侗等撰：《帝京景物略》卷四，北京古籍出版社，1982 年。
2 （清）张廷玉等撰：《明史·顾宪成传》，中华书局，1984 年。

裁量人物”。[1]在学术上，他们针对王学末流束书不观、游谈无根的陋习，讲求实学。为了贯彻自己的政治主张和学术思想，他们对朱熹的《白鹿洞规条》加以发展，提出:“饬四要，破二惑，崇九益，屏九损”，从而形成了著名的《东林会约》。其中，“饬四要”要求学者“知本”、“立志”、“尊经”、“审几”；“破二惑”则对当时一些人认为“讲学迂阔而不切，又高远而难从”，“只须‘学顾力行’的错误观点进行了批判；“崇九益”则承“破二惑”之后，概括讲学可以升华学者思想境界、丰富知识和深化认识等九大好处；“屏九损”则专就学风问题提醒学者防止党同伐异、假公济私、文过饰非、多言人过、执事争辩、道听途说等讲学中容易出现的偏向。书院建立后，在顾、高二人的主持下，讲会成为制度，“岁一大会，月一小会，会各三日”。[2]由于他们在讲学中触及了当时政治和学术上普遍存在的重要问题，得到了相当一批中下层出身的士人的尊崇，从而形成了著名的东林党并培养出了像杨涟、左光斗、刘宗周、黄道周等许多不畏权势、刚正廉洁的人物，在天启年间同专擅朝政的邪恶势力进行了坚决的、不妥协的斗争。东林书院也在社会上获得了极高的声望，“虽黄童、白叟、妇人、女子皆知东林为贤”。[3]受东林书院的影响，邻近一些书院如宜兴明道书院也是“一时名贤学士云集，与东林相辉映”。[4]“邹元标、刘念台诸公不远千里，嬴粮而至。顾宪成、唐鹤征、高攀龙、钱一本暇则携及门讲诵”。[5]“朝士慕其风者，多遥相应和，由是东林名大著”。[6]东林书院也因此而成了反对阉党

1 （清）张廷玉等撰：《明史·顾宪成传》，中华书局，1984 年。
2 （清）陈梦雷等辑：《古今图书集成·职方典》卷六七四、七一四，中华书局，1986 年。
3 （清）陈鼎撰：《东林列传》上，江苏广陵古籍刻印社，1983 年。
4 （清）阮升基等纂修：嘉庆《宜兴县志》卷四，成文出版社，1983 年。
5 （清）阮升基等纂修：嘉庆《宜兴县志》卷四，成文出版社，1983 年。
6 （清）张廷玉等撰：《明史·顾宪成传》，中华书局，1984 年。

斗争的大本营。因为他们的讲学活动严重地触犯了阉党，天启五年八月，魏忠贤矫旨："毁天下东林讲学书院"，[1]从而使得全国书院又遭受了一场浩劫。虽然如此，由于以东林书院为代表的一批书院首开关心政治之风，使之不但成为一个教育机构，而且是一个舆论中心、政治活动中心，就此而言，在明代书院乃至中国古代书院发展史上，东林书院都占据着重要的地位。

崇祯初，魏忠贤垮台后，御史刘士佐上疏请复天下书院，奉旨照准，各地书院又陆续得到兴复。虽然由于明朝统治已经摇摇欲坠，各地书院更加衰落，但承东林遗风，各地书院讲学之风仍然甚盛。如著名学者刘宗周先后于绍兴蕺山书院和证人书院讲授"慎独"之说，"月必再会，证人之名，为海内学者仰慕"。[2]黄道周讲学于福建漳州邺山书院，"四方之士从游者数百人"。[3]这些，对于清朝初年书院的讲学风气，也产生了较大的影响。

表十六　明代各省新建、修复书院一览表

省　别	新建书院	修复书院	总　数
直隶	88	9	97
河南	89	10	99
山西	59	7	66
陕西	42	6	48
甘肃	17		17
山东	87	9	96
辽东	6		6
江苏	103	16	119
安徽	131	13	144
浙江	139	31	170

1 （清）张廷玉等撰：《明史·熹宗本纪》，中华书局，1984 年。
2 （清）李亨特等纂修：乾隆《绍兴府志》卷二〇，成文出版社，1975 年。
3 （清）陈寿祺纂修：同治《福建通志》卷六五，华文书局，1968 年。

续　表

省　别	新建书院	修复书院	总　数
江西	210	60	270
福建	136	44	180
湖北	104	8	112
湖南	78	22	100
广东	195	12	207
广西	50	5	55
云南	79		79
贵州	28		28
四川	66	3	69
总数	1707	255	1962

表十七　明代各朝新建、修复书院一览表

朝　代	新建书院数	修复书院数	总　数
洪武朝	25	18	43
建文朝		1	1
永乐朝	9	10	19
宣德朝	3	10	13
正统朝	15	16	31
景泰朝	8	9	17
天顺朝	8	11	19
成化朝	48	30	78
弘治朝	75	20	95
正德朝	122	28	150
嘉靖朝	550	46	596
隆庆朝	65	2	67
万历朝	275	20	295
天启朝	21		21
崇祯朝	84	2	86
未详	399	32	431
总数	1707	255	1962

附 录

为了节约注文篇幅，兹将所辑明代各朝书院使用书目统列于此，以供读者复核、参考之用。

明代洪武、永乐、宣德各朝书院辑自：

《古今图书集成·职方典》卷二九九、九六〇、一〇五九、一三〇六，嘉靖《邵武府志》卷九，嘉靖《长泰县志·词翰》，万历《闽都记》，乾隆《山东通志》卷一四，道光《广东通志》卷二一八；嘉庆《溧阳县志》卷七，正德《姑苏志》卷二四，康熙《吴县志》卷二四，崇祯《吴县志》卷一四，乾隆《苏州府志》卷一六，乾隆《江南通志》卷九〇，雍正《湖广通志》卷二二，民国《湖北通志》卷五九，乾隆《湖北下荆南道志》卷八，雍正《广西通志》卷三七，嘉庆《广西通志》卷一三三，万历《湖州志》卷一二，光绪《嘉兴府志》卷八，光绪《浦江县志稿》卷四，雍正《江西通志》卷二一、二二，光绪《江西通志》卷八一、八二，光绪《重修安徽通志》卷九二，雍正《山西通志》卷三五、三六。

明代山东书院辑自：

《明一统志》卷二二至二五，乾隆《大清一统志》卷一二六至一四七，嘉庆《重修一统志》卷一六二至一八四，乾隆《山东通志》卷一四，民国《山东通志》卷八八、八九，嘉靖《武城县志》卷五，道光《滕县志》卷五，民国《曲阜县志》卷四，乾隆《郯城县志》卷六，崇祯《历乘》卷五，康熙《邹平县志》卷四，道光《长清县志》卷八，光绪《陵县志》卷一一，光绪《德平县志》卷二，嘉靖《淄川志》卷三，民国《阳谷县志》卷三，宣统《聊城县志》卷四，光绪《馆陶县志》卷七，道光《冠县志》卷四，乾隆《诸城县志》卷七，嘉靖《临朐县志》卷二，康熙《益都县志》卷三，道光《蓬莱县志》卷三，光绪《滋阳县志》卷五，乾隆《平原县志》卷四，民国《莱阳县志》卷二，光绪《文登县志》卷二，万历《莱州府志》卷三，民国《续修泰安县志》卷四，民国《莱芜县志》卷一二，道光《东阿县志》卷七，光绪《曹县志》卷二，道光《观城县志》卷三，咸丰《济宁州志》卷五，同治《金乡县志》卷四，民国《临清县志》卷十。

明代陕西书院辑自：

《明一统志》卷三二至三四，乾隆《大清一统志》卷一七八至一九六，嘉庆《重修一统志》卷二二六至二五〇，雍正《陕西通志》卷二七，民国《续修陕西通志稿》卷三七至三八，乾隆《西安府志》卷二〇，嘉庆《延安府志》卷三五，嘉庆《咸宁县志》卷一三，嘉庆《长安县志》卷一七，乾隆《三原县志》卷三，道光《陕志辑要》，乾隆《凤翔府志》卷六，雍正《乾州新志》卷三，民国《户县志》卷四，嘉庆《耀州志》卷二，乾隆《同官县志》卷五，道光《安定县志》卷二，乾隆《宜川县志》卷二，嘉庆《扶风县志》卷五，康熙《陇州志》卷二，光绪《沔县志》卷二，康熙《延绥续志》卷二，乾隆《郃阳县全志》卷一，咸丰《同州府志》卷一五，光绪《蒲城县新志》卷四，康熙《蒲城县志》卷一，民国重印《白水县志》卷二，光绪《武功县续志》卷一，民国《洛川县志》卷一九。

明代江苏书院辑自：

《明一统志》卷六至一三，乾隆《大清一统志》卷五〇至七三，嘉庆《重修一统志》卷七二至一〇七，乾隆《江南通志》卷九〇，嘉庆《江宁府志》卷一六，乾隆《上元县志》卷九，万历《江宁县志》卷二，嘉庆《溧阳县志》卷七，正德《姑苏志》卷二四，康熙《吴县志》卷二四，崇桢《吴县志》卷一四，嘉靖《昆山县志》卷二，正德《松江府志》卷一三，光绪《武进阳湖县志》卷五，光绪《无锡金匮县志》卷六，万历《丹徒县志》卷二，光绪《金坛县志》卷七，嘉靖《惟扬志》卷七，同治《徐州府志》卷一五，万历《淮安府志》卷六，《海虞别乘》，弘治《上海志》卷五，嘉靖《江阴县志》卷七，嘉庆《宜兴县志》卷四，光绪《句容县志》卷三，乾隆《句容县志》卷六，嘉靖《高淳县志》卷二，康熙《浒墅关志》卷一三，万历《嘉定县志》卷三，道光《江阴县志》卷五，万历《盐城县志》卷二，雍正《扬州府志》卷一二，道光《泰州志》卷八，万历《徐州志》卷二，嘉靖《徐州志》卷六，嘉庆《萧县志》卷六，乾隆《砀山县志》卷四，嘉靖《沛县志》卷二，乾隆《徐州府志》卷六，隆庆《海州志》卷五，万历《通州志》卷三。

明代江西书院辑自：

《明一统志》卷四九至五八，乾隆《大清一统志》卷二三八至二五六，嘉庆《重修一统志》卷三〇七至三三三，雍正《江西通志》卷二一、二二，光绪《江西通志》卷八一、八二，《古今图书集成职方典》卷八五〇至九二三，嘉靖《宁州志》卷九，正德《瑞州府志》卷四，隆庆《临江府志》卷四，弘治《抚州府志》卷一四，正德《建昌府志》卷七，正德《饶州府志》卷三，正德《南康府志》卷四，嘉靖《九江府志》卷十，嘉靖《南安府志》卷一七，嘉靖《赣州府志》卷六，道光《分宜县志》卷九，同治《清江县志》卷三，光绪《庐陵县志》卷一四，顺治《庐陵县志》卷一五，光绪《吉安府志》卷一九，顺治《吉安府志》卷一五，同治《永新县志》卷一四，同治《上饶县志》卷七，同治《饶州府志》卷七，同治《万年县志》卷四，光绪《南安府志补正》卷二，同治《赣州府志》卷二六。

明代福建书院辑自：

《明一统志》卷七四至七九，乾隆《大清一统志》卷三二五至三三七，嘉庆《重修一统志》卷四二四至四三九，乾隆《福建通志》卷一八，同治《福建通志》卷六二至六六，乾隆《福州府志》卷一一，民国《古田县志》卷一四，光绪《莆田县志》卷九，乾隆《泉州府志》卷一三，乾隆《晋江府志》卷四，嘉靖《安溪县志》卷二，嘉靖《龙溪县志》卷六，乾隆《铜山县志》卷四，民国《诏安县志》卷六，乾隆《延平府志》卷一二，民国《南平县志》卷一二，嘉靖《延平府志》卷一二，弘治《将乐县志》卷五，嘉靖《尤溪县志》卷二，嘉靖《建宁府志》卷七，嘉靖《建阳县志》卷五，民国《崇安县新志》卷一二，康熙《松溪县志》卷三，民国《政和县志》卷一三，嘉靖《邵武府志》卷九，万历《闽都记》卷十，道光《闽都记》卷六，乾隆《仙游县志》卷二四，民国《同安县志》卷一四，乾隆《海澄县志》卷二，嘉靖《长泰县志、词翰》，正德《顺昌邑志》卷二，雍正《永安县志》卷六，乾隆《汀州府志》卷一一，乾隆《福宁府志》卷一三，乾隆《永春州志》卷四，道光《龙岩州志》卷四。

明代广东书院辑自：

《明一统志》卷八〇至八一，乾隆《大清一统志》卷三三九至三五三，嘉庆《重修一统志》卷四四〇至四五九，雍正《广东通志》卷一六，道光《广东通志》卷一三八、一四三、卷二一八至二二五，正德《琼台志》卷一七，光绪《高州府志》卷一四，嘉靖《德庆州志》卷一二，民国《阳江县志》卷一七，乾隆《博罗县志》卷四，道光《高要县志》卷七，嘉靖《惠州府志》卷八，嘉靖《惠大记》卷二，嘉庆《增城县志》卷五，同治《番禺县志》卷一六，嘉靖《南雄府志》卷五，乾隆《南雄府志》卷五，道光

《万州志》卷四，道光《遂溪县志》卷三，宣统《徐闻县志》卷五，康熙《海康县志》中卷，康熙《恩平县志》卷四，民国《阳春县志》卷五，乾隆《潮州府志》卷二四，隆庆《潮阳县志》卷九，同治《韶州府志》卷一八，嘉靖《仁化县志》卷三，嘉庆《三水县志》卷五，民国《东莞县志》卷一七，乾隆《佛山忠义乡志》卷七，光绪《广州府志》卷六六。

明代四川书院辑自：

《明一统志》卷六七至七三，乾隆《大清一统志》卷二九二至三二三，嘉庆《重修一统志》卷三八三至四二三，雍正《四川通志》卷五，嘉庆《四川通志》卷七九，万历《合州志》卷二，正德《蓬州志》卷五，嘉靖《洪雅县志》卷二，嘉庆《洪雅县志》卷五，民国《邛崃县志》卷四，民国《绵竹县志》卷十，嘉庆《华阳县志》卷一五，嘉庆《成都县志》卷一，民国《温江县志》卷四，民国《郫县志》卷二，民国《巴县志》卷七，民国《长寿县志》卷七，道光《保宁府志》卷二七，民国《南充县志》卷七，光绪《蓬州志》卷七，万历《营山县志》卷二，光绪《叙州府志》卷二四，乾隆《富顺县志》卷二，民国《南溪县志》卷三，正德《夔州志》卷六，民国《名山新志》卷一一，民国《乐山县志》卷五，嘉庆《峨眉县志》卷二，嘉庆《夹江县志》卷三，民国《犍为县志》，《文事》，民国《荣县志》卷二，民国《中江县志》卷一三，民国《遂宁县志》卷七，道光《蓬溪县志》卷七，道光《乐至县志》卷七，民国《宣汉县志》卷九，光绪《酆都县志》卷二。

明代湖北书院辑自：

《明一统志》卷五九至六一，乾隆《大清一统志》卷二五八至二七四，嘉庆《重修一统志》卷三三四至三五二，雍正《湖广通志》卷二二，民国《湖北通志》卷五九，光绪《武昌县志》卷七，嘉靖《沔阳志》卷一一，弘治《黄州府志》卷四，光绪《黄州府志》卷九，光绪《德安府志》卷七，民国《光化县志》卷二，乾隆《江陵县志》卷一五，乾隆《荆州府志》卷一四，民国《公安县志》卷四，天顺《襄阳郡志》卷二，乾隆《湖北下荆南道志》卷八，同治《襄阳县志》卷二，光绪《潜江县志》卷五，道光《安陆县志》卷十，光绪《德安府志》卷七，同治《江夏县志》卷三，光绪《咸宁县志》卷五，光绪《孝感县志》卷四，嘉靖《蕲水县志》卷二，民国《麻城县志前编》卷四，同治《宜都县志》卷二，弘治《夷陵州志》卷五，同治《宜昌府志》卷六，同治《东湖县志》卷七。

明代广西书院辑自：

《明一统志》卷八三至八五，乾隆《大清一统志》卷三五五至三六六，嘉庆《重修一统志》卷四六〇至四七四，雍正《广西通志》卷三七，嘉庆《广西通志》卷一三三，嘉庆《临桂县志》卷一四，光绪《广西通志辑要》卷三，乾隆《柳州县志》卷五，乾隆《马平县志》卷五，同治《梧州府志》卷六，民国《宾阳县志》卷五，光绪《平乐县志》卷五，光绪《藤县志》卷八，民国《岑溪县志》，《艺文志》，民国《怀集县志》卷二，乾隆《浔州志》卷九，民国《桂平县志》卷一四，民国《邕宁县志》，《学校一》，民国《崇善县志》卷五。

明代河南书院辑自：

《明一统志》卷二六至三一，乾隆《大清一统志》卷一四九至一七六，嘉庆《重修一统志》卷一八五至二二五，田文镜《河南通志》卷四三，阿思哈《河南通志》卷三九，嘉靖《归德志》卷四，乾隆《林县志》卷三，康熙《上蔡县志》卷二，民国《禹县志》卷八，嘉靖《永城县志》上，民国《洛宁县志》卷三，正德

《汝州志》卷四，嘉靖《南阳府志》卷一，光绪《南阳县志》卷六，民国《光山县志约稿》，《教育志》，嘉庆《涉县志》卷三，嘉靖《开州志》卷二，乾隆《祥符县志》卷五，康熙《开封府志》卷一，乾隆《通许县志》卷二，嘉靖《通许县志》上，同治《鄢陵文献志》卷一三，民国《河阴县志》卷九，嘉靖《夏邑县志》卷四，光绪《睢州志》卷二，民国《太康县志》卷四，乾隆《洛阳县志》卷五，乾隆《偃师县志》卷六，民国《新安县志》卷八，民国《巩县志》卷九，民国《郏县志》卷七，嘉靖《辉县志》卷二，民国《滑县志》卷九，乾隆《怀庆府志》卷十，乾隆《邓州志》卷六，嘉靖《邓州志》卷一二，康熙《汝阳县志》卷五，民国《西平县志》卷一二，民国《正阳县志》卷三，民国《信阳县志》卷一三，嘉靖《许州志》卷四，民国《阌乡县志》卷一二。

明代甘肃书院辑自：

《明一统志》卷三五至三七，乾隆《大清一统志》卷一九八至二一四，嘉庆《重修一统志》卷二五一至二八〇，乾隆《甘肃通志》卷九，宣统《甘肃通志》卷三五，康熙《金县志》上，乾隆《狄道州志》卷四，道光《兰州府志》卷三，民国《渭源县志》卷五，乾隆《静宁州志》卷二，嘉靖《徽郡志》卷二，乾隆《银川小志》，嘉庆《宁夏府志》卷六，民国《朔方道志》卷十，顺治《肃镇志》卷二，乾隆《甘州府志》卷七。

明代安徽书院辑自：

《明一统志》卷一四至一八，乾隆《大清一统志》卷七六至九四，嘉庆《重修一统志》卷一〇八至一三四，乾隆《江南通志》卷九〇，光绪《重修安徽通志》卷九二，民国《安徽省通志稿·教育考》卷三，《古今图书集成·职方典》卷七七六至八三九，嘉靖《安庆府志》卷十，弘治《徽州府志》卷五，嘉靖《徽州府志》卷五，嘉靖《宁国县志》卷三，嘉靖《池州府志》卷三，嘉靖《石埭县志》卷二，嘉靖《怀远县志》卷一，嘉靖《寿州志》卷三，天启《来安县志》卷四，万历《六安州志》，万历《广德州志》卷二，嘉靖《天长县志》卷二，乾隆《太湖县志》卷五，康熙《安庆府志》卷七，康熙《休宁县志》卷二，乾隆《绩溪县志》卷三，嘉庆《泾县志》卷八，乾隆《宁国府志》卷八，康熙《宁国县志》卷一四，乾隆《建德县志》卷二，嘉庆《东流县志》卷十，康熙《太平府志》卷十，康熙《凤阳府志》卷一八，光绪《滁州府志》卷三，光绪《和州志》卷八。

明代浙江书院辑自：

《明一统志》卷三八至四八，乾隆《大清一统志》卷二一六至二三六，嘉庆《重修一统志》卷二八一至三〇六，雍正《浙江通志》卷二五至二九，光绪《杭州府志》卷一六，光绪《富阳县志》卷一三，光绪《嘉兴府志》卷八，万历《嘉兴府志》卷二，万历《湖州志》卷一二，光绪《归安县志》卷三，康熙《德清县志》卷三，成化《宁波郡志》卷六，雍正《宁波府志》卷九，乾隆《鄞县志》卷五，雍正《慈溪县志》卷四，光绪《奉化县志》卷九，光绪《镇海县志》卷十，嘉靖《象山县志》卷六，嘉靖《定海县志》卷十，天启《舟山志》卷二，万历《绍兴府志》卷一八，康熙《绍兴府志》卷一八，万历《余姚新志》卷七，万历《新昌县志》卷七，康熙《临海县志》卷二，万历《黄岩县志》卷二，民国《台州志》卷五六，嘉靖《太平县志》卷四，光绪《金华县志》卷四，正德《永康县志》卷七，康熙《永康县志》卷七，嘉靖《浦江志略》卷六，天启《衢州志》卷五，康熙《衢州府志》卷六，弘治《衢州府志》卷四，同治《江山县志》卷四，万历《严州志》卷三，民国《建德县志》卷六，嘉靖《淳安县志》卷六，光绪《永嘉县志》卷七，弘治《温州府志》卷二，嘉靖《温州府志》卷一，乾隆《温州府志》卷七，嘉靖《瑞安县志》卷二，雍正《处州府志》卷三，光绪《青田县志》卷二，嘉靖《仁和县志》卷五，光绪《桐乡县志》卷四，民国《鄞县通志》，光绪《浦江县志稿》卷四，万历《钱塘县志·纪制》，天启《平湖县志》卷七，嘉庆《长兴县志》卷四，道光《武康县志》卷八，嘉靖《安吉州志》卷六，道光《象山县志》卷一四，乾隆《绍兴府志》卷二〇，民国《临海县志》卷八，光绪《宁海县志》卷四，道光《东阳县志》卷十，康熙《金华府志》卷十，万历《龙游县志》卷二，民国《龙游县志》卷五，乾隆《桐庐县志》卷五，万历《遂安县志》卷一，光绪《分水县志》卷四，民国《平阳县志》卷十，同治《丽水县志》卷二，光绪《遂昌县志》卷一，嘉庆《庆元县志》卷四，同治《景宁县志》卷五。

明代湖南书院辑自：

《明一统志》卷六二，乾隆《大清一统志》卷二七六至二九〇，嘉庆《重修一统志》卷三五三至三八二，雍正《湖广通志》卷二三，同治《湖南通志》卷六七至七〇，嘉靖《长沙府志》卷四，乾隆《长沙府志》卷一三，嘉庆《长沙县志》卷十，光绪《善化县志》卷一一，同治《长沙县志》卷一一，嘉靖《湘阴县志·学校》，同治《醴陵县志》卷四，同治《湘乡县志》卷四，乾隆《清泉县志》卷一二，嘉靖《衡州府志》卷五，同治《酃县志》卷八，弘治《永州府志》卷二，光绪《道州志》卷五，嘉庆《宁远县志》卷三，隆庆《宝庆府志》卷三，道光《宝庆府志》卷九二，嘉靖《常德府志》卷九，万历《郴州志》卷一三，弘治《岳州府志》卷八，民国《安乡县志》卷一四，同治《桂阳州志》卷十，嘉靖《茶陵州志》下，光绪《耒阳县志》卷三，光绪《东安县志》卷四，光绪《邵阳县志》卷四，同治《新化县志》卷十，光绪《华容县志》卷五，光绪《桃源县志》卷四，光绪《兴宁县志》卷八，万历《慈利县志》卷十，同治《续修慈利县志》卷四，同治《石门县志》卷五，民国《兰山县志》卷一。

明代直隶书院辑自：

《明一统志》卷一至五，乾隆《大清一统志》卷一至三四，嘉庆《重修一统志》卷一至五六，雍正《畿辅通志》卷二九至三〇，光绪《畿辅通志》卷一一四至一一七，民国《元氏县志·教育》，光绪《顺天府志》卷六二，万历《顺天府志》卷二，民国《霸县志》卷一，嘉靖《霸州志·学校》，民国《景县志》卷五，民国《新乐县志》卷一，光绪《开州志》卷二，民国《安次县志》卷一，民国《通州志》卷五，民国《蓟县志》卷八，光绪《密云县志》卷四，民国《文安县志》卷一二，乾隆《永平府志》卷八，光绪《抚宁县志》卷五，光绪《滦州志》卷一二，同治《清苑县志》卷二，光绪《容城县志》卷三，光绪《蠡县志》卷三，乾隆《祁州志》卷二，光绪《定兴县志》卷二，乾隆《天津府志》卷九，乾隆《沧州志》卷三，乾隆《献县志》卷二，嘉靖《河间府志》卷五，民国《交河县志》卷三，光绪《东光县志》卷四，光绪《正定县志》卷一一，康熙《藁城县志》卷二，康熙《灵寿县志》卷二，光绪《唐山县志》卷六，嘉靖《广平府志》卷五，光绪《永年县志》卷九，民国《成安县志》卷八，民国《磁县志》卷一三，民国《威县志》卷九，同治《元城县志》卷二，民国《大名县志》卷九，乾隆《大名县志》卷一六，正德《大名府志》卷五，乾隆《东明县志》卷二，道光《南宫县志》卷三，民国《冀县志》卷五，乾隆《衡水县志》卷三，光绪《枣强县志补正》卷一，隆庆《赵州志》卷二，民国《宁晋县志》卷二，光绪《深州风土记》卷四，嘉靖《宣府镇志·学校考》，乾隆《宣化府志》卷一二，乾隆《赤城县志》卷二。

明代山西书院辑自：

《明一统志》卷一九至二一，乾隆《大清一统志》卷九六至一二三，嘉庆《重修一统志》卷一三五至一六〇，雍正《山西通志》卷三五至三六，光绪《山西通志》卷七六，民国《临汾县志》卷二，乾隆《蒲州府志》卷五，乾隆《汾州府志》卷五，乾隆《汾阳县志》卷三，乾隆《解州全志》卷四，光绪《夏县志》卷二，乾隆《闻喜县志》卷二，道光《太原县志》卷二，光绪《襄陵县志》卷七，民国《洪洞县志》卷十，雍正《太平县志》卷二，光绪《吉县志》卷一，乾隆《翼城县志》卷七，嘉靖《翼城县志》卷二，光绪《永济县志》卷四，光绪《荣河县志》卷三，雍正《猗氏县志》卷一，民国《虞乡县新志》卷七，光绪《长治县志》卷三，光绪《长子县志》卷六，民国《襄垣县志》卷六，乾隆《浑源州志》卷三，民国校订《偏关志》上，光绪《寿阳县志》卷四，康熙《保德州志》卷一，民国《新绛县志》卷八。

明代辽东书院辑自：

《明一统志》卷二五，乾隆《大清一统志》卷三八，嘉庆《重修一统志》卷五七至七一，嘉靖《辽东志》卷二，乾隆元年《盛京通志》卷二一，民国《奉天通志》卷一五〇。

明代云南书院辑自：

乾隆《大清一统志》卷三六九至三八九，嘉庆《重修一统志》卷四七五至四九八，万历《云南通志》卷八，雍正《云南通志》卷七，民国《新纂云南通志》卷一三四，康熙《云南府志》卷九，光绪《昆明县志》卷四，民国《续修昆明县志》卷二，光绪《续修嵩明州志》卷五，道光《昆阳州志》卷九，正德《云南志》卷三，民国《大理县志稿》卷七，光绪《云南县志》卷五，光绪《浪穹县志略》卷五，雍正《建水县志》卷四，乾隆《石屏州志》

卷二，光绪《续蒙自县志》卷六，宣统《楚雄县志》卷三，民国《路南县志》卷四，咸丰《南宁县志》卷二，嘉靖《寻甸州志》卷九，光绪《永昌府志》卷二四，光绪《云南武定州志》卷四。

明代贵州书院辑自：

乾隆《大清一统志》卷三九一至四〇三，嘉庆《重修一统志》卷四九九至五一五，康熙《贵州通志》卷一五，乾隆《贵州通志》卷九，嘉靖《贵州通志》卷六，万历《黔记》卷一六、一七，民国《贵定县志稿》卷二，康熙《天柱县志》上，道光《思南府续志》卷五，民国《思南县志稿》卷四，民国《石阡县志》卷七，乾隆《开泰县志》，光绪《大清会典》卷一九，乾隆《绥阳志·古迹》。

第三章　清初书院的恢复

经过唐宋以后八个多世纪的发展，清朝时期，中国古代书院发展到了它的鼎盛时期。以其分布区域而言，不但前此已建书院的内地十八省书院林立，而且长期以来一直处于空白状态的东北吉林、黑龙江、蒙古、青海、台湾、澎湖列岛也先后兴建了多所书院。至清朝末年，除新疆、西藏等个别地区外，作为一种主要教育机构，书院已在全国普及开来。以数量而言，仅清代新建书院即已达 3700 余所，已经远远超过唐至明代新建书院数量的总和。如果再加上 600 多所修复、重建前代书院，几乎接近清前书院总数的两倍。至于书院种类之齐全、内部规制之严密、讲学名师之多以及学术成就之突出，更为以前历朝所不可比拟，对于文化的普及和提高，对于学术的发展和繁荣，都发挥了十分重要的作用。

清代书院以其自然发展情况大致可分四个历史时期，即书院渐次恢复和发展的顺康时期，书院急剧发展的雍乾时期，书院逐渐衰落的嘉道咸时期和书院短暂复兴并最后废止的同光时期。兹以上述历史线索分章叙述，以见清代书院发展之全貌。

第一节　清初书院的凋敝

明末清初，长期的社会动乱使得全国书院雪上加霜，一些地区如江南、四川破坏尤其严重，“所在屠灭，郡邑为墟”，“文学诸生，谋生犹恐不给，奚暇诵读”。[1] 相当一批书院毁于兵火，院产或“为土豪所占”，[2] 或并于寺僧，以致“讲席久虚”。[3] 即或有的书院坚持教学，也是“故墟榛莽，朔望课士于义学”。[4] 一时之间，全国书院呈现出十分凋敝的局面。这样，恢复和发展书院的历史重任，便落在了刚刚入关的清朝统治者的肩上。

为了笼络汉族知识分子以建立统治，从顺治二年开始，清朝政府即在占领区内连年开科取士。同时，由于时当开国之初，迎合满洲统治者急于安定形势的愿望，一些降清的汉族官员也提出了恢复和建立书院的主张并进行了这方面的活动。[5] 这样，在他们的主持下，一些地区的书院有所恢复并新建了一些书院。据笔者统计，至顺治九年时，全国修复和重建前代书院已有 14 所，先后新建之书院也已有 11 所。但是，由于清朝是一个由少数民族——满族为主体建立的政权，满汉民族矛盾十分尖锐。对于清朝统治者来说，一方面需要笼络汉族士人以建立和巩固统治，另一方面，又要保持高度警惕以防止汉族士人进行反清活动。表现在书院政策上，便有着极大的摇摆性。顺治皇帝亲政后，为了防止汉族士人利用书院讲学进行反清活动，同时，有鉴于明末士大夫藉书院讲学互相结党攻讦、抨击时政、削弱统治的历史教训，清朝政府对于书院的政策一度趋于严厉。顺治九年，清朝政府向天下学宫颁行卧碑，对士子严加约束并下令，“各提学官督率教官、生儒，务将平日所习经书义理着实讲求，躬行实践，不许别创书院，群

1 （清）常明等纂修：嘉庆《四川通志》卷八〇，巴蜀书社，1984 年。
2 （清）周硕勋纂修：乾隆《潮州府志》卷二四，成文出版社，1967 年。
3 （清）梁善长纂修：乾隆《白水县志》卷二，成文出版社，1976 年。
4 （清）李德溥等纂修：同治《宿迁县志》卷一二，成文出版社，1974 年。
5 赵尔巽等撰：《清史稿·选举志》，中华书局，1977 年。

聚徒党及号召地方游食无行之徒，空谈废业”。[1]十六年，又行文各地，严禁“士习不端，结盟订社”。[2]与此同时，有鉴明代中叶以后各地府州县学除督率诸生于朔望及春秋二丁举行祭孔典礼，值岁科两试造具生童名册上之督学使者和办理本地诸生帮增补廪、举优出贡等事务性工作外，并无教学职能。为了满足人们的文化需求，清朝政府规定，“每乡置社学一区，择其文义通晓、行谊谨厚者补充社师，免其差役，量给廪饩养赡。提学按临日造姓名册申报查考”。[3]在清朝政府的强力压制下，相当一批旧有书院被改为社学、义学，敢于创办书院者为数寥寥。而后，虽然由于清朝统治逐渐巩固，清朝政府关于书院的禁令有所松动。顺治十四年，顺治皇帝曾从偏远巡抚袁廓宇之请下令修复衡阳石鼓书院。受此影响，全国书院数量开始回升。但因时当大乱之后，全国经济十分凋敝，兼之以清朝统治集团内部斗争激烈，往往朝令夕改，因而终顺治时期，全国书院数量依然极少。修复、重建前代书院不过 61 所，新建书院也只有 45 所。于此将之载录如下，以见当时全国书院之凋敝情况；

其一，顺治朝全国新建书院 45 所。（见表一）

表一　顺治朝各地新建书院情况表

省　别	书　院　名　称
直隶（4 所）	蔚州蔚罗书院（三年）、南宫南亭书院（八年）、获鹿白鹿书院（十六年）、衡水右山书院
河南（2 所）	息县正学书院（十一年）、杞县志学（东菱）书院（十六年）
陕西（4 所）	宜川端泉（丹山）书院（四年）、渭南五凤书院（五年）、兴平槐里（槐花）书院（十五年）、邠州紫薇书院
江苏（4 所）	丹徒香坛书院（十三年）昆山梅岩书院、崇明梁公书院、萧县东壁书院

1（清）陈梦雷等辑：《古今图书集成》卷一七《选举典·学校部》，中华书局，1986 年。
2（清）昆冈等撰：光绪《大清会典事例》卷三八三，中华书局，1991 年。
3（清）素尔讷等纂修：《钦定学政全书》卷六四《义学事例》，文海出版社，1974 年。

续　表

省　别	书　院　名　称
安徽（4所）	怀宁培原书院、绩溪敬业（嵋公）书院（九年）、泗州泗水书院（十年）、颍州仰高书院
江西（11所）	清江乐育书院、清江萧江书院（八年）、南昌友教书院（十一年）、新建章江书院（十四年）、新建檀溪（琪园）书院、新建西昌书院、临川兴贤书院、崇仁文昌书院、安仁锦云书院、安福宗孔书院、安福同善书院
浙江（4所）	临海唐公书院（五年）、鄞县义田（月湖）书院（八年）、武康名贤书院（九年）、淳安怀棠书院（十四年）
福建（1所）	永安风山书院（八年）
湖北（5所）	蕲水蕲阳（玉台）书院、安陆甘棠书院（十八年）、应城文明书院、武昌紫荆书院、竹山上庸书院
湖南（3所）	澧阳延光书院（七年）、攸县玉兰书院（十六年）、靖州兴文书院（十七年）
广东（1所）	英德甘棠书院（十七年）
云南（2所）	昆阳州信天书院、顺宁育贤书院（十七年）

其二，顺治朝修复、重建前代书院61所。（见表二）

表二　顺治朝各地修复、重建前代书院情况表

省　别	书　院　名　称
直隶（2所）	滑县欧阳文忠公书院（九年）、顺德国士（龙冈、连城）书院（十年）
河南（6所）	开封游梁书院（十二年）、河内怀仁书院（十三年）、辉县百泉书院（十六年）、汝阳汝南书院、汝阳天中（笃志）书院（十八年）、汝州汝阳书院
山西（1所）	太原晋阳（三立、河汾）书院（十七年）
山东（2所）	邹平伏生书院（十七年）、益都云门书院
江苏（5所）	丹徒香山（三山）书院（五年）、上元文昌书院（十四年）、沛县镇山（两河）书院（十六年）、无锡二泉（尚德）书院、山阳黄公书院

续　表

省　别	书　院　名　称
安徽 （9所）	婺源紫阳（晦庵）书院、歙县紫阳书院（七年）、太平天都（文峰、仙源）书院（八年）、怀宁山谷书院、石埭陵阳书院、铜陵紫阳书院（九年）、休宁还古书院（十年）、泾县水西书院、天长同人书院
浙江 （3所）	淳安琼林书院（十五年）、金华蓉峰（桐荫、宝婺）书院、遂安瀛山书院
江西 （12所）	庐陵白鹭洲书院（三年）、星子白鹿洞书院（四年）、鄱阳芝山书院（九年）、南城紫阳书院（四年）、赣县濂溪（廉泉）书院（十年）、乐平沮阳书院（十四年）、德化匡庐阳明书院（十六年）、铅山鹅湖（文宗）书院、余干东山书院、九江濂溪书院、都昌经归（云住）书院、奉新四贤（九贤）书院
福建 （4所）	仙游朝天书院（十年）、南平延山（延平）书院（十四年）、崇安崇贤书院（十七年）、将乐龟山书院
湖北 （7所）	监利大观书院（七年）、阳新叠山书院（十一年）、随县擒珠（汉东、烈山）书院（十二年）、荆门象山书院（十五年）、安陆文昌书院、德安碧霞书院（十六年）、武昌江汉书院
湖南 （6所）	醴陵超然（文成）书院（十二年）、衡阳石鼓（李秀才）书院、永州宗濂（濂溪）书院（十四年）、邵阳濂溪书院（十五年）、安乡深柳（文正）书院（十六年）、醴陵东莱（莱山）书院（十七年）
广东 （4所）	嘉应州培风（双忠、七贤、九贤、程江）书院（二年）、海阳韩山（韩公）书院（四年）、澄海冠山书院（十六年）、高要嵩台书院

第二节　康熙时期书院的恢复和发展

康熙时期，将近半个世纪的社会动乱大致平定下来，中国社会进入了一个和平发展的新时期。这样，为了进一步巩固封建统治，防止人民反抗，加强封建思想统治便提上了各级统治者的议事日程，首先察觉这一问题的是各地颇有政治头脑的政府官吏。他们在与广大人民接触的过程中，深感广大人民群众像一座座活动频繁的火山，“丰稔之岁，则相与赌博酣歌，沉湎荒淫，流荡而忘返；饥凶之年，则但见鸠形鹄面，扶老携幼，逃散而无归，人民流离，田地荒芜，盗贼窃发，狱讼繁兴”。面对这种形势，他们感到，“官斯土者，其可不急为早办详求其故，以期力挽颓风而尚泄泄从事乎”。[1]因而，从康熙初年始，各地官绅自发兴办书院者与年俱增。据统计，截止康熙二十年三藩叛乱平定时，全国各地新建书院和修复、重建前代书院已不下 187 所（其中，新建书院 102 所，修复、重建前代书院 85 所）。如果再加上顺治时期 100 多所新建和修复前代书院，全国书院总数不下 300 来所。三藩叛乱平定之后，随着社会经济的恢复和发展，全国书院数量也进一步急剧增长。对此，康熙皇帝做出了突出的贡献。

康熙皇帝是一个杰出的君主，和其他少数民族皇帝不同的是，他对汉族先进文化异常热爱。亲政之后不久，即开经筵日讲，积极学习儒家典籍、历史著作和各种自然科学知识。几十年中，略无懈怠。至康熙二十五年时，仅其中日讲一项，已近 900 次之多。通过学习，他深感儒家经典和历史知识对于管理国家、治理人民有着极其重要的意义和作用，从而揭起了“崇儒重道”的旗帜。而在此时，清初以来政府所提倡兴办的社学也走上了绝路。其中多数不过是由政府提倡一哄而起，名不副实，“不过择一老缝掖督肆市十数童稚于黉宫廓宇殿角之间，句读《千文》、《百姓》而已”。[2]既不能实现统治者宣传儒学的愿望，又不能满足广大士人的文化需求。为此，康熙二十五年，清朝政府下令：“社学近多冒滥，令提学严行查革”，[3]并改而提倡兴办义学。在此同时，康熙皇帝也将目光转向几个世纪以来的传统教育机构——书院。早在平定三藩叛乱期间，他即为吉林宁安满洲学房赐名龙城书院，并为其书扁“龙飞胜地”。三藩叛乱平定之后，他对各地书

1 （清）陈焯等纂修：康熙（十四年）《安庆府志》卷六，成文出版社，1985 年。
2 （清）李鸿章等纂修：光绪《畿辅通志》卷一一四，河北人民出版社，1989 年。
3 （清）昆冈等撰：光绪《大清会典事例》卷三九六《义学》，中华书局，1991 年。

院建设态度更为积极，“特命各省并建书院”。[1]为推动各地书院建设，他先后向各地有名书院赐额赐书，几十年中，前后不下十余处之多。如：

康熙二十五年，为江西星子白鹿洞书院、湖南长沙岳麓书院御书“学达性天”扁额并颁赐《十三经》、《廿一史》及日讲各经解义 16 种。

康熙三十三年，为河南开封游梁书院御书“昌明仁义”扁额。

康熙四十一年，为京师金台书院（时为义学）御书“乐育英才”扁额。

康熙四十二年，为云南昆明书院御书“育才”扁额。

康熙四十二年，为山东历城白雪书院御书“学宗洙泗”扁额。

康熙四十四年，为江苏苏州文正书院御书“济时良相”扁额。

康熙四十四年，为浙江杭州崇文书院御书“正学阐教”扁额。

康熙五十五年，为浙江杭州敷文书院御书“浙水敷文”扁额并赐《古文渊鉴》、《渊鉴类函》、《周易折中》、《朱子全书》等。

康熙五十五年，为福建福州鳌峰书院御书“三山养秀”扁额并赐经书。

康熙五十五年，为福建龙溪南溪书院御书“文山毓哲”扁额。

康熙五十六年，为江西铅山鹅湖书院御书“穷理居敬”扁额。

康熙五十八年，为河南开封大梁书院御书“两河文教”扁额。

康熙五十八年，为江西南昌豫章书院御书“章水文渊”扁额。

康熙六十一年，为江苏苏州紫阳书院御书“学道还纯”扁额。

康熙××年，为江苏扬州安定书院御书“经术造士”扁额。

在康熙皇帝的带动下，各省督抚纷纷行动，或者亲自动手，

1 （清）阿思哈等纂修：乾隆《续河南通志》卷三九，清乾隆三十二年刻本。

在省城建立书院，或者“发金置田”，[1]檄令属下州县建立书院。其主要者，如康熙十年，安徽巡抚靳辅应安庆士绅之请下令修复当地培原书院，改名修永，“仍命府学教授勤课生童，讲贯理学”。[2]康熙十二年，河南巡抚佟凤彩重建河南开封大梁书院。康熙二十一年，两江总督于成龙建江苏江宁虹桥书院，“檄上江各士，肄业其中”。[3]康熙二十二年，广西巡抚郝浴建广西桂林新华亭书院，“属提学道召集生徒，月给廪饩，肄业其中”。[4]康熙二十四年，云贵总督蔡毓荣、浙江巡抚赵士麟分别建立云南昆明昆明（育才）书院和浙江杭州敬一书院。康熙四十六年，福建巡抚张伯行建福建福州鳌峰书院。康熙五十六年，广西巡抚陈元龙建广西桂林栖霞书院等。上行下效，知府以下各级官吏也都闻风而动，置办学田，招收生徒，延聘名师，设立书院。如康熙二十年，安徽池州知府喻成龙建安徽池州池阳书院，“集六邑诸生，肄业其中，置田七百余亩，以为供膳，讲诵极盛”。[5]其中一些官员还利用政余，亲赴书院讲学。如汤斌、张伯行皆曾亲至无锡东林书院讲学。还有一些地方官员，对于当时知名学者十分倾慕，为了提高本地书院声望，卑辞重礼，千方百计邀请他们至辖内书院讲学。如康熙初年，直隶内黄知县张沐请孙奇逢主讲于内黄，浙江海昌知县许三礼请黄宗羲讲学于海昌。而后，又有江苏常州知府骆钟麟师事李颙并将其迎至辖内，“主东林讲席，继讲于江阴、靖江、宜兴，兴起甚众”。[6]康熙后期，根据统治需要，康熙皇帝

1 （清）周玑等纂修：乾隆《杞县志》卷五，成文出版社，1976 年；（清）梁栋等纂修：乾隆《含山县志》卷六，成文出版社，1985 年。
2 （清）张楷纂修：康熙（六十年）《安庆府志》卷七，成文出版社，1985 年。
3 （清）姚鼐等纂修：嘉庆《江宁府志》卷一六，江苏古籍出版社，1991 年。
4 （清）陈梦雷等辑：《古今图书集成·职方典》卷一四〇一，中华书局，1986 年。
5 （清）沈葆桢等纂修：光绪《重修安徽通志》卷九二，光绪四年刻本。
6 （清）江藩撰：《国朝宋学渊源记》卷上《李中孚》，中华书局，1983 年。

又将“崇儒重道”发展成为“尊崇理学”，为了扩大宣传面，提倡兴办书院更加不遗余力。这样，全国书院数量进一步增长。流风所至，甚至偏处海隅的台湾和少数民族散处的边远地区也先后建立了多所书院。如自康熙二十二年收复台湾后，至康熙末，几十年间，向无书院的台湾即先后兴建了西定坊书院（二十二年）、镇北坊书院（二十九年）、弥陀室书院（三十一年）、竹溪书院（三十二年）、崇文书院（四十三年）、东安坊书院（四十四年）、高雄屏山书院（四十九年）、海东书院（五十九年）等八所书院。康熙四十七年，著名学者李来章谒选广东连山，“创连山书院，著学规，日进县人申教之，而傜民之秀者亦知向学，诵读声彻岩谷”。[1]总计终康熙一朝，全国新建书院凡537所，修复或重建前代书院248所，加上顺治朝原有书院，至康熙之末，全国书院总数约近千所。这是自明朝万历以来百年之中少见的一个书院迅速发展的时期。兹将这一时期新建书院和修复、重建前代书院备载于下，以见此时书院发展之概貌：

其一，康熙时期，全国新建书院凡537所。（见表三）

表三　康熙朝各地新建书院情况表

省　别	书　院　名　称
直隶 （29所）	清河卢公书院（十六年）、鸡泽凤辉（洺州）书院（十七年）、南河和阳书院、涞水涞阳书院（十八年）、抚宁东山书院（二十一年）、西宁宏州书院（二十二年）、南乐繁阳书院（二十四年）、井陉东壁（文昌）书院（二十七年）、晋县湘殷（鼓城）书院（三十年）、滦城龙冈书院（三十二年）、肥乡漳南书院（三十三年）、文安广陵书院、保安州新州（涿鹿）书院（四十一年）、景县广川书院、满城玉川（崇实）书院（四十三年）、新河堂阳书院（五十六年）、天津三取书院（五十八年）、通州潞河书院、藁城培英书院、长垣寡过书院（五十九年）、定兴范阳书院、吴桥澜阳书院、易州双峰书院、△固安犹龙书院、昌黎昌黎书院、昌黎书院山（夷齐）书院、元氏三台书院，南宫彤塔书院、宁晋蒙泉书院

1　赵尔巽等撰：《清史稿》卷四八〇《儒林一》，中华书局，1977年。

续 表

省 别	书 院 名 称
河南（42 所）	确山铜川书院（六年）、汜水成皋书院、长葛嘉惠书院、郾城郾城书院（十二年）、睢州浍川书院（十四年）、荥阳抃源书院（十五年）、新郑兴贤（茨山）书院（二十年）、郾城濦阳书院（二十一年）、长葛新建（大中丞）书院（二十二年）、孟县河阳书院、密县桧阳（瑞春）书院（二十三年）、通许进学书院、洧川洧阳书院、中牟广学书院、沈邱求诚书院、孟津平津书院、巩县敬业书院（二十四年）、密县兴学书院（二十五年）、荥阳传经书院（二十六年）、济源龙公书院（二十七年）、鹿邑鸣鹿书院（二十八年）、温县王公书院、固始古蓼书院、禹县甘棠书院、禹县丹山（凤台）书院（二十九年）、柘城紫阳书院（三十年）、洛阳闫公书院（三十一年）、孟县学山书院（三十二年）、河内刘公书院（三十三年）、新乡省身书院（三十四年）、新乡德化书院、河内邑侯李公书院（三十五年）、洛阳周南（狄梁、天中）书院、济源甘公书院（三十八年）、济源俞公书院（四十七年）、光州龙门书院（五十二年）、仪封请见（饮泉）书院（五十五年）、孟津四知书院（五十七年）、陕县召南书院（六十年）、睢州道存书院、汝阳新建书院、灵宝桃林书院
山西（27 所）	闻喜涑水书院（六年）、长治心水（五龙、莲池）书院（三年）、绛州启光书院（四年），闻喜义仓书院（九年）、交城卢川书院（十一年）、祁县昭余书院（十二年）、交城卦山书院（十七年）、徐沟金河书院（十八年）、洪洞讲学书院、武乡鞮山书院（二十年）、汾州棠荫（西河）书院（二十四年）、岳阳开运书院（二十五年）、孝义凤山书院、临县凤山书院（二十七年）、河津龙门书院（二十八年）、蒲州崇实书院、万泉清风书院（三十六年）、平遥西河书院（四十二年）、永和楼山（楼川）书院（四十六年）隰州紫川书院（四十七年）、太平谦益书院、翼城绍文书院（五十一年）、临汾正谊（平阳）书院（五十七年）、浮山神山书院（六十一年）、翼城扶风书院、广灵延陵书院、太宁图南书院
陕西（6 所）	户县二曲书院（三十年）、临潼横渠书院（三十七年）、韩城少梁书院、韩城萝石书院（四十二年）、韩城龙门（汪平）书院（四十四年）、华阴仰华书院（五十一年）、西乡丰宁（丰盈）书院（五十四年）
甘肃（7 所）	巩昌崇文书院（二十八年）、靖远培风书院（三十六年）、武威成章书院（四十三年）、河州王公大书院、河州王公小书院、宁夏中卫应理书院（四十五年）、平凉柳湖书院
东北（3 所）	沈阳萃升书院（十三年）、宁安龙城书院（十五年）、铁岭银冈书院

续　表

省　别	书　院　名　称
山东 (32 所)	莱芜正率书院（十二年）、济宁州讲德书院（二十年）、滋阳文在书院、滋阳少陵（东鲁）书院（二十二年）、东阿少岱书院（二十五年）、费县注经书院（二十八年）、鱼台马公书院、掖县海山书院（三十年）、定陶唐文书院、淄川般阳书院、邹县近圣书院（三十三年）、临淄稷门（闻韶）书院、掖县北海书院（三十三年）、章邱阳邱书院（三十五年）、单县鸣琴（琴台）书院（三十七年）、莘县先觉书院（三十八年）、泰安青岩书院（五十年）、日照六一书院、蓬莱瀛洲（莲洲）书院、泰安徐公书院（五十一年）、堂邑白雀书院、定陶回澜书院（五十六年）、历城振英（蒿庵、景贤）书院、博兴锦秋书院（五十七年）、东昌阳平书院、益都容保书院（五十八年）、高唐州玉山书院（五十九年）、文登昆阳书院、文登崇文书院、济宁州济阳书院、金乡山阳书院、△益都汪公书院
江苏 (35 所)	江都安定书院（六年）、常熟养贤书院（四年）、青浦九峰书院（八年）、武进延陵书院（十年）、靖江骧腾书院（十一年）、江浦东山书院（十二年）、常熟思文书院（十六年）、崇明刘公书院、丹阳濂溪书院（二十年）、上元虹桥书院、松江扶风书院（二十一年）、江都敬亭书院（二十三年）、昆山安道书院（二十四年）、阜宁观澜书院、太仓州陈安道书院（二十五年）、丹徒去思书院（二十七年）、青浦淀湖书院、清河临川书院（三十二年）、兴化诚意书院，丰县凤鸣书院（四十四年）、靖江东川书院（五十年）、江都竹西（广陵）书院（五十一年）、吴县紫阳书院（五十二年）、崇明双清书院（五十三年）、铜山姜公书院、睢宁桂林（昭义）书院（五十七年）、铜山醴泉书院（五十八年）、江浦大新书院、长洲澹台书院、青浦惠来书院，崇明张公书院，江阴阳城书院、阜宁观海（紫阳）书院、甘泉虹桥书院，△如皋文正书院
安徽 (24 所)	潜山三玄（潜岳、三立、天柱）书院（三年）、巢县凤仪书院、广德州茅茹书院（五年）、怀宁培原（修永、敬敷）书院（十年）、虹县××书院（十二年）、含山环峰书院（十四年）、虹县夏邱（兴学）书院（十六年）、望江雷阳（来仙）书院（十九年）、池州池阳书院（二十年）、滁县赵公讲学书院（二十二年）、怀远洪山书院（三十年）、池州回澜书院（三十二年）、芜湖滴翠书院（三十二年）、合肥庐阳（横渠）书院（三十五年）、和州和阳书院（三十七年）、临淮凤临（启蒙）书院（四十七年）、定远仁寿书院（四十九年）、舒城崇文（文昌）书院（六十年）、怀宁遂宁书院，泾县紫山书院、池州秀山书院、繁昌龙门书院、合肥斗文书院、颍上河州书院

续 表

省　别	书　院　名　称
浙江 (44所)	鄞县证人书院（七年）、临海南冈（南刚）书院、临海东壁书院（十一年）、萧山清惠书院、西安青霞书院（十二年）、海宁正学书院（十三年）、黄岩育才（樊川）书院（十九年）、永康来学书院（二十一年）、杭州敬一书院（二十四年）、余姚丰乐书院（二十九年）、仙居丽正（滋兰）书院、永康绿野书院（三十一年）、鄞县育才书院（三十六年）、杭州紫阳书院（四十二年）、衢州正谊（爱莲）书院（四十七年）、萧山西山书院、永康鹤亭书院（五十年）、义乌紫阳书院（五十一年）、山阴观海书院、台州近圣书院（五十六年）、嘉兴鸳湖书院、海盐观成书院、镇海崇正书院、建德文渊（双峰）书院（五十八年）、常山旧定阳书院（六十年）、上虞松陵书院（六十一年）、杭州南阳书院、海宁县治书院、海宁长安镇书院、海宁放石镇书院、海宁袁花镇书院、海宁郭店镇书院、海宁东山书院、平湖吕公书院、平湖尔安书院、奉化上林书院、定海蓉浦书院、定海延陵书院、衢州修文书院、临海东湖书院、临海帻峰书院、△乐清澜冈书院、乐清仰川书院、乐清太白书院
江西 (40所)	南昌洪都书院（元年）、清江云岩（雪岩）书院、泸溪鹤城（养正、盱江）书院（三年）、安义董公书院（四年）、新昌文昌书院、庐陵景贤书院（五年）、清江龙冈书院（六年）、萍乡焕文书院（八年）、南昌刘公书院（九年）、新建韩公书院（十年）、新建宸箴书院（十四年）、南昌元钧书院、清江王侯书院（十五年）、南昌槐荫书院（十七年）、新建江渚书院（十八年）、清江观澜书院（二十一年）、鄱阳江源书院（二十三年）、鄱阳希贤书院（二十四年）、余干凤游书院（二十五年）、龙南龙门（龙城）书院（二十八年）、靖安双溪书院（三十年）、新喻缑山书院（三十二年）、吉水泰东书院（三十三年）、定南厅吴公书院（三十五年）、信丰桐山书院（三十六年）、吉水仰山书院（三十八年）、永新秋山书院（四十二年）、鄱阳澹湖（芝阳）书院、长宁石溪书院（四十八年）、上高敖阳书院（四十九年）、新昌宜阳书院（五十年）、万年姚西书院、南城崇儒书院（五十二年）、丰城剑江书院、奉新二何先生书院、清江孙公书院、永新赵邑侯书院、宜黄凤冈书院、上饶信江（曲江、钟灵、紫阳、钟宁）书院、安仁龙门书院
福建 (50所)	莆田洞桥书院（三年）、福州越山书院（十年）、归化文昌书院（十八年）、长汀龙山书院、长汀正谊书院、上杭清惠书院（二十年）、台湾西定坊书院（二十二年）、沙县梅冈书院（二十四年）、漳州五经（育德）书院、龙岩龙津书院（二十六年）、德化图南书院（二十八年）、台湾镇北坊书院、宁洋共学书院（二十九年）、福州斗南书院（三十年）、台湾弥陀室书院（三十一年）、台湾竹溪书院（三十二年）、连江紫阳（朱子）书院（三十七年）、古田屏山书院（三十九年）、永安斗山（燕江）书院（四十一年）、大田崇文书院（四十二年）、福清明德书院、台湾崇文书院（四十三年）、台湾东安坊书院（四十四年）、同安文昌书院（四十五年）、福州鳌峰书院（四十六年）、连城文溪书

续 表

省 别	书 院 名 称
	院（四十七年）、龙溪正学书院、泰定三贤（集贤）书院（四十八年）、高雄屏山书院（四十九年）、瓯宁紫芝书院（五十二年）、莆田仰文书院（五十四年）、古田玉泉书院、建阳景贤书院、福安紫阳书院（五十五年）、福清双旌书院、上杭阳明书院、上杭琴冈（濂溪、文峰）书院（五十七年）、台湾海东书院（五十九年）、漳州锦江书院（六十一年）、侯官西湖书院、仙游同兰书院、惠安螺阳书院、同安紫阳书院、诏安沈公书院、云霄振文书院、永安安砂书院、瓯宁右文书院、瓯宁玉溪书院、清流龙津（丰山）书院、福安笔峰书院
湖北（20所）	潜江传经书院、枣阳青山书院（十年）、均州古南阳书院（十一年）、沔阳州仁风书院（十二年）、黄冈古[illegible]书院（二十四年）、京山涂山（四公、惠山）书院（三十五年）、宜城紫峰（鄢郢）书院（三十六年）、长阳兴山书院（三十八年）、汉阳晴川（汉阳）书院（四十四年）、安陆阳春书院（四十八年）、黄冈坪江书院（五十二年）、武昌勺庭书院（五十三年）、房县穆清（房陵）书院（五十七年）、麻城睢阳书院、黄冈仙湖书院、江陵荆南书院、长阳佷山书院（五十八年）、汉川紫阳（甑山）书院（六十年）、钟祥魁阁书院、东湖邱公书院
湖南（17所）	衡山观湘书院（三年）、黔阳龙标书院、会同三江书院（五年）、澧阳澹津书院（二十一年）、宜章育才书院、湘乡东皋书院（二十二年）、安化崇文（中梅）书院（三十一年）、通道罗山书院（三十三年）、酃县洣泉（黄龙、酃湖）书院（五十二年）、酃县天河书院、郴州景贤书院（五十六年）、郴州东山书院（五十八年）、岳州岳阳书院、平江昌江（天岳）书院（五十九年）、攸县湘南书院（六十一年）、安仁洁爱书院、东安古吴书院
广东（76所）	德庆州青云书院（五年）、乐昌昌山书院（六年）、乐昌城内书院（十年）、海阳东莆书院（十一年）、佛山田心书院（十二年）、增城以文书院、增城讲陀书院、增城凤池书院、高要培风（金溪）书院、罗定州文明书院（十七年）、高要桂溪书院、琼山瀛海书院（十八年）、罗定州文昌书院、潮阳臧公书院、大埔新建茶阳书院（二十年）、番禺穗城书院、佛山番山（番水）书院、新安宝安书院、博罗文昌书院（二十二年）、广州晦翁书院、顺德凤山书院（二十三年）、花县花峰书院、乳源城东书院、乳源温泉书院、封川景奎（景星）书院、合浦映珠（联珠）书院（二十四年）、增城增江书院、清远浈江书院、龙川鳌湖书院、和平五云（龙溪）书院（二十五年）、归善西湖书院、普宁课士书院、灵山西灵书院（二十六年）、东莞宝安书院、东莞靖康书院（二十八年）、龙川三台书院、合浦天南书院（二十九年）、曲江韶阳书院、定安居丁书院、海阳昌黎书院（三十年）、香山丰山书院（三十一年）、英德文昌书院、临高鹅江书院（三十三年）、钦州东坡书院（三十四年）、茂名茂山书院、茂名三至书院（三十六年）、英德近圣（浈江）书院（三十七年）、茂名安乐书院、始兴墨江书院

续 表

省 别	书 院 名 称
	(三十八年)、西宁甘棠书院（三十九年)、高要嵩崖书院（四十一年)、博罗登峰（罗阳、怀芝）书院（四十四年)、从化兴贤书院、高要三都（长溪）书院、廉州海门（还珠）书院（四十五年)、高要沙溪书院（四十六年)、英德文澜书院、连山厅连山书院（四十七年)、番禺石洞书院、茂名敷文（高文）书院（四十八年)、番禺粤秀书院、琼山琼台书院、阳山桂香（阳溪、培风、仰溪、回龙、宗韩、斗山）书院（四十九年)、南海三堡书院、茂名敦仁书院、茂名近圣书院(五十一年)、茂名观澜书院（五十二年)、三水正学书院（五十四年)、龙门星冈（崇正）书院、南雄府凌江书院（五十五年)、佛山莲峰书院（五十七年)、始兴文明书院（五十九年)、归善西江书院（六十年)、三水郑公书院、海阳登云书院、信宜起凤书院
广西 (21所)	北流天一书院（元年)、兴安新华亭书院（二十二年)、梧州观澜书院(二十五年)、永康州丽泽书院（二十七年)、南宁正谊书院（二十八年)、宁明州南坡书院、容县绣江书院（二十九年)、平乐三渠书院(三十一年)、梧州回澜（茶山、传经）书院（三十五年)、北流铜阳(抱朴）书院（四十年)、永淳徐公书院（四十六年)、永安州眉江书院（四十八年)、平乐新道乡书院（四十九年)、南宁蔚南（式南）书院、南宁修和书院（五十五年)、临桂栖霞（阜成）书院、灵川文笔书院、灌阳龙江书院（五十六年)、临桂爱日书院、宜山李公书院、昭平南池书院（五十八年)
云南 (37所)	白盐井提举司绿萝书院（二年)、南宁南城书院（三年)、沾益州西平书院（四年)、蒙化厅育德（育才）书院（八年)、昆明育才书院、新兴州敬一书院（二十四年)、云南万青书院（二十五年)、云南龙翔书院、顺宁养正（龙津）书院、平彝平彝书院、弥勒桂香书院（二十七年)、弥勒甸溪书院（二十八年)、易门桂香书院、河阳凤山书院（二十九年)、宜良雉山书院、宾川州育英（笔山）书院（三十二年)、寻甸州凤梧（寻阳）书院（三十三年)、河西螺峰书院（三十六年)、保山九隆书院（三十八年)、白盐井提举司张公书院（三十九年)、景东厅开南书院（四十年)、镇南州龙川（鸡和、鹳和、盘山）书院（四十年)、嵩明州龙泉（邵川）书院、易门聚奎书院（四十二年)、楚雄府卢公书院、楚雄府凤山（新建）书院（四十六年)、石屏州登龙书院（四十八年)、南安州山天（山仙、文明）书院、新兴州玉溪（灵峰）书院、丽江玉河书院（四十九年)、元江澧江（文昌）书院（五十一年)、建水焕文书院（五十五年)、广西厅凝秀书院、广西厅鹤山书院（五十六年)、河阳河阳书院（五十七年)、昆明碧峣书院、马关古木书院

续　表

省　别	书　院　名　称
贵州（7所）	平越溥仁书院（四年）、镇宁州双明书院（三十年），安化安化（近奎、龙津、依仁）书院（四十九年）、遵义培英（湘江、湘川、芹香）书院（五十四年）、遵义启秀（育才）书院（五十六年）、麻江三台书院（五十八年）、△沿河竹溪书院
四川（20所）	邻水潾山书院（元年）、夔州少峰（文峰）书院（四年）、梁山桂香书院（二十三年）、屏山龙湖书院（三十年）、广元嘉陵（江涛）书院（四十二年）、成都锦江书院（四十三年）、江油登龙书院、江油天柱书院（四十六年）、雅安雅材（蔡蒙、月心、宗文）书院（四十七年）、荣县凤鸣书院、綦江瀛山书院（四十九年）、荣昌忠贤书院（五十年）、安岳龙泉（岳阳）书院（五十三年）、安县汶江书院、彭水摩云书院（五十七年）、永川锦云（桂山）书院（五十八年）、金堂绣川书院（五十九年）、崇庆州江源（崇阳）书院（六十年）、广安州渠江书院、南溪凤翔（南溪）书院

其二，康熙时期，全国修复、重建前代书院248所。（见表四）

表四　康熙朝各地修复、重建前代书院情况表

省　别	书　院　名　称
直隶（14所）	浚县性道书院（七年）、大名元城（天雄）书院（十年）、任县莲洲书院、永年漳川（紫山）书院、广平清晖（莲花）书院（十一年）、容城正学（正义）书院（十二年）、抚宁云从书院（十四年）、卢龙北平书院（十六年）、宁晋正学书院（十九年）、元氏文清书院（二十八年）、景县董子书院（四十三年）、蠡县有斐（振英）书院、藁城滹阳书院、西宁宁邑书院
河南（26所）	睢州锦襄书院（九年）、开封大梁（丽泽）书院（十二）、登封嵩阳（太乙）书院、商邱范文正公讲院（书院）（十三年）、光山涑水书院（十九年）、西平新建（闫公、定颍）书院、河内中丞王公书院（二十五年）、开封二程书院（二十六年）、上蔡显道（上蔡）书院、林县黄华书院、登封伊川（乐道）书院、荥阳兴文书院（二十七年）、洛阳瀍东书院（二十八年）、荥泽人龙书院、叶县问政书院（二十九年）、南阳诸葛书院、太康连城（兴贤、二贤）书院、新野白水书院、新蔡大吕书院（三十年）、邓州临湍书院（三十一年）、信阳州子贡（仕学、申阳）书院（三十六年）、禹县东峰书院（五十五年）、济源启运书院（五十七年）、郏县崇正（崇道）书院、淮宁弦歌（知德）书院、偃师两程书院

续　表

省　别	书　院　名　称
山西（11所）	永济河中书院（二年）、长治文昌（共学）书院（三年）、平阳晋山书院、运城河东书院（十年）、太平龙门书院、芮城子夏（文学）书院（十一年）、运城启弘书院（十二年）、运城弘运书院（二十八年）、寿阳寿阳书院（四十一年）、蒲州济南吴公书院（四十六年）、泽州体仁书院
陕西（4所）	延安嘉岭书院、西安关中书院（三年）、商州商山书院（二十四年）、西安正学书院
甘肃（2所）	狄道州超然书院（二十五年）、静宁州陇干（阿阳）书院（五十五年）
山东（11所）	沂水闵子书院（六年）、文登文山（崇文）书院（二十三年）、武城学道（道学、弦歌）书院（二十四年）、历城历山（白雪）书院（二十五年）、邹平范公书院（二十九年）、掖县东莱书院、青州松林书院（三十年）、邹平长白书院（三十年）、鱼台崇德书院、馆陶陶山书院（四十四年）、滋阳颜子书院
江苏（10所）	通州文正（至圣、忠孝）书院（三年）、上元明道书院（六年）、吴县文正书院（十二年）、吴县鹤山书院（二十四年）、宜兴东坡（蜀山）书院（三十七年）、浒墅关文正书院（四十二年）、常熟文学（学道、虞山）书院（四十六年）、东台泰东书院（五十七年）、无锡东林书院、泰州胡公（安定）书院
安徽（15所）	南陵籍山书院（八年）、歙县斗山书院（九年）、宣城敬亭（待学、正学）书院、石埭广阳（长林）书院（十一年）、歙县天都书院（十二年）、宿松禹江（日新、松滋）书院、宁国西津（凤山、明德、开德）书院（十六年）、歙县南山书院（二十一年）、休宁海阳（瞻云）书院（二十九年）、旌德大学（储英）书院（三十五年）、盱眙崇圣书院（四十年）、当涂采石书院（四十八年）、婺源明经书院（五十二年）、六安州龙津（格致）书院（五十三年）、怀远文昌书院（五十六年）
浙江（24所）	嵊县宗传（海门）书院（三年）、镇海南山书院（五年）、杭州敷文（万松、太和）书院（十年）、建德龙山书院（十二年）、石门传贻书院（十三年）、海宁黄冈书院（十四年）、宁海缑城书院（十七年）、缙云五云书院（二十二年）、青田石门书院、杭州西湖（孤山）书院（二十五年）、杭州虎林（吴山、两浙）书院（二十七年）、绍兴五云书院（三十年）、桐庐桐江书院（三十一年）、浦江月泉书院、丽水圭山（南明、莲城）书院（三十三年）、归安长春书院（四十年）、余姚姚江书院（四十二年）、杭州崇文书院（四十四年）、浦江浦阳（文昌、仙华）书院（五十四年）、绍兴蕺山（蕺里）书院（五十五年）、湖州安定书院（五十九年）、象山丹山书院（六十年）、黄岩紫阳（樊川）书院、平阳魁峰书院

续　表

省　别	书　院　名　称
江西（26所）	新淦惜阴书院（元年）、玉山端明（怀玉）书院、安福复贞（复真）书院（三年）、新淦高峰书院、宜春昌黎书院（四年）、万安濂溪书院（五年）、修水濂溪书院（七年）、高安筠阳（尊道）书院、星子汇东（南山）书院（九年）、进贤钟陵书院、上高金石书院、安福道东书院（十年）、峡江观澜书院（十二年）、安福识仁书院、德兴兴贤书院（二十年）、兴安岑山（文昌、岑阳）书院（二十八年）、南昌豫章书院、九江濂溪港书院（三十一年）、大庾周程书院（三十二年）、瑞金绵江（文成）书院（三十四年）、萍乡宗濂书院（三十九年）、德兴息斋书院、泰和求仁书院、吉水仁文（文江）书院、吉水登东书院、南城凤冈（盱江）书院
福建（27所）	兴化府涵江书院（元年）、罗源凤鸣书院（四年）、长泰泰亨（文公）书院、漳州观澜（文山）书院（七年）、宁化××书院（九年）、光泽云岩书院、延平文公书院（十一年）、兴化府芝山（龙江）书院、晋江泉山（温陵）书院（十二年）、松溪湛卢书院（二十二年）、漳浦南溟书院、永春州文公书院（二十三年）、莆田水南书院、侯官共学（凤池）书院（二十四年）、崇安武夷（紫阳）书院、龙岩新罗（瀛龙）书院（二十五年）、同安文公（大同）书院（二十七年）、建宁府建安（建溪）书院（三十二年）、泉州石井书院（三十九年）、晋江小山丛竹书院（四十年）、同安鳌江书院（四十二年）、莆田兴安（明宗）书院、漳州丽泽书院（四十八年）、长汀龙江书院（四十九年）、尤溪南溪书院（五十五年）、延平府道南书院（五十八年）、仙游会心书院
湖北（8所）	黄冈问津（龙仁夫）书院（六年）、当阳玉阳（回峰）书院（十七年）、黄梅调梅（大林、梅调）书院（二十四年）、孝感西湖书院（三十年）、麻城万松书院（四十九年）、黄陂二程（望鲁）书院、麻城龙溪书院、宜昌墨池书院
湖南（13所）	桂阳州濂溪书院（六年）、长沙岳麓书院、祁阳永昌（文昌）书院（七年）、兴宁汉宁（文昌）书院（八年）、永明濂溪（宋元）书院（十四年）、新宁文昌（青莲、莲潭）书院（二十四年）、常宁双蹲（芹东、集贤）书院（二十五年）、浏阳南台（近圣）书院（三十一年）、郴州濂溪书院（三十五年）、辰州虎溪（阳明）书院（四十五年）、益阳龙洲书院（六十一年）、浏阳南山书院、邵阳希濂（东山）书院
广东（21所）	保昌大中（天峰、弘道）书院（二年）、博罗罗浮书院（五年）、曲江相江（曲江、旧濂溪）书院（十年）、阳江濂溪书院（十三年）、海阳义安书院（二十二年）、仁化濂溪书院（二十四年）、海康平湖（莱泉）书院、阳春瑞云（育英）书院（二十五年）、广州濂溪书院、文昌蔚文（至公、玉阳）书院（二十六年）、吴川正谊（正疑、听涛）书院（三十年）、高要端溪书院、儋州丽泽书院（三十九年）、合浦又了斋书院（四十二年）、合同同文（应台、端山）书院（四十四年）、三水凤冈书院（四十九年）、石城松明书院（五十七年）、西宁典学（东皋）书院（五十九年）、增城明诚书院、惠来文明书院、澄海景韩书院

续 表

省 别	书 院 名 称
广西（9所）	贺县鸣阳（昂霄）书院（五年）、平乐道乡（访贤）书院（六年）、南宁敷文书院（九年）、桂林宣城（华掌）书院（二十一年）、全州清湘（柳山）书院（二十六年）、岑溪文昌书院（四十三年）、全州凤坡书院（五十七年）、思恩阳明书院、宁明州明江（太子泉）书院
云南（13所）	嵩明州鹿元（碧澜、瑶华、崇文、龙山）书院（七年）、河阳玉笋书院（八年）、易门文昌书院（十六年）、太和崇敬（汲泉）书院（二十三年）、腾越秀峰书院（二十五年）、罗次碧城书院（二十九年）、太和桂香（中溪）书院（三十年）、定远文龙（定远）书院（三十五年）、建水崇文（崇正）书院（三十九年）、马龙州通泉书院（四十三年）、永平博南书院（四十四年）、剑川州金华书院（五十二年）、姚州楝川书院
贵州（4所）	石阡明德（龙川）书院（三年）、贵阳阳明书院（十二年）、思南为仁书院（三十年）、定番州中峰书院
四川（10所）	井研来凤（凤山）书院（八年）、岳池凤山书院（二十五年）、邛州鹤山书院（三十年）、夔州晋阶（少陵）书院（四十一年）、合州合宗（濂溪）书院（四十四年）、绵竹紫岩（景宣、月波）书院（四十八年）、洪雅修文（雅江）书院（四十九年）、乐山九峰（高标）书院、眉州鹤山书院、眉州眉山书院

第三节　清初书院学风的转变和名师讲学活动

随着书院的恢复和发展，顺康时期，由于封建统治者的干预，明代中叶以来的书院性质和发展方向也经历了深刻的变化。

顺治和康熙前期，书院发展虽然极为凋敝，但是因为时当长期动乱之后，封建统治阶级控制学术思想需要一个历史过程，因此，这时书院呈现出一些不同于后的特点。其主要表现是：在讲学形式上继承了旧有的讲会制度，自由讲学之风颇为盛行，名师迭出，学术思想十分活跃，在清代书院发展史上乃至清代学术史上，都写下了光辉的篇章。

讲会制度始于南宋，是当时理学大师传播自己学术思想的重要方式。明代中叶以后，王学兴起，为了传播自己的学术思想，即以讲会为主要方式。这样，不长时间，书院即得到了极为迅速的发展。与此相一致，王学也风靡全国。明朝后期，尽管当朝权臣、权宦张居正、魏忠贤等从不同动机出发对其严加打击，但是其风仍不少衰。清朝初年，清朝统治者军事上尚忙于统一全国；思想上，汉化也刚刚开始，只是笼统地提倡尊奉孔孟，“崇儒重道”，并没有对儒家各派进行认真的别择去取。利用这一有利时机，各派学者无不在书院中利用讲学方式以扩大自己的影响。一时之间，书院讲会之风又炽并且成为传播学术思想的主要方式。不独王门嫡传沈国模、史孝咸等讲学姚江书院时采取这种方式，鼓吹程朱者以及当时其他各家学派也莫不如此。据时人赵吉士记载当时情况是：“文公为徽学正传，至今讲学，遂成风尚，书院所在多有，而郡之紫阳书院，古城岩之还古书院，每年正、八、九月衣冠毕集，自当事以至齐民，群然听讲。”[1]其中一些书院如安徽歙县紫阳书院，江苏无锡东林书院因有名师主持，影响较大，还超出地区限制，举办讲会。据当时一些历史资料记载，各地讲会的大致情况是：依据自愿结合的原则，各书院之间成立讲会。会有会宗、会长、会正、会赞、会通各职，以管理会内事务。讲会分月会和大会两种。月会每月一至两次，大会每年一次，一般皆在本学派创始人生辰或忌日举行，会各三日。讲会开始时，一般先举行隆重的祭祀典礼，然后由本届讲会的主持人任讲四书五经之一章。此后，则按序互相辩驳问答。凡与会者，各虚怀以听。为了办好讲会，不少书院主持人制定会约、学程、院规等对参加讲会或前来就学的士子的学习方式、学习步骤以及注意事项一一做出规定。其中，比较有名的是康熙初年施璜和李颙主讲安徽歙县紫阳书院和陕西西安关中书院时分别制定的《紫阳讲堂会约》、《关中书院会约》和《关中书院学程》。如《紫阳讲堂会约》即规定：

1 安徽通志馆编：民国《安徽省通志稿》《教育考三》，成文出版社，1985 年。

“一、崇正学。务经明行修，宗尚周程张朱之学，讲论悉符于践履，著述必本乎躬行，德孚闾闬，望重学林者，会长敦请赍院，阐印圣宗，以为后学标准。如侈谈二氏（释、道）家言，为三教归一之说及阳儒阴佛者，不得入会。

“二、敦实行。必居家孝悌，言行谨信，廉节自守，为乡党亲友所称许者，方延入会。

“三、谨士趋。凡渎乱人伦，不矜名节，及为各利奔竞公门，居间作证，语言无实，刀笔讼师，一切所为有妨名教，而欲登讲堂为名高，挟浮说而取胜者，勿令入会。

“四、严始进。凡有志入会者，必须会中老成为之介绍，预先告明会长，会长通知各邑会宗廉核，果如所告，方延入会。至会期前一日，介绍引新友、具名帖、见诸邑会宗，然后回堂领教。

“五、图晚节。凡从前附名在会诸友，或有为德不卒，败名丧检，内忝伦常，外辱坛站，及在会不遵仪注，矛盾讪侮，散会后夸诞不经，欺诳流俗者，众议不许复入，以旧规削除前名，仍追咎原介绍之友，记录一过。”

又如，李颙制定之《关中书院会约》亦规定：

“一、每年四仲月一会讲，讲日午初击鼓三声，各具本等服帽，同诣至圣前四拜礼，随至冯恭定少墟先生位前，礼亦如之。礼毕，向各宪三恭，然后东西分班，相对一揖就坐，以齿为序；分不可同班者，退一席。讲毕，击磬三声，仍诣至圣前，肃揖而退。

“一、先辈开讲，恐学者乍到气浮，必令先斋戒三日，习礼成而后听讲，先端坐观心，不遽与言。今吾辈纵不能如此，亦须规模静定，气象安闲，默坐片响，方可申论。

“一、先辈大堂开讲，只统论为学大纲，而质疑晰惑未必能尽，盖以大堂人士众多，规模宜肃，不肃则不足以镇浮嚣，定心志。私寓则相集略少，情易孚，意易相契，气味浃洽，得以畅所欲言。吾辈既效法先觉，不可不循其渐次，大堂统论之外，如果真正有志进修，不妨次日枉顾颙寓，从容盘桓，披衷相示，区区窃愿谬竭愚悃，以效朦瞽之诵。

“一、先辈讲学，大儒品是圣贤学，是理学，故不妨对人讲理学，劝人学圣贤。颙本昏谬庸人，千破万绽，擢发难数，既非卓品，又无实学，冒昧处此，腼颜实甚，终不敢向同人妄谈理学，轻言圣贤。惟愿十二时中念念切已自反，以改过为入门，自新为实际。诸同人质美未凿，固无过可改，然盛德大业，贵乎日新，亦不妨愈加淬砺，勉所未至。

“一、吾人苟能奋志求新，痛自洗涤创艾，不作盖藏，方始有益。昔齐宣王自谓好男好货好色，肯将自己所受之病，一一向孟子面前陈说，略无一毫隐讳，所以孟子倦倦属意于王，以为足用为善。譬之病人，不自讳忌，肯将自己病源一一述出，令医知其标本所在，药始中病；苟为不然，即有万全良剂，与症不对，亦何补哉？今吾人相聚切磋，慎勿蔓衍泛谈，所贵就症言症，庶获见症商症，以尽忠告之益。

“一、晤对之余，各宜打并精神，默坐澄心，务令心澄神怡，表里洞然，使有生以来一切嗜好，一切外慕，及种种技能习气，尽情融消，洁洁净净，无一毫牵缠粘滞，方有入机。

“一、用力吃紧之要，须着着实实，从一念独知处，自体自认，自慎几微，此出禽人，安身立命之大关头也。此处得力，如水之有源，千流万派，时出而无穷矣。若只在见解上凑泊，格套上摹仿，便是离本逐末，舍真求妄，自蔽原面，自梏生机。

“一、语称‘疑思问’。《中庸》谓：‘有弗辨，辨之弗明，弗措’。吾人苟真实刻苦进修，则问与辨又乌容已。譬之行路，虽肯向前直走，若遇三岔歧路，安得不问？路上曲折，又安得不一一辨明？故遇歧便问，问明便行，方不托诸空言。若在家依然安坐，只管问路辨程，则亦道听途说而已矣！夫道听途说，为德之弃，吾人不可不戒。

“一、迩来有志之士，亦有不泥章句，不堕训诂，毅然以好学自命者。则又舍目前进步之实，往往辨名物，徇象数，穷幽索大，妄意高深。昔人所谓：‘自笑从前颠倒，见枝枝叶叶外头寻。’此类是也。吾辈宜深以为戒，要在切问近思，一味着里。

“一、静能空洞无物，情悰浑志，而征之于动，犹有渗漏，终非实际，故必当机触境，此中莹然湛然，常寂常定，视听言动复礼，喜怒哀乐中节，纲常伦理不亏，辞受取予不苟，富贵贫贱一视，得失毁誉不动，造次颠沛一致，生死利害如常。如是则动静协一，体用兼尽，在一家表正一家，在一乡表正一乡，在一国表正一国，在天下表仪天下，为法于天下，可传于后世，方不枉今日往来书院，群聚切劘。否则一行玷缺，便亏生平。不但明为人非，幽为鬼责，即反之自己灵明，亦觉气馁神歉，蹴踖弗宁；且贻口实于无穷，曰：此关中书院平日志学之人也，今乃如是。是学之无益于人也。其为学脉之蠹，孰大于是？吾侪慎诸。

“以上数条，躬所未至，姑诵所闻，窃比工瞽，诸同人倘不以人废言，愿与共勉之。”

再如，李颙制定之《关中书院学程》也规定：

“一、每日黎明即起，整襟危坐少顷，以定夜气，屏缘息虑，以心观心，令昭昭灵灵之体，湛寂清明，了无一物，养未发之中，作应事之本。”

“一、坐而起，世有事则治事，无事则读经数章。注取其明白，正大，简易，直截，其支离缠绕，穿空，凿巧者，断勿寓目。

“一、饭后看四书数章，须看白文，勿先观注；白文不契，然后阅注及《大全》，凡阅一章，即思此一章，与自己身心有无交涉，务要体之于心验之于行，苟一言一行不规诸此，是谓侮圣，言空自弃。

“一、中午焚香默坐，屏缘息虑，以续夜气。饭后读《大学衍义》及《衍义补》，此穷理致知之要也。深研细玩，务令精熟，熟则道德经济胥此焉出。夫是之谓大人之学。

“一、申酉之交，遇精神懒散，择诗文之痛快醒发者，如汉魏古风、《出师表》、《归去来辞》、《正气歌》、《却聘书》，从容朗诵，以鼓昏惰。

“一、每晚初更，灯下阅《资治通鉴纲目》或濂洛关闽及河会姚泾语录。阅讫，仍静坐。默检此日意念之邪正，言行之得失，苟一念稍差，一言一行之稍失，即焚香长跽，痛自责罚。如是日消月汰，久自成德。即意念无差，言行无失，亦必每晚思我今日曾行几善，有则便是日新，日新之谓盛德；无则便是虚度，虚度之谓自刈。昔有一士自课，每日必力行数善，或是日无善可行，晚即自恸曰:“今日又空过了一日”。吾人苟亦如此，不患不及古人也。

“一、每日除万不容已者，只得勉应，其余苟非紧急大事，断勿出门一步。终日不见人，则神自清，品自重。有事往来亲友之家，或观田畴，或赴地方公务，行步须安详稳重，作揖须舒徐深圆，周中规，旋中矩，坐如尸，立如钉，手与心齐，庄而和，从容闲定，正己以格物。不可轻履市肆，不可出入公门，不可狎比匪类，不可衣服华美。

“一、立身以行检为主，居家以勤俭为主，处人以谦下为主，涉世以忍让为主。

“一、习学先习不言。无论见未透行未至者不言，即见已透行已至者，一概静默不言。始也勉强，力制数日，不发一语，渐至数月不发一语，极至于三年不轻发一语，如是则所蓄者厚，所养者深，不言则已，言则成经矣，人不闻则已，闻即信服矣。所谓三言不言，言乃雍是也。万一尊长或平日知契固问，惟就所闻坦怀以对，必诚慎，务要简当。

“一、联五七同志，每月朔望两会，相与考德问业，夹辅切劘。公置一簿，以记逐月同人言行之得失。得则会日公奖，特举酒三杯以示劝；失则规其改图。三规而不悛，听其出会。

“一、会日坐久腹枵，会主正设肉蔬四器，充饥而止，慎勿杯盘狼藉，以伤雅风。会中所讲之书，如《康斋日录》、《泾野语录》、《文清读书条》，此数种，明白正大，最便后学。所论之言，毋越身心性命纲常伦理，不得语及各人私事，不得语及闺门隐事，不得语及官员贤否及他人得失，不得语及朝廷公事及边报声闻。违者，罚备次会一会之饭。”[1]

在讲会的推动下，不少书院学术气氛极为活跃，许多名师先后被邀至书院讲学，发表自己的学术见解。其主要者，有顺康间施闰章主讲于江西南昌龙冈书院、庐陵白鹭洲书院，沈国模、史孝咸主讲于浙江余姚姚江书院，吴慎、施璜、高愈等先后主讲于江苏无锡东林书院、安徽歙县紫阳书院、安徽歙县还古书院等。其中一些学者还因影响较大而生徒众多。如施闰章“所至辄葺书院，会讲常数百人”。[2] 主讲江西庐陵白鹭洲书院期间，“听讲者至千余人”。[3] 在这些书院和学者中，对当时学术发展产生过重大影响的是孙奇逢于河南辉县百泉书院、李颙于陕西西安关中书院、黄宗羲于浙东各书院和颜元于直隶肥乡漳南书院进行的讲学活动。

孙奇逢（1585~1676 年），字启泰，号钟元，人称夏峰先生，直隶容城人，万历举人，入清不仕。以原籍被圈占，先举族迁居易州五公山，开业授徒。顺治末，又南迁河南辉县苏门山下，讲学于百泉书院。针对当时程朱、陆王两派学者互相攻击、辩驳的情况，他从学术发展的眼光出发，认为程朱、陆王皆是理学发展中的一个阶段。他指出，“文成之良知，紫阳之格物，原非有异”，[4] 两者“有相成而无相悖”。[5] 并以此观点著成《理学宗传》

1 （清）黄舒昺辑：《国朝先正学规汇抄》，中国书店，1995 年。

2 赵尔巽等撰：《清史稿》卷四八〇《儒林一》，中华书局，1977 年。

3 （清）定祥等纂修：光绪《吉安府志》卷一九，成文出版社，1975 年。

4 （清）孙奇逢撰：《四书近指》卷一《大学之道章》，商务印书馆，1986 年。

5 （清）孙奇逢等撰：《三贤集》卷四《夏峰歌》。

一书。在教学中，他也因材施教，“随其高下浅深，必开以性之所近，使自力于庸行”。由于他品格高尚，学问深邃，“四方负笈而来者日众”。[1]如汤斌、张沐等皆出其门下。他如当时著名学者黄宗羲、傅山、张尔岐等，也都尊他为老师宿儒。一时之间，百泉书院闻名全国，对于清初学术气氛的活跃发挥了重要的作用。

李颙（1627~1705 年），字中孚，号二曲，陕西周至人。出身贫苦，靠了自己的刻苦力学，成为当时一个著名学者并在关中一带进行讲学活动。在学术思想上，他于程朱陆王之学皆有继承，但也各有批评，并提出了“返躬实践”、“悔过自新”、“明体适用”等治学主张。康熙十年，他应邀南下，至无锡、江阴、靖江、武进、宜兴各处讲学。由于他两次被荐山林隐逸和博学鸿儒皆辞不赴，因而他的学行受到了广大士人的尊敬。康熙十二年，他应陕督鄂善之邀，主讲陕西西安关中书院。开讲之日，总督、巡抚、将军、藩臬以下，“抱关击柝以上，及德绅、名贤、进士、举贡、文学子衿之众环阶席而侍听者几千人”。[2]为了搞好教学，他为该书院撰写学程、会约，“约束礼仪，整束身心”。[3]在教学中，“凡有答问，穷日夜不倦，必使其人豁然于心目之间而后已”。[4]在他的影响下，陕西各地书院纷纷修复或者重建，明末以来的关学得以复兴，李颙也因此而名闻天下，与黄宗羲、孙奇逢一起并称为当时“三大儒”。[5]

黄宗羲（1610~1695 年），字太冲，号梨洲，浙江余姚人。出身仕宦世家。明亡，黄宗羲奉鲁王监国，往返奔走，从事抗清武装斗争。失败后，归隐乡里，多次拒绝清朝政府征召，以讲学著

1（清）江藩撰：《国朝汉学师承记》卷五，中华书局，1983 年。
2（清）吴怀清编：《关中三李年谱》《二曲二》，陕西师范大学出版社，1992 年。
3（清）吴怀清编：《关中三李年谱》《二曲二》，陕西师范大学出版社，1992 年。
4（清）李元度撰：《国朝先正事略》卷二七《李二曲先生事略》，岳麓书社，1991 年。
5 赵尔巽等撰：《清史稿》卷四八〇《儒林一》，中华书局，1977 年。

述为业，崇祯初年，黄宗羲曾随其师刘宗周就读于浙江会稽证人书院，因为“其时志在举业，不能有得”。[1]康熙初年，为了“表师门之学”，他与同门好友于证人书院复为讲会，“从之讲学者数百人”。[2]康熙七年，他又建书院于浙江鄞县延庆寺，亦以证人为名。有惩于明末士大夫袖手言心性而致亡国的历史教训，黄宗羲认为，“学问必以六经为根底，游腹空谈，终无捞摸”。[3]他还提倡独立思考，反对株守一家之说，他说：“各人用得着的，方是学问。寻行数墨，以附会一先生之言，则圣经贤传，皆是糊心之具。朱子所谓，譬之烛笼，添得一条骨子，则障了一路光明也”。[4]在授课方式上，他也注意调动生徒的主动性。“每拈四书或五经作讲义，今司讲宣读。读毕，辩难蜂起”。[5]由于他著述宏富，学识渊博，教法灵活，深受广大士子爱戴，先后应邀主讲会稽证人书院、阳和书院、六贤书院，鄞县证人书院，余姚姚江书院，“生徒甚盛”，[6]并培养出了像万斯大、万斯同等一批著名学者，在当时学术界产生了广泛的影响。

颜元（1635~1704 年），字易直，又字薄然，号习斋，直隶博野人，出身贫苦。长期发愤学习，广泛涉猎程朱陆王、佛道兵医各家著作，并在对各家学说的批判中，形成了自己注重实践、反对空谈的教育思想。他认为程朱理学只说不做不符合圣人原意，并不是真正的学问。他指出：“近世圣道之亡，多因内心惺觉，口中讲说，纸上议论三者之间见道，而身世乃不见道。学堂中辄称书院或曰讲堂，皆倚《论语》‘学之不讲’一句为遂非之柄，后

1 （清）黄炳垕编：《黄梨洲先生年谱》，清光绪三十一年刻本。
2 （清）江藩撰：《国朝汉学师承记》卷八，中华书局，1983 年。
3 （清）黄炳垕编：《黄梨洲先生年谱》，清光绪三十一年刻本。
4 （清）黄炳垕编：《黄梨洲先生年谱》，清光绪三十一年刻本。
5 （清）黄炳垕编：《黄梨洲先生年谱》，清光绪三十一年刻本。
6 （清）黄炳垕编：《黄梨洲先生年谱》，清光绪三十一年刻本。

人以讲为学，千里矣。”[1]因此，他疾呼：“必破一分程朱，始入一分孔孟”。[2]在此同时，他还猛烈地抨击八股取士，指出：“八股行而天下无学术……故八股之害甚于焚坑”。[3]在他晚年学问至于大成之时，他应邀南下主讲直隶肥乡漳南书院。为了贯彻他的教育思想，根据他的安排，书院建正厅三间，曰习讲堂。东第一斋榜曰文事，“课礼、乐、书、数、天文、地理等科”。西第一斋榜曰武备，“课黄帝、太公以及孙吴五子兵法，并攻守营阵并陆水诸战法，射御技击等科”。东第二斋曰经史，“课《十三经》、历代史、诰制章奏、诗文等科”。西第二斋曰艺能，“课水学、火学、工学、象数等科”。此外，还另设理学、帖括二斋，分别“课静坐、编著程朱陆王之学”和“八比举业”。由上可见，他所规划的漳南书院是一个自然科学和社会科学无所不包的古代综合性大学。虽然其中也有“程朱陆王之学”和“八比举业”，但是在他的安排下，程朱陆王只是供学术研究用的诸子百家中的一家，“见为吾道之敌对”；至于“八比举业”，也是诸多课程中最不受重视的一种，“暂收以示吾道之广”。[4]为了宣传自己的学术观点和教学宗旨，他为书院正厅书写楹联：“聊存孔绪励习行，脱去乡愿禅宗训诂帖括之类；恭体天心学经济，斡旋人才政事道统气数之机”。可惜的是，该书院开学只有四个月，即因漳水泛滥，淹没校舍，讲学也被迫中辍。虽然如此，他的学术思想和教学实践却在清代书院发展史上写下了光辉的一页。

---

1 （清）李塨撰：《颜习斋年谱》卷下，（清）颜元、李塨合撰：《颜李丛书》，四存学会铅印本，1922年。

2 （清）李塨撰：《颜习斋年谱》卷下，（清）颜元、李塨合撰：《颜李丛书》，四存学会铅印本，1922年。

3 （清）李塨撰：《颜习斋年谱》卷下，（清）颜元、李塨合撰：《颜李丛书》，四存学会铅印本，1922年。

4 （清）颜元撰：《习斋记余》卷二，（清）颜元、李塨合撰：《颜李丛书》，四存学会铅印本，1922年。

三藩叛乱平定之后，清朝统治已经完全巩固下来。与此相一致，清朝政府也进一步加强了其对广大人民的思想统治。其主要表现是，经过一个时期的选择，统治者摒弃其他各家学说并重新确定程朱理学作为官方哲学思想。早在亲政之初，由于熊赐履等人的积极诱导，康熙皇帝即对程朱理学产生了浓厚的兴趣。后来，经过反复的比较，他感到“朱子洵称大儒，非泛言道学者可比拟”。[1]“先儒中，惟朱子之言最为确当，其他书册所载，有不可尽信者。”[2]为了以此统一全国人民的思想，康熙四十年以后，他下令汇编朱熹论学精义为《朱子全书》。该书编成时，他亲制序文，说朱熹是“绪千百年绝传之学，开愚蒙而立亿万世一定之规”。又说:“朕读其书，察其理，非此不能知天人相与之奥，非此不能治万邦于衽席，非此不能仁心仁政施于天下，非此不能内外为一家。”因而，他向臣民宣示，“朕以为孔孟之后，有裨斯文者，朱子之功最为弘巨。”[3]遵照他的旨意，朝廷正式决定将文庙中的朱熹牌位由东庑移升到大成殿十哲之次。在策试天下贡士时，康熙皇帝也反复告谕士子，“夫六经、四书、濂洛关闽，学之正者也”。[4]对于康熙皇帝的这一重大决策，各地官员也心领神会，大加吹捧:“钦定紫阳全书以教天下万世，其论遂归于一。始知学者之所以为学，与教者之所以为教，当以紫阳为宗，而俗学、异学有不得参焉者矣”。[5]这样，一大批讲求程朱理学的书院相继成立，不只福建、江西、安徽、浙江等朱熹原籍及过化之地因“国家表彰理学，凡文公旧所诵习之地，悉为立学，设师弟子

1 《清圣祖实录》卷二一六，康熙四十三年六月丁酉，中华书局，1985 年。

2 《清圣祖实录》卷二九一，康熙六十年三月乙丑，中华书局，1985 年。

3 《清圣祖实录》卷二四九，康熙五十一年五月丁巳，中华书局，1985 年。

4 《清圣祖实录》卷二五六，康熙五十一年四月癸丑，中华书局，1985 年。

5 （清）李铭皖等纂修：光绪《苏州府志》卷二五，张伯行《紫阳书院记》，成文出版社，1970 年。

员”。[1]而且，全国各地讲授程朱理学的书院也成批出现。清初以来广泛流行的各家学说则被视为“俗学、异学”而在书院中逐渐绝迹。与此同时，清初以来一直颇为盛行的讲会制度也因有妨于封建统治者统一人民思想而遭到攻击或受到冷遇。早在清初，一些封建卫道者即认为：“天下无讲学之人，此世道之衰；天下皆讲学之人，亦世道之衰”。“嘉隆之间，书院遍天下，讲学者以多为贵，呼朋引类，动辄千人，附影逐声，废时失事，甚至有借以行其私者，此所谓处士横议也。天下何赖焉。”[2]康熙中，他们又摆出貌似公正的面孔，总结无锡东林书院“晚近以来，往往以讲学之故，致干时君时相之怒”的历史教训，要求士人“反而内求，吾党亦当有分任其咎者”。提出书院主持者当“以默识为真修，以笃行为至教，勿口舌轧击以矜能，勿意见纷拿以长傲，尊贤容众，嘉善矜愚，偕游于大道为公之世”。[3]在清朝政府的引导下，康熙中期以后，讲会制度渐行废止。同时，随着书院数量的增多，在教学内容上，也全为理、气、性、命之类的货色所取代。如当时河南河内知县李枟建邑侯李公书院，“集生童、讲四子书，终岁无倦，阐精析微”。[4]再如康熙中安徽安庆敬敷书院藏书，不是《通鉴纲目》、《朱子语类大全》、《朱子文集》、《朱子奏议》，就是《朱子经济文衡》、《朱子学的》、《朱子年谱》、《文公家礼》、《朱子注解小学》、《名臣言行录》等，[5]几乎全是清一色的理学著作，原先颇为活跃的思想界和书院讲学都顿时冷清下来。

随着思想统治的加强和讲会制度的自然废止，以月书季考经

1 （清）怀荫布等纂修：乾隆《泉州府志》卷五，泉州志编委会影印 1984 年。

2 （清）陆世仪撰：《思辨录辑要前集》卷一《桴亭先生遗书》，广陵古籍刻印社，1987 年。

3 （清）熊赐履撰：《经义斋集》卷五《重修东林书院记》，齐鲁书社，1997 年。

4 （清）陈梦雷等辑：《古今图书集成·职方典》卷四一九，中华书局，1986 年。

5 （清）张楷纂修：康熙（六十年）《安庆府志》卷七，成文出版社，1985 年。

义策论、制艺帖括而帮助士子准备科举考试的书院却大量涌现。承明代中叶以来遗风，清朝入关之初，此类书院即已出现。如顺治五年，陕西渭南县“是科中试五人”，知县张联第以为“五凤之应”，因建五凤书院。[1]顺治九年，直隶滑县重修欧阳文忠公书院，“月课多士”。[2]顺治十六年，工部郎中顾大申重建江苏沛县两河（镇山）书院，“延师课士，四方来游者众”。[3]浙江瑞安绿芸书院，“顺治间教谕沈肇基集诸生课艺于此”。[4]但因当时讲学风气甚盛，此类书院并不为世人所重。由于封建统治者的干预，康熙中期以后，此类书院成批涌现并迅速普及，“几乎无县无之”。[5]如康熙三十九年，福建古田知县陈紱建古田屏山书院，“次年秋闱，获隽四人”。[6]康熙四十一年，同知杨朝麟建直隶文安广陵书院，“褒集多士数十人，每月试以制业”，[7]以致邻封相率效尤，竞相推广这个速效造士的好经验。康熙四十二年，浙江杭州建紫阳书院，“当事延名师主讲席，日有课，月有程，一秉鹿洞规划。”[8]同年，江西永新建秋山书院，聘李绂为山长，集生徒晨夕讲学，多所成就，刊有《秋山课艺》行世。[9]康熙五十一年，山西翼城建绍文书院，“每年由县聘请山长，于每月初三、十三、

1 （清）舒其绅等纂修：乾隆《西安府志》卷二〇，成文出版社，1970 年。

2 王维垣等纂修：民国《滑县志》卷九，成文出版社，1968 年。

3 （清）石杰等纂修：乾隆《徐州府志》卷六，清乾隆七年刻本。

4 （清）嵇曾筠等纂修：雍正《浙江通志》卷二九、二五、二七，上海古籍出版社，1991 年。

5 毕星垣等纂修：民国《邯郸县志》卷九，成文出版社，1969 年。

6 黄澄渊等纂修：民国《古田县志》卷一四，古田县修志委员会铅印本 1942 年。

7 （清）李鸿章等纂修：光绪《畿辅通志》卷一一四，纪昊《广陵书院月课记》，河北人民出版社，1989 年。

8 （清）嵇曾筠等纂修：雍正《浙江通志》卷二九、二五、二七，上海古籍出版社，1991 年。

9 （清）萧玉春等纂修：同治《永新县志》卷一四，成文出版社，1975 年。

二十三等日课试阅卷，评定甲乙，优给膏火。”[1]根据当时有关史籍记载，此类书院大致情况如下，“院有山长，由县延聘有名之进士或举人主讲。下有斋长，由院绅自邑中廪生充之”。“每年三月，由知县考选生童入院肄业，以一年为限”。根据书院规模和辖境人口多少，招收生童各十数名或数十名。每月两课或三课，由知县亲临考试者为官课，每月一次；由山长考试制艺者为师课，或称斋课，每月一至二次。根据生徒身份和考试成绩，分称内、外、正、附课生，各给膏火奖赏，生以超、特、壹、童以上、中、次，以为等第，以“作科名进取之预备”。[2]以为封建政权培养“忠臣、清官”。如果有人科举中试，则视为书院教学之重大成就。如康熙中，江西上饶“先年郡士科名寥落”，自建信江（曲江、钟灵、紫阳、钟宁）书院后，“明年即有举于乡者，后遂连年相踵起”。[3]无人中试则归咎于当地书院之废弛。如江苏东台县，“数十年间，贤书南宫之声阙然无闻”，当地文士丁世隆为之哀叹：“岂真气运使然，不可挽欤，或亦书院之废而不举为之矣”。[4]讲授举业之外，在一些地区，此类书院还负有宣传清朝政府各种政治和社会政策的义务，起着用封建思想教化人民的作用。如浙江杭州敬一书院，“每月朔日，会绅衿耆老，宣讲圣谕；望日集师儒讲学于此”。[5]又如康熙四十七年，安徽临淮知县王绂建凤临（启蒙）书院，“捐俸延师课士”，政余即亲临诲学者以为已切实工夫，谕以“正衣冠，尊瞻视”二语，言简旨深，人人可以自力，闻风者

1 马继桢等纂修：民国《翼城县志》卷九，成文出版社，1976年。
2 毕星垣等纂修：民国《邯郸县志》卷九，成文出版社，1969年。
3（清）刘坤一等纂修：光绪《江西通志》卷八二，江苏广陵古籍刻印社，1987年。
4（清）周右等纂修：嘉庆《东台县志》康熙五十七年，丁世隆《东台泰东书院记》，成文出版社，1970年。
5（清）嵇曾筠等纂修：雍正《浙江通志》卷二九、二五、二七，上海古籍出版社，1991年。

自远而至，悉资膏火”。[1]还如康熙五十六年所建之浙江山阴观海书院，“集里老子弟，讲孝悌力田诸务”。[2]可见，随着思想统治的不断加强，书院已由原来的自由讲学机构逐渐沦为各级封建地方政府兴办的政治业校了。

1 （清）沈葆桢等纂修：光绪《重修安徽通志》卷九二，光绪四年刻本。
2 （清）嵇曾筠等纂修：雍正《浙江通志》卷二九、二五、二七，上海古籍出版社，1991年。

第四章　清朝中期书院的兴盛

第一节　雍正时期书院政策的转变

康熙皇帝去世后，雍正皇帝继位为君。出于提高君权、压抑臣权、加强个人专制统治的目的，雍正皇帝即位不久，便对康熙皇帝扶持书院发展的政策加以重要修改。雍正元年，他下令“各直省现任官员自立生祠、书院，令改为义学，延师授徒，以广文教”。[1] 在此同时，他还采纳礼部侍郎蒋廷锡建议，“敕督抚令所属州县乡堡立社学，择生员学优行端者充社师，量给廪饩”。[2] 根据这一规定，“各州县于大乡区镇各置社学，凡近乡子弟，年十二以上，二十以下，有志学文者，令入学肄业”。[3] 由于政府的兴学重点重新转向社学、义学，因而，对于各地书院则严加限制。如雍正二年，两江总督查弼纳建立江宁钟山书院，雍正皇帝即亲为书额“敦崇实学”，以为其规定治学方向。而后，雍正四年，江西巡抚裴徉度呈请政府为江西星子县白鹿洞书院选任掌教，又遭到了他的严词批驳：“裴徉度奏请拣选一人为白鹿洞书院掌教，部议不准行，甚是。朕临御以来，时时以教育人才为念。但期实有

1 （清）素尔讷等纂修：《钦定学政全书》卷六四《义学事例》，文海出版社，1974 年。

2 赵尔巽等撰：《清史稿》卷二八九，中华书局，1977 年。

3 （清）刘锦藻编纂：《清文献通考》卷七〇，浙江古籍出版社，1988 年。

益于学校，不肯虚张课士之美名。盖欲使士习端方，文风振起，必赖大臣督率所司，躬行实践，倡导于先，劝学兴文孜孜不倦，俾士子观感奋励，立品勤学，争自濯磨，此乃为政之本。至于设立书院，择一人为师，如肄业者少，则教泽所及不广；如肄业者多，其中贤否混淆，智愚杂处，而流弊将至于藏垢纳污，如释道之聚处寺庙矣。若以一人教授，即能化导多人俱为端人正士，则此一人之才德，即可膺辅弼之任，受封疆之寄而有余，此等之人，岂可易得？当时孔子至圣，门弟子三千余人，而史称身通六艺者仅七十有二，其余不必皆贤，况后世以章句教人者乎？是以朕深嘉部议，不肯草率从裴俸度之请也”。[1]总之，在他看来，各地官员自立生祠、书院，就是“虚张课士之美名”，就是标榜臣权，侵犯君权；全国各地书院林立，定然“藏污纳垢”，有妨封建统治；师道过尊，也极易臂指不灵，形成广大士人、百姓对朝廷的离心倾向。倒不如恢复清初以来政府提倡兴办的社学、义学，易于控制。这样，在他的强力压制下，全国各地尤其是历来书院数量颇多的上下两江、浙江、湖广以及距离统治中心极近的晋冀鲁豫各省书院发展骤然冷落下来。据统计，从雍正元年至雍正十年，全国新建书院 91 所，修复和重建前代书院 13 所，总计 104 所。按年平均，已经大大低于康熙时期的平均发展速度。如果考虑到其中三分之一都是福建、广东、云南三省所建，那么，十年之中，新建和修复前代书院只有 67 所，仅仅相当于康熙时期全国书院平均增长速度的一半。受此影响，各地不少书院也都见风转舵，改为义学、社学，兼之以清初以来相当一批书院先后荒废，一时之间，全国书院总数较之康熙末年明显降低，清朝政府的书院政策使得全国书院发展经历了曲折，进入了低潮。

雍正朝前期，雍正皇帝虽对书院发展予以严厉限制，但是并

---

1 （清）席裕福等辑：《皇朝政典类要》卷二二六，文海出版社，1982 年。

未搞一刀切。就在全国多数地区书院趋于冷落之时，福建、广东和云贵等地的书院却因各种原因而得到了迅速的发展。雍正六年八月，雍正皇帝以闽、粤籍官员乡音太重，任职外省，处理公务，需经胥吏代传，易滋弊端，而下令两省士人改变乡音并规定，举监生童应在八年内学会官话，方能参加科举考试。[1]为此，他下令，“闽广正乡音郡县各设书院教习”。[2]据此，雍正七八年间，福建地方督抚从浙江、江西两省选聘教职人员进驻包括台湾在内的福建各地，普遍建立正音书院。至乾隆皇帝即位时，已达八九十所。这一活动，就当时形势分析，有利于统一政令的推行；从历史发展眼光看来，也有利于各地思想文化的交流。但是因为选派师资时考虑不周，各省进驻福建教职人员“虽谙官音，不晓土语，师弟问答，彼此扞格”[3]，无法开展工作。兼之以是靠政府强令推行，经办官吏办事疲玩，因而办理数年，并无成效。乾隆皇帝即位后，不得不从福建巡抚王士任之请，将各省派赴福建之正音教职人员全数发回而改从本省教职中“慎选熟晓官话者，专司正音教职”。[4]这一活动虽然失败，但是受此影响，雍正中福建书院却得到发展。据统计，终雍正间，除新建89所正音书院外[5]，福建还新建书院13所，修复和重建前代书院2所，和康熙朝福建书院增长速度大致持平而高于其他各省。广东正音书院虽然史志失载，但据雍正《朱批谕旨》雍正十年五月二十七日杨永斌奏折所载，这一活动确实也在进行。而雍正中广东新建书院35所，修复和重建前代书院4所，两者相加，将及40所，在当时全国各省中名列榜首，和康熙朝广东书院相比，平均增长速度高出一倍。

1 （清）允禄等编：《上谕内阁》雍正六年八月初六日，浙江书局光绪二十一年。

2 （清）翁天祜等纂修：光绪《续修浦城县志》卷一七，成文出版社，1967年。

3 《清高宗实录》卷三九，乾隆二年三月，中华书局，1985年。

4 《清高宗实录》卷三九，乾隆二年三月，中华书局，1985年。

5 因为这些书院存在时间短暂，故在统计福建及全国书院数字时均未计入。

可见，这一时期，广东书院的发展也是受了雍正皇帝下令教习正音的影响。

云贵地处边徼，长期以来，书院发展一直落后于内地各省，明清之际，南明政权和吴三桂长期割据云贵，使得当地书院受到极大破坏。兼之以少数民族散处，各地土司林立，因而三藩叛乱平定之后，云贵书院又明显落伍。虽经地方官员极力经营，至康熙末，云贵书院已达63所，但在全国书院总量中，仍然不足为道。雍正四年以后，清朝政府以鄂尔泰为云贵总督，对当地少数民族区域进行了大规模的改土归流活动。在此同时，为了巩固改土归流的成果，鄂尔泰等地方官员还于当地兴办学校，实行科举，鼓励少数民族子弟读书，允许土民子弟与汉民文武童生一体考试。其中，鄂尔泰即于雍正九年对昆明五华书院加以改建，“购置经史子集万余卷，选士课读”。[1]雍正十二年，陈宏谋任云南布政使，“购备经史，分贮各学及书院中，檄取各属有道之士人入院肄业，详定馆课，不得专用书艺，兼试古学表策论疏，以广造就，滇中士子自是蒸蒸向学”。[2]受此影响，云贵地区书院数量激增。据统计，雍正朝13年中，云贵两省新建和修复前代书院已达46所(其中云南35所，贵州11所)，大大超过了清初以来全国书院平均增长速度，对于南疆地区文化事业的发展起到了重大的推动作用。

清初以来，不少府州县官吏为了显示政绩，纷纷建立书院，其中一些书院还以自己命名。因其目的是在沽名钓誉，故而对于置办院产、聘请师资、招收生徒等重要问题概不留意，以致不少书院都徒具形式，膏火不继。就此而言，雍正皇帝对书院加以限

1 周钟岳等纂修：民国《新纂云南通志》卷一三四，云南省地方志编纂委员会，1989年。

2 （清）陈钟珂编：《先文恭公（陈宏谋）年谱》卷二，清同治二年刻本。

制和禁革，有其合理之处。但是，自明代中叶以来，府州县各级官学已经不具备教学职能，社学、义学虽经政府一再提倡，也因各级官员视同具文，不是拖延不予办理，就是在执行中严重走样，沦为乡约，不伦不类，各地书院几乎成了培养封建统治人才的不可替代的主要机构，并且也和广大士民求学出仕血肉相连，因而就在雍正皇帝对各地书院严加限制之时，各地书院仍在不断建立。建立者之中，有官有民，有的还是违背谕旨精神，由社学、义学改建书院。如浙江常山靳侯书院，系常山士民为感念府宪靳某“八年三报旱，请赈米以苏困，请留粮以备荒”、“惠泽深入人心”而建。[1] 又如浙督李卫，雍正四年、九年，先后檄属修葺杭州敷文书院、余姚姚江书院。此外，由官员主持建立或修复之书院还所在多有。其中，有的官员还颇有政治头脑，将建立书院提高到巩固封建统治的高度加以认识。如雍正八年，广东潮阳知县蓝鼎元建立棉阳书院，即在书院落成碑文中写道：“余以菲才，代庖兹邑，适当频年荒歉之后，脱巾而呼者五营，持挺而夺者遍野，伏庭攀舆，繁言相告讦者日千七百有余人。尽瘁经营，锄荆斩棘，两月而始稍就绪，不谓廉耻道丧，有林妙黄、胡阿秋之孽，以后天教流毒远近，历多年所，招诱四方无赖，为徒数百人，驾言能事符治病，为人求嗣，又能使寡妇夜见其夫，以故城村风动，澄、揭、惠、丰之人无不笃信其术，重趼而至。余闻而发指，躬诣禽之，庭鞫其所为，多不可问，乃毙二渠魁，从犯以次枚儆。余党数百辈，皆人其人。邑绅士方以殄孽消妖、洗秽浊而清明为快，余则皇然内惭，谓教化不兴，使吾民泯泯棼棼以至于此，实官斯土者之咎。今群邪灭息，醉梦初醒，此风俗还淳、人心返正、君子道长之一大机，不可不明先王之道以道之也。籍其庐于官，毁其奸窦，更其门墙，以为合邑人士读书讲学之所，榜曰棉阳书院。棉

1 （清）孔毓玑辑：雍正《常山县志》卷三，成文出版社，1983 年。

之风俗将于是乎正，棉之贤才将于是乎得矣。”[1]当时，各地书院发展的实际情况，已使最高统治者十分被动，而彼伏此起的人民反抗斗争，尤使统治阶级极觉不安。在最高统治者看来，继续限制书院发展，只能是等同一纸空文，而且也不利于封建统治；听之任之，又无法把握其发展方向。这样，雍正皇帝经过调查和权衡，终于放弃了原来的限制政策，改为积极扶持并于积极扶持之中寓严格控制之意。雍正十一年，他再颁谕旨称：“各省学校之外，地方大吏每有设立书院聚集生徒讲诵肄业者。朕临御以来，时时以教育人才为念。但稔闻书院之设，实有裨益者少，而浮慕虚名者多，是以未曾敕令各省通行，盖欲徐徐有待而后颁降谕旨也。近见各省大吏渐知崇尚实政，不事沽名邀誉之为，而读书应举之人，亦颇能屏去浮嚣奔竞之习，则建立书院，择一省文行兼优之士读书其中，使之朝夕讲诵，整躬励行，有所成就，俾远近士子观感奋发，亦兴贤育才之一道也。督抚驻扎之所为省会之地，著该督抚商酌举行，各赐帑金一千两，将来士子群聚读书，予为筹划，资其膏火，以垂永久。其不足者，在于存公银内支用。封疆大吏等并有化导士子之职，各宜殚心奉行，黜浮崇实，以储国家菁莪棫朴之选。如此，则书院之设，有裨益于士习民风而无流弊，乃朕之所厚望也。”[2]根据谕旨精神，各省督抚相继行动，其中多数督抚是对省府原来有名书院重加修葺，添建屋宇，增购书籍，以为全省士子肄业之所，只有个别省份系属奉旨新建。

根据光绪《钦定大清会典事例》所载，当时建立之省府书院有：直隶保定莲池书院、江苏江宁钟山书院、江苏苏州紫阳书院、浙江杭州敷文书院、江西南昌豫章书院、湖南长沙岳麓书院、湖

---

1 （清）蓝鼎元撰：《鹿洲初集》卷十，转引自饶宗颐等纂：民国《潮州志》《教育志》，汕头潮州修志馆铅印本，1949 年。

2 （清）素尔讷等纂修：《钦定学政全书》卷六三《书院事例》，文海出版社，1974 年。

南长沙城南书院、湖北武昌江汉书院、福建福州鳌峰书院、山东济南泺源书院、山西太原晋阳书院、河南开封大梁书院、陕西西安关中书院、甘肃兰州兰山书院、广东肇庆端溪书院、广东广州粤秀书院、广西桂林秀峰书院、广西桂林宣城书院、四川成都锦江书院、云南昆明五华书院、贵州贵阳贵山书院、奉天盛京沈阳书院。[1]以上书院共 22 所，除江苏、湖南、广东、广西各为 2 所外，其他各省各为 1 所。另据《嘉庆重修一统志》所载，安徽安庆修永（敬敷）书院亦于雍正十一年奉旨赐帑，而上述各省并无安徽，似以当时奉旨于各省省会所建书院尚应有安庆修永（敬敷）书院为宜。在普遍下令各省省会建立书院的同时，清朝政府也解除了对各地书院的限制，决定“其余各省府州县书院，或绅士出资创立，或地方官拨公经理，俱申报该管官查核”。[2]此令初下，不少官员尚在观望徘徊之时，一些知情官员已经开始行动，或将前代已废书院重加修整，或者径直新建书院。如雍正十一年，浙江盐驿道张若震重修杭州崇文书院，“规制大备”，“公乃慎择经师，延进士施君学川，为设绛帐，由是策杖负笈之徒，蒸然云集。会而课者，月至三四百人。校其文而甲乙之，公加以品题，优其奖赏，多士莫不举手加额曰:‘而今乃知文之崇也’”。[3]一些八旗官员也积极响应，如驻防宁夏八旗满营即于当地建立维新书院，以为“宁夏八旗子弟肄业之所”。[4]清朝政府书院政策的转变为全国书院发展注入了新的动力，中国古代书院发展史上最为鼎盛的时期开始到来了。于此将雍正朝新建及修复、重建前代书院载录于下，以见其时全国书院发展之概况。

其一，雍正时期，全国新建书院凡 188 所。（见表一）

---

1 （清）昆冈等撰：光绪《大清会典事例》卷三九五，中华书局，1991 年。

2 （清）昆冈等撰：光绪《大清会典事例》卷三九五，中华书局，1991 年。

3 （清）嵇曾筠等纂修：雍正《浙江通志》卷二五，上海古籍出版社，1991 年。

4 马福祥等纂修：民国《朔方道志》卷十，成文出版社，1968 年。

表一　雍正朝各地新建书院情况表

省　别	书　院　名　称
直隶（10所）	武清庆成（萃文）书院（二年）、冀州信都书院（三年）、密云云峰书院（四年）、易州棠荫书院（五年）、故城甘陵书院（六年）、怀来漯阳书院、怀来紫阳书院（七年）、无极资川书院（十年）、保定莲池书院（十一年）、△赞皇李德裕（文饶）书院
河南（14所）	新乡鄘南（古鄘）书院、汝阳南湖书院（元年）、临漳××书院（八年）、舞阳鸿文书院（九年）、巩县白鹿书院（十二年）、巩县见山书院、巩县莲山书院、巩县石河书院、巩县仙丹书院、阳武正谊书院（十三年）、南阳紫山书院、△延津崇正书院、延津育英书院、唐县敷文书院
山西（6所）	平陆虞城书院（元年）、洪洞玉峰（春文）书院、洪洞慎交书院、绛州东雍书院（二年）、△榆次魏榆书院、马邑橹台书院
陕西（7所）	潼关关西（潼川）书院（七年）、朝邑西河书院（九年）、安定汾川书院（十二年）、肤施云峰书院（十三年）、△临潼骊山书院、延安云梦（梦云）书院、延安杨公书院
甘肃（3所）	皋兰正业书院（元年）、皋兰兰山书院（十二年）、宁夏府维新书院
山东（9所）	恩县近圣书院、莒州城阳书院（元年）、德平甘露书院（四年）、聊城光岳书院（五年）、济南泺源书院（十一年）、峄山峄阳书院（十三年）、益都宏远书院、△高苑高节书院、文登长学书院
江苏（5所）	江宁钟山书院、常熟虞山书院、如皋崇正书院（二年）、常熟游文书院（三年）、铜山云龙书院（十三年）
安徽（7所）	泾县三乐书院（元年）、太平翠螺书院、亳州柳湖书院（六年）、英山凌云书院（七年）、广德州正谊书院（八年）、巢县巢湖书院、巢县牛山书院（十二年）
浙江（6所）	平湖柏林书院、乐清梅溪书院（六年）、景宁鸦峰（指南）书院（七年）、△绍兴南明书院、淳安东山书院、常山蕲侯书院
江西（5所）	彭泽敬业书院（二年）、安远片云书院、△新建棠冈书院、于都龙门书院、信丰桃溪书院
福建（11所）	福清兴庠书院、连江理学书院（元年）、邵武府紫阳书院（二年）、龙岩龙门书院、台南奎楼（中社）书院、台南南社书院（四年）、晋江宝海庵书院（六年）、莆田海滨书院（八年）、福清兴文书院（九年）、邵武府邵武书院、归化峨嵋书院（十三年）
湖北（8所）	襄阳乳泉书院（四年）、襄阳博陵书院（八年）、麻城养蒙书院（十年）、襄阳鹿门（荆南）书院（十二年）、崇阳桃溪书院（十三年）、兴山秭城（棠荫）书院、△黄陂甘露书院、恩施崇化书院

续　表

省　别	书　院　名　称
湖南 （9所）	临武赵大中丞书院（四年）、临武端品书院、新田榜山书院、道州春陵书院（五年）、新田芹溪书院（七年）、永顺府桂香（崇文）书院（十一年）、耒阳青麓书院（十二年）、△常宁桃花书院、华容两湖书院
广东 （35所）	新安文冈书院（二年）、河源槎江书院（三年）、连州南轩书院（五年）、新宁王侯书院、澄海凤山书院（七年）、潮阳棉阳书院（八年）、阳春王公书院、乐会温泉书院（九年）、归善正阳书院、开建南靖书院（十年）、长宁安阳（宁阳）书院（十二年）、饶平琴峰书院、电白东阳书院、琼山海门书院、△广州端州书院、曲江明经书院、兴宁群英书院、河源倡南书院、河源观澜书院、河源崇文书院、澄海尊育（王公）书院、茂名高明书院、茂名东津（文津）书院、茂名朋来书院、茂名拱极书院、茂名参天书院、茂名潘江书院、信宜凤冈书院、信宜同春书院、合浦聚奎书院、合浦海天书院、灵山文兴书院、灵山聚奎书院、雷州海昌书院、雷州文会书院
广西 （6所）	永康州康山书院（二年）、崇善丽江书院（九年）、临桂留恩（流恩）书院、西林毓秀书院（十年）、临桂秀峰书院（十一年）、贺县临江书院（十三年）
云南 （32所）	蒙化厅兴文书院（元年）、太平迤西道书院（二年）、丽江雪山书院、元江敬业书院、阿迷州迷阳书院（三年）、云南鹏飞书院、赵州凤鸣（览凤）书院、浪穹新建书院、浪穹凤翔书院（四年）、会泽西林（金钟、日新、钟灵）书院、蒙化厅罗公书院（五年）、邓川州宏文书院、邓川州联云书院（六年）、邓川州毓英书院（七年）、浪穹万奎书院、云龙州云龙书院、文山文山书院、恩安凤池（昭阳、昭通）书院（八年）、顺宁凤山书院（十一年）、罗次罗阳书院、云龙州修翎书院、景东厅保和书院（十二年）、邓川州龙登（登龙）书院、邓川州罗俊书院、赵州龙翔书院、大关厅景文书院、永北厅晴川书院、新平鲁峰书院、△邓川州桂香书院、太和中和书院、南安州汲泉书院，顺宁龙泉书院
贵州 （7所）	开泰龙标书院（三年）、绥阳洋川书院（八年）、思南凤冈（德江、凤仪）书院（九年）、永宁州维风书院（十年）、正安州鸣凤（古风）书院（十一年）、开泰图园书院、贵阳贵山书院
四川 （8所）	洪雅文昌书院（三年）、隆昌金鹅书院（五年）、营山朗池书院、开县芙蓉（盛山）书院（十二年）、△苍溪文翁书院、夹江探源书院、中江云山书院、邛徕崇正书院

其二，雍正时期，全国修复及重建前代书院共 25 所。（见表二）

表二　雍正朝各地修复、重建前代书院情况表

省　别	书　院　名　称
山西 (1 所)	太谷凤山（繁穰）书院（元年）
安徽 (1 所)	阜阳西湖书院（十三年）
浙江 (3 所)	平湖崇文书院（元年）、乐清梅溪书院（六年）、宁波甬东书院
江西 (2 所)	建昌扶风（马融）书院（六年）、南城盱江书院（七年）
福建 (2 所)	莆田寿泽书院、漳州观澜（文山）书院（七年）
湖北 (3 所)	郧阳郧山（龙门）书院（十年）、武昌南湖书院（十三年）、黄冈河东（黄中）书院
广东 (4 所)	海阳龙湖书院（七年）、饶平瑞光书院（十二年）、新兴古筠（筠城）书院、海阳雷阳书院
云南 (3 所)	昆明五华书院（九年）、姚州三台书院、蒙化文华书院
贵州 (1 所)	思南中和（大中）书院（十一年）
四川 (5 所)	蒲江鹤山书院（四年）、剑州兼山书院（五年）、蒲江鹤山（穆清）书院（十年）、蓬溪环溪（蓬莱）书院（十一年）、长寿凤山书院

第二节　乾隆时期的书院政策

乾隆年间，清朝统治进入了它的全盛时期。与此相一致，清代书院也呈现了最为兴旺发达的局面。

对于乾隆时期书院的发展，乾隆皇帝本人做出了突出的贡献。和他的祖父康熙皇帝一样，他对汉族传统文化异常热爱。早在即位之前的青少年时代，他即“熟读《诗》、《书》、四子，背诵不遗一字”。[1]“精研《易》、《春秋》、《戴氏礼》、宋儒性理诸书，旁及《通鉴纲目》，史、汉八家之文”。[2]不数年间，积稿盈尺并将之刊刻成为《日知荟说》、《乐善堂全集》两书行世。即位之后不久，他即颁布谕旨，重申雍正皇帝晚年制定的书院政策。该谕旨称:“书院之制，所以导进人材，广学校所不及。我世宗宪皇帝命设之省会，发帑金以资膏火，恩意至渥也。古者乡学之秀，始升于国，然其时诸侯之国皆有学。今府州县学并建，而无递升之法，国子监虽设于京师，而道里辽远，四方之士不能胥会，则书院即古侯国之学也。居讲席者固宜老成宿望，而从游之士亦必立品勤学，争自濯磨，俾相观而善，庶人材成就，足备朝廷任使，不负教育之意。若仅攻举业，已为儒者末务，况藉为声气之资、游扬之具，内无益于身心，外无补于民物，即降而求文章成名，足希古之立言者，亦不多得，宁养士之初旨耶？该部即行文各省督抚学政，凡书院之长，必选经明行修、足为多士模范者，以礼聘请；负笈生徒，必择乡里秀异，沉潜学问者，肄业其中。其恃才放诞，佻达不羁之士，不得滥入书院中。酌仿朱子《白鹿洞规条》，立之仪节，以检束其身心；仿《分年读书法》，予之程课，使贯通乎经史。有不率教者，则摈斥勿留。学臣三年任满，咨访考核，如果教术可观，人材兴起，各加奖励。六年之后，著有成效，奏请酌量议叙。诸生中材器尤异者，准令荐举一二，以示鼓励”。[3]而后不久，他又陆续采取各种措施，积极诱导，鼓励官民士庶兴建书院并进一步加强了政府对书院的控制。其一是亲自动手，兴办书院，如京师金台书院，建于前明万历年间。明末清初，书院毁废，

1 （清）朱轼：《乐善堂全集定本·序》，世界书局，1986 年。

2 （清）朱轼：《乐善堂全集定本·序》，世界书局，1986 年。

3 《清高宗实录》卷二〇，乾隆元年六月甲子，中华书局，1985 年。

改为义学。乾隆四年，乾隆皇帝下令将之修复，“凡京师及各省举贡生监”，均可于中肄业。为了办好该书院，还于其中设立学长、学副、上舍等额。[1]最高统治者亲自下令于京师建立书院，本身即是一个重要的信号，从而促进了全国书院的迅速发展。其二是对各地一些有名书院极表关怀，加赐帑金、赐额、赐书，活动一个接着一个。以赐金而言，乾隆二年，他继雍正皇帝之后，再向福建福州鳌峰书院赐金千两；四年，又加赐浙江杭州敷文书院帑金千两，存当生息，以为师生膏火之需。以赐额而言，数次更多。如乾隆三年，首赐福建福州鳌峰书院“澜清学海”。乾隆九年，先后赐安徽歙县紫阳书院“道脉薪传”，赐江西星子白鹿洞书院“洙泗心传”，赐湖南长沙岳麓书院“道南正脉”；乾隆十六年，赐江苏吴县文正书院“学醇业广”，赐江苏苏州紫阳书院“白鹿遗规”；乾隆二十一年，赐陕西西安关中书院“秦川浴德”等。以赐书而言，乾隆十六年首次南巡，即向江宁钟山书院、杭州敷文书院各赐新刊殿版《十三经》、《廿一史》，至于平常向天下学宫及有名书院颁赐经、史诸书和御制诗文更是不胜枚举。此外，乾隆皇帝还通过频繁巡幸多次临幸或驻跸途中所至书院，如直隶保定莲池书院、河南辉县百泉书院、江苏江宁钟山书院、江苏苏州紫阳书院、浙江杭州敷文书院等。这些书院，都是一方学术和教育中心。乾隆皇帝的这些活动，不但使这些书院师生极觉荣幸，倍受鼓舞；而且，也对周围地区的书院建设起了极大的推动作用。其三是开放仕途，优给官职，以示鼓励。早在乾隆元年六月，他即指示各地学臣，考核所属书院师资、生徒。其中师资，“如果教术可观，人材兴起”，“六年之后，著有成效，奏请酌量议叙”。“诸生中材器尤异者，准令荐举一二，以示鼓励”。[2]此后

1 （清）李鸿章等纂修：光绪《畿辅通志》卷一一四，河北人民出版社，1989 年。

2 《清高宗实录》卷二〇，乾隆元年六月甲子，中华书局，1985 年。

不久，他又就此做出具体规定："各学政举荐书院优生到部，照汇题通省优生之例，廪生作为岁贡生，附生作为监生，俱扎监肄业。"[1]根据这一精神，乾隆三年，安徽学政举荐安庆修永书院优生陶敬信、江有龙二人。乾隆皇帝当即决定将其送监学习并将二人送部引见。[2]乾隆四十五年，又以西安关中书院掌教进士戴祖启六年任满，教绩可观，"著加恩以国子监学正录用"。[3]乾隆五十九年，又以著名学者罗典任教长沙岳麓书院十二年，"学行兼优，训诲不倦，实有成效"而"准其纪录二次"。[4]有时，乾隆皇帝还对一些地方督抚大加呵斥，指责他们不将学行优异、教术可观的优秀书院师儒如"齐召南之在敷文书院，廖鸿章之在紫阳书院"向朝廷推荐，并责成他们"将因何不行遵旨办理之处，查明具奏"。[5]其四，是对书院生徒学习内容予以具体指导。明初以来，科举、八股成了士子求仕的主要途径和敲门砖。清朝入关以后，对此相沿不改。流风所至，"弊端百出，士心苟且，日以滋甚"。[6]为此，乾隆二年，御史舒赫德上疏要求改革科举制度，虽因此举牵动面太大，乾隆皇帝未予批准，但是为了纠偏补弊，他也采取了一些措施。乾隆六年以后，他下令严化科场纪律，严禁怀挟；乾隆九年时，他又颁布谕旨，指示书院生徒注意学习经学、史学治术诸书。他说："嗣后书院肄业士子，令山长择其资禀优异者，将经学、史学、治术诸书，留心讲贯，以其余功兼及对偶声律之堂。其资质难强者，且令先攻八股，穷究专经，然后徐及余经，以及史学、治术、对偶声律。至每月课试，仍以八股为

1 （清）昆冈等撰：光绪《大清会典事例》卷三九五，中华书局，1991 年。
2 《清高宗实录》卷七四六，乾隆三十年十月戊申，中华书局，1985 年。
3 （清）昆冈等撰：光绪《大清会典事例》卷三九五，中华书局，1991 年。
4 （清）嵇璜等纂修：《续文献通考》卷一〇〇，商务印书馆，1936 年。
5 《清高宗实录》卷七四六，乾隆三十年十月戊申，中华书局，1985 年。
6 （清）张廷玉：《澄怀园文存》卷四，文海出版社，1968 年。

主，或论或策，或表或判，听酌量兼试，能兼长者酌赏，以示鼓励”。[1]其五是积极引导，加强控制，以使各地书院按照清朝政府规定的方向存在和发展。为了培养合乎封建统治需要的端人正士，早在乾隆初年，他即一再要求各省督抚慎选山长生徒。此后，他又多次颁旨予以强调。如乾隆九年，他下令各省督抚会同学政“将现在书院生徒，细加甄别。务使肄业者，皆有学有品之人，不得莠良混杂”。[2]根据这一指示精神，清朝政府规定：“嗣后各省书院肄业之人，令各州县秉公选择报送。各布政司会同专司稽查之道员，再加考验，其果才堪造就者，方准留院肄业，毋得滥行收送。”[3]生徒如此，对于书院山长，要求更为严格。乾隆三十年，他先后两次颁布谕旨，对书院山长称呼乃至人员身份都加以限制。自从五代以后，书院主持人一般习称山长。而乾隆皇帝认为，山长乃自外于王化之称谓，而今普天之下，莫非朝廷子民，“名义殊为未协”，“主讲席者，自应称为院长”。[4]这样，所有书院山长都被改称院长。在此同时，他还下令，严禁丁忧在籍之官员执教本地书院，严禁“上官同僚，互相推荐”，严禁教职官员兼充院长。在他看来，所有这些，最易另成系统，尾大不掉。为了防微杜渐，乾隆三十年时，他以维护礼制为名，饬令有关督抚：“督抚有维持风教之责，缙绅中积学砥行，足备师资者，谅不乏人，何必令丁忧人员腼居讲席。”[5]乾隆四十年时，他又针对当时各地书院院长“向来多系上官同僚，互相推荐，遂至徇情延请，有名无实”，而下令传谕各督抚，“嗣后省城及各府州县大小书院，务访学行兼优者，

1 （清）昆冈等撰：光绪《大清会典事例》卷三九五，中华书局，1991 年。
2 （清）昆冈等撰：光绪《大清会典事例》卷三九五，中华书局，1991 年。
3 （清）昆冈等撰：光绪《大清会典事例》卷三九五，中华书局，1991 年。
4 （清）昆冈等撰：光绪《大清会典事例》卷三九五，中华书局，1991 年。
5 （清）昆冈等撰：光绪《大清会典事例》卷三九五，中华书局，1991 年。

俾主讲席”。并令将陕西巡抚毕沅制定的“将所请院长姓名、籍贯、更换到馆日期，造册详报抚藩衙门查核”的办法在全国普遍推广。[1]乾隆五十年，又颁令全国，禁止“教职官员，兼充院长，以责专成”。[2]

由于先后采取上述措施，从乾隆初年始，各省督抚以下所有满汉官员几乎全体出动，全国上下都出现了整顿和建立书院的热潮。有的高级官员如河南巡抚雅尔图还“通饬距省三百里以外之府及直隶州各设书院”。[3]还有一些督抚如陈宏谋、毕沅、陆耀等因为早年肄业书院，乾隆间又长期担任封疆，在建立和整顿书院活动中规划全面，工作深入，成就突出。其中，陈宏谋于乾隆七年巡抚江西，即“饬查鹿洞、鹅湖两书院田租并旧存书籍”。不久，又“辑豫章书院学约十则”，刊成刷印各属。十二年巡抚陕西，则颁发《纲鉴》、《正史约》于通省书院，“俾资讲习”。[4]“公余，诣书院讲习，奉豫章书院条约为引入贤关第一策”。[5]十七年，抚闽，向仙游金石书院颁书。[6]二十二年，调抚江苏，“檄各县建院课士”[7]。不久，调督两广，又以“粤西僻在天末，书籍罕至，士子惟记诵词章，而明晰经义者殊鲜”，因将《文选》、《唐宋文醇》、《唐宋诗醇》、《十三经注疏》、《通鉴纲目》、《通志》、《通典》、《文献通考》诸书“分置粤中七十二学及八书院中，以供士子讲读”。[8]二十六年抚湘，为祁阳永昌

1 （清）昆冈等撰：光绪《大清会典事例》卷三九五，中华书局，1991 年。
2 （清）昆冈等撰：光绪《大清会典事例》卷三九五，中华书局，1991 年。
3 （清）杨修田纂修：《光州志》卷一三，成文出版社，1976 年。
4 （清）陈钟珂编：《先文恭公（陈宏谋）年谱》卷二，清同治二年刻本。
5 罗传铭等纂修：民国《商南县志》卷三，成文出版社，1976 年。
6 （清）胡启直等纂修：乾隆《仙游县志》卷二四，成文出版社，1975 年。
7 （清）施惠等纂修：光绪《宜兴荆溪县志》卷四，成文出版社，1974 年。
8 （清）陈钟珂编：《先文恭公（陈宏谋）年谱》卷二，清同治二年刻本。

（文昌）书院制定《书院条约》[1]。计其一生，“历行省十有二，历任二十有一”[2]，“所到之处，如江西有鹿洞书院，在秦有关中书院、皋兰书院，在楚有江汉书院、岳麓书院，在吴有紫阳书院，皆延名师主讲”。[3]“历任所至，每课书院诸生，辄言学问进修之道，娓娓不倦”。[4]对于当时全国书院的发展，做出了重要的贡献。继陈宏谋之后，乾隆后期，毕沅先后督抚陕西、河南、湖广、山东，所至之处，留意文教，爱才下士。如乾隆三十六年抚陕，“莅任伊始，即念移风易俗，教化为先，因重事修建（西安关中书院），延致经师江宁戴进士祖启，主席其间。复于通省生徒中，选其有德造者，俾潜心教学，共获观摩，旬有试，月有课”。[5]和他一样，陆耀在任职山东登州期间，为制任城书院训约，调抚湖南，又捐款修建岳麓、城南两书院，亲为书院厘定章程并为清寒生徒提供借书条件。这样，在他们的共同倡率下，各地府州县官员以及绅民筹建书院者更是不可胜数。“通都名郡争先效法。书院之建几遍环宇”。[6]不只宋元明和清初以来书院纷纷重修、拓修，而且新建书院也前后相继。一些书院筹建者还鉴于前代书院兴废不常，而于建书院时即“与郡人士约，无鞠为茂草，无迁为星轺往来公廨，无沦弃为浮屠老氏宫”。[7]在此同时，各地书院还普遍仿效朱熹白鹿洞规条，制定章程，对于经费之来源、保管、开支，山长选聘办法及待遇，生徒录取额数及甄别办法，官课、斋课日期、内容、奖赏办法，院舍、房屋、桌椅之修缮皆做出规定。其

1 （清）陈玉祥等纂修：同治《祁阳县志》卷一九，成文出版社，1975 年。
2 赵尔巽等撰：《清史稿》卷三〇七《陈宏谋传》，中华书局，1977 年。
3 （清）陈钟珂编：《先文恭公（陈宏谋）年谱》卷二，清同治二年刻本。
4 （清）陈钟珂编：《先文恭公（陈宏谋）年谱》卷二，清同治二年刻本。
5 吴廷锡等纂修：民国《续修陕西省通志稿》卷三六，兰州古籍书店，1990 年。
6 （清）游智开等纂修：光绪《乐亭县志》卷三，成文出版社，1969 年。
7 （清）钟赓华纂修：乾隆《柏乡县志》卷三，乾隆三十二年刻本。

中如山长聘请，除省府书院皆由督抚或知府聘请成名之进士、举人外，县下书院一般是“山长以邑人公议延请，官吏俱不为经理”。[1]关于生徒招收，一般皆是招收本属生童各若干名，如系省府所属书院，还要由府州县保送成绩优异之生员、举人入院肄业。至于院产，一般都是官员捐俸、绅衿捐款并以所入置产或存当收取租息，“岁入俱存州库，由绅董支用报销，不假手胥吏”。[2]如乾隆四十六年时，江苏高邮珠湖书院有田2552亩，存贮典铺足钱3000串。对于此项钱文使用办法，该书院规定：“此项钱文，董事不能擅支，官亦不得借动，每于季末支息，书院董事具有支条，禀官用印送典存据方可支给。若董事虽有支条，而无印信，及虽有支条、印信而无董事亲自到典者，俱不准支给。倘有私自挪用动此项钱文者，即许在院生童，公禀查办”。[3]由于经济繁荣，社会富庶，资金征集较易，一般书院都有千两以上的白银和百亩以上的良田。其中省府书院，存当生息之白银还往往多达二三万两，田产也多达数千顷。有名书院之院长，合修脯以及各种例规，每年收入将近千两；一般县属书院之院长，一年收入也在二三十两以上。条件优越之书院以及成绩优秀之生徒，膏火奖赏可供一家生活；即使条件较差之书院，膏火所入，对于本人生活也不无小补。总之，至乾隆中期以后，各地书院不但空前普及，而且规制也更加健全。其中内地各省，原来书院颇多，这时又百尺竿头，更进一步，大致实现县县皆有书院，一些地区如江、浙、皖、赣、闽、粤、湖、广、四川等文化发达省份和地区还一县有数所乃至十数所书院，有的地方甚至还普及到乡镇。有些地区即使条件较差，也达到了两县共一书院。一些边疆省份和地区，原来书院甚

1 安徽通志馆编：民国《安徽省通志稿》《教育考三》，成文出版社，1985年。

2 徐子尚等纂修：民国《临清县志》卷十，成文出版社，1968年。

3 （清）左辉春等纂修：道光《续增高邮州志》卷五，成文出版社，1974年。

少，这时也迎头赶上。即如甘肃，因为地处边陲，明代以来，书院寥若晨星，而自乾隆年间平定准部、回疆之后，遂由边陲变为内地，书院数量顿时激增，仅乾隆间，新建书院即达 36 所，几乎相当于前此所建书院总量的一倍半。又如东北奉天，弘治以后，先后建立书院 6 所。而自隆、万以后，因为边事不宁，旧有书院悉数毁废。康熙时期，虽然先后建立了沈阳萃升书院、宁安龙城书院和铁岭银冈书院，但在全国书院总量中几乎不值一提。乾隆间，在全国书院建设的高潮中，该处又先后建立了海州海州书院、盛京沈阳书院、金州南金书院、宁远集宁书院、锦州锦川书院等 5 所书院，一定程度上缩小了与内地书院的差距。总之，至乾隆之末，除西藏、新疆、蒙古等个别少数民族聚处地区外，全国各省书院林立。这是继南宋、明朝中叶之后中国古代书院发展史上的第三个发展高潮时期。和前两次高潮时期相比较，这一时期不但新建书院数量更多，持续时间更长，而且涉及区域也更加广阔；不但大大推进了当时文化事业的普及，直接促成了康乾盛世的到来，而且对于中国古代文化事业的发展也起了重要的推动作用。

就总体而言，对于兴办书院，较之康熙、雍正两代皇帝，乾隆皇帝的态度更为积极，成就也更为突出。然而，对于满族人民兴办书院，和乃祖、乃父相比，乾隆皇帝的认识却大有倒退。入关以后，广大满族人民积极学习汉族先进文化，努力赶上汉族人民的前进步伐。适应这种形势，康熙、雍正两代皇帝相继采取开明政策，或对满族人民建立书院加以提倡，如康熙十五年时，康熙皇帝首先为吉林宁安满洲学房赐名龙城书院并亲为书写“龙飞胜地”扁额。或者表示默许，如雍正中，宁夏驻防满营建立维新书院以教兵弁子弟，雍正皇帝并未予以干涉。尽管当时此类书院数量极少，但却反映了满族人民的普遍愿望，代表着满族人民学习汉族文化的正确方向。乾隆皇帝在位期间，不但不审时度势，对此继续予以支持，反而以此易使八旗子弟沾染汉习、渐弛武备而严加禁止。乾隆二十年二月，他颁布谕旨："著将东三省之新满洲、乌拉齐等考试汉文永行停止。"[1]对于各地八旗子弟要求就近设点办学以及参加科举考试则斥之为"背谬已极"，"殊失设立驻防之本意"而概不准行，并下令"嗣后不得以此谬论再行妄渎"。[2]这样，终乾隆间，尽管全国各地书院林立，但是作为一个重要民族成员，满族并无一所新建书院。直到嘉庆以后，这种情况才逐渐改变过来。

第三节　乾隆时期全国书院情况

乾隆时期，是中国古代书院空前发展的历史时期。然而，这一时期，究竟建立和修复了多少书院，向无学者加以统计。笔者依据各种方志统计，乾隆间，全国新建书院凡 1139 所，修复和重建前代书院计 159 所，两者相加共计 1298 所。如果再加上以精舍、书堂、书屋、书庄命名与书院性质相同的各种教育机构，以及考虑到清代尚有 35 所不详何时修复、重建的前代书院多数也都是修复于此时，当时书院总数当在 2000 所上下。连同清初以来新建和修复前代书院，总共不下 2500 所。为了反映当时书院发展盛况，于此专辟一节，将乾隆朝新建和修复前代书院备载于下。

其一，乾隆时期，全国新建书院凡 1139 所。（见表三）

1　郑士纯等纂修：民国《桦川县志》卷四，成文出版社，1974 年。

2 《清高宗实录》卷七二，乾隆三年七月壬戌，中华书局，1985 年。

表三　乾隆朝各地新建书院情况表

省　别	书　院　名　称
直隶（80所）	束鹿南池书院、盐山香鱼书院、定州定武（奎文）书院、怀安敬一书院（三年）、怀安养正书院（五年）、曲周毓英书院、成安文漪书院（六年）、行唐龙泉书院（七年）、武强萃升书院（九年）、邯郸邯山书院（十年）、卢龙敬胜书院、抚宁骊城书院、肥乡清漳书院、平泉州平泉书院、怀安文昌书院（十一年）、赞皇复初书院（十二年）、南宫东阳书院、天津问津书院（十六年）、滦州海阳书院（十七年）、任丘桂岩书院、高邑千秋书院、房山云峰书院（十八年）、丰润更阳书院（十九年）、延庆冠山书院、交河瀛南书院、赵州庆阳书院（二十年）、静海瀛海书院、深州静安书院、宣化柳川书院（二十一年）、完县燕平书院、内邱蓬山书院（二十二年）、沧州沧曲书院、昌平燕平书院、清丰广阳书院（二十三年）、徐水古遂书院、肃宁东州书院、隆平广阿书院、保安州涿鹿（新州）书院（二十四年）、顺德龙冈书院（二十六年）、望都康衢（尧台、龙泉、小莲池）书院（二十八年）、正定风动书院（二十九年）、衡水桃城书院、柏乡槐阳书院（三十年）、广宗凤台书院（三十一年）、曲阳恒山（恒阳、端灵）书院（三十二年）、南皮清风书院（三十六年）、平山天柱书院、建昌秀塔书院（三十八年）、遵化燕山书院、获鹿鹿泉书院（三十九年）、定兴百娄书院、新河作新书院、赤城赤城书院、蔚州文蔚书院（四十年）、井陉皆山书院、承德秀峰书院（四十二年）、徐水凤山书院、献县日华书院、赤峰赤峰书院（四十三年）、宁河渠梁书院（四十四年）、枣强嘉会书院（四十七年）、青县会川（永安）书院（四十九年）、滦平滦江书院（五十二年）、蓟州渔阳书院、行唐玉城书院（五十七年）阜平育才书院、阜平启秀书院（五十八年）、庆云古棣书院（六十年）、涿州古洹（鸣泽）书院、易州源泉书院、易州凌云书院、△易州五华（五花）书院、龙门龙门书院、武清白河书院、昌黎响往书院、昌黎敬义书院、乐亭集英书院、元氏景贤书院、保安州保极书院、赤城阳寿书院
河南（72所）	睢州旧洛学书院（二年）、邓州金山书院（三年）、许州聚星书院（四年）、禹县育贤书院、安阳画锦书院、宜阳甘棠书院（五年）、禹县望峰书院、浚县黎阳书院、正阳正阳书院、光州弋阳书院（六年）、桐柏蓼野（藜野）书院（七年）、汜水三山书院、洛阳中山书院、洛阳黄钟（黄鹤）书院、洛阳洛浦书院、洛阳龙门书院、偃师西亳书院、邓州春风书院、淅川文兴书院（八年）、兰阳云山书院、商水凤台书院（九年）、鄢陵文清（龙冈）书院、兰阳豹陵书院（十年）、长葛陉山书院、卢氏龙山书院（十一年）、宁陵宁城书院、西华衍畴书院(十二年)、阌乡湖城书院、阌乡荆川书院、荥阳文明书院（十四年）、陈留志伊书院（十五年）、南阳宛南书院（十六年）、巩县东周书院、原武原陵书院、郾城景文书院（十七年）、陈留鲲池书院（十八年）、郑州棘里（东里）书院、淇县××书院、固始临淮书院（十九年）、温县卜里书院（二十年）、宜阳锦屏书院、渑池韶山书院、遂平吴房书

续　表

省　别	书　院　名　称
	院（二十二年）、汤阴演易书院（二十三年）、项城虹阳（莲溪）书院（二十四年）、新安东垣书院（二十六年）、浚县希贤书院（三十二年）、光州文峰书院（三十三年）、武陟覃怀书院（四十一年）、修武宁城书院（四十三年）、禹县颍南书院（五十二年）、孟县花封书院、叶县保安书院、叶县坟台书院、叶县河山书院、叶县悦来书院（五十四年）、孟津河清书院（五十七年）、禹县环颍书院、郏县龙山书院、△汜水振雅书院、洛阳奎光书院、洛阳涧西书院、洛阳玉虚书院、洛阳敬业书院、洛阳棫朴书院、洛阳丽泽书院、伊阳紫罗（汝坟）书院、临颍颍川书院、汲县崇本（源泉）书院、新乡近圣书院、唐县崇实（南轩）书院、淅川昆阳书院
山西（56 所）	宁武鹤鸣书院（四年）、永济永乐书院、阳城同文书院、榆社箕山（箕城）书院（七年）、蒲县崇文书院、辽州峯山书院（九年）、绛州桂林书院（十年）、安邑条山书院（十一年）、曲沃乐昌（从教）书院（十二年）、交城养正书院、榆次二贤书院（十三年）、沁州铜鞮书院（十四年）、赵城简城书院、五寨清涟书院（十五年）、定襄晋昌书院、静乐恒麓书院（十六年）、沁源琴泉书院、垣曲弦歌书院（十七年）、屯留传经书院、天镇培风（紫阳）书院（十八年）、榆次明经书院、浑源州恒麓书院、乐平沾城（文昌）书院（十九年）、襄垣古韩书院、高平崇正书院（二十年）、交城菁峨书院、潞城卢山书院、繁峙北灵书院（二十一年）、盂县秀水书院、河曲宿文书院（二十二年）、黎城东阳书院、壶关壶林书院（二十三年）、朔州朔州书院、灵石竹林书院、夏县养正书院（二十四年）、蒲州河东书院（二十六年）、朔平华林书院、左云宝凤书院、平陆傅岩书院、芮城西河书院、临晋桑泉书院（二十七年）、文水武陵（武林）书院、稷山思文书院（二十八年）、猗氏郇阳书院、万泉方山书院、永宁州龙山书院、闻喜香山书院（二十九年）、绛州华灵（教山）书院（三十四年）、阳城仰山书院（三十五年）、和顺云龙书院（三十六年）、翼城许公书院（三十六年）、忻州秀容书院、崞县崞阳书院（四十年）、五台崇实书院（四十二年）、五台斗山书院（五十一年）、荣河汾阴书院（五十六年）
陕西（71 所）	华州秀峰书院（元年）、富平南湖（湖山）书院（三年）、凤翔凤鸣书院、南郑汉南书院（四年）、泾阳瀛龙书院（五年）、渭南香山书院、韩城文星书院（七年）、宝鸡鸡峰书院（八年）、清涧笔峰书院、延长育才书院（十年）、商南青山书院、咸阳渭阳书院（十一年）、洛川桥山书院、富平通川书院、怀远岩绿（怀远）书院（十二年）、周至对峰书院（十三年）、蒲城尧山书院、安定文山书院（十四年）、洵阳敷文书院（十六年）、平利锦屏（五峰）书院（十八年）、神木希文书院、神木麟城书院、镇安启秀书院（十九年）、郃阳古莘书院（二十年）、醴泉星聚书院、醴泉饮凤书院（二十一年）、同州丰登书院（二十二年）、府谷荣河书院（二十三年）、户县明道书院、洋县定淳（武康、洋州）书院（二十五年）、渭南象峰（渭阳）书院、大荔丰城书院（二

续　表

省　别	书　院　名　称
	十六年)、安塞新乐书院（二十七年)、宝鸡石鼓（金台）书院（二十八年)、同官颖阳书院（二十九年)、城固乐城书院、华阴云台书院（三十年)、凤翔凤起（正谊）书院（三十二年)、高陵景槐书院、朝邑华原书院、澄城玉泉书院（三十四年)、三水石门书院、绥德州文屏（重文、雕山）书院（三十六年)、长安养正（崇化）书院（二十八年)、兴安文峰（关南）书院（三十九年)、麟游凤仪书院、鄜州经正书院（四十年)、兰田玉山书院、蔚州正乡书院（四十一年)、岐山凤鸣书院（四十四年)、紫阳仙峰书院（四十五年)、洛川朝阳书院（四十七年)，山阳丰阳书院、凤县凤翼书院、白河天池书院（四十九年)、延川登峰书院、雒南洛源书院（五十一年)、宁陕厅太乙书院（五十三年)、潼关凤山书院（五十六年)、神木兴文书院（五十八年)、富平西魏书院、富平锦屏书院、富平金粟书院、富平东壁书院、石泉石城（银屏）书院、韩城古柏（展村）书院、鄜州龙山书院、△凤翔鸡山书院、宝鸡渭阳书院、韩城芝阳书院、淳化云阳书院
甘肃（36所）	西宁约礼书院（四年)、敦煌鸣沙书院、正宁罗川（罗山）书院（五年)、狄道州洮阳书院（七年)、阶州武都书院（八年)、秦安春雨（龙川、龙山、鸡川）书院（九年)、礼县天嘉（礼兴）书院（十一年)、永昌丽泽书院、贵德厅河阴书院（十二年)、巩昌南安书院、西宁湟中书院（十四年)、伏羌朱圉书院、宁夏银川书院（十九年)、碾伯乐都书院（二十四年)、山丹仙堤书院（二十五年)、安化凤城书院（二十六年)、秦州汉阳书院、秦州天水书院、武威天梯（天山）书院（二十七年)、永昌云川书院（二十八年)、金县龙山书院（二十九年)、金县增秀书院（三十二年)、华亭仪山书院（三十五年)、平凉高平书院、高台县书院（三十七年)、灵州灵文（钟灵、奎文）书院（三十八年)、河州凤林书院（四十三年)、靖远敷文书院、崇信凤鸣书院（四十五年)、镇番苏山书院（四十八年)、通渭近圣书院、宁远新兴书院、宁远来远书院、西和上禄书院、洮州凤麓书院、△镇原正学书院
东北（5所）	海州海州书院（二年)、沈阳沈阳书院（七年)、金州南金书院（三十八年)、宁远集宁书院（五十八年)、锦州锦川书院（五十九年)
山东（47所）	宁海州牟平书院（五年)、潍县思乐书院（六年)、费县天台书院（九年)、高唐州鸣山书院（十年)、福山宝阳（宾阳）书院（十一年)、任城少陵书院（十二年)、武定州敬业书院（十三年)、胶州珠山书院（十四年)、平阴榆山书院（十五年)、莱阳卢乡书院（十七年)、德州繁露书院、新城龙眠书院、寿光同文书院、钜野麟川（麟州）书院（十八年)、新城崔公书院（十九年)、博平仰山书院、新城绳公书院、鱼台饶公书院（二十年)、高苑长乐书院（二十二年)、平度州胶东书院、潍县潍阳书院、沂州琅琊书院（二十四年)、乐陵文津书院（二十五年)、乐安乘州书院、东平龙山书院（二十七年)、任城任城书院（二十八年)、德平敬业书院（三十二年)、任城新任城书院、新泰敖

续　表

省　别	书　院　名　称
	山书院（三十八年）、东昌启文书院（三十九年）、曲阜石门书院（四十年）、清平清阳书院、无棣希贤书院（四十二年）、曲阜两学书院、平阴云门书院、乐安乐育书院（四十三年）、滨州培风书院（四十五年）、胶州胶西书院、胶州灵山书院、即墨劳山书院（五十二年）、博山范泉书院、泰安岱麓书院（五十七年）、东阿洪范书院、△历城龙章书院、沾化齐云（南湖）书院、定陶善正书院、泗水泗源书院
江苏（58所）	上海启蒙书院（三年）、泰州明道书院（四年）、崇明瀛洲书院、山阳淮阴书院（六年）、长洲平江书院、新阳玉山（玉峰）书院、吴江松陵书院、靖江正谊（新马洲）书院、丹徒鹤林书院（八年）、东台南沙书院、通州紫琅书院（十年）、六合六峰书院、震泽震泽（笠泽）书院、六合养正书院（十一年）、吴江同川书院、盐城表海书院、如皋雉水书院（十二年）、上海申江（敬业）书院（十三年）、太仓州娄东书院（十七年）、嘉定兴文（应奎、当湖）书院、砀山安阳书院（二十年）、兴化正心书院（二十一年）、泰兴延令书院（二十二年）、新阳崇文书院、江阴暨阳（礼延）书院（二十三年）、嘉定凝秀书院、宜兴阳羡（蜀山）书院、高邮州珠湖书院、海州朐山书院（二十四年）、上元凤池书院（二十五年）、江浦珠江书院（二十六年）、昭文正修书院、丹徒宝晋书院（二十八年）、昭文梅李书院、南汇汇南书院、靖江崇文书院、沭阳厚邱（怀文）书院（二十九年）、昭文海东书院、昭文清水书院、山阳丽正书院（三十一年）、清河旧崇实书院、仪征乐仪书院（三十三年）、丹阳鸣凤书院（三十六年）、溧阳平陵书院、吴江禊湖书院、海安明道书院（四十年）、溧水高平书院（四十一年）、华亭云间书院（五十三年）、萧县龙城书院（五十九年）、赣榆怀仁书院（六十年）、海州卫公书院、昭文琴川课院、江阴桐山书院、山阳惜阴书院、安东清涟书院、兴化昭阳书院、△盐城陆公书院、江都五贤书院
安徽（58所）	旌德旌阳（凫山）书院（二年）、铜陵五松书院（五年）、舒城桃溪书院、六安州赓扬书院（八年）、颍上梧冈（蔡津、梧桐）书院、盱眙敬一书院（九年）、东流天然书院（十年）、东流菊江书院、芜湖荆山书院、颍州清颍书院（十二年）、宿松松滋书院（十三年）、滁县丰山书院、建平聚奎（郎溪）书院（十四年）、来安建阳书院（十五年）、太湖熙湖书院、寿县寿阳书院、霍山衡山书院（二十年）、太和寿山书院、霍邱翠峰书院（二十三年）、霍邱翠华书院（二十五年）、定远曲阳书院（二十八年）、芜湖中江书院（三十年）、庐江潜川书院、来安江青书院（三十一年）、歙县问政书院（三十五年）、繁昌金莪（鹊江）书院（三十七年）、舒城龙山书院（三十八年）、太和经锄书院（四十年）、东流秀峰书院（四十二年）、广德州爱莲（复初）书院(四十七年)、南陵春谷书院（四十八年）、宿州正谊（培菁）书院(五十一年)、蒙城养正书院（五十五年）、桐城毓秀书院、芜湖龙门书院、临淮淮南书院、定远冶溪（能宏）书院、△望江莲花书院、宣

续 表

省 别	书 院 名 称
	城南湖书院、婺源世贤书院、婺源心远书院、婺源尊罗书院、婺源龙川书院、婺源双贤书院、婺源明德书院、婺源山雾书院、婺源桂林书院、婺源道川书院、婺源藻潭书院、婺源山屋书院、婺源词源书院、婺源二峰书院、婺源双杉书院、婺源骐阳书院、建德玉峰书院、颍上甘城书院、广德州斗南书院、霍山西（潜谷）书院
浙江（75 所）	江山文溪书院（二年）、嘉善魏塘书院、德清吕成公书院（三年）、上虞承泽书院、平湖九峰书院、玉环厅环山书院（四年）、庆元对峰书院（七年）、安吉古桃（馨山）书院、镇海鲲池（蛟川）书院（八年）、余姚信成书院、永康从公书院（九年）、武康前溪（周公）书院（十二年）、萧山笔花书院、平阳昆阳书院（十三年）、平湖当湖书院、临海鹤桥书院（十五年）、慈溪德润书院、新昌南明（振文）书院（十六年）、德清清溪书院（十八年）、湖州爱山书院、太平鹤鸣书院、奉化锦溪书院（十九年）、象山缨溪（蓬莱、缨水）书院（二十一年）、青田正谊书院（二十三年）、永嘉中山书院、东阳吴宁（东白）书院、余姚龙山书院（二十四年）、诸暨毓秀书院（二十六年）、龙泉留槎书院、石门崇文书院（二十七年）、浦江白石书院（二十九年）、缙云金莲书院、平阳环青书院（三十年）、平阳龙湖书院（三十一年）、平阳逢源书院、龙泉金鳌书院（三十二年）、平阳吾南（南和）书院、宣平鳌峰书院、天台文明书院（三十五年）、平湖观海书院（三十七年）、永康松桃书院（四十年）、海盐蔚文书院（四十一年）、义乌绣湖书院（四十二年）、东阳白云书院（四十五年）、瑞安玉尺书院（四十六年）、山阴龙山书院（四十八年）、桐乡分水（立志）书院、西安鹿鸣书院（五十二年）、平湖芦川书院、平湖新溪书院（五十三年）、嵊县辅仁书院、黄岩萃华（清献）书院（五十四年）、余杭启蒙书院（五十五年）、嵊县剡山书院（五十六年）、镇海芦江（观澜）书院（五十八年）、仙居秀溪书院（五十九年）、杭州朱公书院、杭州玉岭书院、昌化紫溪书院、鄞县城南书院、鄞县南山书院、奉化狐山书院、宁海龙山书院、兰溪云山（瀔水）书院、平阳崇正书院、平阳文溪书院、瑞安万松书院、龙游盈川书院、龙游岑峰书院、△鄞县长春书院、慈溪石坡书院、嵊县鹿鸣书院、永嘉瓯江书院、桐庐如春书院、桐庐学山书院
江西（45 所）	浮梁昌江书院（元年）、彭泽五柳（柳州、春衣）书院、兴国潋江书院（三年）、临川青云书院（四年）、奉新冯川书院、广丰丰溪（致道）书院、会昌紫云书院（五年）、定南厅莲塘书院（七年）、万载龙河（龙山）书院、庐陵石阳书院、上犹永清书院（九年）、南丰嘉禾书院、贵溪象山（景峰）书院、浮梁景仰书院（十年）、上高近圣书院、弋阳葛溪（叠山）书院（十一年）、新城贤溪书院（十三年）、于都于阳书院（十四年）、庐陵瀛奎书院（十七年）、武宁正谊（修江、豫宁）书院（十八年）、龙泉五峰书院（十九年）、萍乡鳌洲（金鳌）书院、庐陵文明书院（二十一年）、高安凤仪书院、义宁州成孝书院、

续 表

省 别	书 院 名 称
	莲花厅琴水（莲花）书院、新城黎川书院（二十四年）、永新禾山书院（二十五年）、新淦凝秀（金川）书院（二十六年）、南丰琴城书院（二十八年）、乐平翥山书院、信丰桃江书院（二十九年）、崇义阳明（旗阳）书院（三十年）、信丰莲山书院（三十二年）、金溪仰山书院（三十五年）泰和云亭书院（三十六年）、乐安长清书院（三十九年）、崇仁相山书院（四十三年）、九江濂溪书院（五十年）、高安仰正书院（五十二年）、庐陵双江书院（五十六年）、上饶灵山书院、上饶碧溪书院、乐安魁文书院、乐安崇贤书院
福建（98 所）	漳州南胜书院、漳平菁城书院（元年）、同安双溪书院、同安丹霞书院、光泽紫阳书院、宁德周墩书院、龙岩崇文书院（二年）、龙岩万安书院、邵武樵川书院（三年）、福宁府兰溪（近圣）书院（四年）、闽县考志书院、宁德初晴书院、宁洋双洋书院（五年）、连城五贤书院、龙岩龙潭书院（六年）、宁化云龙书院（八年）、彰化白沙（白河）书院、宁德莲峰（鹤峰）书院（十年）、同安凤山书院、同安舫山书院、政和东皋书院、德化云龙书院、德化瑶台书院、龙岩恢文书院（十一年）、平和九和书院、彰化凤阁书院（十二年）、仙游金石书院、顺昌华阳书院、长汀森玉书院（十四年）、上杭平川书院（十五年）、同安玉屏书院、福鼎桐山书院（十六年）、古田奎光书院、云林龙门书院（十八年）、崇安景贤书院（十九年）、兴化广业书院、建宁濉川书院、漳平东山书院（二十年）、龙岩江山书院（二十一年）、福州嵩山书院（二十二年）、永泰景行书院、顺昌文献书院（二十三年）、嘉义玉峰书院、龙岩文砥书院（二十四年）、罗源罗川书院、海澄儒山（安阳）书院（二十五年）、长乐吴航书院（二十六年）、同安华圃书院、瓯宁岐山书院、光泽杭川书院、寿宁鳌阳书院（二十七年）、福州凤山书院、浦城南浦书院、新竹明志书院（二十八年）、龙溪开山书院、龙岩仁里书院、台南南湖书院（二十九年）、南安丰州书院（三十年）、政和兴贤书院、永春梅峰书院、龙岩桐冈书院、澎湖文石书院（三十一年）、泉州清源书院（三十二年）、邵武和平书院（三十四年）、莆田奋贤书院（三十五年）、龙溪霞北书院、龙岩东山书院（三十八年）、连江鳌江书院（四十一年）、金门虚舫书院（四十二年）、龙岩仰山书院（四十三年）、连城培元书院（四十四年）、同安浯江书院、嘉义奎壁书院（四十六年）、龙岩锺灵书院（四十七年）、龙岩雁江书院（五十年）、龙岩萃秀书院（五十一年）、宁化诚正书院（五十六年）、莆田霞峰书院、龙岩抡升书院（五十八年）、龙岩东山书院、龙岩凤冈书院（五十九年）、龙岩南阳书院、云霄云江书院、△莆田崇正书院、莆田吉江书院、仙游乐育书院、仙游养正书院、金门金沙书院、海澄沧江书院、海澄金沙书院、南平印山书院、沙县凤冈书院、龙溪荆川书院、连城莲峰书院、霞浦东青书院、福宁府扬公书院、福安兴文书院、宁德白云书院

续　表

省　别	书　院　名　称
湖北（51所）	黄冈白石书院（元年）、沔阳州玉带书院（三年）、通山罗峰书院、沔阳州聚奎（纪恩）书院、广济梅川书院、来凤岐阳（朝阳）书院（四年）、鹤峰九峰书院、利川双江书院（五年）、来凤朝南（大旺）书院（七年）、阳新富川书院（八年）、黄州振英书院（九年）、蕲春麟山书院（十二年）、光化复文书院（十三年）、大冶金湖书院、黄冈观善（养正）书院、枣阳春陵书院（十四年）、安陆兰台书院（十五年）、广济沧浪书院（十六年）、荆门汉上书院（十八年）、荆门龙泉书院、荆门内方书院、荆门仙居书院、石首绣林书院（十九年）、谷城筑阳书院、建始五阳书院（二十年）、天门平江书院、竹溪五峰书院（二十一年）、嘉鱼凤鸣书院、蒲圻龙门书院、应城蒲阳书院、南漳沮漳书院、郧西西津书院（二十四年）、德安汉东书院（三十二年）、长乐湾潭书院（三十六年）、长乐五峰书院（三十七年）、黄梅梅英书院（三十九年）、枝江丹阳书院（四十年）、恩施凤山书院（四十一年）、应山永阳书院（四十二年）、蒲圻朝阳书院（四十五年）、来凤桂林书院（五十年）、咸宁淦川书院、南漳凤山书院（五十七年）、麻城回车书院、利川如膏书院（五十八年）、云梦梦泽书院（五十九年）、黄冈温泉书院、黄安萃英书院、保康东山书院、黄冈育英书院、△江陵荆台书院
湖南（58所）	清泉西湖书院（元年）、零陵白苹州书院（四年）、新化梅溪（正谊）书院、临湘湘湄书院（五年）、城步白云书院、绥宁虎溪（崇宁）书院（七年）、桂阳州鹿峰书院、湘潭昭潭书院（八年）、江华秀峰书院、江华锦田书院（九年）、衡山中洲书院、湘乡连壁书院（十年）、衡山白云书院、龙阳沧浪（龙池）书院（十一年）、保靖莲塘书院、凤皇厅敬修书院（十二年）、桂阳朝阳书院（十四年）、东安紫阳书院（十五年）、常德府郎江书院（十六年）、永兴安陵书院、绥宁汉章书院、醴陵渌江书院（十八年）、郴州白莲书院（十九年）、沅陵崇文书院、麻阳锦江书院（二十年）、桑植澧源（崇文）书院、溆浦卢峰书院、清泉白沙书院（二十一年）、永绥厅绥阳（绥吉）书院、会同雄溪书院（二十二年）、桂东濂溪书院、道州营道书院（二十三年）、湘乡双峰书院、华容沱江书院（二十五年）、辰溪大酉（双溪）书院、永定崧梁书院（二十六年）、清泉莲湖（临烝）书院、清泉东洲书院、泸溪文峰书院（二十八年）、兰山鳌山（三兰）书院（二十九年）、石门秀峰书院、零陵群玉书院、新田清溪书院（三十二年）、醴陵近思书院、江华三宿书院（三十八年）、清泉岳屏书院（三十九年）、新化资江（正谊）书院（四十二年）、沅江琼湖书院（四十五年）、保靖文昌书院（四十六年）、芷江秀水书院（五十三年）、宜章养正书院（六十年）、攸县黄甲书院、酃县日新书院、兰山西河书院、△临武雪莲书院、靖州侍郎书院、攸县凤明（凤鸣）书院、善化星沙书院

续　表

省　别	书　院　名　称
广东（112所）	德庆州东城（端山）书院（元年）、清远凤城书院、遂溪东海书院（二年）、平远凤山书院（三年）、东莞龙溪书院、归善观澜书院、兴宁墨池（韩苏）书院（四年）、香山榄山书院、乳源乳源书院（五年）、惠来葵潭书院（六年）、陆丰龙山书院、揭阳鸿溪书院、鹤山鹤山书院（七年）、南海佛山书院、归善回澜书院、揭阳榕江（榕城）书院、普宁昆冈书院、电白莲峰（电阳）书院（八年）、香山景行书院、永安元峰（铁潭）书院（九年）、仁化仁阳书院、潮阳东山书院、广宁文治书院（十年）、嘉应州培南（南冈）书院、嘉应州东山书院、丰顺鹏湖（安敦）书院（十一年）、西宁天禄书院（十二年）、顺德梯云书院、顺德葛堡书院（十四年）、顺德西淋书院、东莞水南书院（十五年）、连平州凤阳书院、揭阳近圣书院（十六年）、钦州鳌洲书院、连州星江书院（十七年）、增城双凤书院、香山旗山书院、灵山海门书院（十八年）、增城甘泉（源泉、及泉）书院、香山鳌山书院、开平桂轮书院、鹤山陶黄二公书院、鹤山昆阳书院、崖州朱崖书院（十九年）、番禺越华书院、从化石岐书院、从化凤山书院、长乐金山书院、潮阳贵山书院、陵水顺湖书院（二十年）、香山桂山书院、香山东山书院、香山凤池书院、香山凤山书院（二十一年）、香山龙山书院、香山金山书院、恩平南平书院、新会景贤书院（二十三年）、海阳太和书院（二十四年）、东莞西湖书院（二十五年）、南澳学海书院（二十六年）、新会冈州书院（二十七年）、潮阳河东书院、揭阳兰田书院（二十八年）、揭阳梅冈书院、电白双峰书院、昌化双溪书院（三十年）、阳江七贤书院（三十一年）、连州西溪书院（三十二年）、新宁宁阳书院、新宁文海书院、新宁潭州书院、新宁广海书院（三十五年）、琼山雁峰书院、临高临江书院（三十六年）、钦州钦江书院、钦州回澜书院（三十七年）、海丰丽江书院（三十九年）、高要文昌书院（四十年）、高明玉山书院（四十二年）、信宜养正书院（四十四年）、遂溪遂良书院、镇平桂岭书院、南海云瀛书院（四十五年）、番禺鹿山书院、新会观澜书院（四十六年）、高要头溪围（桃溪）书院（四十八年）、顺德萃文书院（五十五年）、增城凤山书院（五十九年）、清远滨江书院、△南海文昌书院、南海心性书院、南海桂香（桂乡）书院、南海陇西书院、南海颍川书院、南海浣江书院、南海辉映书院、新宁蜚英书院、归善今丰湖（惠阳）书院、博罗榕溪书院、博罗焕文书院、博罗五马公书院、博罗白沙书院、博罗石洞书院、博罗碇冈书院、海阳凤栖书院、合浦平湖书院、合浦融合书院、钦州仁文书院、钦州鸿飞书院

续　表

省　别	书　院　名　称
广西（35所）	宜山屏峰书院、柳州柳江书院、镇安府秀阳书院、博白环玉书院（十年）、横州秀林（淮海）书院（十一年）、雒容洛江书院（十二年）、平南武城书院（十三年）、南宁广学书院、南宁右文书院（十四年）、玉林州紫泉书院、富川富江书院（十六年）、融县玉融书院、凌云云峰书院（十七年）、西隆州三台书院（十九年）、田州化成书院（二十年）、新宁州吉阳书院、陆川三峰书院、宜山庆阳（庆江）书院（二十一年）、龙州厅暨南书院（二十二年）、灌阳龙川书院、贵县怀城（紫泉）书院、崇善桂香书院（二十四年）、象州象江（象台）书院、苍梧鼓岩书院（二十五年）、武宣仙城书院（三十四年）、宾州宾阳书院（三十六年）、桂平思灵（桂邑）书院、上思州三台书院（三十八年）、天河凤冈书院（四十年）、兴业石南书院（四十三年）、迁江印山书院（四十八年）、宁明州宁江书院（五十四年）、隆安榜山（兴文）书院（五十七年）、归顺州道南书院、△融县正心书院
云南（41所）	保山永保书院（三年）、武定州狮山书院（四年）、姚州大成书院（十七年）、云州瞻云（庆云）书院、白盐井提举司龙吟（灵源）书院（十八年）、嵩明州巢经（嵩阳）书院（二十三年）、禄劝秀屏书院（二十六年）、宝宁青莲书院（二十九年）、南宁胜峰（曲阳）书院、思乐文明书院（三十年）、路南州鹿阜书院（三十二年）、沾益州龙华书院（三十四年）、阿迷州灵泉书院（三十五年）、宣威州龙山书院（三十七年）、广通树人书院、富民九峰（万庆）书院（三十八年）、镇雄州奎垣书院（三十九年）、威远厅钟山（凤山）书院（四十年）、琅盐井琅井书院（四十三年）、宣威州榕城书院（四十四年）、新平桂香书院、黑盐井提举司万春书院（四十七年）、宁州凝阳书院、通海秀麓书院（四十八年）邓川州登云书院（四十九年）、云州云州书院（五十年）、宜良雪堂书院、鹤庆州鹤阳书院（五十一年）、思茅厅思诚（玉屏）书院、龙陵厅龙山书院（五十二年）、安宁州太极书院（五十四年）、蒙自观澜书院（五十七年）、蒙自载道书院、嶍峨登云书院（五十八年）、宝宁莲峰书院（五十九年）、宁洱凤鸣书院（六十年）、顺宁乐育书院、△石屏州宝山书院、广西厅鹤麓书院、广西厅文昌书院、师宗丹凤（师宗）书院
贵州（27所）	镇远㵲阳书院（六年）、兴义九峰书院（十二年）、印江登文书院、大定文龙书院（十五年）、平远州平阳书院（二十年）、仁怀培基（怀阳）书院（二十四年）、天柱凤城书院（二十七年）、婺川古务书院（四十一年）、黔西州文峰书院（四十三年）、大定万松书院（四十五年）、独山紫泉（赵公）书院（四十七年）、黄平州星山书院（四十八年）、贵定兰皋书院（四十九年）、龙泉龙泉书院、平越州墨香书院（五十一年）、黄平州龙渊书院、余庆他山书院（五十四年）、黔西州狮山书院（五十八年）、安顺习安（双桥）书院、兴义珠泉书院、桐梓敷文书院、瓮安旗山书院、△黄平州东坡书院、印江振德书院、桐梓太白书院、正安州乐源书院、正安州乐道书院

续　表

省　别	书　院　名　称
四川（114所）	壁山重璧（璧江）书院、绥定通川（宣汉）书院、绵竹月波书院（元年）、新宁龙池（宕渠）书院（二年）、巴县东川（渝川）书院、巴县缙云书院（三年）、简州儒林书院、资阳雁江书院、绵阳左绵（涪江）书院（五年）、双流景贤书院、简州凤山书院、江津江津（几水、几江）书院、大足棠香（宝鼎）书院、万源萼山（铜山、金凤）书院、达州宣汉书院、东乡大成（集贤）书院（六年）、叙永厅蓬莱书院（七年）、温江万春书院、荣经戴匡书院（九年）、南充楙修（朱风）书院（十年）、荣昌玉屏书院、大邑鹤鸣书院、绵竹晋熙书院、忠州临江（仰白）书院（十一年）、华阳潜溪书院、什邡方亭书院、定远邱山书院（十二年）、汉州讲道书院、威远凤翔（翔凤）书院（十五年）、崇宁唐昌书院、仪陇金泉书院、会理州金江（会华）书院、德阳孝感（兴贤）书院、德阳凤仪（励忠、旌阳）书院（十六年）、南江龙门书院（十七年）、新都龙门书院、郫县岷阳书院、苍溪白鹤书院、南充南池书院、简州凤仪书院、南溪琴山书院、西昌泸峰书院（十八年）、长宁绍闻（棫山）书院、三台草堂（文峰）书院、合江凤仪书院、九姓司和山书院、黔江三台书院（十九年）、彭县九峰书院、南川隆化书院、彰明青莲书院、乐至天池书院、垫江凌云书院（二十一年）、合州邹公书院、昭化临江书院、高县文江书院、云阳云安（飞凤）书院、彰明陇西书院、盐亭凤山书院、酉阳州钟灵书院（二十二年）、宜宾东山书院、龙安府龙门书院（二十三年）、温江菁莪书院、新津俯临书院、丹棱大雅书院（二十四年）、铜梁巴川书院、铜梁琼江书院、汶川汶川书院（二十五年）、保宁府宕梁（岩梁）书院、梓潼文昌书院（二十七年）、灌县岷江书院、珙县南广（德馨）书院、清溪崇文书院、汶川石纽书院（二十八年）、新繁繁江书院、仁寿鳌峰书院（二十九年）、石泉西山书院、大竹振文书院、叙永厅丹山书院（三十年）、罗江双江（纹江）书院（三十一年）、夔州莲峰（云安）书院（三十二年）、仪陇金栗书院、威远青峰书院（三十六年）、蓬州蓬山书院（三十七年）、石柱厅南滨书院（三十八年）、巴县三益书院、芦山文明书院（四十一年）、西充鹿岩书院、酆都鹿鸣（平山、五云）书院（四十三年）、南部鳌峰书院、通江东皋书院（四十四年）、庆符西江书院（四十六年）、金堂濂溪书院（四十七年）、兴文凌霄书院（四十八年）、万县凤山书院（四十九年）、永川东皋书院（五十三年）、纳溪云溪书院（五十四年）、新津通津（宝资、次公）书院（五十七年）、筠连腾川书院（五十八年）、南川龙川书院、巫山圣泉书院、云阳陆吴书院、万县刘公书院、冕宁台登书院、盐源香城书院、盐源柏林书院、天全州和川书院、彭山桂香（江源）书院、青神清江书院、资州珠江书院、资阳子渊书院、内江汉安书院、梓潼潼江书院、松潘厅岷山书院、松潘厅锦屏书院

其二，乾隆时期，修复和重建前代书院计159所。（见表四）

表四　乾隆朝各地修复、重建前代书院情况表

省　别	书　院　名　称
直隶 (11所)	献县万春书院（十三年）、饶阳近圣书院（十四年）、顺天首善书院、顺天金台书院（十五年）、河间瀛洲书院、龙门西关书院（十七年）、深州文瑞（博陵）书院（十八年）、河间毛公书院（二十三年）、东明扶义（漆阳）书院（二十九年）、昌平谏议（燕平）书院、开州明道书院
河南 (5所)	登封颍谷书院（八年）、永宁洛西书院、通许咸平（育英）书院（二十一年）、武安紫金书院（二十五年）、禹县西溪书院
山西 (11所)	潞安起文书院（六年）、偏关儋林书院（八年）、陵川望洛（文忠）书院（十四年）、平定州嘉山（石楼）书院（十六年）、夏县涑水书院、解州解梁书院（十七年）、绛县涑阳书院（二十年）、长子廉山书院（二十四年）、河津文清书院（二十九年）、襄陵姑汾书院（三十一年）、介休绵山书院（三十五年）
陕西 (7所)	扶风多贤书院（二年）、三原学古书院（十四年）、耀州文正书院（二十二年）、榆林榆阳书院（二十三年）、乾州紫阳（乾阳）书院（二十七年）、眉县横渠书院、武功绿野书院（三十年）
甘肃 (3所)	秦州徽山（凤山）书院（十四年）、甘州甘泉书院（二十四年）、酒泉酒泉书院
山东 (7所)	泰安泰山书院（五年）、滕县性善（道一）书院（十年）、益都松林书院（十五年）、郯城一贯（宗圣）书院、曹州重华（爱莲）书院（十九年）、临清州清源书院（二十年）、陵县三泉书院（四十四年）
江苏 (6所)	江宁华阳书院（六年）、吴县学道书院（八年）、武进龙城书院（十九年）、铜山正谊（川上）书院（三十三年）、长洲甫里书院（四十九年）、无锡城南东林书院
安徽 (9所)	凤台循理书院（二年）、广德州复初书院（四年）、无为州芝山书院（十八年）、泾县峨岱书院（二十二年）、青阳蓉城（临城）书院（三十五年）婺源福山书院（三十六年）、祁门东山（环谷）书院、黟县碧阳书院、歙县道存书院
浙江 (16所)	上虞泳泽（承泽）书院（四年）、镇海湖山书院（九年）、松阳明善书院（十五年）、泰顺罗阳书院（十九年）、永嘉鹿城书院、临海南屏书院、太平龙山（五龙）书院（二十年）、黄岩文献书院（二十三年）、龙泉仁山书院（二十五年）、浦江东湖书院（二十八年）、庆元松源书院（四十八年）、会稽证人（稽山）书院（五十一年）、长兴箬溪书院（五十五年）、江山逸平（南塘、正学）书院（六十年）、永嘉东山书院、仙居安洲书院

续 表

省 别	书 院 名 称
江西（19所）	临川兴鲁书院、吉安凤冈书院、庐陵明学书院（五年）、临川青城（汉阳张公）书院、安福复古书院（七年）、上饶叠山书院、石城琴江书院、南康旭升书院（八年）、建昌修江书院（十三年）、泰和萃和书院（十五年）、万安云兴书院（二十三年）、永宁巽峰书院（二十六年）、永丰恩江书院（二十八年）、分宜钤冈（钤阳、钤山、太常）书院（二十九年）、安远梅江书院（三十三年）、丰城龙门（龙山）书院（三十七年）、浮梁绍文（双溪）书院（三十八年）、永丰湖头书院、兴安白石书院
福建（11所）	南靖欧山书院（二年）、长汀觉罗书院（十一年）、漳州郯山书院（十四年）、晋江梅石（一峰、清源）书院（十五年）、侯官道山书院（十七年）、邵武府九曲书院（二十年）、漳州建溪书院（二十一年）、政和云根书院（二十四年）、诏安丹诏书院（二十九年）、连城莲峰（冠豸）书院、将乐正学（五经）书院
湖北（7所）	松滋山谷（鸣凤）书院（四年）、通城青阳书院（九年）、江陵龙山书院（十八年）、天门天门书院（十九年）、武昌龙川书院（二十八年）、罗田义川（塔山、薪櫄）书院（四十四年）、襄阳山岘山（昭明、武侯）书院
湖南（16所）	湘乡涟滨（涟溪）书院（四年）、茶陵州洣江书院（六年）、沅州府明山（文清）书院（七年）、桃源漳江（桃川）书院（九年）、长沙城南书院（十年）、湘阴仰高书院、武冈州鳌山书院（十二年）、靖州鹤山书院、临武双溪（武溪、侑溪）书院（十五年）、宁乡玉潭（玉山）书院、桃源桃溪（天宁）书院（十九年）、宜章玉溪书院（四十二年）、宁远崇正（春陵）书院（四十三年）、安仁宜溪（南湫）书院（四十八年）、澧州澧阳（溪东）书院（五十四年）、道州濂溪（九江）书院（六十年）
广东（8所）	海阳正元（贞元）书院（元年）、化州石龙（罗江）书院（八年）、琼山苏泉（粟泉）书院（十年）、万州万安书院（十九年）、定安尚友书院（三十七年）、吴川江阳书院（四十二年）、顺德金峰书院（五十七年）、高要铎阳书院
广西（4所）	桂平浔江（浔阳）书院（七年）、怀集南溪书院（十一年）、藤县三元书院（五十七年）、义宁义江书院
云南（6所）	邓川州玉泉书院（元年）、腾越凤山（来凤）书院（十四年）、石屏州龙泉书院（十八年）、蒙化明志（崇正）书院（二十三年）、路南州敬一（南阳）书院（四十八年）、云南九峰书院（五十一年）
四川（13所）	定远印山（和溪）书院（七年）、涪州钩深（北岩）书院（九年）、犍为印清（五龙、龙池）书院（十五年）、乐山九龙（东岩）书院（十七年）、射洪金华书院（十九年）、名山月心（仰山）书院（二十年）、富顺学易（西湖、景阳、江阳）书院（二十六年）、江安龙门书院（二十九年）、夹江鄢江（平川）书院（三十三年）、中江斗山书院（四十年）、峨嵋峨山书院（四十二年）、遂宁书台（武信、斗城、鱼山）书院（四十三年）、阆中锦屏书院

其三，清代尚有不详何时修复、重建之书院35所，其中当有一些也重建于乾隆时期。（见表五）

表五　清代不详何时修复、重建书院情况表

省　别	书　院　名　称
直隶 (3所)	井陉陉山书院、大名应龙书院、房山文靖书院
河南 (4所)	扶沟明道书院、正阳贤良书院、禹州白沙书院、夏邑崇正书院
山西 (1所)	赵城云龙（龙云、罗云）书院
山东 (1所)	曲阜洙泗书院
江苏 (2所)	甘泉甘泉（崇雅、梅花）书院、海安凤山书院
安徽 (7所)	歙县紫阳书院、泾县云龙书院、歙县崇本书院、休宁天泉书院、婺源天衢书院、建德兰台书院、滁州老丰山书院
浙江 (4所)	余杭龟山书院、嵊县二戴书院、临海崇正书院、青田鹤山书院
江西 (2所)	泰和匡山书院、庐陵积秀书院
福建 (2所)	古田兰田书院、古田青山书院
湖北 (2所)	宜都清江（北山）书院、光化文忠书院
湖南 (1所)	鄠县台山书院
广东 (2所)	龙川东山（彭侯）书院、遂溪文明书院
云南 (4所)	石屏州秀山书院、姚州南中书院、南宁兴古书院、鹤庆州尤溪书院

第四节 乾隆时期的书院特点及名师讲学活动

乾隆时期，不但全国书院数量超迈前朝，而且由于最高统治者的干涉，书院教学内容和治学方向也发生了从教授程朱理学到博习经史词章的转变。

如前所述，清朝初年，由于最高统治者的提倡，程朱理学卷土重来并被确定为官方正统思想。因而，早在即位之前的青少年时代，乾隆皇帝即接受了比较系统的理学教育。这样，相当长的时间里，他对理学笃信最诚，习诵不辍。他说："朕自幼读书，研究义理，至今《朱子全书》未尝释手。"[1]"有宋周、程、张、朱子，于天人性命、大本大原之所在与夫用功节目之详，得孔孟之心传，而于理欲、公私、义利之界，辨之至明。循之则为君子，悖之则为小人。为国家者，由之则治，失之则乱，实有裨于化民成俗，修己治人之要，所谓入圣之阶梯，求道之涂辙也。"[2]然而，随着乾隆皇帝专制统治的不断加强，理学名臣和程朱理学中的一些内容先后成了皇权进一步加强的障碍。首先是理学名臣鄂尔泰、张廷玉之间的朋党之争严重地影响了朝廷政局的安定和乾隆皇帝专制统治的加强，而他们互相攻讦揭发出来的一些内幕也使乾隆皇帝感到，自己昔日所十分敬重的辅弼大臣原来都是一批口是心非的假道学、伪君子。因而，在累次训诫臣下"研精理学"的同时，还着重指出，"讲学之人，有诚有伪。诚者不可多得，而伪者托于道德性命之说，欺世盗名，渐启标榜门户之害"。[3]这样，包括鄂、张在内的不少廷臣因为涉嫌党争和标榜理学，先后遭到

1 《清高宗实录》卷一四六，乾隆六年七月癸亥，中华书局，1985 年。

2 《清高宗实录》卷一二八，乾隆五年十月己酉，中华书局，1985 年。

3 《清高宗实录》卷一二八，乾隆五年十月己酉，中华书局，1985 年。

了乾隆皇帝的斥逐和疏远。其次，是程朱理学的一些内容因和乾隆皇帝加强统治的要求不相适应而被乾隆皇帝所弃置。即如《春秋》一书，本是一部重要的儒家经典。因其文简义奥，南宋时期，胡安国为之作传。明朝以后，科举考试奉为程式，迨至清朝，相沿不改。但胡氏生当宋、金对峙之际，传释《春秋》，多以“复仇”立说，不但曲解经文原意，而且也不利于清朝统治。又如朱熹《名臣言行录》一书，在乾隆皇帝看来，也有标榜臣权，易启门户争执，侵犯君权之嫌。所有这些，都使乾隆皇帝对程朱理学的信仰发生了严重的动摇，从而提出了宋学流行后，“大道愈晦”、“曲说之离经，甚于曲学之泥经”的看法。[1] 由于失去了最高统治者的支持，程朱理学的黄金时期一去不复返了。

在程朱理学遭到乾隆皇帝厌弃的同时，淹通坟籍、博习经史的学者开始引起了乾隆皇帝的注意。在他看来，这些学者学问札实，品行敦厚，出仕则可任封疆、膺牧民之重任，治学也可以“含英咀华，究经训之阃奥”，[2] 推进学术研究的发展。为此，他以科举考试为杠杆，引导士子逐渐改变治学方向。在此之前，各种层次的科举考试理学气味极浓，对于博习经史词章的学者来说，登仕至为不易。如康熙五十九年浙江乡试策问题云：“浙江为理学名邦，自吕成公与朱文公、陆文安公并倡道东南，吕学虽不传，然朱学自勉斋以下，何、王、金、许四先生并在金华；陆学则杨、袁、舒、沈四大弟子，皆在甬上。今金华四先生与杨文元诸公成书具在，其学业醇疵，规模大小，有能言其故者欤？有明薛文清公私淑朱学，而传者甚少；王文成公私淑陆学，而宗之者遍天下，其故何欤？先儒谓释氏有见于心，无见于性，或因疑良知之说近

1 《清高宗实录》卷四六一，乾隆十九年四月丁巳；卷五六八，乾隆二十三年八月丁卯，中华书局，1985 年。

2 《清高宗实录》卷三五二，乾隆十四年十一月己酉，中华书局，1985 年。

禅。然心统性情，亦先儒说也；若无见于性，又可谓有见于心乎？朱文公答项平甫书云：子静偏于尊德性，而余却于道问学上过多。所谓异同，如是而已。后之论者诋諆不已，有能过于文公之自道者欤？士有志于圣贤，惟躬行实践是务，议论儒先则非所亟。今欲使士皆敦实行，息浮论，以成道德，一风俗同之美何道之从耶”。[1] 为了扭转这种情况，从乾隆十年始，乾隆皇帝首先在殿试时务策时加上了经史方面的内容，而后，随着时间的推移，这一部分试题比重愈来愈大。如乾隆十年殿试题云："五、六、七、九、十一、十三之经，其名何昉？其分何代？其藏何人？其出何地？其献何时？传之者有几家？用以取士者有几代？得缕晰而历数欤？"[2] 三十一年殿试题云："《易》传三义，《书》分六体，《诗》有三作，《春秋》著五始，《戴记》多后儒之所增，《周礼》以《冬官》为散见，其说可胪举欤？"[3] 乾隆五十四年殿试题云："《诗》三百十一篇，名见《礼》及《左传》者凡几？十五国风，或谓斟酌序次，或谓以两相比，语出何氏？"[4] 至于以史籍出题者更是不胜枚举，略举数例，以见其大致情况。如乾隆二十八年殿试题云："史有二体，纪传法《尚书》，编年法《春秋》，有志三长之学者，夙习发明书法，考异集览百家之言，能研核折衷而切指其利病否？"[5] 三十一年试题云："史以重彰瘅而体例不必尽同，'循吏'、'儒林'、始于《史记》；'文苑'、'独行'，始于《后汉书》；'忠义'始于《晋书》；'道学'始于《宋史》，其分门各当否？《梁书》有'止足传'，《隋书》有'诚节传'，《唐书》有'卓行

1 （清）李绂撰：《穆堂初稿》卷四四《庚子浙江乡试策问四首》，乾隆庚申无怒轩刻本。

2 《清高宗实录》卷二三九，乾隆十年四月戊辰，中华书局，1985年。

3 《清高宗实录》卷七五九，乾隆三十一年四月庚申，中华书局，1985年。

4 《清高宗实录》卷一三二七，乾隆五十四年四月丁未，中华书局，1985年。

5 《清高宗实录》卷六八五，乾隆二十八年四月戊申，中华书局，1985年。

传'，同异果何如也？"[1]五十二年殿试题云："史非徒纪事，所以监先式后，等百世以为因革损益者也，则表、志尚矣。顾曰书、曰志、曰考，或有或无，或取他家以益之，或越数代以补之，或统及古今，或并详五朝，征其体例，能较然欤？"[2]五十五年殿试题又问及《通鉴》一书"同撰者何人，分代者何属，采取者正史外何书。略而为目录，析而为甲子纪年，订而为考异，别而为《稽古录》，体例可陈欤？"[3]《四库全书》纂修期间，殿试题中又增加了讨论《四库》收书范围及历代官私目录收录图书的问题。如四十三年殿试题云："前言往行，悉载于书，自周有柱下史，汉、魏有石渠、东观，以至甲乙丙丁之部，《七略》、《七录》之遗，代有藏书，孰轶孰传，孰优孰劣，可约略指数欤？"[4]会试、殿试如此出题，各省乡试也都步其后尘。如乾隆三十五年广西乡试题云："《易》、《书》、《诗》、《礼》、《乐》、《春秋》，古曰六艺，亦曰六学。其曰经，孰昉与？《四经》、《五经》、《七经》、《九经》、《十一经》、《十二经》、《十三经》，异同安在？唐选举分大、中、小三经，何与？《易》有三义，上、下经分卦，其数何以不齐？费氏学、荀氏九家学，有传于后者与？……"[5]乾隆三十六年湖北乡试题云："古者竹简曰策，其尺寸长短，有见传注者与？以谋训策，始自许慎与？发策、射策、对策，有异与？汉晁错对策首云：平阳侯窋等所举贤良方正太子家令臣错，何直书己名与？唐时有沿其体者与？"[6]乾隆四十四年浙江乡试题云："古有事于学者三，《月令》学正司舞释菜，其名见诸《周礼》与？周以前，

1 《清高宗实录》卷七五九，乾隆三十一年四月庚申，中华书局，1985年。
2 《清高宗实录》卷一二七九，乾隆五十二年四月戊午，中华书局，1985年。
3 《清高宗实录》卷一三五三，乾隆四十三年四月辛未，中华书局，1985年。
4 《清高宗实录》卷一〇五五，乾隆四十三年四月辛亥，中华书局，1985年。
5 （清）吴省钦撰：《白华前稿》卷二〇，南汇吴氏清乾隆四十八年刻本。
6 （清）吴省钦撰：《白华前稿》卷二〇，南汇吴氏清乾隆四十八年刻本。

有举者与？释奠之礼，视释菜、释币何若与？孰用尸用乐，孰否与？同谓之释何与？若山川庙祀之社，亦释奠与？入学释奠，自四时各举而外，何时何事载举与？春夏举自太师，秋冬举自何人与？始立学则释奠先圣先师，岂先师不嫌数，先圣不嫌疏与？先圣果四代各尊，先师果四经并立与？周公、孔子、颜子，递为先圣先师，可历考与？古释奠在学不在庙，抑有说与？汉高以太牢祀孔子，后魏孝文帝亲祠孔子，史何以不书释奠与？书释奠孔子，在何代与？夫褒崇之典，历代各殊，如何而始为定制与？"[1]这些题目，对于研经治史的学者来说，并不为难，然而，对于不读经史而又高谈理、气、性、命的理学家和只会使用"且夫"、"尝谓"之类词眼的八股先生来说，则很难入彀。就是通过这样的方法，乾隆皇帝大大限制了理学信徒的入仕途径，而将一大批经史研究有成的学者吸收到各级政权中来。即以历科会试而言，所取进士著名者已有庄存与、卢文弨、王鸣盛、钱大昕、纪昀、朱筠、王昶、毕沅、赵翼、任大椿、邵晋涵、孔广森、程晋芳、孔继涵、王念孙、戴震、章学诚、武亿、孙星衍、洪亮吉、阮元、凌廷堪、潘世恩等数十人。在科举考试的带动下，不少学者竞相将自己研习经史所得汇为文集刊刻行世，由书肆大量发行，以供士子准备科举考试时观摩之用。与此相反，宋儒"濂洛关闽之书"则因与科举考试无关，士子纷纷将之"束之高阁，无读之者"，以至书贾为怕蚀本起见，所有理学著作竟不敢刻印发卖了。[2]

在这样的社会环境中，各地书院也由讲习程朱理学一变而为研经治史、博习词章。为了适应这一变化，各地书院还纷纷聘请经史研究有成的学者主讲，以加强对在院生徒经史功底的训练。其著名之学者和书院，如桑调元先后主讲河南开封大梁书院、江

1 （清）吴省钦撰：《白华前稿》卷二〇，南汇吴氏清乾隆四十八年刻本。
2 （清）昭梿：《啸亭杂录》卷十《书贾语》，中华书局，1980 年。

西九江濂溪书院、山东济南泺源书院，杨绳武主讲江苏江宁钟山书院，杭世骏主讲广东广州粤秀书院、江苏扬州安定书院，全祖望主讲于浙江绍兴蕺山书院、广东肇庆端溪书院，夏之蓉主讲江苏江宁钟山书院、江苏山阳丽正书院，陈祖范主讲江苏苏州紫阳书院、江苏徐州云龙书院，王峻主讲于江苏苏州紫阳书院、江苏扬州安定书院，沈德潜主讲于江苏苏州紫阳书院，沈起元主讲于山东济南泺源书院，沈廷芳主讲于福建福州鳌峰书院、江苏仪征乐仪书院，卢文弨主讲于江苏江宁钟山书院、江苏苏州紫阳书院、江苏太仓州娄东书院、江苏江阴暨阳书院、江苏常州龙城书院，戴震主讲于浙江金华金华书院、山西寿阳寿阳书院，戴祖启主讲于陕西西安关中书院，段玉裁主讲于江苏太仓州娄东书院，邵齐焘主讲于江苏常州龙城书院，蒋士铨主讲于浙江绍兴蕺山书院、浙江杭州崇文书院、江苏扬州安定书院，储寅亮主讲于江苏常州龙城书院，赵翼主讲于江苏扬州安定书院，严长明主讲于安徽合肥庐阳书院，罗典主讲于湖南长沙岳麓书院，武亿主讲于山东东昌启文书院，吴泰来主讲于河南开封大梁书院，冯毓昌主讲于河南盂县花封书院，王昶主讲于江苏青浦青溪书院、江苏太仓州娄东书院、浙江杭州敷文书院，钱大昕主讲于江苏苏州紫阳书院、江苏江宁钟山书院、江苏太仓州娄东书院，姚鼐主讲于江苏江宁钟山书院，江苏苏州紫阳书院，章学诚主讲于直隶定州定武书院、直隶肥乡清漳书院、直隶永平敬胜书院、直隶保定莲池书院、河南商邱范文正公书院等。为了指导在院生徒读书治学，不少筹建书院的官吏或主持书院的学者还重新制定院规。如乾隆九年时，安徽盱眙知县郭起元即为当地崇圣（敬一）书院制定条规。乾隆十四年、四十六年，杨绳武、钱大昕先后为江苏江宁钟山书院制定规约，乾隆五十四年，江西布政使王昶为江西南昌友教书院制定规条等。其中，杨绳武制定之《钟山书院规约》，“条列励志、立品以端其趋，慎交以乐其群，勤学、通经、通史以敬其业，论诗赋、古文、制艺之源流以修其艺；戒抄袭、矜夸、忌毁以警其惰。本末兼该，巨细备举”。[1] 王昶制定之《友教书院规条》则对生徒学习经史著作做出明确规定：“在院生童等每日必读熟经文三百字”，“监院按书按日，十日一令背诵。如有不熟，诃斥随之，责令再读。倘某经应读若干日者，倍其日而犹不能背诵，则是志气昏惰，屏之出院。其有五经之外或兼读《周礼》，或兼读《仪礼》，或兼读《左传》，课之背诵，如瓶泻水，则是有志研经之士。课文如在一等，作为特等；如在特等，作为超等；本在超等，即与第一同领奖赏”。[2] 他还要求，学习五经时，“先习一种。然必通诸经，乃于一经之旨，无不明晰。凡习经，先通汉、唐注疏，再阅宋元以后经说，始不堕于俗说。”在学史时，应从纪传体二十二部正史、编年体《通鉴纲目》、纪事本末体《通鉴纪事本末》、典章制度体《三通》诸书中“得其一而熟究之，于古今治乱之故，无不了然胸臆间。上之开物成务，足以定大事，决大凝；下之撷华采英，足以宏著作”。[3] 由于当时各书院普遍采用这种方式培养生徒，其中省府所属书院，又处于通都大邑，藏书丰富，来学士子皆系所属荐举之高才生，兼之以政府重视，修脯膏火均极优厚，能够聘请知名学者讲学，因而学术气氛浓厚，并且常得风气之先，在学术导向上常常发挥重要的作用。“乡、会中试，膺馆选者，大半皆书院之士”[4]，先后培养出了像王鸣盛、钱大昕、王昶（江苏苏州紫阳书院），洪亮吉、汪中（江苏扬州安定书院），孙星衍、李兆洛（江苏常州龙城书院），王引之（江苏高邮州珠湖书院），毕沅（直隶保定莲池书院），周永年（山东济南泺源书院），邓廷桢（江苏江宁钟山书院）等一大批著名学者和政治界杰出人物，

1 （清）涨潮辑：《昭代丛书》辛集卷一六，吴江沈氏世楷堂刻本，1919 年重修。
2 （清）王昶撰：《春融堂集》卷六八《天下书院总志序》，光绪十八年重修本。
3 （清）王昶撰：《春融堂集》卷六八《天下书院总志序》，光绪十八年重修本。
4 吴廷锡等纂修：民国《续修陕西省通志稿》卷三六，兰州古籍书店，1990 年。

对于乾嘉学派的形成和学术文化的繁荣以及当时和此后政局的发展都起到了重要的作用。其他县下书院，虽在师资、生徒水平和资金来源上不如省府书院，但因数量众多，对于文化知识的普及也发挥了重要的作用。在当时诸多著名书院和讲学学者中，影响较大的是钱大昕在苏州紫阳书院和罗典在长沙岳麓书院的讲学活动。

钱大昕（1728~1804 年），字晓征，号辛楣，又号竹汀居士，江苏嘉定人，是一个在浓厚汉学气氛熏陶下成长起来的学者，对于经史研究以及与此有关的各个方面如文字、音韵、训诂、目录、版本、校勘、辨伪、辑佚、考据、金石、表谱的研究都做出了重要的贡献。“不专治一经，而无经不通；不专攻一艺，而无艺不精。”[1]乾隆十九年进士及第后，入翰林，与修官修史籍多种并曾屡充各省乡试考官，仕至广东学政。中岁以后，归隐田园，遂将全副精力投入经史研究和教育事业，先后执教于江宁钟山书院和太仓州娄东书院。在教学中，他主张“以通经读史为先”，“在钟山四载，士子经指授成名者甚众。”[2]从乾隆五十四年始，他又应江苏巡抚之邀，长期主持苏州紫阳书院。想起四十年前，自己就读于此，“赖名师益友，得窥古人堂奥，乃奋然以振兴文教为己任，谕诸生以无慕虚名，勤修实学”。[3]如他为在院生徒所拟之策问题目，即广泛涉及经学、史学、地理沿革、音韵、文字、训诂、天文历算、金石文字、目录、版本、诗文、地方志等许多方面。试举数例，以见其大致情况。

“《史记》、两《汉书》，为史学之宗，本纪、表、书、世家、列传，其例创于龙门，孟坚有列传而无世家，后来多因之，而亦

1 （清）江藩撰：《国朝汉学师承记》卷三，中华书局，1983 年。

2 （清）钱大昕编：《钱辛楣先生年谱》《竹汀居士年谱续编》，上海书店，1983 年。

3 （清）钱大昕编：《钱辛楣先生年谱》《竹汀居士年谱续编》，上海书店，1983 年。

有别立世家者，其体例果同欤？志即书也，而分合不同，名目互异。列传别为标目者几篇？或增或革，各有异同，能一一言之欤？史公书元缺几篇？本未缺而褚先生又补缀者几篇？褚之后又有窜入者何篇？小司马所补者何篇？所欲更定者何篇？班书元缺几篇？注班书者几家？刊其误者几家？补班志者何人？补范表者何人？太史公未尝自名其书为《史记》，名之者何人，范史缺志，志出于何人？何时并合于范书？世以马、班、范为三史，然范书未出以前，已有三史之名，又何指欤？"

"经典出于汉，传授文字或有互异，《说文》所引，熹平所刻，与今本皆不尽合。九经疏唐人所定，而经文与陆氏《释文》本、定本、石经本亦间有异者。五季始有刻板，至宋而盛行。其时有国子监本、临安临本、蜀本、兴国本及建安余氏、相台岳氏诸本，能言其优劣欤？今五经皆用宋儒所定本，然以宋、元刻校今坊本，亦有不尽合者，可举其一二否？"

"训诂之学，莫尚于《尔雅》。《尔雅》何人所作？何人所补？其增补之处，能指其一二欤？郭景纯注本，与古本文字句读，间有异同，石经与坊本亦各有异，能分别言之欤？郭注亦有为后人删落者，能言其脱漏所在欤？"[1]

与此相一致，他的课堂讲授内容也广泛涉及群经正史各个方面。由于他学识渊博，治学严谨，著作等身，为人谦逊，深得广大生徒尊敬和爱戴。在他的教育下，"吴中士习为之一变"。[2]在他任紫阳书院院长16年中，"贤士受业于门下者，不下二千人，悉皆精研古学，实事求是"，[3]并在各个方面都涌现出了一批有才之士。如李锐之于天算，夏文焘之于舆地，钮树玉之于《说文》，

1 （清）何元锡辑：《竹汀先生日记钞》卷三，海虞瞿启甲铁琴铜剑楼，1934年。
2 （清）钱大昕编：《钱辛楣先生年谱》《竹汀居士年谱续编》，上海书店，1983年。
3 （清）钱大昕编：《钱辛楣先生年谱》《竹汀居士年谱续编》，上海书店，1983年。

费士玑之于经学，张燕昌之于金石。”几千年之绝学，萃于诸公，而一折中于讲席”。[1]对于当时教育事业的发展和学术文化的繁荣做出了重要的贡献。

罗典（1719~1808 年），字徽五，号慎斋，湖南湘潭人，乾隆十六年进士，累官四川学政、鸿胪少卿等职，为官廉洁清正，深得士民拥护爱戴。乾隆四十七年，他应邀主讲长沙岳麓书院。在教学中，他主张“坚定德性，明习时务”。同时，他本人亦是当时著名学者，研究方法精当，著述宏富。“其治经也，以古人简质文字，无间剩。即经诂经，字批而句梳之。既皆有确切注脚，则通之一章，又通之全篇。全经有所窒，则废寝食，夜以继日，必得其融贯而后安。”[2]因此，他的踏实的治学态度以及严谨的学风使得四方士子极为倾慕。按照规定，岳麓书院生童六十名，而至乾隆六十年时，“计赴院肄业诸同人数至一百八十有奇”。在他的教育下，“门下士发名成家者数百人”。为了办好书院，他自己节衣缩食，“修脯所入，除给饔飧者外，悉增葺书院”。自乾隆五十二年始，先后对书院各处建筑加以重修、改建，使得岳麓书院在当时全国享有盛名，罗典本人也因尽心教育事业受到清朝政府的多次表彰，先后题奏四次，经吏部纪录八次。嘉庆中罗典去世后，书院师生为之设立专祠，岁时奉祀，以纪念这位著名教育家对岳麓书院的重大贡献。

---

1 （清）钱大昕编：《钱辛楣先生年谱》《竹汀居士年谱续编》，上海书店，1983 年。

2 严如煜：《鸿胪寺少卿罗慎斋先生传》，转引自杨布生《岳麓书院山长考》，《湖南师范大学学报》1986 年第 4 期。

第五章　清朝后期书院的衰落

第一节　嘉道咸时期不同类型的书院

经过一个多世纪的全盛时期之后，嘉道咸时期，清朝专制统治开始衰落。与此同时，学术思想界却渐趋活跃。受此影响，这一时期书院发展也出现了新的情况。其主要表现是，尽管各地书院普遍仍以儒家经典为讲授内容，但是因为指导思想不同，书院渐趋分化，逐渐形成了三种类型：即讲授汉学、博习经史词章为主的书院、讲授程朱理学的书院和提倡“通经致用”的经今文学派兴办的书院。

讲授汉学、博习经史词章的书院兴起于乾隆时期。当时，学术界先后涌现了一批考据学大师。他们一方面穷经证史，致力于学术研究的深入；一方面又利用书院讲坛，广收徒众，以扩大该学派的社会影响。嘉道时期，一些著名考据学大师王鸣盛、钱大昕、段玉裁、赵翼、王念孙等虽已相继辞世，退出学术舞台，但是，由于长期以来的发展，该学派已在社会上有着广泛的影响。因而，在各地书院中，这一学派仍有极大的势力并因一些学者的提倡而有了进一步的发展。对于此类书院的发展，著名学者阮元发挥了重要的作用。阮元（1764~1849 年），字伯元，江苏仪征人，乾隆五十四年进士，累仕至云贵总督、体仁阁大学士，是一个在浓厚汉学气息下成长起来的官僚和学者。他认为：“圣贤之道存于经，经非诂不明。汉人之诂，去圣贤为尤近。譬之越人之语言，吴人能辨之，楚人则否；高曾之容体，祖父及见之，云仍则否。”[1]因而在学术观点上，继惠栋之后，他揭起了恢复汉学的旗帜。不但在学术研究中继续坚持原来的考据方向，先后主持编纂了《经籍纂诂》、《十三经校勘记》等重要考据学名著，而且还以集官僚与学者于一身的身份，利用科举考试出题对全国学风趋向积极加以引导。如其为嘉庆四年会试所拟策问即云："孔子假年学《易》，雅言《诗》、《书》，执《礼》。《易》有三，而《周易》独传汉、晋、唐、宋说，能择其精而析其弊欤？乾坤象龙马，用九六，然象数可偏废欤？《诗》言志，声依永，律和声，有诗而后有韵律欤？或诗韵必取同部，间有分合然欤？同部转注假借，能言其例欤？《诗》中训诂，见于《尔雅》者几何？未见者几何？《尚书》见于《史记》、《汉书》者孰为古文，孰为今文？孔、蔡传解、句读，可别白参解否？《尧典》星至周而差，恒星东行，确可据欤？三江舍经文则支条歧出，淮、泗何以通荷敷、浅原？三亳确在何地？《仪礼》宫室制度若误，则仪节皆舛，试举正之。郑注后孰精其业，试指数之。《周礼·小司徒》田赋与《司马法》异而同欤？郑注读为、读若之例，与许慎同欤？《礼记·月令》节物可与《夏小正》、《吕览》诸书参考欤？经注正义讹脱，可校补欤？……正史二十有四，应补撰注释、音义者何书？表志与纪传并重，孰详孰阙欤？《儒林》、《文苑》、《道学》应分应合欤？《史通》所论得失参半欤？编年与纪传分体，《资治通鉴》前何所本？后何所续欤？二刘、范祖禹、胡三省辈有功司马者何在？纪事本末体何所仿？袁枢以后，谁为继作？《通鉴纲目》何所裁别？夫经述修治之原，史载治乱之迹，疏于史鉴，虽经学，文章何以致用耶？……”[2]在此同时，为了扩大汉学营垒，他还旗帜鲜明地将汉

1 （清）阮元撰：《诂经精舍文集》卷三《西湖诂经精舍记》，中华书局，1985 年。
2 （清）阮元撰：《研经室二集》卷八，中华书局，1993 年。

学引入书院教学。其中，最有影响的是他在嘉庆初年创建的杭州诂经精舍和道光初年创建的广州学海堂。

诂经精舍始创于嘉庆五年。嘉庆初年，阮元在任浙江学政期间，曾于西湖孤山之麓筑屋50间，组织一些学者编修《经籍纂诂》。嘉庆五年，他任浙江巡抚后，遂为之题名诂经精舍，专祀汉儒许慎、郑玄，“选诸生中经学修明通于一艺者，习业其中”，[1]“课经义、史学、诗赋”。[2]由他和著名汉学家王昶、孙星衍轮流主讲，从而在教学内容和祭祀对象上都完全摆脱了理学的束缚。“其课士，月一番三人迭为命题。”“问以《十三经》、三史疑义，旁及小学、天部、地理、算法、词章，各听搜讨书传，条对以观其识，不用扃试糊名之法。暇日聚徒讲议服物典章，辨难同异，以附古人教学藏修游息之旨。”[3]其中学术气氛十分活跃，学术成就也相当可观。“议论风生，有不相能者辄吵面赤。”“不十年间，上舍之士，多致位通显，入王堂，进枢密，出则建节而试士。其余登甲科，举成均，牧民有善政及撰述成一家言者，不可胜数。东南人才之盛，莫与为此”。[4]仅据钱泳《履园丛话》一书所载，其著名者即有“洪颐煊、洪震煊、徐养源、徐养浩、陈鸿寿、陈文杰、胡敬、徐熊飞、吴东发、汪嘉禧、孙同元、赵春沂、赵坦、范景福、何兰汀、徐鲲、丁子复、李遇孙、金廷栋、陶定山、张鉴、沈涛、周联奎、顾廷纶、邵葆初、蒋炯、李方湛、吴文健、陆尧春、朱壬、汤锡蕃、王仁、朱为弼、何起瀛、钱林、张立本辈凡三十余人，为一时之盛”。[5]对于汉学的广泛传播和学术研究的深入起到了重要的作用。

1 （清）钱泳撰：《履园丛话》卷二二《杂记》上，中华书局，1979年。

2 （清）龚嘉隽等纂修：光绪《杭州府志》卷一六，成文出版社，1974年。

3 （清）孙星衍撰：《平津馆文稿》卷下《诂经精舍题名碑记》，中华书局，1985年。

4 （清）孙星衍撰：《平津馆文稿》卷下《诂经精舍题名碑记》，中华书局，1985年。

5 （清）钱泳撰：《履园丛话》卷二二《杂记》上，中华书局，1979年。

广州学海堂初设于嘉庆二十五年，原附于广州城西文澜书院之内。道光四年，迁建城北粤秀山下。当时，阮元正任两广总督，已经成为学术界的泰山北斗，具有十分丰富的办学经验。因而，在筹建学海堂过程中，对其管理体制进行了大胆的改革。针对当时各地书院院长多由上司勒荐，不学无术、坐支束修、并不到馆任教等弊病，从道光六年起，阮元断然革除院长、山长称号，“永不设山长，亦不允荐山长”。[1]而由阮元本人通过访求任命吴兰修、赵均、林伯桐、曾钊、徐荣、熊景星、马福安、吴应逵八人担任学长，“同司课事，其有出仕等事，再由七人公举补额”。[2]在教学内容上虽仍如杭州诂经精舍一样“课举贡生监以经解诗古文词”，但在教学方法上却更加注重调动生徒的积极性。要求生徒“各因资性所宜”，于《十三经》、四史、《文选》、杜诗、韩文、朱子书中，“听择一书专习。或先句读，或加评校，或抄录精要，或著述发明，学长稽其密疏，正其归趣”。[3]“该生等于学长八人中择师而从，谒见请业，庶获先路之导”[4]。为了激励生徒向学，还改变原来膏火奖赏办法，规定:“有随课之奖，无常课之额。”[5]这种教学和学习方法，不但教师可以扬长避短，有利于教学水平的提高，而且学生也可因此而缩短战线，能够较快地搞出学术成果。由于方法灵活，规制严密，阮元调督云贵之后，继任督抚鉴于成宪，率能继长增高，不长时间，“岭海人物，蒸蒸日上”。据统计，学海堂的主讲名师，先后有 55 人；有著述问世的学生，可查者有三百余人，几千种书。[6]对于当时和此后学术文化的发展，

1　林伯桐编、陈澧续补：《学海堂志》，江苏教育出版社，1995 年。
2　林伯桐编、陈澧续补：《学海堂志》，江苏教育出版社，1995 年。
3　林伯桐编、陈澧续补：《学海堂志》，江苏教育出版社，1995 年。
4　林伯桐编、陈澧续补：《学海堂志》，江苏教育出版社，1995 年。
5　桂坫等纂修：民国《南海县志》卷十，成文出版社，1974 年。
6　李国钧：《清代考据学派的最高学府》，载《岳麓书院通讯》1983 年第 1 期。

产生了重要而深远的影响。

在阮元和诂经精舍、学海堂的带动下，嘉道时期，全国各地又涌现了一大批汉学学者和以讲授汉学为主要内容的书院。他们或借仕宦各地，登高而呼，以扩大汉学影响；或应聘书院，沉潜经史，教授生徒。前者，如嘉庆中王引之提督河南学政，“到任以经术讽劝诸生，俾知根底。购《十三经注疏》存于学宫书院，以广诵习”。[1]道光十一年，陕西略阳知县贾芳林建嘉陵书院，特设读经膏火以奖励读经。[2]道光十八年，两江总督陶澍建江苏江宁惜阴书院，聘俞正燮为院长，“课士经史诗赋，不及制艺”。[3]道光二十年，黄爵滋以“江右书院皆略于治经”，而特建江西南昌经训书院，“于经解策论外，兼课诗赋，而制艺试帖，则专归豫章、友教各书院焉”。[4]后者如嘉庆初洪亮吉先后主讲江苏扬州梅花书院、安徽旌德毓文书院。嘉庆十一年，凌廷堪讲学于安徽宣城敬亭书院。嘉庆十二年，赵怀玉执教于江苏南通书院。道光中，马瑞辰先后主讲于江西白鹿洞、山东峄山、安徽庐阳诸书院；丁晏主讲于江苏盐城表海书院；狄子奇主讲于安徽宿州古睢书院；朱骏声主讲于江苏江阴暨阳书院；江藩主讲于江苏山阳丽正书院；钱仪吉主讲于河南开封大梁书院；胡培翚先后主讲于江苏钟山、云间、泾川各书院；何绍基先后主讲于山东济南泺源书院、湖南长沙城南书院等。其中一些学者还因教绩斐然而深受生徒尊敬与爱戴，并在社会上有着很高的声望。如朱洊“历主钟山、正谊、紫阳书院”，“主讲席几三十年，教士以通经学古为先，与桐城姚鼐、阳湖李兆洛并

1　闵尔昌编：《高邮王氏父子年谱》，北平来薰阁书店，1936 年。

2　（清）桂超纂修：光绪《新续略阳县志》卷二，成文出版社，1969 年。

3　（清）蒋启勋等纂修：光绪《续纂江宁府志》卷五，江苏古籍出版社，1991 年。

4　（清）刘坤一等纂修：光绪《江西通志》卷八一，江苏广陵古籍刻印社，1987 年。

负儒林宿望，鼎足而三云”。[1]陈寿祺先应阮元之聘主讲杭州敷文书院，兼课诂经精舍生徒，后又“主泉州清源书院十年，主鳌峰书院十一年。与诸生言修身励学，教以经术，作《义利辨》、《知耻说》、《科举论》以示学者，规约整肃，士初苦之，久乃悦服”。[2]陈澧，“为广州学海堂堂长数十年，至老，主讲菊坡精舍，与诸生讲论文艺，勉以笃行立品，成就甚众”。[3]对于教育事业的发展和学术文化的繁荣都做出了重要的贡献。

嘉道咸时期，汉学在各地书院的进一步广泛传播虽于学术文化的发展有一定的作用，但是，由于这些书院的倡导者主张凡古必真、凡汉皆好，在他们的引导下，在院生徒终日埋首于故纸堆中，从事名物训诂和史实考订，不但严重脱离社会现实，于民生利病、国家兴亡毫无作用，而且对于巩固清朝统治也没有什么意义。因此，这种教育内容和方法受到了不少有识之士的激烈抨击。如有的学者即批评道:“余览其学规，盖亦勤密矣。然数十百年间，考据词章之士多出其中，而能以道德经纶世变者，渺焉寡闻。”因而，他们认为，这种类型的书院，“足以得经生，而不足以得通才”。[4]这样，在统治阶级内部一些人士的提倡下，程朱理学在各地书院卷土重来。在此同时，还出现了讲授“通经致用”之学的书院。

嘉道咸时期，在书院教学中讲授理学的著名学者先是姚鼐，而后则是方东树和唐鉴。姚鼐（1731~1815年），字姬传，安徽桐城人，乾隆二十八年进士。当时，汉学流行于世，而程朱理学又久为士人所厌弃，因而，他不得不承认考证与义理、文章同为学问之一端，也不得不承认程朱理学一些地方“不达古人之意”，表

1　赵尔巽等撰：《清史稿》卷四八二《儒林三》，中华书局，1977年。

2　赵尔巽等撰：《清史稿》卷四八二《儒林三》，中华书局，1977年。

3　赵尔巽等撰：《清史稿》卷四八二《儒林三》，中华书局，1977年。

4　李国钧：《清代考据学派的最高学府》，载《岳麓书院通讯》1983年第1期。

现了一定的妥协倾向。然而，在学术观点上，他却认为："程朱之所以可贵者，谓其言之精且大，而得圣人之意多也，非我徇之也。"[1]因而，他对"数十年来，士不说学，衣冠之徒诵习圣人之文辞，衷乃泛然不求其义"的现象极为不满。[2]他认为，汉学家"专求古人名物制度，训诂书数，以博为量，以窥隙攻难为功，甚至者，欲尽舍程朱而宗汉"，乃是"枝之猎而去其根，细其蒐而遗其钜"。[3]执此观点，乾嘉之际，他先后"主讲江南紫阳、钟山书院四十余年"[4]，对于程朱理学的复兴起了重要的作用。

方东树（1772~1851 年），字植之，与姚鼐同籍安徽桐城并为其弟子。姚鼐死后，又曾客于广州学海堂，"不苟同于公"。[5]他完全继承了姚鼐的学术观点，"排斥汉学益力"。[6]指斥其言不论是非，人惟论时代。他批评道，汉学家致力于儒家经典文字的训诂与考证是"以奴为郎"，"势必流于异端曲说而不自知矣"。[7]在此同时他还对程朱理学大加吹捧。他说："及至宋代程朱诸子出，始因其文字，以求圣人之心，而有以得于其精微之际，语之无疵，行之无弊，然后周公、孔子之真体大用，如拨云雾而睹日月"。[8]道光、咸丰间，方东树历主庐州、亳州、宿松、廉州、韶州等地书院，以传道者自许，使得该学派市场进一步扩大。和他同时，唐鉴也在书院教学中大力鼓吹程朱理学。

唐鉴（1778~1861 年），字镜海，湖南善化人，嘉庆进士。曾任地方行政官吏多年，所至之处，致力兴学。晚年致仕，主讲金

1 （清）姚鼐撰：《惜抱轩文集》文七《赠钱献之序》，上海书店，1989 年。
2 （清）姚鼐撰：《惜抱轩文集》文六《复曹云路书》，上海书店，1989 年。
3 （清）姚鼐撰：《惜抱轩文集》文六《复曹云路书》，上海书店，1989 年。
4 赵尔巽等撰：《清史稿》卷四八五《文苑二》，中华书局，1977 年。
5 赵尔巽等撰：《清史稿》卷四八六《文苑三》，中华书局，1977 年。
6 赵尔巽等撰：《清史稿》卷四八六《文苑三》，中华书局，1977 年。
7 （清）方东树撰：《汉学商兑》卷中之下，浙江书局刻本，1900 年。
8 （清）方东树撰：《汉学商兑》《重序》，浙江书局刻本，1900 年。

陵书院。在学术上，他“宗尚洛、闽诸贤，著《学案小议》，推陆陇其为传道之首，以示宗旨”。[1]蒙古倭仁、湘乡曾国藩曾从其考问学业。当时，在西方侵略者和国内农民起义的双重打击下，清朝统治岌岌可危，对此，汉学家束手无策，回天乏术，因而，他的鼓吹程朱理学的行动受到了最高统治者的重视。咸丰皇帝即位伊始，即颁布谕旨，宣称“性理诸书”，“为导民正轨”，并要求各地方官员“于书院、家塾教授生徒，均令以《御纂性理精义》、《圣谕广训》为课读讲习之要”。[2]这样，在最高统治者的提倡下，咸同以后，程朱理学声势颇炽，对当时政治形势和学术思想的发展都起了重要的作用。

与程朱理学在书院教学中大杀回马枪的同时，主张“通经致用”的经今文学派也开始渗入书院教学。其中，较有影响的两个学者是李兆洛和龚自珍。李兆洛（1769~1841 年），字申耆，江苏阳湖人。早年肄业于江苏常州龙门书院，曾从著名学者卢文弨问学。嘉庆十年进士，曾任安徽凤台县令，后以丁忧辞官归里，致力于教育事业凡二十余年，先后主讲于安徽怀远真儒书院、安徽安庆敬敷书院。从道光三年起，又长期主讲江苏江阴暨阳书院。在学术观点上，他极力推崇公羊学派，而猛烈抨击郑玄。他说：“汉学之可考见于今者，公羊氏而止矣。毛公之《诗》虽存，而节目不备。其余众家，或掇拾于煨烬之中，章驳句脱，大义了不可知。今之所谓汉学也，独奉一康成氏焉耳，而不知康成氏者，汉学之大蠹也。”[3]为了贯彻他的“通经致用”的学术观点，针对边疆危机的现实，李兆洛专治舆地之学，又鼓励学生徐泰铸造天球铜仪及日月行度铜仪各一，用以教士。在暨阳书院时，针对当时“江阴人相习为举业”，李兆洛“痛绳之先正理法，其务彩夸声有

1　赵尔巽等撰：《清史稿》卷四八〇《儒林一》，中华书局，1977 年。

2　（清）朱寿朋撰：光绪朝《东华录》，道光三十年十二月己巳，中华书局，1958 年。

3　（清）李兆洛撰：《养一斋文集》卷三《两汉五经博士考序》，清光绪四年刻本。

名时辈者，率置下等。由是士气一振，稍稍知所趋向。复择其才者，教作诗赋、经解及策论，月一为之，曰小课”。[1]为此，他还选择《史记》、《汉书》、《春秋繁露》、《管子》、《荀子》、《吕氏春秋》、《商子》、《韩非子》、贾子《新书》、《逸周书》中“切实通畅，裨益神智者，录其目而授之，循循然诱而渐进之于古”。[2]为了搞好教学，他还力矫前任院长“践斯席者十余年，常家居，岁时一往巡省而已”的不良习气，在院期间，“非省墓及时祭不归。十二月上旬旋里，以正月中旬赴院，岁以为常”。[3]对于生徒生活和自修，他也极为关心。“弟子散处四屋，每日辰、午、申三时，亲巡督察。夕食后，则咸会辈学轩庭中……日必一至，相与问难，夜分罢去”。[4]此外，他还注重刊印经籍，嘉惠士林。“江宁人刘汉洲携书局以相随者十余年，所刊书以数十百种计”。[5]从而使暨阳书院和其本人都在当时国内享有盛名。两江总督陶澍、两广总督卢坤争相聘请主讲苏州正谊、江宁钟山、广州粤海诸书院，皆婉辞不就。“主讲暨阳二十年，江阴人官于江阴，督学使以下，命子弟受业及远方来者以千计，其杰者，考道著书，学成一家，及取科第者以十百计”。身死之日，“来者皆哭失声，如丧慈父母”。[6]对于当时教育事业的发展和经今文学派影响的扩大做出了重要的贡献。

龚自珍（1792~1841 年），字瑟人，号定庵，浙江仁和人，道光进士，曾官礼部主事，是嘉道间提倡“通经致用”的经今文学派的重要代表人物。他“于经通《公羊春秋》，于史长西北舆

1（清）蒋彤撰：《李申耆年谱》，台湾商务印书馆，1981 年。

2（清）蒋彤撰：《李申耆年谱》，台湾商务印书馆，1981 年。

3（清）蒋彤撰：《李申耆年谱》，台湾商务印书馆，1981 年。

4（清）蒋彤撰：《李申耆年谱》，台湾商务印书馆，1981 年。

5（清）蒋彤撰：《李申耆年谱》，台湾商务印书馆，1981 年。

6（清）缪荃孙撰：《续碑传集》卷七三，蒋彤《养一子述》，广陵古籍刻印社，1984 年。

地，其文以六书、小学为入门，以周秦诸子、吉金、乐石为崖郭，以朝章、国故、世情、民隐为质干，晚尤好西方之书，自谓造深微云”。[1] 为了变当时“衰世”为“治世”，他极力抨击科举制度束缚下的旧学校并提出了广开育才之路的主张，藉以克服“左无才相，右无才吏，阃无才将，庠序无才士，陇无才民，廛无才工，衢无才商”的情况，以培养“天下国家名实本末皆治”的人才。道光间，他先后执教于浙江杭州紫阳书院和江苏丹阳云阳书院。在他的宣传下，今文经学开始成为显学，改良也引起愈来愈多的有识之士的重视，对于近代以后的思想界产生了重要的影响。

嘉道咸时期，由于政治形势的影响和学术发展自身的原因，书院教学中出现了三种不同的流派，这是学术发展中的自然现象，其中汉学虽然盛极一时，而且和程朱理学相比，也颇为进步，但是因其本身的弊病，导致了自身的衰落和程朱理学在书院教学中的死灰复燃，讲究“通经致用”的经今文学者比起单纯训诂考据的汉学经师固然更为进步，但是一则处于发创时期，势力太小；二则又和汉学一样，同以儒家经典为教学内容，虽于八股、科举皆有批评，但皆不废科举，因而在嘉道咸时期，大致仍是汉学之附庸，基本没有自己固定的阵地。只是咸同以后，随着民族危机和封建统治危机的加深，此派书院才得到了长足的发展，伴随这一进程的完成，汉学及其所属书院在称雄国内百年之后，又重新变成了学术和教育中的附庸和支流。

第二节　清朝后期书院的腐败和衰落

嘉道咸时期，一些书院虽因经办官吏热心或著名学者尽心课

1 （清）魏源撰：《魏源集·定庵文录叙》，上册第238～239页，中华书局，1976年。

读而颇有成就，但是因为内忧外患纷至沓来，政局动荡，吏治腐败和国家财政危机，受此影响，就总体看来，书院发展也进入了腐败衰落的新阶段。其主要表现是，师资水平严重下降，各种规章制度普遍遭到破坏，书院经费不支和书院数量锐减，对于当时教育事业的发展产生了十分严重的影响。

首先是师资水平严重下降，各种规章制度普遍遭到严重破坏影响了书院的存在和发展。乾隆中期以前，政治相对清明，各地书院规章制度也颇称完备。师资聘请、生徒招收、教学管理、甄别考试一般都能按照规定办理。但自乾隆中期开始，随着吏治的日益腐败，这些规章制度也开始遭到破坏。其中，尤以书院山长聘请不得其人对书院教育影响最大。早在乾隆时期，一些书院中即出现了聘请山长时，“向来多系上官同僚互相推荐，遂至徇情延请，有名无实”的情况。[1]嘉庆时期，这一情况更加严重。据王昶《天下书院总志序》一文记载，当时不少书院“为郡县者据为已有，且各请院长以主之。而所谓院长，或为中朝所荐，或为上司属意，不问其人学行，贸贸然奉以为师，多有庸恶陋劣，素无学问，窜处其中。往往家居而遥领之，利其廪给，以供糊口，甚至诸生有终年而不得见，见而未尝奉教一言，经史子集、诗赋古文之旨，茫无所解”。[2]为此，嘉庆二十二年时，嘉庆皇帝亲颁谕旨：“各省教官废弃职业，懒于月课，书院、义学夤缘推荐，滥膺讲席，并有索取束修，身不到馆者，殊失慎选师资之意。著该督抚学政等，务延经明行修之士，讲习讨论，如有学品庸陋之人、滥竽充数者，立即斥退，以励师儒而端教术。”[3]但因吏治全面腐败，各级官吏皆视同具文。至道光时期，上述情况非但没有扭转，

1 （清）昆冈等撰：光绪《大清会典事例》卷三九六，中华书局，1991年。

2 （清）王昶撰：《春融堂集》卷六八《天下书院总志序》，光绪十八年重修本。

3 （清）昆冈等撰：光绪《大清会典事例》卷三九六，中华书局，1991年。

反而进一步恶性发展，甚至还出现了教谕、训导或知县兼充书院山长的情况。因而，道光皇帝又连颁谕旨。其中，道光二年谕旨称："各省府厅州县分设书院，原与学校相辅而行。近日废弛者多，整顿者少；如所称院长并不到馆及令教职兼充，且有并非科第出身之人靦居是席，流品更为冒滥，实去名存，于教化有何裨益。著通谕各直省督抚于所属书院，务须认真稽察，延请品学兼优绅士，住院训课。其向不到馆支取干俸之弊，永行禁止。至各属教职，俱有本任课士之责，嗣后亦不得兼充，以专责成。"[1]道光十四年，他又进一步做出规定，"嗣后各省会书院院长，令学政会同督抚司道公同举报。其各府州县院长，由地方官会同教官、绅耆公同举报。务择经明行修之人，认真训课，概不得由上司挟荐，亦不得虚列院长名目，并不亲赴各书院训课，仍令学政于案临时，就便稽察，以昭核实"。[2]道光十五年时，他又重申，"延请院长，必须精择品学兼优之士，不得徇情滥荐"。[3]在此同时，他还亲为湖南长沙城南书院、福建福州凤池书院书额以表示自己对书院教育的关心，下令表彰教绩突出的湖南长沙岳麓书院院长欧阳厚均以为各地树立榜样。但是，和他的主观愿望相反，实际情况仍是每况愈下，揭露有关山长荐举黑幕的文字俯拾即是。如道光间，直隶滦城知县桂超万指出："迩来书院虽设，大抵上官荐引私人食干俸而已。久之经费遂为不肖官绅所侵，而堂舍因之易圮。余所见闻，远近一辙。"[4]道光《缙云县志》载："今他郡县之书院，名人文之薮，而多以资大人先生退志之区。能文之士，月再趋焉，

1 （清）昆冈等撰：光绪《大清会典事例》卷三九六，中华书局，1991 年。

2 （清）昆冈等撰：光绪《大清会典事例》卷三九六，中华书局，1991 年。

3 （清）昆冈等撰：光绪《大清会典事例》卷三九六，中华书局，1991 年。

4 （清）李鸿章等纂修：光绪《畿辅通志》卷一一五、一一七，河北人民出版社，1989 年。

徒以侈结纳，耀声誉，博膏火，而教之实无闻焉。”[1]对此，时人邹贤峰讽刺道：“天下书院，虽无讲学之禁，一变而废讲课文，再变而营私射利，三变而庐舍一空。山长有所谓干修脯，生徒有所谓虚廪米者，则书院之设，亦等饩羊之徒存矣。”[2]尽管有个别官吏对此予以抵制，如道光间何愚任职云南二十年，“凡书院山长，必素悉其品学兼优者而后敦请，否虽大吏荐嘱弗顾也”。同时，他还批评道：“余不解今之以门外汉充山长，或足不履馆，而虚支修脯者何谓也。得毋有愧于陈文恭公耶。”[3]但是，因为社会黑暗，这股风气根本无法刹止。咸丰时期，情况更是一发不可收拾。如咸丰《定州续志》载当时书院情况是：“流弊日生，或瞻徇情面，推荐所亲；或要路求书，冀图沾润，以致虚縻修脯，有名无实。”[4]“计自修脯稍丰，主讲一席，谋之者视为利薮，恒挟大力而来。关聘既具，往往别觅径途，终岁不一至，或岁仅一至焉。名为院长，而生徒以识面为难，司牧造士婆心，付之逝水矣。”[5]其中定州定武书院，“近年山长多由外荐，主讲者久不到馆，虚縻公项，寝至肄业生童无一住院者”。[6]直隶近在畿甸，尚且如此，其他各省书院更是一蟹不如一蟹，据时人记载，陕西书院山长“多由士人钻穴求上司荐剡，书院遂如官缺，全操上宪，而不由绅士”，“竟有以毫无学品之人为掌教者，或掌教而全不言教，惟奉行月课故事；或掌教者羁留衙署，别司幕事，食书院之俸，并不一到书院，遂使书院、学徒无弊不有”。[7]“自书院兴，私塾夥，名属胶黉，

1 （清）汤成烈等纂修：道光《缙云县志》卷四，道光二十九年刻本。

2 （清）朱奎章等纂修：同治《乐安县志》卷四，成文出版社，1975 年。

3 （清）李熙龄等纂修：道光《广南府志》卷三，成文出版社，1967 年。

4 （清）王榕吉等纂修：咸丰《定州续志》卷一，成文出版社，1969 年。

5 （清）王榕吉等纂修：咸丰《定州续志》卷一，成文出版社，1969 年。

6 （清）李鸿章等纂修：光绪《畿辅通志》卷一一五、一一七，河北人民出版社，1989 年。

7 （清）饶应祺等纂修：光绪《同州府续志》卷八，成文出版社，1970 年。

半为师儒颐志之地，不惟于教事多旷，即睹廨署之隤圮，亦视如传舍，而莫之一稍葺焉。”[1] 贵州书院，“终年不课者有之，或恃大吏荐剡，名为主讲，未尝诣书院讲课者有之，甚至侵蚀经费者有之”。[2] 与此相一致，生徒招收，甄别考试等也是黑幕重重，“即奉为岁时考课者，亦罅漏补苴”。[3]“朔望一集，事讫散去。”[4]“即甄别无名者，亦可任意填写。”[5] 为此，嘉道以后，各地书院普遍重订章程规约，或改变山长延聘办法，或加强对生徒院产管理，如于山长聘请，有的书院规定：“山长由绅士于本县科甲中选，原与上宪无干。”[6] 有的书院规定：“书院掌教先生，由本处绅士延访文行兼优之科甲，呈由县官聘请，不得将干食束修、不亲到馆之人滥充讲席。又本县绅士呈请议定掌教先生，县官亲故及各处函荐者俱不许延请。如县官徇情延请，其束金即由县官赔出。”“其县官、教职同年并佐贰营员之亲族同乡，俱不许延请。”[7] 有的书院还规定，“院长亦归绅士延请，且必须常年住院，日集生童朝夕讲贯，庶不至有名无实”。[8] 关于膏火发放，院产管理，不少书院规定，“膏火支放不经官吏”。[9]“将书院事宜并地亩底册统交绅士公同择人专心经理”。[10] 但也收效甚微。这样，师资水平的普遍下降和书院各种规章制度的破坏使得书院教育陷入了危机之中。

其次，是各地书院院产损失严重，普遍出现经济危机，不能

---

1 吴廷锡等纂修：民国《续修陕西省通志稿》卷三八，兰州古籍书店，1990 年。
2 （清）邹汉勋等纂修：咸丰《兴义府志》卷一九，清咸丰四年刻本。
3 萧家修等纂修：民国《分宜县志》卷五，成文出版社，1975 年。
4 （清）陈延恩等纂修：道光《江阴县志》卷五，成文出版社，1983 年。
5 黄世祚等纂修：民国《嘉定县续志》卷七，成文出版社，1975 年。
6 （清）吴璋等纂修：道光《章邱县志》卷二，清道光十三年刻本。
7 （清）陈咏等纂修：光绪《唐县志》卷四，成文出版社，1969 年。
8 （清）王榕吉等纂修：咸丰《定州续志》卷一，成文出版社，1969 年。
9 安徽通志馆编：民国《安徽省通志稿》《教育考三》，成文出版社，1985 年。
10 （清）王榕吉等纂修：咸丰《定州续志》卷一，成文出版社，1969 年。

支付师生束修膏火，无法进行正常的教学活动。所以如此，一是除少数书院由官府派拨田土地亩外，多数书院皆是靠官绅捐款。这在社会颇为富庶的乾隆时期尚可支撑，嘉道以后，清朝政府内外交困，陷入深深的财政危机之中，官绅捐款明显减少，书院经费不足的矛盾充分暴露。如直隶盐山香鱼书院，建于乾隆三年，“顾岁入无几，仍不能延师课士。县令之右文者，间或捐俸月课，不久旋罢，书院渐至圮废”。[1]直隶广宗凤台书院，建自乾隆三十一年，“然因款项无多，束修微薄，既难延聘经术湛深之儒，以充讲师；又不能购置经史子集书籍，故设立百余年，而县内登科者，寥寥无几，不能与他县比肩”。[2]直隶获鹿鹿泉书院，“书院旧设经费，每年所出，甚属寥寥，除山长修仪支送外，肄业生童不堪培养”。[3]湖南盂县学山书院，建于康熙年间，嘉道时期，因为“束修无出，久成空馆”。[4]河南林县黄华书院，久负盛名，但“因书院并无常年经费，不能延师招徒。县令右文者，间或捐俸课士，然课或旋举旋罢，院亦旋修旋圮”。[5]山东寿张寿良书院，系道光五年知县萧梦兰捐建，“特经费无恒产，萧去课止”。[6]山东泰安岱麓书院，自乾隆五十七年建后，“日久，经费不足，废而不举”。[7]奉天辽阳襄平书院，建自道光年间，但建后不久，即以“经费阙如”不能延师课士，“旷废几五十年”。[8]江苏东台西溪书院，建于嘉庆十年，“书院未有膏火经费，生童不能住院，至于

1　孙毓琸等纂修：民国《盐山新志》卷五，成文出版社，1976 年。

2　瞿宣颖等纂修：民国《广宗县志》卷八，成文出版社，1969 年。

3（清）俞锡纲等纂修：《获鹿县志》卷八，光绪四年重修本。

4　刘声骏等纂修：民国《盂县志》卷五，稿本，1932 年。

5　王怀斌等纂修：民国《林县志》卷七，成文出版社，1968 年。

6（清）庄鸿烈等纂修：光绪《寿张县志》卷二，成文出版社，1976 年。

7　孟昭章等纂修：民国《泰安县志》卷四，学生书局，1968 年。

8　王树楠等纂修：民国《奉天通志》卷一五〇，辽沈书社，1982 年。

应课，亦属寥寥”。[1]江西分宜钤阳书院，嘉道间，“肄业之膏火阙如，山长之修脯不继，皆缘度支未充，是以经制多疏”。[2]江西瑞昌东皋书院，系嘉庆十一年知县筹建，“因经费无常，两年辄止”。[3]四川威远凤翔书院，嘉庆间，以资金不尽，“生息微薄，无以延师，亦有名无实”。[4]据时人黄爵滋所见，当时州县书院“废弛仅存其名十之七八”。[5]为了维持生存，一些地方官员或书院主持人分别采取各种方法，有的是设法转嫁负担。如山东泰安岱麓书院即于道光七年禀府下令“所有修金分府属各按季摊解”。[6]有的则千方百计向社会募捐，充当高级乞丐的角色。如咸丰元年时，安徽祁门东山书院即“启请诸君子亲诣书院书名、书数，事竣之日，仍照徽郡之已事，以捐至千金及二百金以上者立祠书院之中，岁时奉祀，亦崇德报功之义也。其有旧家大族，心有余而力不足，未能符享祀之数者，如愿量力捐输，均得列石，以垂久远焉”。[7]虽然如此，但是由于嘉道以后，人口激增，广大百姓生计艰难，无力捐款；“而地方士大夫率多自急其私，雕墙峻宇，经营家室，惟恐其不华且固，而于出身之地，曾莫顾而问焉”。[8]效果并不理想。二是嘉道咸时期，阶级矛盾进一步激化，贫民抗租抗粮斗争也彼伏此起，所有这些，也使不少恃地租为主要收入来源的书院濒临绝境。如山西洪洞玉峰书院，乾嘉间，多次以劝捐银两置买田亩，收取租息，以供书院日常开支之用，但嘉道以

1 （清）周右等纂修：嘉庆《东台县志》卷一二，成文出版社，1970年。
2 萧家修等纂修：民国《分宜县志》卷五，成文出版社，1975年。
3 （清）达春布等纂修：同治《九江府志》卷二二，成文出版社，1975年。
4 （清）吴汝秋等纂修：嘉庆《威远县志》卷二，刻暨石印本，1937年重修本。
5 （清）黄爵滋、许乃济撰：《黄爵滋 许乃济奏议合刊》卷四，黄爵滋《奏请综核名实疏》，中华书局，1959年。
6 孟昭章等纂修：民国《泰安县志》卷四，学生书局，1968年。
7 （清）周溶等纂修：同治《祁门县志》卷一八，成文出版社，1975年。
8 （清）刘赓年纂修：同治《灵寿县志》卷二，成文出版社，1976年。

后，却因“佃种拖欠，久渐废弛”。[1]咸丰间，云南宣威州榕城书院“田亩荒芜，租石未能全收，仅得十之二三”。[2]为此，有的书院特于章程中规定：“不许抗租，交县追比。”[3]然而，此时大规模的人民反抗斗争使得清朝政府都焦头烂额，疲于奔命，谁还理会一个小小书院主持者的恫吓！三是因为吏治腐败，贪官污吏竞相侵吞院产，也使不少书院奄奄一息。乾隆后期以至嘉道咸时期，政治日益腐败，政府公开卖官鬻爵，“知州多属赀郎”。[4]官吏素质明显下降，贪风愈演愈炽，这样，书院田产、房屋以及存当生息的各项基金也都成了中下级贪官污吏觊觎的目标，如直隶南宫东阳书院，乾隆间公捐银两甚多，但因吏治腐败，“不数十年，官吏侵牟殆尽，房宇因而倾圮”。[5]直隶长垣寡过书院，至道光中“前捐膏火及旧存息项，悉经当事挪用”。[6]直隶望都康衢书院，自嘉庆四年修后，几十年中无人过问，以致“学田百余亩，奸胥侵蚀殆尽，院宇倾圮，移瓦木而济他工，曾四十余年间，盖将鞠为茂草矣”。[7]江苏常州延陵书院，原有乡民捐田510亩，“兵后尽被盗卖”。[8]江苏清河临川书院，共有房舍22间，咸丰间，“官吏占据，将假而不归”。[9]贵州安顺凤仪书院，道光二十六年，曾由知府朱德璲订立规约章程，刊石为记。但“积久弊生，竟有佃民裁改块角而不知，书役侵蚀租谷而不觉，甚至月课膏火，亦有不

1　孙奂仑等纂修：民国《洪洞县志》卷十，成文出版社，1968年。
2　龙云等纂修：民国《新纂云南通志》卷一三五，铅印本，1949年。
3　（清）李宾旸等纂修：同治《兴安县志》卷七，成文出版社，1970年。
4　车云等纂修：民国《禹县志》卷八，成文出版社，1976年。
5　黄容惠等纂修：民国《南宫县志》卷六，成文出版社，1976年。
6　（清）李鸿章等纂修：光绪《畿辅通志》卷一一六，河北人民出版社，1989年。
7　王德乾等纂修：民国《望都县志》卷五，成文出版社，1968年。
8　（清）庄毓鋐等纂修：光绪《武阳志余》卷三，江苏古籍出版社，1991年。
9　（清）黄汝香纂修：光绪《清河县志》卷十，成文出版社，1969年。

敷，年例开销，渐成虚冒”。[1] 为此，一些地区被迫将一些书院改归民办。如嘉庆二十年，广东廉州知府建立大廉乡、六湖乡两所书院，即“听绅士自行经管，延师课士”。[2] 福建龙岩新罗（瀛龙）书院，原为民办。嘉庆间，“知州郭正谊以董理或不得人，间有浮费，将膏火挈归官办。嗣胥吏据为利薮，租税半入私囊，刁佃亦乘间贿差，通同吞欠，膏火虚悬，会课稀少，书院堂舍渐次坍塌”。[3] 为此，道光九年，后任知州彭衍堂不得不将该书院重改为民办。因此之故，道光间，民办书院比例有所增长。然而，由于在侵吞院产方面，和地方官吏相比，经办绅士也毫无逊色。于是一些改为民办的书院又不得不做出各种规定，对管理书院绅士加以限制和约束。如江苏宿迁钟吾书院规定：“董事必须公举，住院经理；其子弟不得参与公款，不许私储，不准挪移，每年出入款项，皆须逐细报销”。[4] 即使如此，各地书院院产遭到侵蚀者仍是越来越普遍，全国书院大都处于风雨飘摇之中。

再次，是由于战争破坏，嘉道咸时期，书院毁废情况严重，数量惊人，因为吏治腐败，嘉道咸时期，新建和修复前代书院较之乾隆时期已经明显减少。据统计，嘉道咸三朝 66 年中，全国新建书院 811 所，修复和重建前代书院 56 所。两者相加，总共 867 所，仅当乾隆朝新建和修复前代书院总数的三分之二。在此同时，由于连绵不断的战争破坏，更使全国不少地区书院数量呈现了负增长的严重局面。如嘉庆初年，川楚陕白莲教起义时期，作为战争的中心地区之一，河南、湖北两省书院遭到极大的破坏。而终嘉庆一朝，两省新建书院仅仅各有三所。而后，轰轰烈烈的太平天国革命更使全国尤其是大江南北地区书院遭到了一场浩劫。其中，广西、贵

1 （清）常恩等纂修：咸丰《安顺府志》卷一八，咸丰元年刻本。

2 （清）阮元等纂修：道光《广东通志》卷一四一，商务印书馆，1934 年。

3 （清）彭衍堂等纂修：道光《龙岩州志》卷四，成文出版社，1967 年。

4 （清）李德溥等纂修：同治《宿迁县志》卷二，成文出版社，1974 年。

州、两湖四省为太平军首义和经行之处，据统计，当时四省新建书院总共只有 17 所，而毁废书院竟达 65 所之多。如广西来宾萃英书院，“咸丰之乱，院宇悉毁”。[1] 广西贺县临江书院，“咸丰兵燹，产业既无可稽，膏火遂无从出，月课一事，久如告朔饩羊”。[2] 贵州遵义启秀书院，“咸丰中，杨逆为灾，书院并书籍付之一炬”。[3] 久负盛名的湖南长沙岳麓书院和城南书院，也“斋舍倾圮”，毁坏严重。[4] 上、下两江与浙江各省由于是太平军和清军长期厮杀之地，书院破坏尤其严重。如江苏句容华阳书院，“兵燹后，圮废无存”。[5] 扬州安定、梅花两书院，“咸丰三年，夷为平地”。[6] 泰州胡公书院，“咸丰粤匪之乱，贼氛逼近，书院停课，屋宇荒废”。[7] 江宁凤池书院，“经贼毁拆，今成桑园”。[8] 高淳学山书院，“兵后田地荒芜，典息全尽”。[9] 安徽由于地近太平天国天京，为了防御太平军进攻，清朝地方政府集资练勇，各地书院存款大都被提取一空。如寿县寿阳书院，“咸丰中提书院经费作军需，遂至中废”。[10] 全椒襄水书院，“咸丰四年，公提经费募勇，书院遂废”。[11] 英山凌云书院，“咸丰间历遭兵燹，屋舍所存无几”。[12] 泗州夏邱（兴学）书院，“咸丰初，洪杨兵起，书院公款

1　翟富文纂修：民国《来宾县志》，成文出版社，1975 年。
2　梁培煐等纂修：民国《贺县志》卷六，成文出版社，1967 年。
3　周恭寿等纂修：民国《续遵义府志》卷一五，成文出版社，1974 年。
4（清）郭嵩焘等纂修：同治《湖南通志》卷六七。
5（清）张绍棠等纂修：光绪《续纂句容县志》卷三，成文出版社，1974 年。
6（清）晏端书等纂修：同治《续纂扬州府志》卷三，成文出版社，1970 年。
7　郑辅东等纂修：宣统《续纂泰州志》卷六，巴蜀书社，1990 年。
8（清）蒋启勋等纂修：光绪《续纂江宁府志》卷五，江苏古籍出版社，1991 年。
9（清）蒋启勋等纂修：光绪《续纂江宁府志》卷五，江苏古籍出版社，1991 年。
10（清）沈葆桢等纂修：光绪《重修安徽通志》卷九二，光绪四年刻本。
11（清）沈葆桢等纂修：光绪《重修安徽通志》卷九二，光绪四年刻本。
12（清）沈葆桢等纂修：光绪《重修安徽通志》卷九二，光绪四年刻本。

尽数提出募勇，院宇倾圮”。[1]咸丰十年、十一年，太平军攻打杭州，浙江书院毁坏者不下50余所，有名的杭州诂经精舍也“鞠为邱墟”。[2]江西因是太平军与清军长期对垒之处，书院毁坏者至少39所，其中不少书院还是直接毁于清军之手，时人王德固揭露道："顾自粤逆扰江右，十数年来，赣城幸得不毁，而统帅者屯宿其中十数年之久。兵勇折椽代薪，毁户支榻，岌岌乎栋折榱崩。若更历年所，势将荡为平原”。[3]即使不是太平天国革命主要涉及地区，书院也都遭到了不同程度的破坏。如山东德州繁露书院，“至咸丰间，戎马倥偬，渐见废弛”。[4]费县崇文书院，“咸丰七年土匪之乱，军需支绌，知县赵惟峄将书院存款提用无余”。[5]再如直隶蠡县成才书院，太平军北征时，“设局办团，经费不支，暂将书院公项挪用，至今十余年，未议捐补”。[6]还如河南禹县凤台（丹山）书院，“咸丰军兴，书院恒充往来军帅馆舍，弦诵遂辍”。[7]太平天国革命之外，道光、咸丰间云贵回民起义，陕西回民起义，安徽、山东捻军起义等也都使各地书院遭到了严重的破坏。如咸丰间，由于镇压杜文秀起义，云南书院毁废者竟达83所；陕西书院以咸同回变而“兵燹迭经，学务废弛”。[8]不少书院“倾塌无存”。[9]还值得注意的是，帝国主义武装侵略也导致了一些书院毁废。如二次鸦片战后镇压太平天国革命期间，英法军队驻于上海蕊珠书院，书院建筑因以“毁捐大半”。[10]咸丰十

1 （清）沈葆桢等纂修：光绪《重修安徽通志》卷九二，光绪四年刻本。
2 （清）龚嘉隽等纂修：光绪《杭州府志》卷一六，成文出版社，1974年。
3 （清）黄德溥等纂修：同治《赣县志》卷二二，成文出版社，1975年。
4 李树德等纂修：民国《德县志》卷七，成文出版社，1968年。
5 （清）李敬修纂修：光绪《费县志》卷六，清光绪二十二年刻本。
6 （清）韩志超等纂修：光绪《蠡县志》卷三，成文出版社，1969年。
7 车云等纂修：民国《禹县志》卷八，成文出版社，1976年。
8 吴廷锡等纂修：民国《续修陕西省通志稿》卷三八，兰州古籍书店，1990年。
9 张机高纂修：民国《佛坪县志》卷三，成文出版社，1969年。
10 （清）叶廷眷等纂修：同治《上海县志》卷九，成文出版社，1975年。

一年，因西人要求归还天主堂遗址，上海敬业书院被迫移建。[1] 总计咸丰年间，合新建和修复前代书院，不过130余所；而将广西、两湖、江、浙、皖、赣、云、贵九省毁废书院合计，已不下300余所。可见嘉道以后的历次战乱尤其是咸丰间的太平天国革命使得各地书院又雪上加霜，遭受了一场空前的浩劫和破坏，清代书院的衰落时期不可避免地到来了。

第三节　嘉道咸时期新建和修复前代书院

嘉道咸时期，全国新建和修复、重建前代书院数量，较之乾隆时期，都明显减少。这种情况，在上节中已粗略述及。为使读者了解其详细建置情况，于此再辟一节，将这一时期新建和修复、重建前代书院胪列于下：

其一，嘉道咸时期，全国新建书院凡811所。（见表一、表二、表三）

表一　嘉庆朝各地新建书院情况表

朝　代	省　别	书　院　名　称
嘉庆朝（284所）	直隶（12所）	宝邸泉州书院（元年）、成安联晖书院（六年）、新河坤成书院（十一年）、蓟州洗心书院（十三年）、沙河温州书院（十六年）、涞源正谊书院（二十五年）、卢龙文峰（安昌）书院、沧州渤海书院、磁县二程书院、△平乡封川书院、广昌飞狐书院、枣强丽泽书院
	河南（3所）	卢氏经正（莘原）书院、△孟津新书院、涉县韩山书院
	山西（1所）	五寨芦秀书院（十一年）

1（清）叶廷眷等纂修：同治《上海县志》卷九，成文出版社，1975年。

续　表

朝　代	省　别	书　院　名　称
	陕西（14所）	乾州乾阳书院、米脂成德（圁山）书院（元年）、沔阳沔阳书院（六年）、汉阴育英书院（八年）、延安和鸣书院（十三年）、褒城褒城书院、褒城连云书院、褒城廉泉书院（十四年）、宁羌州振文书院（十五年）、定远厅班城书院、吴堡兴文书院（十九年）、华州少华书院（二十年）、保安永康书院（二十四年）、南郑中梁书院
	甘肃（8所）	固原州文光书院（二年）、山丹仰止（天山）书院（七年）、安定凤台书院（十四年）、会宁枝阳书院、两当丹山（广香）书院（十六年）、皋兰五泉书院（二十三年）、△玉门昌湖书院、安西州渊泉书院
	东北（2所）	义州聚星书院（九年）、吉林白山书院（十九年）
	山东（17所）	平原景颜书院（二年）、昌乐营陵书院（三年）、章邱绣江书院（六年）、禹城漯东（敷文）书院（八年）、济南济南书院（九年）、费县义泉书院（十年）、临朐朐阳书院（十二年）、茶城成山书院（十四年）、长清五峰（石麟）书院（二十一年）、郓城步云书院（二十二年）、堂邑雀城书院、蒲台振英（蓁浦）书院、费县崇文书院（二十五年）、栖霞霞山书院、△长山群英书院、齐东东皋书院、东阿冉子书院
	江苏（22所）	青浦青溪书院、宝应昼川书院（元年）、松江景贤书院、海州石室书院（七年）、上元尊经书院、江宁鸡鸣书院、吴县正谊书院、奉贤文游书院、奉贤肇文书院、东台西溪书院（十年）、崇明师山书院（十四年）、邳州东徐书院（十六年）、苏州太湖书院（二十二年）、江浦奎光书院（二十五年）、武进溪南书院、江阴梅花书院、△嘉定练湖书院、嘉定清廉书院、太仓州白公讲院、青浦德宁书院、瓜州文明书院、海州郁州书院
	安徽（9所）	霍山奎文书院（三年）、歙县岩溪书院（十九年）、天长石梁书院（二十年）、桐城培文书院、亳州培英书院（二十五年）、△泾县龙山书院、旌德毓文书院、庐江莲溪书院、巢县东山书院
	浙江（21所）	杭州诂经精舍、杭州梅青书院（五年）、於潜桃源书院（六年）、海宁安澜书院、海宁仰山书院（七年）、镇海灵山书院（九年）、瑞安萃英书院（十年）、乐清金鳌书院（十二年）、仙居春风书院（二十三年）、宁海文昌书院（二十四年）、奉化东山书院、定海景行书院、太平骊山书院、遂安台鼎书院、△武义武城书院、开化天香书院、寿昌吕成公书院、寿昌清溪书院、青田芝田书院、太平石龙书院、义乌淑濂书院

续　表

朝　代	省　别	书　院　名　称
	江西（5所）	宜黄崇文书院（二年）、永丰兴贤书院、乐安右文书院（八年）、瑞昌东皋书院（十一年）、清江章山书院（二十二年）
	福建（30所）	龙岩文兴书院、龙岩三溪书院（元年）、龙岩松涛书院（二年）、南平养正书院（六年）、龙岩登高书院（七年）、龙岩振文书院（九年）、莆田擢英书院、龙溪霞文书院、龙岩曲水书院（十二年）、莆田开文书院、台湾引心（莲壶）书院、宜兰仰山书院（十五年）、瓯宁登瀛书院、彰化主静书院（十六年）、龙岩锺文书院（十八年）、凤山凤仪（凤化）书院、嘉义振文书院（十九年）、凤山屏东书院（二十年）、龙岩崇文书院（二十一年）、福州凤池书院、龙溪霞东书院、漳浦梁峰书院（二十二年）、龙岩搏风书院（二十三年）、龙岩登龙书院、龙岩双溪书院（二十四年）、龙岩青云书院（二十五年）、漳平灵峰书院、凤山萃文书院、瓯宁西澜书院、△云霄厅云霄书院
	湖北（3所）	长阳清江书院（六年）、施南南郡书院（十七年）、归州丹阳书院（二十二年）
	湖南（17所）	慈利零阳书院（四年）、安化观澜（丰乐）书院（七年）、澧阳崇实书院（八年）、桂阳濂溪书院、安福道水书院（九年）、桂阳云头书院（十年）、保靖雅丽书院（十一年）、乾州厅立诚书院、泸溪浦阳书院（十二年）、攸县东山（震阳、梅城）书院、宁远泠南书院（十八年）、耒阳紫云书院、耒阳义兴书院、龙山白岩（云从、锦文）书院、酃县梅冈书院（二十二年）、兰山南平书院、△常宁鹅湖书院
	广东（48所）	仁化锦江书院（二年）、四会绥江书院（三年）、高要回澜书院（四年）、番禺圣洲书院、乳源云门书院（五年）、新安凤冈书院（六年）、罗定州罗西书院（七年）、番禺羊石（羊城）书院、番禺珠江书院、番禺西湖书院、番禺禺山书院（八年）、西宁喜泉书院（九年）、高要砚溪（砚洲）书院、西宁桂河书院、西宁甘泉书院、陆丰甲秀（甲子）书院（十年）、高要九曲书院（十二年）、高要墨林书院、顺德容山书院、香山云衢书院（十三年）、龙川回澜书院、高明鳌云书院（十四年）、番禺文澜书院、博罗龙峰书院、长宁龙峰书院（十五年）、兴宁文峰（养正）书院（十六年）、高要宁溪书院（十七年）、番禺双洲书院、香山潭山书院、清远三台书院、南雄府道南书院、廉州大廉乡书院、廉州六湖乡书院、廉州珠场乡书院（二十年）、顺德文江书院、香山悦山（宁山）书院（二十一年）、新宁琴溪书院（二十二年）、顺德儒林书院、香山三山书院、香

续　表

朝　代	省　别	书　院　名　称
		山南明书院、香山宁山书院、海康浚元书院（二十三年）、番禺九成书院、封川文德书院（二十五年）、海阳鹏湖书院、德庆州鹿鸣书院、△三水汪公书院、澄海敦化（樊公）书院
	广西（10所）	荔浦正谊书院（五年）、藤县藤州书院（十年）、恭城凤岩书院（十一年）、苍梧修明书院、西隆州安隆书院、△平乐敬业书院、横州豫庵书院、永淳大观书院、玉林州得一书院、临桂壶山书院
	云南（17所）	永北厅凤鸣（壶山）书院（元年）、罗平州罗峰书院、平彝平成书院（四年）、镇雄州凤山书院（八年）、文山萃文书院（十年）、陆凉州凤山书院（十二年）、晋宁州象山书院（十九年）、呈贡三台（砺峰）书院（二十一年）、鲁甸厅文屏书院、广西厅鹤峰书院（二十二年）、琅盐井鳌峰书院（二十三年）、顺宁右仁书院（二十五年）、太和波罗书院、河阳养正书院、△禄丰云龙书院、昆阳州巨桥书院、大姚日新书院
	贵州（10所）	贵阳正本书院、贵阳正习书院（五年）、普安厅凤山书院（七年）、施秉凤山（凤翔）书院（十年）、开州开州书院（十五年）、兴义笔山书院（十年）、荔波荔波书院（十九年）、普定安平（治平）书院（二十年）、兴义桅峰（珠泉）书院（二十一年）、施秉岑麓书院
	四川（35所）	越巂厅金马书院、绵阳桂华（玉珠、文昌）书院（二年）、成都芙蓉书院（五年）、隆昌莲峰书院、屏山秉彝书院（六年）、金堂和成书院（八年）、江北厅嘉陵书院（十一年）、华阳元音书院、雷波厅南屏（锦屏）书院、渠县渠江书院（十二年）、渠县汇江书院（十四年）、涪陵鹤鸣书院（十六年）、阆中云屏书院、富顺东新（炳文）书院、富顺板桥书院、马边厅马边书院（十七年）、巴县归儒书院、荣县桂林书院、东乡复性书院（十九年）、蓬溪蓬山书院、云阳云峰书院（二十年）、巴县字水（涵园）书院（二十一年）、荣县旭川书院、秀山秀山（凤鸣）书院（二十三年）、蓬溪饮和（凤山）书院（二十四年）、简州凤岐书院、云阳凤鸣书院、蓬溪玉山书院（二十五年）、东乡文昌书院、△南江公山书院、南江东垣书院、营山翠屏书院、营山近仙书院、盐亭聚贤书院、万县西山书院

表二　道光朝各地新建书院情况表

朝　代	省　别	书　院　名　称
道光朝（400 所）	直隶（27 所）	武清奎文书院（五年）、任邱登瀛书院（六年）、天津辅仁书院（七年）、承德振秀书院、丰宁凤山书院、万全嘉禾书院（八年）、遵化兰阳书院（十一年）、玉田经川书院（十二年）、怀来沮阳书院（十三年）、延庆缙山书院、临榆东溟书院（十四年）、行唐焕文（唐岩）书院（十五年）、西宁东川书院（十六年）、钜鹿广泽书院（十七年）、清河信成（经正）书院（十八年）、尧山尧山书院、枣强重光书院（二十年）、蠡县成材书院（二十二年）、平谷近光书院、武邑观津书院（二十三年）、定兴河阳书院（二十四年）、任县广乡书院（二十七年）、昌黎碣阳书院（二十九年）、清河春晖书院、△武强滹阳书院、朝阳凤仪书院、定州中山书院
	河南（10 所）	禹县兰阳书院（三年）、禹县方山书院（四年）、浚县辒山书院（十一年）、汝阳寒溪书院（十六年）、荥阳东渠书院、获嘉固山书院、禹县养蒙书院、武陟安昌书院、武陟河朔书院、△泌县铜峰书院
	山西（8 所）	永济蒲阳书院、昔阳少山书院（元年）、太原晋泉（桐封）书院、永济敬敷书院（五年）、平遥古陶书院（八年）、乡宁鄂水书院（十二年）、平遥超山书院（二十四年）、襄垣漳川书院（二十七年）
	陕西（12 所）	留坝厅留河（紫阳）书院（二年）、渭南景贤书院、长武宜山书院（三年）、镇安安业书院（五年）、孝义厅义川书院（七年）、砖坪厅烛峰（岚河）书院（十年）、略阳嘉陵书院（十一年）、永寿翠屏书院（十三年）、汧阳启文书院（十七年）、安定笔峰书院（二十一年）、大荔冯翊书院（二十六年）、醴泉嵏南书院
	甘肃（7 所）	灵台鹑觚（金台）书院（元年）、临泽蓼泉书院（三年）、靖远观澜书院（四年）、皋兰青城书院（十一年）、皋兰皋兰书院（二十二年）、阶州正明书院（二十八年）、皋兰六德书院
	东北（4 所）	辽阳襄平书院（十五年）、锦州凌川书院（二十一年）、盖平辰州书院、宁远柳城书院

续 表

朝 代	省 别	书 院 名 称
	山东（24所）	宁海州新书院（元年）、黄县土乡书院、阳信锄经书院、肥城鸾翔书院（二年）、商河麦邱书院、临邑犁邱书院（三年）、寿张寿良书院（五年）、邹平梁邹书院（八年）、冠县乐育（清泉）书院（九年）、朝城育英书院（十一年）、齐河督扬书院（十三年）、曲阜昌平书院、茌平茌山书院（十四年）、惠民乡升书院（十五年）、日照奎峰书院（十八年）、德平白麟书院（二十三年）、定陶汜阳书院（二十四年）、东阿谷城书院（二十六年）、昌邑凤鸣（诂经、凤山）书院（二十七年）、夏津大同书院、莱芜汶源书院、△长清奎山（福山）书院、蓬莱大东书院、蓬莱霖苍书院
	江苏（28所）	宿迁锺吾书院（三年）、江都邗阳书院（四年）、泰州缑山书院（五年）、华亭求忠（鹤城）书院、宝山学海书院（六年）、高淳学山书院、嘉定震川书院、上海蕊珠书院（八年）、金山柘湖书院（十年）、金山大观书院、武进青山书院（十二年）、浒墅关锦峰书院（十三年）、兴化文正书院（十四年）、江宁惜阴书院、萧县新龙城书院、邳州峄阳书院（十八年）、江浦同文书院（十九年）、宝山罗阳书院（二十一年）、赣榆选青书院（二十六年）、宜兴临津书院、宜兴国山书院（二十七年）、盐城崇文书院（二十八年）、上海清心书院（三十年）、淮关文津书院、桃源淮滨书院、江浦英华书院、宜兴鹅山书院、金坛金沙书院
	安徽（20所）	宿州古睢书院、来安南书院（七年）、蒙城新养正书院（十年）、泾县泾川书院（十一年）、桐城桐乡书院（二十年）、绩溪濂溪书院（二十三年）、颍州聚星书院（二十六年）、婺源开文书院（二十七年）、太和文峰书院（二十八年）、桐城白鹤书院、临淮临淮书院、滁县平虚书院、全椒井养书院、△歙县秘阁书院、歙县飞布书院、歙县岑山书院、歙县竹山书院、绩溪汤光书院、绩溪桂枝书院、泾县狮山书院
	浙江（20所）	常山定阳书院、青田振文书院（三年）、富阳春江书院、临安锦城书院（五年）、建德宝贤书院（六年）、余杭苕南书院（七年）、浦江广学书院（八年）、临海宾坚书院、上虞经正书院（九年）、仙居承先书院（十四年）、杭州学海堂（十六年）、云和箬溪书院、临海金鳌书院（二十三年）、龙游凤梧书院（二十五年）、乐清芝峰书院（二十六年）、龙泉聚英书院、太平宗文书院（二十七年）、归安龙湖书院（二十九年）、永康培文书院、遂昌妙高书院

续　表

朝　代	省　别	书　院　名　称
	江西(50所)	浮梁南阳书院（元年），乐安安浦书院（二年）、东乡汝东书院、浮梁东山书院、长宁玉屏书院、丰城逢原书院、奉新岐峰书院（三年）、乐安添乐书院、安仁石溪书院、新昌凤冈书院（四年）、临川汝阴书院（五年）、万载彦威书院（七年）、万载启元书院、永新秀水书院（九年）、会昌新湘江书院（十一年）、上饶双桂书院（十二年）、瑞昌紫峰书院（十五年）兴国宝贤书院、永宁玉峰书院（十六年）、义宁州奎光书院（十八年）、上高五之书院、上高景高书院、上高西箴书院、吉安阳明书院、永宁联奎书院(十九年)、南昌经训书院、永宁龙江书院（二十年）、永丰求志书院（二十三年）、义宁州梯云书院（二十四年）、奉新西坪书院（二十五年）、万载正源书院、万载集益书院、万载登峰书院、庐陵喻义（逢源）书院（二十六年）、会昌敬承书院（二十七年）、泰和澄江书院、永丰明经书院（二十八年）、弋阳东壁书院（二十九年）、义宁州仁义书院、乐安尚义书院（三十年）、分宜龙标书院、万载育英书院、庐陵爱莲书院、庐陵敬修书院、庐陵兼善书院、永宁笥峰书院、△宜黄灵山书院、宜黄彩云书院、丰城澄溪书院、丰城荷塘书院
	福建(32所)	龙岩雁塔书院（元年）、漳平安仁书院（三年）、龙岩奇迈书院、龙岩凤山书院、龙岩凌云书院、彰化文开书院（四年）、政和集义书院（五年）、莆田文峰岩凌云书院、龙岩东洋书院（六年）、嘉义罗山书院（九年）、福州龙山书院、永安燕洋书院、高雄凤冈书院（十年）、云林兰田书院（十一年）、金门金山书院（十五年）、政和熊山书院、云林修文书院、台北学海（文甲）书院（二十三年）、嘉义奎文书院（二十七年）、瓯宁汇沙书院、泰宁杉阳书院、△同安衡文书院、同安鹭津书院、龙岩观澜书院、龙岩大中书院、龙岩溟南书院、龙岩西山书院、龙岩龙宫书院、龙岩崇文书院、龙岩對山书院、龙岩绍经书院、龙岩会洲书院
	湖北(18所)	枣阳秀林书院（四年）、孝感观山书观（十年）、巴东信陵书院（十八年）、应城蒲东书院、金筒司培英书院（二十年）、咸丰蔚文书院（二十一年）、黄冈龙潭书院（二十五年）、远安沮江书院（二十六年）、鹤峰鹤鸣书院（二十七年）、广济文明书院（二十八年）、汉阳崇正书院、当阳董公书院（二十九年）、沔阳州集诚书院、麻城举水书院、麻城培风书院、长阳九峰书院、黄冈白云书院、△安陆吉阳书院

续 表

朝 代	省 别	书 院 名 称
	湖南 (26 所)	晃州厅潕阳书院（元年)、长沙省城书院（二年)、绥宁蔚文（永宁）书院、嘉禾珠泉书院（三年)、临湘莼湖书院(四年)、桂东培英书院、祁阳崇实书院（五年)、邵阳资东书院、宜章西山书院、宜章粟源书院（七年)、邵阳隆中书院（十二年)、溆浦蒙泉书院、宁远疑麓书院（十五年)、宁远崇德书院（十九年)、浏阳洞溪书院、常宁清溪书院（二十年)、浏阳狮山书院、浏阳文华书院（二十一年)、兰山凤感书院、兰山乡梧（梧冈）书院（二十三年)、宜章谦岩书院（二十四年)、湘潭龙潭书院（二十六年)、道州道南书院、江华濂溪书院、△祁阳文明书院、东安濂溪书院
	广东 (55 所)	香山澄澜书院（二年)、香山天衢书院、儋州东坡书院(三年)、广州学海堂、潮阳莲峰书院、新会礼乐书院（四年)、南海儒林乡书院（五年)、番禺彬社书院（六年)、番禺镜溪书院、石城同文书院、琼山乐古书院（七年)、德庆州文昌书院、茂名梅坡书院（八年)、新会云汉书院、仁化扶风书院、博罗兴贤书院、感恩九龙书院（九年)、普宁三都书院、西宁锦江书院（十年)、高要桂岭书院(十三年)、高明文元书院（十四年)、新会龙光书院、吴川川西书院（十七年)、新会养正书院、潮阳登龙讲院(十九年)、新宁潭溪书院（二十一年)、顺德鹤峰书院、高明清和书院（二十二年)、南海云鹏书院（二十四年)、南海文澜书院、新会西南书院（二十六年)、仁化董劝书院、丰顺兰田书院、开平步鹿书院（二十七年)、顺德金坡书院（二十八年)、南海焕文书院（二十九年)、南海文明书院、南梅秀水书院、高明秀丽书院、开平资善书院、化州文光书院、△南海河清书院、番禺回澜书院、南海震亨书院、南海三姓书院、南海北村书院、南海象贤书院、南海扶溪书院、南海兴贤书院、新会萃华书院、新会富山书院、和平贤侯书院、永安紫金书院、嘉应州元城书院、镇平昌黎书院
	广西 (4 所)	天河龙江书院（二年)、富川五源书院（十二年)、阳朔寿阳书院（十七年)、来宾萃英（雷江）书院
	云南 (14 所)	宝宁培凤书院（二年)、永平化平书院（十二年)、广西厅锺秀书院（十四年)、永善五莲书院（十六年)、建水崇正书院、他郎厅联珠书院（十七年)、云龙州龙门书院（十九年)、江川锺秀书院（二十七年)、石屏州玉屏书院、巧家厅月潭书院、元谋桂香书院（三十年)、马关畴阳（兴文）书院、云龙州彩云书院、宜良鹅塘书院

续　表

朝　代	省　别	书　院　名　称
	贵州 （12 所）	清镇凤梧书院（四年）、郎岱厅岱山书院（八年）、瓮安玉华（花竹）书院（十二年）、婺川敷文书院、安南莲城书院、贞丰州珉球书院（十六年）、绥阳新添书院（十七年）、归化厅梅花书院（十八年）、橱梓鼎山书院（二十年）、安顺凤仪书院、普安盘水书院、贞丰州册亨书院（二十二年）
	四川 （29 所）	成都墨池书院、蓬溪集义书院（元年）、蓬溪潜德书院（三年）、遂宁旗山书院（八年）、开县汉丰（开阳）书院（九年）、蓬溪里仁书院（十二年）、江津桂林书院（十三年）、南溪奎峰书院、西昌凤池书院（十四年）、灌县味江书院、灌县青城书院（十五年）崇庆州汉源书院（十六年）、蓬溪明月书院、资州栖云（艺风）书院、资州凤鸥书院、安县益昌（山泉）书院（十七年）、三台云台书院（十八年）、东乡祥柏书院、内江花萼书院（二十二年）、东乡陶成书院、大竹凤鸣书院（二十三年）、灌县临江书院《二十四年）、三台桂林书院（二十五年）、简州凤集书院、东乡来鹿书院（二十六年）、蓬州玉环书院（二十七年）、江津余庆书院、云阳崇善书院、东乡菁莪书院

表三　咸丰朝各地新建书院情况表

朝　代	省　别	书　院　名　称
咸丰朝 （127 所）	直隶 （4 所）	三河洵阳书院（元年）、高阳濡上书院（二年）、固安方城书院（八年）、△深泽香泉（乔山、滋阳）书院
	河南 （6 所）	新乡东湖书院（元年）、孟县桃潭书院（三年）、荥阳洞阳书院（六年）、睢州新书院、汝阳淮西书院、汝阳南陔书院
	山西 （2 所）	吉州吉昌书院（四年）、怀仁锦屏书院
	陕西 （4 所）	佛坪厅迎秀书院（元年）、韩城快园书院（七年），△澄城水南书院、澄城壹南书院
	甘肃 （1 所）	皋兰光四（宽山）书院（三年）
	东北 （1 所）	海州塔山书院

续 表

朝 代	省 别	书 院 名 称
	山东 (9 所)	惠民三台书院、滨州怡怡书院、泰安怀德书院（三年）、沂水明志书院（七年）、德州州卫书院（八年）、临邑犁台书院、嘉祥嘉祥书院（九年）、△济宁州三省（曾子、正学）书院、济宁州南洲书院
	江苏 (8 所)	青浦珠溪书院（元年）、青浦庭闻书院（二年）、泰兴襟江书院（十年）、△兴化文明书院、兴化景范书院、兴化石鹿书院、兴化明性书院、兴化仕优书院
	安徽 (1 所)	婺源教忠书院
	浙江 (9 所)	石门开文书院（元年）、青田鹏岭书院（十年）、镇海云衢书院、黄岩文达（翼文）书院、黄岩东瓯（东山）书院、黄岩九峰书院、太平月湖书院、太平文炳书院、太平鸿文书院
	江西 (10 所)	奉新登云书院、萍乡凌云书院、新喻瀛洲书院、兴国文澜书院（元年）、庐陵文山书院（二年）、乐安竹山书院（四年）、万载启秀书院、庐陵宾兴书院（九年）、庐陵双忠书院（十年）、庐陵两都文课书院
	福建 (4 所)	嘉义玉山书院（元年）、福州潞河书院（三年）、台湾（线西）道东书院（七年）、建瓯龙山书院
	湖北 (3 所)	均州太和书院、宜昌尔雅书院（十年）、宣恩龙洞书院
	湖南 (10 所)	茶陵州龙湖书院、新宁求忠（维新）书院（元年）、溆浦凤翔书院（三年）、溆浦正趋书院、长沙求忠书院（四年）、茶陵州鳌峰书院（五年）、芷江锺毓书院（六年）、益阳箴言书院（十一年）、邵阳稽古书院、桂阳州忠义书院
	广东 (35 所)	东莞凤鸣书院（元年）、番禺鹅泽书院、高要五社书院、高要黄冈三都书院、琼山翰香书院、广州英华书院（二年）、信宜怀新书院（三年）、番禺同泽书院、南海翘秀书院（四年）、番禺冈尾书院、南海梯云书院、顺德锺山书院、琼山环江书院（五年）、番禺赉南书院、番禺文明书院、高要桂源书院、琼山炳文书院（六年）、番禺安和书院、番禺公平书院、新会天河书院、饶平桂山书院、开平康乐书院（七年）、增城南屏书院（八年）、高要十六坊书院（九年）、高要思礼书院、恩平五福书院、△顺德观澜书院、顺德鉴傍书院、顺德云津书院。顺德北池书院、顺德渤海书院、顺德余山书院、顺德鳌峰书院、顺德星槎书院、琼山珠崖书院
	广西 (1 所)	思恩环江书院

续　表

朝　代	省　别	书　院　名　称
	云南（5 所）	丘北明新书院（二年）、交山凤鸣书院（四年）、Δ安宁州升庵书院、河西乐育书院、罗平州错峰书院
	贵州（2 所）	八寨厅龙泉书院、绥阳三台书院
	四川（12 所）	简州龙门书院（元年）、三台涪江书院，（二年）、西昌盛功书院（三年）、万县卯峰书院（七年）、万县太和书院（九年）、内江翠屏（经正）书院（十一年）、江津育才书院、简州蒙泉书院、灌县兴仁（寿江）书院、灌县云峰书院、云阳五溪书院、秀山梅江书院

其二，嘉道咸时期，全国修复和重建前代书院凡 56 所。（见表四、表五、表六）

表四　嘉庆朝各地修复、重建前代书院情况表

朝　代	省　别	书　院　名　称
嘉庆朝（19 所）	直隶（2 所）	开州聚魁书院（四年）、磁县滏阳书院（十三年）
	河南（3 所）	叶县问津书院（十六年）、西平文城书院（十八年）、泌县丰羽（铜峰）书院（二十一年）
	陕西（1 所）	沔县龙凤（作新、正谊）书院（二十年）
	江苏（1 所）	邳州敬简书院
	安徽（1 所）	歙县西畴书院（八年）
	江西（1 所）	南昌东湖书院
	湖南（1 所）	兰山宗濂（正学、三兰）书院（二年）
	广东（4 所）	英德会英书院（十九年）、吴川翔龙书院（二十二年）、兴宁探花书院、新会古冈书院
	广西（1 所）	怀集明伦（怀原）书院
	贵州（1 所）	石阡屏山（文澜）书院
	四川（3 所）	叙州翠屏书院（六年）、南充嘉湖书院、大宁凤山书院

表五　道光朝各地修复、重建前代书院情况表

朝　代	省　别	书　院　名　称
道光朝（31所）	直隶（2所）	密云白檀书院（十三年）、霸县益津书院（二十年）
	河南（1所）	新安芝泉书院（九年）
	山西（1所）	永济首阳书院（三十年）
	陕西（2所）	三原弘道书院（十年）、三原嵯峨书院
	山东（3所）	嘉祥曾子书院、济阳闻韶书院、曹州居敬（五经、井莲、雨膏）书院
	江苏（1所）	常熟虞溪书院
	安徽（2所）	婺源湖山书院（十二年）、灵璧正学书院
	浙江（5所）	分水兴贤（志学、玉华）书院（三年）、景宁豸山书院（三十年）、新昌石鼓（鼓山）书院、奉化广平书院、台州赤城（正学）书院
	江西（5所）	德安敷阳（河东）书院、信丰崇正书院（三年）、广丰河源书院（二十年）、赣县阳明书院（二十二年）、乐安鳌溪书院
	福建（1所）	莆田立诚书院（六年）
	湖北（3所）	武昌寿昌（崇文）书院（四年）、蒲圻新溪书院、宜昌六一书院
	湖南（1所）	湘潭龙潭（主一、敬一）书院（二十六年）
	广东（2所）	徐闻贵生书院（元年）、乐昌文昌（濂溪、昌江）书院（十八年）
	贵州（1所）	贵定魁山书院（十八年）
	四川（1所）	东乡石鼓书院（九年）

表六　咸丰朝各地修复、重建前代书院情况表

朝　代	省　别	书　院　名　称
咸丰朝（6所）	直隶（1所）	枣强养正书院
	江西（3所）	泰和兴仁书院（二年）、湖口成德书院、兴国安湖书院（十年）
	湖南（1所）	邵阳爱莲书院（四年）
	广东（1所）	高要星岩（龙图）书院

第六章　清末书院的短暂复兴和最后废止

同光时期，清代书院进入了它的最后发展阶段。在最高统治者的提倡下，各地书院虽然一度复兴，但是随着封建统治的没落，经过千年之久的发展之后，中国古代书院走完了它的最后历程。

第一节　同光时期书院的短暂复兴

同治初年，清朝政府虽然拼尽全力将轰轰烈烈的太平天国革命和捻军起义先后镇压下去，但其本身也千孔百疮。为了恢复政治统治和思想统治，“底定”人心，同治二年，清朝政府下令各省督抚清理书院财产，恢复旧有书院。该谕旨称：“近来军务省份各府州县，竟将书院公项藉端挪移，以致肄业无人，月课废弛。嗣后由各督抚严饬所属，于事平之后，将书院膏火一项，凡从前置有公项田亩者，作速清理，其有原存经费无存者，亦当设法办理，使士子等聚处观摩，庶举业不致久废，而人心可以底定。”[1] 为了表示对恢复和发展书院的关心，同治十年和十三年，同治皇帝先后为一度处于太平天国政权控制之下的广西桂林秀峰、宣城、

1 （清）昆冈等撰：光绪《大清会典事例》卷三九六，中华书局，1991 年。

榕湖三书院以及江苏苏州紫阳、正谊二书院书扁赐额。光绪初年，清朝政府仍然继续其策，又先后下令为江西白鹿洞书院以及新建广州广雅书院筹办经费。同时，针对一些地区如东北各地书院因地方官员“奉行不力，日久废弛”的现象，还专颁谕旨，下令“有经费地方，详报实存若干，限于明岁延师课读，以复旧制。其尚存屋宇各处，止须添设膏火，亦饬亟为筹修兴复”。[1] 根据清朝政府的指示，当时封疆大吏曾国藩、曾国荃、李鸿章、左宗棠、丁宝桢、张之洞等或亲自出面，或饬令下属修复和重建前代书院，受其影响，民间绅衿兴建书院也前后相继，络绎不绝。据时人所见，“比岁诸邑士并倡讲会，兴正学，所在重书院之建”。[2] 据统计，同治朝 13 年中，全国新建书院 366 所，修复和重建前代书院 14 所；光绪朝新建书院 671 所，修复和重建前代书院 11 所。至光绪二十七年书院废止前，两朝新建和修复前代书院共计 1062 所。虽在书院总量上不及乾隆时期，但是在平均发速度上却跃居清朝各代之榜首。于此，将两朝 40 年中各地新建和修复前代书院详列于下，以见此时全国书院发展之概况：

其一，同光时期，全国新建书院凡 1037 所。（见表一、表二）

表一　同治朝各地新建书院情况表

朝　代	省　别	书　院　名　称
同治朝（366 所）	直隶（17 所）	平乡平乡书院（三年）、大城凤台书院、西宁龙泉书院（五年）、顺义蒙泉书院、雄县九河（雄文）书院、无极圣泉书院（七年）、东光观津书院、永清益昌书院（八年）、定兴紫峰书院（十年）、南乐乐昌书院、元城贵乡书院（十一年）、乐亭尊道书院（十二年）、邢台育英书院、枣强敬义书院（十三年）、邯郸继志书院、△昌黎香山书院、阜平龙泉书院

1 （清）昆冈等撰：光绪《大清会典事例》卷三九六，中华书局，1991 年。
2 （清）萧玉春等纂修：同治《永新县志》卷一四，成文出版社，1975 年。

续 表

朝 代	省 别	书 院 名 称
	河南 (4所)	淮阳柳湖书院(十二年)、南阳崇正书院、考城梦笔书院、△鄢陵尊文书院
	山西 (4所)	绛州汾南书院(元年)、归化启秀(长白)书院、虞乡王官书院(十一年)、孝义中阳书院
	陕西 (4所)	泾阳泾干书院(八年)、泾阳味经书院(十二年)、定边定阳书院、朝邑友仁书院(十三年)
	甘肃 (6所)	山丹金山书院(十年)、陇西襄武书院(十一年)、金积锺灵书院(十二年)、化平归儒书院、甘州南华书院(十三年)、康县关山书院
	东北 (3所)	昌图开文书院(七年)、伯都纳种榆书院(十一年)、吉林崇文书院(十三年)
	山东 (9所)	登州广文书院(三年)、青州广德书院(五年)、寿光北海书院(七年)、历城尚志(金泉精舍)书院(八年)、招远罗峰书院(十年)、高密通德书院(十一年)、城武××书院(十二年)、临淄闻韶书院(十三年)、△临邑同人书院
	江苏 (19所)	山阴养蒙书院(三年)、上海龙门书院(四年)、丹徒太平书院、沛县歌风书院、泰兴太平洲书院(五年)、南汇观涛书院、清河崇实书院(六年)、宜兴鹅西书院、通州东渐书院(七年)、吴江盛湖书院、阳湖道南书院(八年)、山阳外明德书院、崇明登瀛书院(十年)、上海吴公书院(十一年)、太仓州尊道书院、上海诂经精舍(十二年)、上海格致书院(十三年)、△兴化正心书院、丰县马公书院
	安徽 (10所)	婺源崇报书院、芜湖鸠江(中江)书院、凤台州来书院(二年)、泾县三隅书院(四年)、五河濠河书院(五年)、建德研经(研究)书院、涡阳义正书院(六年)、宿州立成书院(九年)、庐江崇正书院、建平郎川书院
	浙江 (38所)	定海蓬山书院(元年)、余姚文尉书院、临海印山书院(二年)、桐乡桐溪书院(三年)、嘉善枫溪书院、黄岩金清书院、黄岩南渠书院、黄岩祀贤(皇琅)书院、宁海文正书院(七年)、宁海南乡龙山书院、归安蓉湖书院、黄岩西华书院(八年)、乌程五湖书院、临海椒江书院、黄岩灵石书院、太平翌文(翼文)书院(九年)、海宁龙山书院、桐乡翔云书院、乌程浔溪书院、龙游复英书院(十年)、秀水翔云书院、宁海亭山书院、宁海逊志书院、宁海拱台书院(十一年)、玉环厅玉海(天香)书院(十二年)、於潜西山书院、临海东山书院、临海三台书院、临海旦华书院、临海尊儒书院、黄岩原道书院、太平凤山书院、太平望云书院、平阳星岩书院、△嵊县阳山书院、景宁继志书院、景宁博爱书院、景宁虞山书院

续　表

朝　代	省　别	书　院　名　称
	江西（95所）	庐陵渼陂书院（元年）、永丰义首书院、万年植桂书院、赣县爱莲书院（二年）、余干忠敬书院（三年）、义宁州凤谳书院、永丰螺城书院、龙泉文藻书院、新城崇正书院（四年）、义宁州培原书院、石城屏山书院、奉新上义书院（五年）、萍乡南台书院（六年）、泰和千秋书院、兴国飞鱼书院（七年）、庐陵桂馨书院、庐陵至乐书院、庐陵养源书院、泰和槎江书院（八年）、乐安乐庠书院（九年）、安福崇文书院、万年萃英书院、赣县云从书院、石城长松书院（十年）、高安进修书院、广丰观成书院（十二年）、大庚碧莲书院、△萍乡南轩书院、永新义峰书院、永新崇文书院、永新龙江书院、永新兴贤书院、永新振兴书院、永新文洲书院、永新四教书院、永新联珠书院、永新崇贤书院、永新聚奎书院、永新松山书院、永新相乡书院、永新育英书院、乐安金鳌书院、乐安宏敷书院、乐安斗峰书院、乐安丹桂书院、乐安位琴书院、乐安五湖书院、乐安乐至书院、乐安竹洲书院、乐安鹏博书院、乐安育英书院、乐安昌文书院、乐安江都书院、乐安园通书院、乐安湖石书院、乐安东山书院、乐安典宣书院、乐安镜山书院、乐安中冈书院、乐安亦简书院、乐安敬业书院、乐安朝锡书院、乐安蓉山书院、乐安焕文书院、乐安凭山书院、乐安培风书院、乐安崇雅书院、乐安乐贤书院、乐安模山书院、乐安横塘书院、乐安龙江书院、乐安思敬书院、乐安山南书院、乐安中山书院、乐安止所书院、乐安龙川书院、乐安山阴书院、乐安崇文书院、乐安鸽原书院、乐安桂岩书院、乐安步云书院、乐安义云书院、乐安春谷书院、铅山育才书院、铅山袁公怀仁书院、德兴南山书院、德兴从贤书院、万年拱辰书院、建昌芗山书院、德安小山书院、彭泽共学书院、赣县见山书院、信丰壶峰书院、长宁文明书院、兴国南山书院
	福建（18所）	建阳奎五书院（二年）、福州正谊书院（三年）、建阳招贤书院、浦城富沙书院、浦城青藜书院（四年）、浦城正学书院（七年）、福州致用书院（十年）、△仙游屏山书院、龙溪霞桥书院、平和向文书院、建宁振南书院、建宁东山书院、长汀道南书院、长汀丽泽书院、宁化毓秀书院、永春鹏山书院、永春怀古书院、永春梯山书院

续　表

朝　代	省　别	书　院　名　称
	湖北 (16 所)	恩施麟溪书院（二年）、京山京南书院（四年）、荆门州龙蟠书院、荆门州凤冈书院、利川锺灵书院（五年）、武昌经心书院（八年）、荆门州长林书院（九年）、荆门州白阳（白杨）书院、武昌文华书院（十年）、江夏大观书院、公安南平（凤公）书院、沔阳州江峰书院、△房县育英书院、郧阳三闾书院、远安鸣凤书院、恩施成山书院
	湖南 (40 所)	平江天岳书院（元年）、宁远崇儒书院（二年）、邵阳经正书院、耒阳仰高书院、攸县峡山书院（三年）、宁乡云山书院（四年）、宁远望疑书院、新宁金城书院（八年）、东安紫溪书院、东安澄江书院、宜章城东书院（九年）、湘潭霞城书院、△醴陵江东书院、茶陵州文江书院、茶陵州寻乐书院、茶陵州白沙书院、茶陵州雩江书院、茶陵州象湖书院、茶陵州大湖书院、茶陵州龙湖书院、茶陵州源泉书院、茶陵州梅林书院、茶陵州幼学书院、茶陵州梓林书院、茶陵州逢原书院、茶陵州崇文书院、茶陵州芦江书院、茶陵州范乐书院、衡山文峰（雯峰）书院、酃县延庆书院、酃县文明书院、酃县鹿元书院、祁阳景行书院、辰州府酉阳书院、辰溪指南书院、永兴北泉书院、绥宁正业书院、桂阳州湘南塔峰书院、桂阳州凤山书院、桂阳州鉴湖书院
	广东 (38 所)	香山卓山书院（元年）、罗定州泷水书院、四会龙田书院、四会龙江书院（四年）、龙门兴贤书院（五年）、广州菊坡精舍、龙川培文书院、开平育文书院、恩平近圣书院（六年）、赤溪遵义（城）书院、赤溪遵义（乡）书院、大埔启元书院、顺德敦和书院（七年）、广州应元书院、南海三湖书院、清远吉河书院（八年）、高要回龙书院、阳江南恩书院（九年）、香山烟洲书院、茂名南富（南宫）书院（十年）、南海登俊书院、揭阳兴道书院、阳山通儒书院（十一年）、潮阳六都书院、高要槎西书院（十二年）、番禺禺东书院、香山毓秀书院、揭阳宝峰书院、开平月山书院、潮阳奎光书院（十三年）、南海彰善书院、高明莲溪书院、恩平升平书院、△番禺遂良书院、番禺员冈书院、番禺亭山书院、番禺三阁书院、番禺绍山书院
	广西 (5 所)	玉林州经古书院、玉林州寮阳书院（七年）、平南龚州书院（九年）、临桂桂山书院（十一年）、南宁左江书院
	云南 (11 所)	嵋峨萃秀书院、大关厅关阳书院（八年）、黑盐井提举司鹫峰书院（九年）、楚雄府鹿城书院、弥勒养正书院（十一年）、太和西云书院、太和敷文书院、南宁越州书院、景东厅凌凤书院（十二年）、宁州星湖书院、宁州学源书院

续　表

朝　代	省　别	书　院　名　称
	贵州（2所）	沿河鹤鸣书院、桐梓松江书院（十三年）
	四川（27所）	江津双峰书院（元年）、东乡兴文书院、东乡中和书院、秀山萍乡书院（四年）、巴县朝阳书院、南溪龙腾书院（五年）、绵阳鹤鸣书院（六年）、灌县诚正书院、宜宾楚材书院、威远镜塘书院、泸县川南书院（七年）、灌县养正书院（八年）、郫县澄江书院、江津聚奎书院、潼州涪陵书院、荣县龙门书院、三台三元书院（九年）、成都八旗少城书院（十年）、崇庆州经道书院、宜宾萃英书院、绵阳丰乐书院（十一年）、彭县凤楼书院、江津莲峰书院、宜宾敷文书院（十三年）、富顺奎文书院、富顺三台书院、万县南浦书院

表二　光绪朝各地新建书院情况表

朝　代	省　别	书　院　名　称
光绪朝（671所）	直隶（29所）	天津会文书院（元年）、安平滋阳书院、张家口抡才书院（三年）、怀柔温阳（螺峰）书院（七年）、保定学古堂（八年）、宁津临津书院（九年）、天津集贤书院、天津博文书院（十二年）、天津稽古书院（十三年）、新乐景羲书院、隆平广阿书院（十四年）、任县堵阳书院（十五年）、大名广晋书院（十六年）、天津时中书院（二十一年）、△香河椒阳书院、保定玉河书院、新城紫泉书院、定兴奎文书院、天津崇文书院、青县范桥书院、故城卫阳书院、内邱中邱书院、广平崇正（其严）书院、沙河襄南书院、邯郸五星书院、曲周济公书院、临城尧峰书院、遵化心香书院、晋县东关书院
	河南（13所）	商水静远书院（元年）、浚县黎南书院（八年）、商水文富书院（十年）、信阳豫南书院（十七年）、陕县棠荫书院（二十八年）、△中牟景恭书院、荥阳须右书院、汜水龙山书院、巩县东山书院、陕县砥柱书院、灵宝宏农书院、灵宝红亭书院、阌乡菁莪书院

续　表

朝　代	省　别	书　院　名　称
	山西（37所）	乐平皋州书院（三年）、太原令德书院、归化古丰书院（十一年）、△太原崇修书院、榆次凤鸣书院、徐沟梗阳书院、交城积秀书院、岢岚州芦阳书院、兴县嵋山书院、洪洞养正书院、洪洞万安镇书院、浮山陆公书院、岳阳石渠书院、岳阳运昌书院、汾西凤池书院、屯留麟山书院、石楼仰山书院、宁乡凤鸣书院、泽州明道书院、高平宗程书院、沁水碧峰书院、凤台怀仁书院、应州金城书院、灵邱太白书院、阳高云阳书院、神池觐华书院、朔平玉林书院、朔州鄯阳书院、平鲁固山书院、静乐岑山书院、保德州莲峰书院、河曲河阳书院、芮城申义书院、绛县华岩书院、垣曲亳城书院、太宁振文书院、和顺梁余书院
	陕西（22所）	定边见墙书院（元年）、渭南渭川书院、平利三山书院（三年）、南郑天台书院（五年）、泾阳正谊书院（七年）、肤施金明书院（十五年）、长安少墟书院（十六年）、定边卫道书院（二十二年）、泾阳崇实（格致、实学）书院（二十三年）、安康岭南书院（二十七年）、宁陕厅洵江书院、靖边崇正书院、朝邑文介书院、△咸宁崇化书院、富平频阳书院、安塞苹笙书院、甘泉定汤书院、靖边新城书院、陇州五峰书院、白水彭衙书院、宜君文兴书院、绥德州龙文书院
	甘肃（28所）	庆阳庆兴书院、西宁五峰书院（二年）、金县丰广书院、漳县武阳书院（七年）、皋兰求古书院（九年）、洮州莲峰书院、成县沧泉书院（十年）、张掖觧得书院（十一年）、固原州五原书院（十七年）、隆德峰台书院、镇戎蠡山书院（十九年）、和政龙泉书院（二十二年）、通渭寿名书院、通渭华川书院、△隆德临泉书院、平凉庄浪分县分院、秦川陇南书院、秦安景权书院、清水原泉书院、两当香泉书院、文县兴文书院、阶州西固厅书院、镇原中峰（潜山）书院、肃州建康书院、平罗又新书院、凉州雍凉书院、平番龙冈书院、大通崇山书院
	东北（15所）	凤城启凤书院（三年）、开原龙冈书院（五年）、长春养正书院（十年）、康平秀水书院、伊通启文书院（十一年）、新民辽西书院（十三年）、怀德辅翼书院（十七年）、宾州菁化书院、双城启心书院（十八年）、桓仁莲沼书院、△沈阳公共书院、沈阳萃德书院、兴京启运书院、黑龙江义学书院、复县西街书院

续　表

朝　代	省　别	书　院　名　称
	山东（42所）	利津东津书院（元年）、郓城岳云（宣文）书院（二年）、海阳学海书院（三年）、菏泽右文书院（八年）、范县龙城书院（十年）、鱼台湖陵书院、邱县恩平书院（十二年）、德州正谊书院（十六年）、济宁州池楼书院（十七年）、蒙阴东蒙书院（十八年）、聊城摄西书院（二十二年）、齐东会仙书院（二十四年）、泰安仰德书院（二十六年）、△长白凤山书院、新城许公书院、新城正蒙书院、宁阳东山书院、宁阳圣邻书院、泗水马公书院、泗水饶公书院、曲阜春秋书院、寿张凤城书院、寿张安平书院、聊城龙湾书院、聊城聊西书院、博平博陵书院、青州张公书院、临朐西山书院、掖县通德书院、利津渠展书院、青城崧青书院、费县历山书院、费县丰阳书院、新泰平阳书院、肥城后山书院、肥城东湖书院、肥城岱南书院、肥城凤山书院、肥城孝堂书院、郓城田公书院、濮州泽山书院、濮州郅公书院
	江苏（49所）	吴江切问书院、上海求志书院、阳湖高山书院（元年）、铜山登瀛书院（二年）、阳湖棠荫书院、山阳勺湖书院（四年）、阳湖三近书院、上海圣约翰书院、苏州博习（存养）书院（五年）、武进金台书院、山阳射阳书院（六年）、阳湖岘阳书院、阳湖临津书院（七年）、青浦金溪书院、盐城筑川书院、上海中西书院（八年）、江阴南菁书院（十年）、新阳文节书院、武进道乡书院（十一年）、泰兴丽黄书院（十二年）、东台守正书院、赣榆溯沂书院（十三年）、苏州学古堂、上海正蒙（梅溪）书院、江宁汇文书院（十四年）、丹徒培风书院、青浦颜安书院（十五年）、高淳尊经书院、江宁宏育（基督）书院（十七年）、上海经正书院（十九年）、江宁益智书院（二十年）、江阴梁丰书院、盐城尚志书院、淮阴犹龙书院（二十一年）、上海三林书院（二十二年）、江阴锦带书院（二十三年）、江阴西郊书院、丹阳蒙城书院（二十六年）、江宁崇文书院、溧阳南麓书院、宜兴滆南书院、宜兴竺西书院、丹徒敷文书院、通州文山书院、通州蓬瀛书院、松江致用书院、△溧水赵公书院、青浦文昌书院、铜山聚奎书院
	安徽（9所）	怀宁凤鸣书院（三年）、△桐城天成书院、桐城乐丰书院、婺源青云书院、绩溪东山书院、广德州翼兴书院、婺源万山书院、合肥肥西书院、潜山云溪书院

续 表

朝 代	省 别	书 院 名 称
	浙江（58所）	长兴蒙养书院、新昌沃西书院、青田鹤皋（兀突）书院、嘉兴陶甄书院（二年）、镇海九峰书院（三年）、镇海振文书院（四年）、嵊县北山书院（五年）、奉化千秋书院、永嘉罗山书院（七年）、汤溪九峰书院（九年）、奉化篆山书院（十年）、金华长山书院、瑞安心兰书院、鄞县崇实书院（十一年）、嘉善平川书院（十二年）、衢州毓秀书院（十六年）、杭州求是书院（二十三年）、诸暨达才书院（二十五年）、嵊县龙山书院、临海正业书院、太平古坛书院、△杭州养正书院、杭州东城书院、杭州南山书院、杭州南屏书院、秀水肃成书院、平湖清献书院、归安尊经书院、慈溪杨文元公书院、镇海龙山书院、诸暨同文书院、诸暨翊志书院、诸暨景紫书院、余姚南渠书院、黄岩鸣山书院、黄岩秀川书院、黄岩峄山书院、宁海东乘龙书院、宁海陈氏竟成书院、宁海竹林王氏育英书院、宁海沙篓环溪书院、宁海紫溪邬氏观澜书院、宁海塔山童氏德邻书院、宁海箬植桂书院、宁海上叶金山书院、太平鲸山书院、太平秉经书院、永康育英书院、淳安易峰书院、淳安二凤山书院、遂安松皋书院、平阳东湖书院、玉环厅凤鸣书院、青田养正书院、遂昌奕山书院、遂昌鞍山书院、景宁卢山书院
	江西（60所）	庐陵培元书院（四年）、吉水石莲书院（八年）、吉水阳明书院（十一年）、万载鹅峰书院（十二年）、庐陵泥金书院（十六年）、萍乡栗江书院（十八年）、庐陵元升书院（二十九年）、万载正谊书院、万载东山书院、永宁联元书院、南昌葆灵女书院、九江同文书院、△丰城凤山书院、丰城狮麓书院、义宁州鸣阳书院、义宁州印山书院、义宁州至诚书院、庐陵性存书院、庐陵云程书院、庐陵兴贤书院、庐陵耕心书院、庐陵志学书院、南昌崇儒书院、南昌中山书院、南昌崇德书院、盐乘南屏书院、盐乘回澜书院、盐乘起凤书院、盐乘泮水书院、盐乘对峰书院、盐乘倚山书院、盐乘云山书院、盐乘昆桂书院、盐乘聚英书院、盐乘留张书院、盐乘道源书院、盐乘养正书院、盐乘洗心书院、盐乘广贤书院、盐乘两都书院、万载敬业书院、万载崇文书院、万载聚贤书院、万载文联书院、万载联元书院、万载石溪书院、万载尚志书院、万载明德书院、万载以吾书院、万载友仁书院、万载多文书院、万载时修书院、万载久大书院、万载龙章书院、万载两以书院、万载集贤书院、万载兴贤书院、万载文昌书院、万载恕训书院、万载会芳书院

续　表

朝　代	省　别	书　院　名　称
	福建（58所）	厦门博文书院（元年）、高雄雪峰书院（三年）、建阳集贤书院（四年）、凤山朝阳书院、台北登瀛书院（六年）、建瓯莲峰书院、福安仰山书院、台湾明新书院（八年）、苗栗英才书院（十三年）、政和元峰书院（十四）、台湾宏文书院（十五年）、台湾（大肚）磺溪书院、建阳培风书院（十六年）、彰化兴贤书院（十七年）、永泰道南书院、崇安凤鸣书院（十八年）、台北明道书院、基隆崇基书院（十九年）、浦城西山书院（二十年）、瓯宁鹤亭书院（二十二年）、政和连萼书院（二十五年）、△同安银同书院、云霄厅紫阳书院、云霄厅云山书院、南平屏山书院、瓯宁锦屏书院、瓯宁兴贤书院、瓯宁紫云书院、瓯宁毓斌书院、瓯宁沙溪书院、瓯宁迪溪书院、瓯宁聚英书院、瓯宁凤山书院、建瓯屯山书院、建瓯蔼东书院、建瓯梨溪书院、建阳会文书院、崇安文肃书院、政和丹桂书院、政和西垣书院、长汀广陵书院、长汀观文书院、归化文兴书院、归化龟山书院、归化翠云书院、归化联飞书院、归化道南书院、连城西山书院、大田凤山书院、龙岩龙翔书院、龙岩复性书院、龙岩云章书院、龙岩仰止书院、龙岩紫山书院、龙岩会锺书院、龙岩表政书院、龙岩振奎书院、嘉义育英书院
	湖北（18所）	京山富阳书院（二年）、广济大经书院、房县凤阳书院（三年）、江陵辅文书院（四年）、来凤凤山书院、来凤登龙书院（七年）、南漳宏文书院（九年）、江夏高观书院（十年）、武昌两湖书院（十六年）、△嘉鱼琴东书院、通山镇南书院、黄冈停骖书院、麻城文昌书院、黄安洞龙书院、黄安桃花书院、黄安云台书院、公安培风书院、京山凤山书院
	湖南（13所）	长沙求实书院（二十五年）、长沙船山书院、长沙思贤讲舍、△东安芦洪书院、东安凤山书院、东安石期书院、宁远汲泉书院、兴宁作山书院、兴宁乐成书院、兴宁程水书院、兴宁郴侯书院、安乡泗水书院、嘉禾金鳌书院
	广东（82所）	四会凤南书院、吴川双江书院、嘉应州梅东书院（元年）、海阳金山书院、海阳三山书院、高要桂林书院、高明凌云书院、化州丽山书院（三年）、揭阳神山书院（四年）、吴川镇文书院、嘉应州崇实书院（五年）、番禺得朋书院、海阳龙溪书院、高要十八坊书院（六年）、高要宋隆（平康）书院、石城文中书院（七年）、化州临江书院、化州鉴光书院（八年）、南海西成书院、石城蓬山书院（九年）、德庆州程溪书院（十年）、开平敦伦书院、恩平鳌峰书院（十一年）、海阳登隆书院、海阳正谊书院、广州格

续 表

朝 代	省 别	书 院 名 称
		致书院（十二年）、儋州桄榔书院、罗定州菁莪书院（十三年）、茂名丽泽书院、海阳西关书院（十四年）、南海广雅书院、南海太平书院、高要文明书院、广州万木草堂（十五年）、海阳上莆书院、海阳六鳌书院、高胆东洲书院（十六年）、新宁瑞应书院、高要十都书院（十七年）、海阳孝廉堂（十九年）、南海仙冈书院、开平凤山书院、开平康文书院（二十一年）、南海梯云书院（二十五年）、南海兴贤书院（二十八年）、南海扶南书院、高要嵩灵书院、四会凤梧书院、四会美溪书院、△南海樵岭书院、番禺南洲书院、顺德桂山书院、东莞西垣书院、东莞丹山书院、东莞迎凤书院、东莞凤栖书院、东莞凤台书院、东莞图南书院、东莞朝阳书院、东莞德生书院、东莞盂阳书院、东莞禺山书院、东莞盂溪书院、东莞七桂书院、东莞飞鸾书院、从化凤山书院、龙门凤山书院、新宁丽泽书院、新宁康和书院、新宁汇川书院、香山和风书院、乐昌上乡书院、高明崇文书院、高明文澜书院、高明文昌书院、恩平潮声书院、恩平蔚文书院、吴川敦睦书院、电白得一书院、电白东社书院、信宜窦江书院、信宜观化书院
	广西（21 所）	南宁蒲津书院（元年）、恩隆经正书院（三年）、南宁斑峰书院、南宁含文书院、南宁南斌书院（八年）、玉林州平山书院（九年）、玉林州富文书院（十一年）、南宁三官书院、融县仙山书院（十二年）、雷平匏萌书院（十三年）、柳城凤山书院（十五年）、南宁毓秀（尖峰）书院（十六年）、南宁甲峰书院（十七年）、龙津同风书院、容县峤南书院（十九年）、灵川培英书院、怀远丹州书院、柳城龙江书院、罗城凤山书院、融县五峰书院、南宁榕湖书院
	云南（32 所）	蒙自养正书院、江川起凤书院（元年）、元谋马街书院（二年）、蒙化厅学古书院（四年）、陆凉州蓉峰书院（五年）、建水曲江书院、陆凉州锺灵书院、保山少保书院（六年）、保山摩苍书院（七年）、浪穹洱源（观澜）书院、罗平州龙源（沂溪）书院（九年）、鹤庆州玉屏书院（十五年）、昆明经正书院（十七年）、蒙自道成书院、新平翔凤书院（十八年）、昭通育英书院（二十年）、新平五桂书院（二十五年）、蒙化厅文华书院、镇沅厅碧松书院、△邓川州养正书院、邓川州白云书院、宁州龙门书院、宁州玉溪书院、宁州海镜书院、宁州龙潭书院、缅宁厅文昌书院、缅宁厅班凤书院、缅宁厅同仁书院、缅宁厅凤翔书院、缅宁厅龙门书院、陆凉州新修书院、元江杏林书院

续　表

朝　代	省　别	书　院　名　称
	贵州 （9 所）	普安培风书院（八年）、遵义味经书院（十二年）、独山合江书院、安化文思书院（二十六年）、独山余麟书院、△郎岱厅爱莲书院、石阡镇东书院、绥阳小（养正）书院、贵阳文庙书院
	四川 （76 所）	成都尊经书院、富顺文昌书院（元年）、简州凤翔书院（五年）、西昌亮善书院、三台炳藜书院（八年）、屏山凌云书院（九年）、南川专经书院（十年）、南川育才书院（十二年）、简州凤楼书院、江津凤鸣书院、江津文峰书院（十五年）、绵阳涪西书院（十六年）、巴县致用（经学）书院、巴县渝郡书院、永川味经书院、富顺庆恩书院、东乡回龙书院、酆都华祝书院（十九年）、西昌研经书院、三台瑞星书院（二十年）、双流桂馨书院（二十四年）、简州通才书院（二十五年）、巴县算学书院、南川海鹤书院（二十七年）、△简州沟龙寺书院、简州涌泉寺书院、简州青峰寺书院、简州凤梧（三乐）书院、简州养正书院、简州凤翥（蛾术）书院、简州凤泉书院、简州鸿逵书院、崇庆州龙山书院、江津钟山书院、长寿鸿程书院、涪州静修书院、大足凤池书院、大足鳌溪书院、大足鼎新书院、广元清江书院、广元筹笔书院、云阳象山书院、云阳云龙书院、越隽厅泸江书院、三台芙蓉书院、三台集成书院、三台平成书院、三台桂香书院、三台忠孝书院、三台凤鸣书院、三台莲溪书院、三台龙门书院、三台云龙书院、三台宝贤书院、三台崇文书院、三台聚云书院、三台卧龙书院、三台回澜书院、三台天台书院、三台象山书院、三台至道书院、三台义学书院、三台云从书院、三台青云书院、三台聚星书院、中江育英书院、中江鹿鸣书院、中江铜山书院、遂宁云龙书院、遂宁金鱼书院、遂宁天睿书院、遂宁宝善书院、遂宁桂香书院、遂宁德阳书院、东乡复兴书院、绵阳治经（传经）书院

其二，同光时期，全国修复和重建前代书院凡 25 所。（见表三、表四）

表三　同治朝各地修复、重建前代书院情况表

朝　代	省　别	书　院　名　称
同治朝（14所）	直隶（3所）	枣强大原（敬义）书院、大名洹阳（洹水）书院、威县洺阳书院
	山西（1所）	翼城翔山书院（十一年）
	安徽（1所）	当涂天门书院（三年）
	浙江（3所）	太平东屿书院（十年）、太平云阳书院、缙云独峰书院
	江西（1所）	德兴银麓书院
	福建（1所）	古田溪山书院
	湖南（1所）	石门有竹书院（二年）
	广东（1所）	广州正学书院
	云南（2所）	太和玉龙（龙关）书院（十二年）、云南五云书院（十三年）

表四　光绪朝各地修复、重建前代书院情况表

朝　代	省　别	书　院　名　称
光绪朝（11所）	直隶（1所）	祁州贞文书院（六年）
	陕西（2所）	蒲城崇礼书院（二十三年）、咸宁鲁斋书院
	安徽（1所）	全椒襄水书院
	浙江（3所）	石门白社书院（五年）、平阳会邱书院、太平回浦（迁浦）书院
	福建（1所）	尤溪镇山书院（二十二年）
	广东（2所）	番禺玉岩（萝峰）书院、乐昌龟峰书院
	云南（1所）	楚雄府龙泉（雁峰）书院（二十年）

第二节　同光时期的书院特点

同光时期，书院发展大致可分前后两个时期并各有其特点。在其前期，就书院治学风气而言，汉宋渐趋合流；就书院教学目的而言，仍为科举考试之附庸。与此同时，八旗子弟书院数量有所增长，此外，西方传教士所建书院也开始出现。在其后期，随着民族危机的加深和西学的输入，书院改革之风开始兴起并由此而导致了书院的最终废止。

同光前期，书院发展的一个显著特点是汉宋合流。乾隆中期以后，作为地主阶级的两个学术派别，为了争夺政治权益和物质权益，汉宋界限渐趋分明。其间，为了巩固专制统治，在最高统治者的支持下，汉学盛极一时，并统治学术界长达百年之久。相形之下，宋学长期处于劣势，为了恢复自己昔日在学术界的独尊地位，攻击汉学不遗余力。一时之间，汉宋两派势同水火。然而，咸丰以后大规模的人民革命风暴的来临使得两派有了共同的政治基础，兼之以宋学在镇压太平天国革命中以其纲常义理说教发挥了突出的作用，而长期以来，汉学在社会上和学术界拥有广泛的影响，多数官僚和士人仍视其为学问之极致。因而，同治时期，最高统治者开始对两派皆表重视。为了调和两派冲突，同治元年，清朝政府下令于国子监中“于应课时文外，兼课论策，以经史性理诸书命题，用觇实学”。[1]受此影响，一些官僚和学者也开始“兼综汉宋”。如曾国藩，始师唐鉴，“治义理之学”，“兼友梅曾亮及邵懿辰、刘传莹诸人，为词章考据”。[2]从这一思想出发，同

1　（清）昆冈等撰：光绪《大清会典事例》卷一〇九九《国子监》，中华书局，1991 年。

2　赵尔巽等撰：《清史稿》卷四〇五《曾国藩传》，中华书局，1977 年。

治间，曾国藩重建江苏江宁钟山书院，聘李联琇为院长，兼讲汉宋。后调督直隶，亦称“为学之术有四，曰义理，曰考据，曰词章，曰经济”，并要求士子“以义理之学为先”。[1]在这股风气的带动下，其他新建或修复前代书院即使不是兼讲汉宋，也是各不相扰。如李鸿章兴复江苏苏州正谊书院，聘冯桂芳掌教，“专课经解古”。[2]同治三年，巡道丁日昌倡建上海龙门书院，以顾广誉、刘熙载、孙锵鸣、吴大澂、汤寿潜先后掌教，“以《性理精义》、《小学》、《近思录》等书命题，兼及经解史论”。[3]同治八年，湖北学政张之洞建湖北武昌经心书院，“专课经解史论，诗赋杂著”。[4]同治十年，福建巡抚王凯泰奏设福州致用书院，“课经史，每月一次”。[5]同治十二年，陕西学政许政祎建陕西泾阳味经书院，“以天文、地舆、经史、掌故、理学、算学课士，以开风气”。[6]同治十三年，同知陈方瀛建江苏川沙厅观澜书院，“按月增设小课，以经史性理等书命题”。[7]光绪中，随着民族危机的加深和新式学堂的兴起，为了对抗这股教育改革的潮流，在各地官员的倡率下，此类书院出现更多，如光绪元年，巡道冯焌光建上海求志书院，聘俞樾等掌教，“分经学、史学、掌故、算学、舆地、词章六斋，按季命题课士”。[8]同年，四川总督丁宝桢于成都建尊经书院，聘王闿运为院长，“成材甚

1 （清）曾国藩撰：《曾文正公杂著》卷二《劝学篇示直隶士子》，广文书局，1969年。

2 （清）李铭皖等纂修：光绪《苏州府志》卷二五，张伯行《紫阳书院记》，成文出版社，1970年。

3 （清）叶廷眷等纂修：同治《上海县志》卷九，成文出版社，1975年。

4 吕调元等纂修：民国《湖北通志》卷五九，广陵古籍刻印社，1987年。

5 吴廷锡等纂修：民国《续修陕西省通志稿》卷三六，兰州古籍书店，1990年。

6 吴廷锡等纂修：民国《续修陕西省通志稿》卷三六，兰州古籍书店，1990年。

7 （清）陈方瀛等纂修：光绪《川沙厅志》卷二，成文出版社，1975年。

8 （清）博润等纂修：光绪《松江府续志》卷一七，成文出版社，1974年。

众”。[1]光绪四年，李鸿章移督直隶，重修保定莲池书院并于其中新建学古堂，聘黄彭年讲授朴学。黄彭年特示生徒读书之法：“读书不可存门户之见，如学分汉宋，汉之中又分郑王刘杜；宋之中又分程朱陆王，门户又分门户。”“门户不可太分，门径则不可不识。”[2]后又由张裕钊、吴汝纶等名师相继主讲，“成就后学甚众”。[3]光绪五年，广东嘉应州邑绅倡建崇实书院，“课士章程仿省城学海堂、菊坡精舍成规，课分四季，题别六门，考古之学曰经、曰史、曰词章；通今之学，曰舆地、曰掌故、曰天文算法”。[4]光绪七年，陕西泾阳建正谊书院，“其学专讲洛闽义理之学”。[5]光绪九年，山东巡抚任道镕为山东历城尚志书院改定章程，“仿浙江诂经精舍，以经古课士”。[6]与此同时，陕西同州丰登书院以固始蒋子潇主讲，“以朴学教关中人士，一时蒸蒸，成就甚众”。[7]光绪十年，四川南川知县张涛建专经书院，“先后延治经史古文之学者主讲，按月课试”。[8]同年，江苏学政黄体芳建江阴南菁书院，延黄以周主讲，“教以博文约礼，实事求是，道高而不立门户”。[9]而后，王先谦继任督学，又“广筹经费，每邑拔取才士入院而督教之，诱掖奖劝，成就人材甚多”。[10]光绪十一年，山西巡抚张之洞将前建太原令德堂改为令德书院，“仿粤之学海堂、浙之诂经精舍，于通省择诸生材者，专治古

1　赵尔巽等撰：《清史稿》卷四八二《儒林三》，中华书局，1977年。
2　金良骥等纂修：民国《清苑县志》卷三，成文出版社，1968年。
3　赵尔巽等撰：《清史稿》卷四八六《文苑三》，中华书局，1977年。
4　（清）吴宗焯等纂修：光绪《嘉应州志》卷一六，成文出版社，1968年。
5　吴廷锡等纂修：民国《续修陕西省通志稿》卷三六，兰州古籍书店，1990年。
6　毛承霖纂修：民国《续修历城县志》卷一五，成文出版社，1968年。
7　吴廷锡等纂修：民国《续修陕西省通志稿》卷三六，兰州古籍书店，1990年。
8　柳琅声等纂修：民国《重修南川县志》卷七，成文出版社，1976年。
9　赵尔巽等撰：《清史稿》卷四八二《儒林三》，中华书局，1977年。
10　赵尔巽等撰：《清史稿》卷四八二《儒林三》，中华书局，1977年。

学”。[1]光绪十三年，天津绅衿建稽古书院，“专课经古”。[2]光绪十九年，四川永川县令许曾荫“以士子株守时文，鲜讲经学，仿省垣尊经体制，创立味经书院，俾肄业者专习经古”。[3]光绪二十三年，陕西蒲城修复崇礼书院，“其教法以经史性理为主要”。[4]总之，至戊戌变法前，原来泾渭分明的书院中的汉宋畛域已经基本泯没。这种现象表明，清代书院的发展已经进入了一个新的时期。

同光前期，书院发展中的另外一个显著特点是科举出仕仍是多数书院的培养目标。同治初年，最高统治者下令恢复书院的谕旨中曾明确宣称，其目的是“庶举业不致久废，而人心可以底定”。因而，尽管前此书院教学中的八股和科举受到了社会上有识之士的激烈批评，但是上有最高统治者热心提倡，而一般下层士人又需由此追逐功名，因而此类书院仍然发展极快并且成为当时书院的基本组成部分。如同治三年，闽浙总督左宗棠奏建福州正谊书院，“课举人贡生，每月官课一，课四书文，试帖诗。师课二，一同官课，写在白折卷上；一课律赋试帖诗，写在殿试卷上”。[5]同治八年，广东布政使王凯泰建广州应元书院，每岁甄别，专课举人。“值会试年，赆以舟车之费。有得第在京供职者，岁复饷以薪水。”[6]河南项城虹阳书院，自同治重建之后，“自是而项人文蔚起，科甲连年不绝”。[7]光绪元年，天津民人建会文书院，专课举人，“月试经解史论，古今体诗及赋骈散杂

1 （清）王轩等纂修：光绪《山西通志》卷七六，中华书局，1990 年。

2 王守恂撰：《天津政俗沿革记》卷十，北京师范大学图书馆藏金氏刻本，1938 年。

3 （清）许曾荫等纂修：光绪《永川县志》卷九、卷五，巴蜀书社，1992 年。

4 吴廷锡等纂修：民国《续修陕西省通志稿》卷三六，兰州古籍书店，1990 年。

5 吴廷锡等纂修：民国《续修陕西省通志稿》卷三六，兰州古籍书店，1990 年。

6 桂坫等纂修：民国《南海县志》卷四，成文出版社，1974 年。

7 （清）施景舜等纂修：宣统《项城县志》，成文出版社，1968 年。

文”。[1]同年，云南蒙化重建明志（文化、文昌、学古）书院，“专课卷折及诗古文词”。[2]光绪十二年，天津运使季邦桢建天津集贤书院，“专课外省举贡生监，以制举文为本课，并以经史、策论及天算、时务佐之”。[3]即使是一些由著名学者主讲的书院，也不免于此。总之，至戊戌变法时，此类书院仍然遍及全国城乡。据时人康有为称：“我各直省及府州县，咸有书院，多者十数所，少者一二所。其民间亦有公书院、义学、社学、学塾。皆有师生，皆有经费，惜所课皆八股试帖之业，所延多庸陋之师，或拥席不讲，坐受修脯者。其省会间有考据词章之学者，天下数所而已。”[4]这种估计，应该是反映了当时的实际情况的。

除此之外，当时书院发展的另外一个特点是八旗子弟书院开始增多。八旗书院始于康熙，但至乾隆时期，出于加强专制统治的目的，在最高统治者的干涉下，此类书院几乎绝迹。嘉庆以后，专制统治逐渐消弱，兼之以受满汉民族融合的推动，此类书院才重新出现。如嘉庆五年，镇浙将军范建忠建立杭州梅青书院，“选八旗兼好文之壮丁，延师教习诗文，以应科、岁试、乡试”。[5]道光十年，镇闽将军萨秉阿将福州八旗总官学改名龙光书院，“捐俸延师”。[6]同光时期，清朝统治濒临崩溃，兼之以满族入关已经两个世纪以上，民族融合进一步加深，因而八旗书院进一步增多。至光绪年间，凡有满蒙八旗驻防之地几乎都先后建立起书院。如同治十年，四川总督吴棠捐银创建成都八旗少城书

1　王守恂撰：《天津政俗沿革记》卷十，北京师范大学图书馆藏金氏刻本，1938年。

2　李春曦等纂修：民国《蒙化县志稿》卷二，成文出版社，1974年。

3　王守恂撰：《天津政俗沿革记》卷十，北京师范大学图书馆藏金氏刻本，1938年。

4　康有为：《请饬各省改书院淫祠为学堂折》，转引自舒新城《中国近代教育史资料》上册80页，人民教育出版社，1981年。

5　（清）龚嘉隽等纂修：光绪《杭州府志》卷一六，成文出版社，1974年。

6　（清）陈寿祺纂修：同治《福建通志》卷六二，华文书局，1968年。

院。[1]同治十一年，绥远将军定安督劝八旗官兵建立归绥长白（启秀）书院，"并延山长，按月扃试，蒙汉人等愿应课者，均准入考"。[2]光绪三年，由察哈尔都统穆图善主持，"旗汉联为一体"，共同捐建张家口抡才书院，"议定条规，报部立案，以垂永久"。[3]光绪十六年，又由山东督粮道善联主持，与驻防营兵共同捐建德州正谊书院，以为八旗"生童肄业之所"。[4]虽然由于这些书院建立过晚，成立不久，即和其他书院一起改为学堂，但是在中国古代书院发展史和少数民族教育史上，仍然有着一定的地位。

在封建统治阶级的提倡下，同光时期，各地旧式书院虽然有了较大的恢复和发展，但是因为此时整个封建统治已彻底腐朽，各种旧式书院也开始走上了绝路。首先是由于战乱、灾荒和帝国主义侵略，书院毁废现象十分严重。早在同治初年，由于战乱破坏，南方各地书院已是"山地田亩仍多荒占，佃户逋逃，册籍遗失。官为经理，则胥吏侵渔，其弊愈滋，以致租入愈绌，用愈不敷，不惟官有赔垫之累，而肄业者愈见其少"。[5]而后，这些情况依然在恶性发展。同治间，陕西回变，又有不少书院直接、间接毁于兵燹。如陕西绥德文屏书院，"同治六年，回匪陷城，各典焚毁，原先本项荡然"。[6]陕西永寿翠屏书院，"同治兵燹后，山长缺席，多由知县兼理。书院上房又为历任学官所栖止，学舍几同虚设"。[7]光绪时期，由于八国联军入侵、日俄战争，又使相当一批奄奄一息的书院雪上加霜。如直隶雄县九河书院，自同治十

1 （清）李玉宣等纂修：同治《续修成都县志》卷四，巴蜀书社，1992 年。
2 郑植昌等纂修：民国《归绥县志》《教育志》，成文出版社，1968 年。
3 （清）李鸿章等纂修：光绪《畿辅通志》卷一一六，河北人民出版社，1989 年。
4 李树德等纂修：民国《德县志》卷七，成文出版社，1968 年。
5 （清）黄德溥等纂修：同治《赣县志》卷二二，成文出版社，1975 年。
6 （清）孔繁朴等纂修：光绪《绥德州志》卷四，成文出版社，1970 年。
7 吴廷锡等纂修：民国《续修陕西省通志稿》卷三六，兰州古籍书店，1990 年。

二年建后，“以无余款延聘山长掌院，知县到院往往以县署圮废，以书院为讼厅”。后来各界捐银1500两，又立院地87亩。八国联军之役，“德法驻军城内，县人某某藉口支应洋兵，将本息银尽数动用，由是月课遂停”。[1]吉林双城启心书院，建立之初，即“因款项拮据，当时未聘山长”，“历二年即裁撤”。光绪二十六年，又为俄人占据。[2]奉天怀德辅翼书院，“庚子乱后，书院就荒”。[3]兴京启运书院，日俄战争时，“毁于俄燹”[4]。沈阳萃升书院，“几毁于俄人”。[5]凤城启运书院，“自甲午乱后，堂宇半就凋零……及流寇林七入城，俄人继之，迄未开课”。[6]直接发动侵略战争之外，帝国主义还通过汉奸强力勒买、侵吞书院院产、房屋。如浙江临海印山书院，同治二年由郡人创建，“嗣天主教盛行，不肖者将该院售于教堂”。[7]云南昭通育英书院，设于光绪二年，“不数年后，再署知府龙文将其地售之外人，遂废”。[8]在此同时，由于自然灾害频仍，书院经理不得其人，也使不少书院遭到毁废之命运。如光绪初年，山西连年大旱，平陆傅岩书院，“各乡租田因大祲，佃产逃亡，多半无著”。[9]岳阳开运书院，“乃自岁遭大祲，上田荒废，佃役流亡，每岁所收，入不敷出，几有废弛之虞”。[10]江苏铜山登瀛书院，以地处黄河故道，“地形洼下，

1　秦廷秀等纂修：民国《雄县新志》，成文出版社，1969年。
2　高文垣纂修：民国《双城县志》卷八，成文出版社，1973年。
3　王树楠等纂修：民国《奉天通志》卷一五〇，辽沈书社，1982年。
4　沈国冕等纂修：民国《兴京县志》卷四，成文出版社，1974年。
5　赵恭寅等纂修：民国《沈阳县志》卷四，成文出版社，1974年。
6　王树楠等纂修：民国《奉天通志》卷一五〇，辽沈书社，1982年。
7　张寅等纂修：民国《临海县志稿》卷八，成文出版社，1975年。
8　杨履乾纂修：民国《昭通县志稿》卷三，成文出版社，1967年。
9　言修泗等纂修：民国《平陆县志》卷四，成文出版社，1976年。
10　李钟珩等纂修：民国《新修岳阳县县志》卷五，成文出版社，1968年。

十年九灾，经费有名无实”。[1]他如奉天海城他山书院，因政局混乱而“学舍荒芜，鞠为茂草。”[2]浙江平阳环青书院，则因无人经营而“产复归寺，复为僧据”。[3]以上所述，不过只是当时书院毁废中的个别事例，但是由此也可看出，当时书院破坏达到了何等严重的程度。其次，随着封建统治的彻底腐朽，吏治和社会风气都更加腐败。据时人揭露，当时书院普遍情况是：“书院山长每多耄期倦勤，教督不严，士子肄业其间者率懒散游逸，弗兴于学，于是书院遂为多士所诟病”。[4]“士习日非，每藉住院为符，朋侪三五，遇事生风，酗酒眠花，自鸣得意，以读书明理之地，为纵情恣志之场，城阙子衿，可为浩叹。”[5]再次，尤为严重的是，由于社会的发展，书院愈益不适应社会的需要。19 世纪 60 年代以后，帝国主义进一步加强了对中国的侵略，清朝政府涉外事务日益增多。与此同时，出于竞争图存的目的，一些先进的知识分子纷纷发出了学习西方先进科学技术的呼吁，受此影响，由一些官僚主持，陆续引进了一些外国的先进设备并先后建立起一些近代企业。所有这些，也非平素“习举业，竞功名，役志于文字”的旧式书院所能胜任。[6]这样，一些新式学堂陆续开始兴办，受此影响，19 世纪 80 年代以后，书院内部也开始吹起了一股微弱的改革之风。

近代学堂肇创于同治二年恭亲王奕䜣主持创建之京师同文馆。二次鸦片战争失败以后，清朝政府设立总理各国事务衙门，专门办理外交。为了培养翻译人才，奕䜣提议于京师建立同文馆，聘

1　张世嘉等纂修：民国《铜山县志》卷一六，成文出版社，1970 年。

2　杨金庚纂修：宣统《海城县志》，成文出版社，1970 年。

3　王理孚等纂修：民国《平阳县志》卷十，成文出版社，1970 年。

4　吴继祖纂修：民国《重修户县志》卷四，成文出版社，1969 年。

5（清）许曾荫等纂修：光绪《永川县志》卷九、卷五，巴蜀书社，1992 年。

6　臧理臣等纂修：民国《密云县志》《学校考》，成文出版社，1968 年。

西人任教习，选八旗子弟资质颖悟者学习外国语言。最初规模甚小，仅设英文馆；学生甚少，只有十人。几年后，才陆续设立法文馆、俄文馆、德文馆和日文馆；课程也由原来的仅习一门外语而扩大到天文、算学、化学、万国公法、医学生理、物理等。生徒人数，至光绪十三年时，陆续增加到 120 人。与此大致同时，由地方官员主持，上海、广州也先后建立同文馆以培养外事人才。而后，伴随着洋务运动的兴起，以学习西方先进技术为目的各类学堂也开始出现。如同治五年，左宗棠奏建福建船政学堂。同治十三年，上海江南制造局建立操枪学堂等。光绪间，洋务运动进入了高潮。这样，各地学堂也愈益增多。其中，除学习西方语言和先进军事技术的学堂仍不断兴建外，有关西方先进工业、农业、商业、医学各类学堂也相继涌现。其主要者有：光绪二年，天津建电报学堂；光绪六年，广州建西学馆；光绪七年，天津建水师学堂；光绪八年，上海建电报学堂；光绪十一年，天津建武备学堂；光绪二十年，天津建医学堂；光绪二十一年，山海关建铁路学堂等。与此同时，一些新建书院也先后改革教育内容。在这方面，西方传教士创办的书院起了重要的带头作用。

第一次鸦片战争之后，为了加强文化侵略，西方传教士即开始在五口通商地区建立书院。如道光三十年，美国传教士范约翰在上海建立清心书院；咸丰二年，美国传教士何柏林在广州建立英华书院；咸丰三年，美国传教士卢公明在福州建立潞河书院等。同光时期，除五口通商地区外，此类书院进一步增多并扩大到了内地和沿海其他城市。其主要者有登州广文书院（同治三年）、青州广德书院（同治五年）、苏州博习（存养）书院（同治九年）、武昌文华书院（同治十年）、上海圣约翰书院（光绪五年）、上海中西书院（光绪七年）、广州格致书院（光绪十二年）、江宁汇文书院（光绪十四年）、江宁宏育（基督）书院（光绪十七年）、江宁益智书院（光绪二十年）等。这些书院，虽皆从事传教事业，但也大量开设西学课程，讲授西方近代自然科学和社会科学知识。因而，严格地说来，这些书院是西方类型的学校而不是传统的中国书院。在中国书院日益腐败的同光时期，此类书院的出现与发展，受到了中国先进的知识分子和有改革思想的官绅的注意，并进而模仿和效法，对于当时旧式书院的改革和新式学堂的兴起，都起了一定的带动作用。在这类书院中，最有影响的是同治十三年创立的上海格致书院。

上海格致书院由华人徐寿和英人傅兰雅共同创建，“讲习格致各科学”。[1]开课之初，由于有徐寿、华蘅芳等著名学者主讲，“四方好事者造请无虚日，算术、格致、矿路、制造之属，随事指陈，各满其意而去。以故通达者众，风气为之大开”。[2]后来，在王韬担任院长期间（光绪十一年至二十三年），该书院又得到了长足的发展。“院中肄业士子，多则百余人，少亦数十人，无不争自濯磨，共相奋勉，以期于格致之学渐能深造而有得。他日以家修为廷献，出而宣力于国家。”[3]为了满足社会各界对各种自然科学知识的渴求，光绪二十一年，该书院又开设夜课，“定于每礼拜六晚躬亲教习，凡聪幼文人有志考求者皆许来院习学。”并拟定“矿务”、“电务”、“测绘”、“工程”、“汽机”和“制造”六门课程。诸学“皆以算学为入手”，常从学者达三四十人，在此同时，该书院还创办了中国近代第一种科技杂志——《格致汇编》，对于自然科学知识的传播起了重要的启蒙作用。

受此影响，一些洋务派官员也着手对书院进行改革。其中，

---

1 吴馨等纂修：民国《上海县续志》卷九，成文出版社，1968 年。

2 中国史学会编：《洋务运动》第八册第 30 页，上海人民出版社，1961 年。

3 （清）王韬辑：《格致书院课艺》辛卯卷上《王韬序》，上海图书集成印书局，清光绪二十四年。

比较有名的是张之洞主办的广州广雅书院和武昌两湖书院。张之洞（1837~1909 年），字香涛，直隶南皮人，同治二年进士，历任湖北、四川学政，山西巡抚，两广、湖广、两江总督，仕至军机大臣、体仁阁大学士，是近代中国著名的教育家。在他仕宦之初，由于其思想尚未超出封建正统教育之窠臼，因而其所兴办之武昌经心书院、成都尊经书院和山西太原令德书院皆仍以杭州诂经精舍、广州学海堂为鹄的。随着民族危机的加深，受洋务派兴办各种学堂的影响，他的教育思想也开始发生变化，以十分积极的态度改革书院教育和兴办各种类型的新式学堂。光绪十五年，张之洞在任两广总督期间，于广州城西北创立广雅书院，招收两广生徒二百人入内肄业。在课程设置上，除原来经史诗赋之外，还专设经济一科，以为社会培养实业人才。光绪十六年，张之洞调督湖广，又筹措资金兴办两湖书院。并于原来课程之外，新添外语、商务、经济、算学四种。这些情况表明，他的改革书院教育的思想较之以前更进一步。在此同时，他还于广东、湖北、江苏、江西等省先后兴办了广东水陆师学堂（光绪十三年）、广东洋务五学（光绪十五年）、武昌方言商务学堂（光绪十七年）、武昌算术学堂（光绪十七年）、湖北自强学堂（光绪十九年）、南京储才学堂、南京陆师学堂、铁路学堂、蚕桑学堂、湖北武备学堂（光绪二十二年）、湖北农务学堂（光绪二十三年）等，从而使之成为在戊戌变法前兴办新学成就最为突出的人士。总之，在洋务派官僚的推动下，至 19 世纪 80 年代末，书院改革虽仅局限于个别书院，但其影响却在日益扩大。这样，在进入 19 世纪 90 年代以后，由于资产阶级维新派的加入，书院改革开始进入了高潮。

第三节 戊戌变法和书院的最后废止

同光前期，由洋务派官僚开始的兴建新学和改革书院教育内容的活动虽对旧式书院有所触动，然而，由于上有封建政治制度的保护，下受传统观念影响，全国绝大多数书院仍在经史、性理、八股、科举的泥沼中艰难蹒跚。恰在此时，在以康有为、梁启超为首的资产阶级维新派的推动下，清朝政府进行了一场自上而下的改良运动。正是这次政治上的巨大变革，对旧式书院进行了普遍的触动，并进而将其送进了历史的博物馆。

早在戊戌变法的准备时期，资产阶级维新派即开始了改革书院的实践活动。其中，最有影响的是康有为兴办的广州万木草堂。康有为（1858~1927 年），字广厦，号长素，广东南海人，近代思想家，戊戌变法的主将。早年泛览程朱陆王、佛道百家之说。成年后，遍游京师、上海、香港，"悉购江南制造局及西教会所译出各书尽读之"。[1] 受到经世致用公羊学派和西方资产阶级思想的影响，从而萌发了最初的变法改革思想。为了宣传他的变法思想，光绪十七年，康有为在广州长兴里建立书院，取"将倾之大厦，必须万木之扶持，而非一木所能胜任"之意，将之名为"万木草堂"。书院成立后，康有为"尽出其所学，教授弟子。以孔学、佛学、宋明学为体，以史学、西学为用，其教旨在激励气节，发扬精神，广求智慧"。[2] "集天下英才而教之，冀其学成，群策群力，以救中国。"[3] 从此出发，万木草堂虽在课程设置上仍受传统教育影响，分为义理之学、考据之学、经世之学、文字之学等，但在讲授内容上却较之

1 中国史学会编：《戊戌变法》第四册第 9 页，梁启超《康有为传》，上海人民出版社，1957 年。

2 中国史学会编：《戊戌变法》第四册第 9 页，梁启超《康有为传》，上海人民出版社，1957 年。

3 张正藩：《中国书院制度考略》，江苏教育出版社，1985 年。

旧有书院传统教育内容大有突破，一是于儒家经典之外，遍及诸子百家、佛学、理学；二是于传统史学之外，兼讲各国历史、地理和数理化等自然科学；三是结合现实，联系实际，讲授中外政治学。还值得注意的是，万木草堂还开设了音乐、兵式体操等新式课程。在教学方法上，康有为也进行了大胆的改革。不分年级班次，无考试制度，全在功课上窥察各人造诣之深浅。在教学管理上，万木草堂采取学生自己管理自己的方法，于学生中选出两三名学长。在学习中，康有为也十分注意调动生徒的积极主动性，除由他授课外，主要靠生徒自己读书，做笔记。学生所阅书目，据《万木草堂丛书目录》所载，除公羊学派儒家经典、各种中国古籍之外，尚有各国史地、政治著作以及声光电化等科译述数十种。总计康有为设教长兴里四年之中，不但为当时书院改革树立了一个样板，使其在近代书院发展史上有着突出的地位；同时，也扩大了变法思想的传播并为后来进行的戊戌变法培养了大批的人才。

甲午战争失败和《马关条约》之签订，极大地刺激了中国社会各阶层人士，上自帝王公卿，下至绅衿士子都受到了强烈的触动。利用这一有利时机，康有为等维新派人士扩大了变法的宣传。在其宣传变法的活动中，批评旧式教育、鼓吹书院改革是一个重要的方面。他指出，中国社会落后，首先是因为教育落后。而书院教育中的八股和科举又是导致中国士人愚昧落后的根本原因。他指出，中国对外战争失败，割地赔款，都是“八股致之”。“学八股者，不读秦汉以后之书，更不考地球各国之事，然可以通籍累至大官。今群臣济济，然无以任事变者，皆由八股致大位之故。故台、辽之割，不割于朝廷，而割于八股；二万万之款，不赔于朝廷，而赔于八股；胶州、旅大、威海、广州之割，不割于朝廷，而割于八股。”[1]对于

1　中国史学会主编：《戊戌变法》第四册第107页，《康南海自编年谱》，上海人民出版社，1957年。

书院教学中的“用非所学，学非所用，空疏愚陋，谬种相传”，他也极为愤慨，而认为必须变革。在此同时，他还极力主张学习西方先进教育制度。他说:“泰西之所以富强，不在炮械军器，而在穷理劝学。”为了改变“海侮交侵”的局面，中国应当奋起直追，“万国所有，皆宜讲求”，应“令各省州县遍开艺学书院，凡天文、地矿、医律、光重、化电、机器、武备、驾驶，分立学堂，而测量、图绘、语言、文字皆学之”。[1]由于康有为的这些言论揭露了当时中国各地书院普遍存在的问题，代表了当时先进知识界的共同看法，因而，在康有为激烈抨击旧式教育制度之时，各地具有改良思想的官绅已经着手建立新型书院。如光绪二十一年，直隶天津由县人陈骧建时中书院，“专课西学，并设西学官书局”。[2]同年，江苏盐城建尚志书院，“课生徒以经史、性理、时务之学，一时才俊之士多出其中”。[3]江苏山阳勺湖书院亦“设经解及算术、几何，一月一课”。[4]与此同时，不少具有维新思想的学者和高级官员也纷纷上疏朝廷，揭露并批评书院教育弊端，有的还进行了改革书院的实践活动。如甲午战争失败之后不久，著名维新思想家严复即发表《救亡决论》，提出救亡图存的当务之急“莫亟于废八股”、“废除八股而大讲西学”。[5]同年七月，顺天府府尹胡燏芬上《条陈变法自强疏》，他说:“今中国各省书院、义塾，制亦大备，乃于八股试帖、词赋经义而外，一无讲求。又明知其无用，而徒以法令所在，相沿不改。人才消耗，实由于此。”[6]为

1 中国史学会编：《戊戌变法》第二册第148页，《康有为奏议·上清帝第二书》，上海人民出版社，1957年。

2 王守恂撰：《天津政俗沿革记》卷十，北京师范大学图书馆藏金氏刻本，1938年。

3 林懿均等纂修：民国《续修盐城县志》卷七，文行出版社，1985年。

4 周钧等纂修：民国《续纂山阳县志》卷七，成文出版社，1983年。

5 严复著：《严复集》第一册第40页，中华书局，1986年。

6 朱有瓛主编：《中国近代学制史料》第一辑下册第473页，华东师范大学出版社，1986年。

此，他认为，只有像日本那样“广行学校，力行西法”才能实现国富民强的目的。光绪二十二年五、六月间，又有刑部左侍郎李端棻，以及山西巡抚胡聘之、山西学政钱骏祥先后上疏，将臣下建言改革书院教育的活动推向了高潮。其中，胡聘之、钱骏祥所上《请变通书院章程折》继续对传统书院教育制度痛加批判并提出了改革书院教育的规划和设想。该奏折道：“查近日书院之弊，或空谈讲学，或溺志词章，既皆无裨实用。其下者专摹帖括，注意膏奖，志趣卑陋，安望有所成就？宜将原设之额，大加裁汰，每月诗文等课，酌量并减，然后综核经费，更定章程，延硕学通儒，为之教授，研究经义，以穷其理，博综史事，以观其变。由是参考时务，兼习算学，凡天文、地舆、农务、兵事、与夫一切有用之学，统归格致之中，分门探讨，务臻其奥。”在此同时，他们还计划对山西省城令德书院加以改造，“别订条规，添设算学等课，择院生能学者，按名注籍，优给膏奖。省外各府属，如有可造之士，由臣与学臣随同甄录调院”。[1]李端棻之《奏请推广学校折》则建议自京师以及各省府州县皆设学堂。“府州县学选民间俊秀子弟年十二至二十者入学，其诸生以上欲学者听之。学中课程，诵四书、《通鉴》、小学等书，而辅之以各国语言文字及算学、天文、地理之粗浅者，万国古史、近事之简明者，格致理之平易者，以三年为期。省学选诸生年二十五以下者入学，其举人以上欲学者听之。学中课程，诵经史子及国朝掌故诸书，而辅之以天文、舆地、算学、格致、制造、农商、兵矿、时事、交涉等学，以三年为期。”针对经费不足、各地官员缺乏办学经验等实际问题，他建议改书院为学堂并要求每省每县各改一所试行。他说：“或疑似此兴作，所费必多，今国家正值患贫，何处筹此巨款。臣查各省及府州县率有书院，岁调生徒入院肄业，聘师

1　中国史学会编：《戊戌变法》第二册第 299 页，上海人民出版社，1957 年。

简授，意美法良。惟奉行既久，积习日深，多课帖括，难育异才。今可令每省每县各改其一院，增广功课，变通章程，以为学堂。书院旧有公款，其有不足，始拨官款补之。因旧增广，则事顺而易行；就近分筹，则需少而易集。”[1]在胡、李等人的带动下，同年九月，翰林院侍讲学士秦绶章上疏要求整顿书院。在《奏请整顿各省书院预储人才折》中，他认为，“国势之强弱视乎人才，人才之盛衰视乎学校，欲补学校所不逮而切实可行者，莫如整顿书院之一法”。为了对旧式书院加以整顿，他提出了整顿书院的三项内容。一曰：定课程。他建议仿北宋教育家胡瑗分斋治事的教育方法，分类为六:“曰经学，经说、讲义、训诂附焉；曰史学，时务附焉；曰掌故之学，洋务、条约、税则附焉；曰舆地之学，测量、图绘附焉；曰算学，格致制造附焉；曰译学，各国语言文字附焉，士之肄业者，或专攻一艺，或兼习数艺，各从其便。制艺、试帖未能尽革，每处留一书院课之已足。”二曰：重师道。“书院山长必由公举，不论爵位年岁，惟取品行端方、学问渊博为众望所推服者；其算学、译学，目前或非山长所能兼，则公举诸生中之通晓者各一人，立为斋长分课之，而仍秉成于山长。省会书院，规模较广，山长而下兼设六斋之长，分廛列舍，与诸生讲习其中。”三曰：核经费。“各属书院，或田亩，或公款生息，或官长捐廉，或绅富乐助，皆有常年经费。即或偏僻之区容有不足，就本地公款酌拨，亦属为费无多。此整顿书院之大概章程也。”[2]

由于内外交困，兼之以受到维新思想的影响，光绪皇帝对于各种改革书院的建议开始采取支持态度。对于李端棻改书院为学堂的奏折，他下令将之转发各省督抚并命令他们“或就原有书院，

1 中国史学会编：《戊戌变法》第二册第293～294页，上海人民出版社，1957年。

2 《皇朝经世文编》第六册《学校上》，转引自舒新城：《中国近代教育史资料》上册，人民教育出版社，1981年。

量加程课；或另建书院，肄习专门。果使业有可观，三年后，由督抚奏明，再行议定章程，请旨考试录用”。[1]对于山西巡抚胡聘之请变通书院章程并课天算、格致等学的奏折，也“奉旨允准”并经礼部“通行各省在案”。[2]对于秦绶章奏折，亦“一并通行各省督抚学政，参酌采取，以扩旧规而收实效”。[3]根据谕旨精神，一些省份开始对辖下书院加以改革。据礼部所上《议复整顿各省书院折》载：“近日各省整顿书院，其见诸奏报者，如江西之酌裁友教书院童卷，移设算科；陕西之创格致实学书院，均经议有章程。”[4]光绪二十三年，全国更多省份开始采取行动。八月间，浙江巡抚廖寿丰于杭州建求是书院，直接延聘“一西人为正教习，授各种西学”，“华教习二人副之，一授西文，一授算学，委监院一人管理院事，由绅士保送年二十以内之举贡生监，饬该总办考取复试，接见询问。择其行谊笃实、义理优长、平日究心时务而无嗜好习气者，送院肄业，但予奖赏，不给膏火。学以五年为限，明定规约，妥立课程，每日肄业之暇，令泛览经史、国朝掌故及中外报纸，务期明体达用”。[5]同年，张之洞将由他建立的湖北武昌经心书院、两湖书院“均照学堂办法，严立学规，改定课程，一洗帖括词章之习，惟以造真才，济时用为要归”。[6]其中两湖书院“分习经学、史学、地舆学、算学四门，图学附于地舆。每门各设分教，诸生于四门皆须兼通，四门分日轮习。另设院长，总

1　中国史学会编：《戊戌变法》第二册第4页，上海人民出版社，1957年。

2　《皇朝经世文编》第六册《学校上》，转引自舒新城：《中国近代教育史资料》上册，人民教育出版社，1981年。

3　《皇朝经世文编》第六册《学校上》，转引自舒新城：《中国近代教育史资料》上册，人民教育出版社，1981年。

4　《皇朝经世文编》第六册《学校上》，转引自舒新城：《中国近代教育史资料》上册，人民教育出版社，1981年。

5　（清）嵇璜等纂修：《续文献通考》卷一〇〇《学校七》，商务印书馆，1936年。

6　（清）张之洞撰、许同莘编：《张文襄公奏稿》卷二九。

司整饬学规，考核品行，讲明经济。用宋太学积分之法，每月终核其所业分数之多寡，以为进退之等差”。经心书院则“分习外政、天文、格致、制造四门，每门亦各设分数。诸生于四门皆须兼通，四门分年轮习，无论所习何门，均兼算学。分教中即有通晓西文者，诸生若自愿兼习西文，亦听其便。另设院长，总司整饬学规，专讲四书义理、中国政治，其考分数而不仅取空文，亦与两湖书院同”。[1]在他的带动下，江汉书院亦奉命改章，武昌、汉阳、德安三府书院均亦停课时文，分习算学，时务，其他八府州书院亦一律改章。光绪二十四年初，熊希龄于湖南也对书院加以整顿，根据不同情况，分别定教法，端师范，裁干修，定期限，勤功课，严监院，速变通，先后整顿书院百余所。其中一些书院如沅水校经书院还将课程改为经学、史学、算学、掌故之学、舆地学、译学六门；湘乡、浏阳、宝庆、沅州、岳州、宁乡、新化、常德、永明等府州县的书院或酌改旧章，一律改课实学，或设立学舍，“讲求一切有益政教之学”。[2]与此同时，山东省城之泺源、尚志、景贤、济南等书院亦改习经史、时务实学。[3]此外如直隶保定莲池书院、江苏江宁惜阴书院、江苏苏州文正书院、江苏苏州正谊书院、江苏江阴锦带书院、江苏句容华阳书院等相当一批书院也都改定课章，添设西学。其中，江苏江阴锦带书院“定期举课外，又集捐购置经史百家及时务西学书籍凡一千五百卷”。[4]江苏句容华阳书院亦“以时务，中西学及洋务”为授课内容。[5]安徽巡抚邓华熙则径将安庆敬敷书院改为求

1 （清）张之洞撰、许同莘编：《张文襄公奏稿》卷二九。

2 朱有瓛主编：《中国近代学制史料》第一辑下册第343页，华东师范大学出版社，1986年。

3 佚名辑：《戊戌变法档案史料》第314页，文海出版社，1958年。

4 （清）陈思等纂修：民国《江阴县续志》卷六，成文出版社，1970年。

5 （清）张绍棠等纂修：光绪《续纂句容县志》卷六，成文出版社，1974年。

是学堂。[1]尽管受时代和人们认识水平限制，多数情况都是对旧有书院加以整顿，添设课程，改为学堂者极少，而且还保留了不少传统课程，但是，不长时间，即在这样广泛的范围中出现了书院改革高潮，却是书院发展史上所从未有过的事情。正是在此基础上，借助于戊戌变法这场政治运动的推动，开始了一场改书院为学堂的深刻的教育体制大变革的运动。

光绪二十四年四月，光绪皇帝颁布《定国是诏》，从而掀起了变法的高潮。在戊戌变法期间，改革书院教育乃至于整个教育体制是一项重要的内容。早在颁布"定国是诏"的上谕中，光绪皇帝即要求中外大小诸臣"各宜努力向上，发愤为雄，以圣贤义理之学，植其根本，又须博采西学之切于时务者，实力讲求，以救空疏迂谬之弊。专心致志，精益求精，毋徒袭其皮毛，毋竞腾其口说，总期化无用为有用，以成通经济变之才"。[2]此诏甫下，当年五月，康有为即连上《请开学校折》、《请饬各省改书院淫祠为学堂折》，鼓吹彻底改变教育体制，将全国各地书院皆改为学堂。他说："我各直省及府州县咸有书院，多者十数所，少者一二所，其民间亦有公书院、义学、社学、学塾，皆有师生，皆有经费。惜所课皆八股试帖之业，所延多庸陋之师，或拥席不讲、坐受修脯者。其省会间有及考据词章之学者，天下数所而已。师徒万千，日相率为无用之学，故经费虽少，虚縻则多。今既罢弃八股，而大学堂经济常科，皆须小学、中学之升擢，而中学、小学直省无之。莫若因省府州县乡邑公私现有之书院、社学、学塾，皆改为兼习中西之学校。省会之大书院为高等学，府州县之书院为中等学，义学、社学为小学。……"[3]这个建议立即被光绪皇帝所采纳。

1　安徽通志馆编：民国《安徽省通志稿》《教育考三》，成文出版社，1985 年。
2　中国史学会主编：《戊戌变法》第二册第 17 页，上海人民出版社，1957 年。
3　中国史学会主编：《戊戌变法》第二册第 220 页，上海人民出版社，1957 年。

五月二十二日，他颁布谕旨，宣布："前经降旨，开办京师大学堂。入堂肄业者，由中学、小学依次而升，必有成效可睹。惟各省中学、小学，尚未一律开办。总计各直省省会暨府厅州县，无不各有书院。著各该督抚，督饬地方官，各将所属书院坐落处所，经费数目，限两个月详查具奏。即将各省府厅州县现有之大小书院，一律改为兼习中学、西学之学校。至于学校等级，自应以省会之大书院为高等学，郡城之书院为中等学，州县之书院为小学，皆颁给京师大学堂章程，令其仿照办理。其地方自行捐办之义学、社学等，亦令一律中西兼习，以广造就"。[1] 这样，在康有为奏折和光绪皇帝上谕的推动下，各省普遍开展了改书院为学堂的活动。不长时间，成效即十分显著。当年七月，据两江总督刘坤一奏报，已于江苏、安徽两省各设中、小学堂并将江苏省城有名之钟山、尊经、惜阴、文正、凤池、奎光六书院"并改为府县各学堂"。[2] 又如湖广，据总督张之洞奏称，武昌、汉阳、德安三府之府书院，现饬全照学堂章程改为学堂。"此外通省六十七州县，已一律就所有书院改为学堂"。[3] 并制定《通省学堂公共简要章程》数条，以促使书院向学堂的转化。同年五月，直督荣禄在保定省城创设畿辅学堂，"除经史外，兼习西国语言文字，图算格致等项"。[4] 而后，接到上谕，又"奉旨将各处书院一律改为学堂"。将保定莲池书院改为省会高等学堂，其新设之畿辅学堂，改为保定郡城中等学堂。其他郡县亦照此办理并于教学内容中中西并重。"中学之书，除四书、五经外，将历代史、舆地志、九通等书，编为读本；西学之书，将算数、格致、外国舆图史鉴、工程矿学、声光电化等书……译成功课书，刊

1　中国史学会主编：《戊戌变法》第二册第 34 页，上海人民出版社，1957 年。

2 （清）刘坤一：《筹设江南学堂折》，《光绪谕折汇存》卷一八，文海出版社，1967 年。

3 （清）朱寿朋撰：光绪朝《东华录》（四）第 4126 页，中华书局，1958 年。

4　佚名辑：《戊戌变法档案史料》第 282 页，文海出版社，1958 年。

作定本，颁发各属学堂，依次课授”。[1]山西则将省城令德书院改为省会学堂，添设政治时务、农功物产、地理兵事、天算博艺四门课程，“按照京师大学堂章程，中西并课”。其他109所府州县书院也一律改为中西兼习之学堂。[2]

戊戌变法期间，书院改革虽然有了较大进展，但是由于戊戌变法只是一场资产阶级改良运动，时间过短，同时在变法过程中又遇到了守旧势力的阻挠和反抗，使得这些改革无论就程度还是就范围都极不彻底。首先是在书院改革中，从最高统治者光绪皇帝到维新派，都十分强调“中学为体，西学为用”，以致这些改革从指导思想到课程设置都保留了不少封建内容。其次，由于戊戌变法前后不过百日，时间过短，对边远省份和内地偏僻地区影响甚小或者没有发生影响。即如贵州，地处边远，书院生徒“素习制艺”，当地官员即以此为据而对光绪皇帝上谕大打折扣，认为“未便一概更张”，而仅将学古书院改为经世学堂，“延算学一人教习，择娴习西文西语一人副之”，“中学、西学每月分期面试”。[3]其他安顺、遵义等府属书院并未改为学堂，仅是于月课之中“兼试算学及时务各论”。[4]至于内地一些地区，由于废八股以及改书院为学堂使得相当一批除作八股而无他能的书院山长、义学塾师和生徒求仕无路，谋生无途，因而，早在康有为上折请改书院为学堂之初，一些直隶士人即欲刺杀康有为以泄忿。[5]在他们的抵制下，不少地区书院改革基本没有进展。不久，以慈禧太后为代表的守旧势力发动政变，囚禁光绪皇帝，诛杀谭嗣同等变

1 佚名辑：《戊戌变法档案史料》第283页，文海出版社，1958年。

2 佚名辑：《戊戌变法档案史料》第277页，文海出版社，1958年。

3 佚名辑：《戊戌变法档案史料》第259页，文海出版社，1958年。

4 佚名辑：《戊戌变法档案史料》第259页，文海出版社，1958年。

5 中国史学会主编：《戊戌变法》第四册第107页，《康南海自编年谱》，上海人民出版社，1957年。

法六君子，康梁远遁海外，戊戌变法失败。当年九月，礼部奏请“令各省书院照旧办理，停罢学堂”。受此影响，不少已经改为学堂的书院又挂起了书院的招牌，一些督抚也阿附慈禧太后意旨，建立书院。如湖南巡抚俞廉三即于湖南长沙裁撤时务学堂，改名求实书院。不久，有的官员还提出了“振兴学校、书院”的建议。一时之间，刚被送入坟墓的旧式书院又有僵尸复活之势。

虽然如此，但是由于戊戌变法毕竟是一场符合历史发展潮流的运动，因而，无论反动守旧势力怎样企图将历史车轮拉向逆转，都无法将其改革成果全盘否定。因而，光绪二十四年九月，在礼部奏请“各省书院照旧办理，停罢学堂”之时，为了不致引起全国人民的反感，慈禧太后即以折中姿态颁布懿旨：“书院之设，原以讲求实学，并非专尚训诂词章，凡天文、舆地、兵法、算学等经世之务，皆儒生分内之事。学堂亦不外乎此。是书院之与学堂，名异实同，本不必定须更改。现在时事艰难，尤应切实讲求，不得谓一切有用之学非书院所当有事也。”[1]这样，数年之中，出现了学堂与书院新旧并存的局面。一些书院也继续进行改革并添设西学课程。如光绪二十七年初，张之洞即指令两湖、经心、江汉三书院改定课程，要求他们“钦遵懿旨，将省城各大书院即照天文、地理、兵法、算学，分门讲授”。其他各地书院情况也大多如此。可见，戊戌变法虽然失败，但是其在改革书院教育内容方面的成就却被部分地保存下来。

戊戌变法失败之后，各地旧式书院虽然仍得保存，但是，由于政治愈益黑暗，各地书院腐败现象却仍有加无已，愈来愈甚。据时人所见，当时各地书院情况是：“所有款息，多为地方官侵蚀。现虽渐次规复，而馆谷丰者，常有巨绅盘踞，或出自上官推荐，

1 《清德宗实录》卷四三〇，光绪二十四年九月庚辰，中华书局，1986 年。

不论其学品优劣。更有一人拥数馆，视为利薮，常年不到馆，课卷寄阅。肄业生徒，每朋居燕处，狎昵为非，而不之顾”。[1]“今日书院积习过深，假借姓名，希图膏奖，不守规矩，动滋事端。”[2]而且，由于经过戊戌变法的洗礼，广大士绅已对书院普遍感到厌弃。因而，尽管封建顽固派大力提倡，一些守旧派官僚也阿附时尚，建立并恢复了一些书院。但据笔者统计，此后五年中，新建书院只有浙江诸暨达材书院、福建政和连萼书院、湖南长沙求实书院、广东南海梯云书院、云南新平五桂书院、四川简州通才书院（光绪二十五年）、山东泰安仰德书院、江苏江阴西郊书院、江苏丹阳蒙城书院、贵州独山合江书院、贵州安化文思书院（光绪二十六年）、陕西安康岭南书院、四川巴县算学书院、四川南川海鹤书院（光绪二十七年）、广东南海兴贤书院（光绪二十八年）、江西庐陵元升书院（光绪二十九年）等十六所。与此同时，由于战乱和经费不支，书院毁废者却与年俱增。可以说，各地书院已经完全走上了绝路。就在此时，发生了八国联军入侵中国之役，慈禧太后携同光绪皇帝逃亡西安。次年，又与列强签订了丧权辱国的《辛丑条约》，整个清朝统治已濒临全面崩溃。为了苟延残喘，清朝政府揭起了“新政”的旗帜。利用这一时机，各地官员如江西巡抚李兴锐、湖广总督张之洞、两江总督刘坤一等又纷纷上疏，再次要求改书院为学堂。这样，光绪二十七年八月，清朝政府颁布谕旨：“著将各省所有书院，于省城均改设大学堂，各府及直隶州均改设中学堂，各州县均改设小学堂，并多设蒙养学堂。其教法当以四书五经纲常大义为主，以历代史鉴及中外艺学为辅。”清朝政府的本意是幻想以此挽救其摇摇欲坠的统治，但是，也就是在这

1 （清）刘家模：《请振兴学校书院折》，《光绪谕折汇存》卷二〇，文海出版社，1967 年。

2 （清）张之洞撰、许同莘编：《张文襄公奏稿》卷三二。

道上谕的推动下，各省书院在数年以来改革的基础上，终于走完了向新式学堂转化的艰辛的历程。[1]

清朝政府颁布改书院为学堂谕旨之后不久，山东巡抚袁世凯闻风而动。当年九月，制定试办章程，通饬各属一律兴办。次年三月，清朝政府将此章程颁行各省，参酌办理。这样，从光绪二十八年初开始，各省都掀起了改书院为学堂的高潮。与此同时，各省督抚也先后上折清廷，汇报改书院为学堂的大致情况。如两江总督刘坤一《奏陈筹办江南省各学堂折》称："兹将江南文正书院改设小学堂一所"，"钟山书院改设中学堂一所"，"尊经、凤池两书院改为校士馆"，"各府州县书院，亦已饬全改为学堂"。[2]江苏巡抚聂缉椝《遵改书院为学堂折》称：已将光绪二十四年设立的中西学堂扩充为苏州省城大学堂；将省城正谊书院改为苏州府中学堂，仍名正谊学堂；平江书院改为长洲、元和、吴县三县小学堂，仍名平江学堂；省城原有学古堂，应循旧办理，加意整顿。外府县如松江致用书院，上海育才学堂，常州致用精舍，常熟、昭文二县文游书院，无锡、金匮二县东林书院早已分课经策，兼及泰西各学。"兹复通饬各府厅州县，将已改者逐渐扩充，未改者从速酌改。"[3]此外，其他各省也相率采取行动。如浙江省将杭州求是书院改为省城大学堂，将杭州养正书院改为杭州府中学堂，将杭州崇文书院、杭州紫阳书院分别改为钱塘、仁和两县小学堂。安徽省则又将安庆敬敷书院改为省城大学堂，湖南省将新建长沙求实书院改为省城大学堂，广东省将广州广雅书院改为广

1 参见夏俊霞：《论晚清书院改革》，载《近代史研究》1993年第4期。陈元晖编著：《中国古代书院制度》第126～127页，上海教育出版社，1981年。本节他处亦于上述二文多所征引，特此说明。

2 席裕福等辑：《皇朝政典类纂》卷二二七，文海出版社，1982年。

3（清）聂缉椝：《遵改书院为学堂折》，《光绪谕折汇存》卷二二，文海出版社，1967年。

东省大学堂等。总之，大致到光绪三十年，各省普遍完成了从书院到学堂的改革。

在各省改书院为学堂的过程中，一个重要的方面是筹建省城大学堂。由于各省客观条件不同，主持官吏态度不一，因而，在筹建各省大学堂的过程中，采取方式亦不尽相同。约而言之，大致有以下三种方式：

第一种是山东方式。早在光绪二十七年九月，山东巡抚袁世凯即制定试办学堂章程，通饬各属一律试办。在此同时，他还下令将省城泺源书院改为山东大学堂。有鉴当时山东各府县中小学一时难于全部改设，大学堂生源问题无法解决，因而采取变通办法，暂设备斋和正斋，学习初级浅近之学。其中备斋以两年为限，温习中国经史掌故，并授以外国语言文字、史志、舆地、算术各浅近之学。正斋以四年为限，授普通学，分政、艺两门。其中政学分为三科：一，中国经学；二，中外史学；三，中外法学。艺学分为八科：算学、天文学、地质学、测量学、格致学、化学、生物学、译学。俟各府州县学堂依次设成，再酌设专斋，教习专门之学。以两年至四年为限，分课中国经学、中外史学、中外政治学、文言学、商学、工学、矿学、农学、测绘学、医学等十门课程。学生各专一门，课余均须练习体操。由于这所大学堂是当时各省第一所由书院改设的大学堂，所定章程又实事求是，大致符合当时实际情况，因而，许多省份争相效法。如光绪二十八年，广西裁并省城孝廉、秀峰、宣城、经古各书院，建广西大学堂，即暂分备斋、正斋督课，“所有一切事宜，依照山东章程”酌情妥办。[1]同年，四川、广东、贵州分别将成都尊经书院、广州广雅书院、贵阳贵山书院改为省府大学堂，也都是参照山东大学堂模

1　朱有瓛主编：《中国近代学制史料》第一辑下册第 461 页，华东师范大学出版社，1986 年。

式，“先立备斋、正斋两项，分班督课”。其中，贵州大学堂设“正斋教习五人，课经史、政治、国算、西艺等学；备斋教习四人，课经史、文艺、各国语言文字、测算等学”。[1]

第二种是江苏南菁书院方式。南菁书院虽设于江苏江阴，远离省城。但因其影响较大，入院肄业者又是通省选拔之人才，因而，光绪二十八年，破例依照省城书院改为大学堂。因为当地风气早开，讲求中西实学者颇不乏人，兼之以专斋应修之经史、中外政治学、天算、格致、测绘学以及农工商矿之类的课程，南菁书院院生皆已通其门径，因而，该书院采取了“专斋、正斋、备斋同时并举”的方法，“俾贤精进，鼓舞高才”。[2]为此，该书院拟定十条章程，规定“专斋肄习专门之学，参酌中外学制，分为十门”。开办之初，暂只开设经、史、政治、测绘四科，其余分年次第兴办。不久，改设“政科、艺科两种。政科分经学、掌故，为必修科。专重日记，而无讲义。艺科分算学，理化、测量、东文四门，亦许学生自行选择”。[3]同年，陕西停办泾阳味经、崇实两书院，集中经费、师资，将三原宏道书院改为宏道大学堂。不但办学章程一仿南菁成案，即其课程设置亦仿南菁设立内政、外交、算学、方言四科。限于各地情况，这种方法，效法者颇少，但是对于尽快完成省城书院向近代大学堂的过渡起了一定的作用。

第三种是湖南方式。在当时各省普遍兴办大学堂之时，湖南地方官员将省城原有岳麓、城南、求忠等著名书院照旧保留，仅

1　朱有瓛主编：《中国近代学制史料》第一辑下册第453页，华东师范大学出版社，1986年。

2　朱有瓛主编：《中国近代学制史料》第一辑下册第421页，华东师范大学出版社，1986年。

3　朱有瓛主编：《中国近代学制史料》第一辑下册第415页，华东师范大学出版社，1986年。

令其“分斋设额，课以经史及各国图书”。[1]而将新设的求实书院改为省城大学堂。由于地方官员办事疲玩，逢场作戏，以致这所大学堂开办之初，“规制未级恢宏，门类亦多未备”。与此相似，当时其他不少省份兴办大学堂，也都是采取这种办法应付谕旨。只是后来改革愈益深入，形势未曾像戊戌变法一样发生逆转，他们才不得不假戏真唱，逐渐将这些名为省府大学堂的书院改造成为真正的大学堂。

在全国改书院为学堂的过程中，为了统一全国学制，光绪二十八年，清朝政府颁布了张百熙拟定的《钦定学堂章程》，即“壬寅学制”。但是因为这个章程中规定高小、中学、大学堂毕业者分别给以附生、贡生、举人、进士等称号，保留了相当多的科举制遗毒，故而未予实行。次年，清朝政府又公布了由张之洞、张百熙、荣庆合订的《奏定学堂章程》，即“癸卯学制”。按照这个章程，全国各地进一步加快了改书院为学堂的历史进程。而后，光绪三十一年，清朝政府又下令废除科举考试制度，曾经作为科举制度附庸的书院完全失去了存在的价值。“举昔之父饬子，师戒其弟所悬为厉禁而不令一入耳目者，悉列为课程。”面对中国教育制度和官吏选拔制度中的这场天翻地覆的变化，不少遗老遗少因为政治和物质利益受到伤害，而“异议纷起，匪惟拥皋比、谋馆谷者以异端视之，即老成宿儒亦啧啧以牟髦圣道为藉口”。[2]但是因为大势所趋，不过两三年，这一历史变革即告完成。至此，延续了千年之久的中国古代书院走完了它的最后的途程。

1　朱有瓛主编：《中国近代学制史料》第一辑下册第464页，华东师范大学出版社，1986年。

2　臧理臣等纂修：民国《密云县志》《学校考》，成文出版社，1968年。

表五　清朝各代新建、修复前代书院一览表

朝　代	新建书院数	修复前代书院数	总　数
顺治朝	45	61	106
康熙朝	537	248	785
雍正朝	188	25	213
乾隆朝	1139	159	1298
嘉庆朝	284	19	303
道光朝	400	31	431
咸丰朝	127	6	133
同治朝	366	14	380
光绪朝	671	11	682
未详		35	35
总数	3757	608	4365

表六　清朝各省新建、修复前代书院一览表

省　别	新建书院数	修复前代书院数	总　数
直隶	212	39	251
河南	166	45	211
山西	141	27	168
陕西	144	16	160
甘肃	96	5	101
山东	189	24	213
东北	33		33
江苏	228	25	253
安徽	142	46	188
浙江	275	61	336
江西	321	71	392
福建	302	49	351
湖北	142	30	172
湖南	193	40	233
广东	482	49	531
广西	103	14	117
云南	191	28	219
贵州	76	7	83
四川	321	32	353
总数	3757	608	4365

表七　历朝新建、修复前代书院一览表

朝　代	新建书院数	修复前代书院数	总　数
唐朝	34		34
五代	4		4
北宋	71	2	73
南宋	299	18	317
未详南北宋	125		125
辽朝	1		1
金朝	5	2	7
元朝	282	124	406
明朝	1707	255	1962
清朝	3757	608	4365
总数	6275		

表八　历朝各省新建书院一览表

朝代 数字 省别	唐朝	五代	北宋	南宋	未详南北宋	辽朝	金朝	元朝	明朝	清朝	总数
直隶			3					20	88	212	323
河南	1	1	5				1	16	89	166	279
山西			1			1	1	14	59	141	217
陕西	1		1					8	42	144	196
甘肃									17	96	113
山东			4				2	22	87	189	304
东北									6	33	39
江苏			4	16	5			18	103	228	374
安徽			4	12	2			27	131	142	318
浙江	3		4	60	22			36	139	275	539
江西	5	2	23	94	46			53	210	321	754
福建	5		3	47	9			15	136	302	517
湖北			3	4	5		1	20	104	142	279
湖南	6		8	26	14			22	78	193	347
广东	2	1	4	17	15			3	195	482	719
广西				7	4			2	50	93	156
云南									79	191	270
贵州				1					28	76	105
四川	2		4	15	3			6	66	321	417
未详	9										9
总数	34	4	71	299	125	1	5	282	1707	3747	6275

附　录

为了节约注文篇幅，兹将所辑清代各朝书院使用书目统列于此，以供读者复核、参考之用。

清代直隶书院辑自：

《乾隆大清一统志》卷一至卷三四、嘉庆《重修一统志》卷一至卷五六、雍正《畿辅通志》卷二九、光绪《畿辅通志》卷一一四至一一七、光绪《顺天府志》卷六二、民国《良乡县志》卷二、咸丰《固安县志》卷四、民国《固安县志》卷一、光绪《永清县志》卷一四、民国《涿县志》卷二、光绪《通州志》卷五、民国《安次县志》卷一、乾隆《武清县志》卷一、民国《平谷县志》卷二、民国《蓟县志》卷八、光绪《昌平州志》卷一二、民国《密云县志》卷四、民国《文安县志》卷一二、民国《顺义县志》卷八、光绪《延庆州志》卷四、光绪《大城县志》卷二、乾隆《永平府志》卷八、光绪《永平府志》卷三七、民国《卢龙县志》卷九、光绪《抚宁县志》卷五、光绪《滦州志》卷一二、光绪《乐亭县志》卷五、民国《临榆县志》卷九、民国《昌黎县志》卷五、光绪《临榆县志》卷十、光绪《遵化州志》卷一七、乾隆《遵化州志》卷六、光绪《丰润县志》卷二、同治《迁安县志》卷十、民国《迁安县志》卷八、民国《满城县志》卷六、民国《徐水县志》卷五、同治《清苑县志》卷二、光绪《容城县志》卷三、光绪《蠡县志》卷三、乾隆《祁州志》卷二、光绪《祁州续志》卷一、光绪《定兴县志》卷二、光绪《天津府志》卷三五、民国《青县志》卷三、同治《续修天津县志》卷四、《天津政俗沿革记》卷十、同治《静海县志》卷二、乾隆《沧州志》卷三、民国《沧县志》卷六、乾隆《天津府志》卷九、咸丰《庆云县志》卷

二、民国《庆云县志》卷二、民国《盐山新志》卷五、民国《新城县志》卷七、乾隆《献县志》卷二、乾隆《任邱县志》卷二、道光《任邱续志》卷二、民国《交河县志》卷三、光绪《东光县志》卷四、光绪《正定县志》卷一一、民国《元氏县志·教育》、光绪《曲阳县志》卷八、康熙《藁城县志》卷二、康熙《灵寿县志》卷二、同治《灵寿县志》卷二、道光《滦城县志》卷六、同治《滦城县志》卷六、光绪《续修井陉县志》卷一七、咸丰《平山县志》卷四、民国《平山县资料集》卷八、光绪《赞皇县志》卷五、光绪《无极续志》卷二、民国《无极县志》卷五、光绪《邢台县志》卷二、民国《邢台县志》卷二、民国《广宗县志》卷八、光绪《唐山县志》卷六、光绪《唐县志》卷四、光绪《永年县志》卷九、民国《任县志》卷二、民国《邯郸县志》卷九、民国《大名县志》卷九、民国《成安县志》卷八、民国《磁县志》卷一三、民国《威县志》卷九、光绪《清河县志》卷一、民国《清河县志》卷八、民国《广平县志》卷八、民国《元城县志》卷二、乾隆《大名县志》卷一六、光绪《南乐县志》卷二、同治《元城县志》卷二、乾隆《东明县志》卷二、民国《东明县续志》卷一、嘉庆《长垣县志》卷六、同治《增续长垣县志》卷一、光绪《开州志》卷二、道光《南宫县志》卷三、民国《南宫县志》卷六、乾隆《易水志》卷五、光绪《滦水县志》卷二、光绪《广昌县志》卷七、民国《新河县志·经政考》、乾隆《衡水县志》卷三、民国《冀县志》卷五、同治《武邑县志》卷四、光绪《枣强县志补正》卷一、民国《宁晋县志》卷二、乾隆《柏乡县志》卷三、乾隆《隆平县志》卷二、光绪《赵州属邑志》卷一、道光《武强新志》卷五、光绪《深州风土记》卷四、咸丰《深泽县志》卷三、乾隆《热河志》卷七四、道光《承德府志》卷一三、光绪《承德府志》卷一三、乾隆《宣化府志》卷一二、民国《宣化新志》卷七、光绪《怀来县志》卷八、民国《怀安县志》卷十、乾隆《赤城县志》卷二、光绪《赤城县续志》卷三、道光《万全县志》卷二、民国《万全县志》卷八、光绪《保安州续志》卷一、康熙《保安州志》卷六、道光《保安州志》卷二、同治《西宁新志》卷四、民国《阳原县志》卷二、民国《霸县新志》卷三、光绪《吴桥县志》卷二、民国《景县志》卷五、乾隆《南和县志》卷二。

清代河南书院辑自：

乾隆《大清一统志》卷一四九至一七六、嘉庆《重修一统志》卷一八五至二二五、田文镜《河南通志》卷四三、阿思哈《续河南通志》卷三九、乾隆《祥符县志》卷五、康熙《开封府志》卷一一、乾隆《通许县志》卷二、民国《通许县志》卷二、同治《鄢陵文献志》卷一三、民国《鄢陵县志》卷一二、民国《中牟县志》卷三、乾隆《兰阳县志》卷三、民国《禹县志》卷八、嘉庆《密县志》卷七、康熙《新郑县志》卷一、民国《郑县志》卷三、乾隆《荥泽县志》卷三、民国《河阴县志》卷九、民国《荥阳县志》卷五、民国《汜水县志》卷五、民国《夏邑县志》卷二、光绪《睢州志》卷二、光绪《鹿邑县志》卷七、民国《太康县志》卷四、光绪《扶沟县志》卷八、民国《商水县志》卷九、民国《淮阳县志》卷五、嘉庆《安阳县志》卷九、嘉庆《涉县志》卷三、乾隆《洛阳县志》卷五、光绪《商邱志》卷三、乾隆《林县志》卷二、乾隆《登封县志》卷一七、乾隆《嵩县志》卷一六、乾隆《偃师县志》卷六、光绪《宜阳县志》卷五、嘉庆《孟津县志》卷三、民国《新安县志》卷八、民国《巩县志》卷九、民国《郏县志》卷七、光绪《浚县志》卷四、民国《滑县志》卷九、民国《西华县志》卷八、宣统《项城县志》、民国《长葛县志》卷四、乾隆，《怀庆府志》卷十、乾隆《济源县志》卷三、民国《孟县志》卷五、康熙《上蔡县志》卷二、民国《洛宁县志》卷

三、光绪《南阳县志》卷六、民国《光山县志约稿·教育志》、道光《伊阳县志》卷三、民国《重修临颍县志》卷四、道光《泌县志》卷五、乾隆《邓州志》、同治《叶县志》卷二、康熙《汝阳县志》卷五、民国《汝南县志》卷九、民国《西平县志》卷一二、民国《正阳县志》卷三、民国《信阳州志》卷二、民国《信阳县志》卷一三、民国《许昌县志》卷五、民国《阌乡县志》卷一二、乾隆《汲县志》卷三、民国《获嘉县志》卷三、乾隆《新乡县志》卷一二、民国《新乡续志》卷一、民国《考城县志》卷八、民国《续武陟县志》卷八、民国《修武县志》卷七、民国《阳武县志》卷二、乾隆《唐县志》卷二、乾隆《桐柏县志》卷三、乾隆《新野县志》卷二、民国《确山县志》卷一四、民国《灵宝县志》卷六、光绪《卢氏县志》卷五、乾隆《杞县志》卷五、乾隆《仪封县志》卷三。

清代山西书院辑自：

乾隆《大清一统志》卷九六至一二三、嘉庆《重修一统志》卷一三五至一六〇、雍正《山西通志》卷三五、三六、光绪《山西通志》卷七六、道光《阳曲县志》卷八、道光《太原县志》卷二、光绪《续太原县志》卷一、光绪《襄陵县志》卷七、民国《襄陵县志》卷一七、民国《洪洞县志》卷十、雍正《太平县志》卷二、道光《太平县志》卷四、光绪《续修曲沃县志》卷八、乾隆《祁县志》卷三、光绪《祁县志》卷三、光绪《交城县志》卷五、光绪《文水县志》卷四、民国《临汾县志》卷二、民国《浮山县志》卷十、光绪《吉县志》卷一、乾隆《翼城县志》卷七、民国《翼城县志》卷一九、光绪《长治县志》卷三、乾隆《蒲州府志》卷五、光绪《永济县志》卷四、乾隆《临晋县志》卷一、民国《临晋县志》卷五、光绪《荣河县志》卷三、雍正《猗氏县志》卷一、民国《万泉县志》卷二、民国《虞乡县新志》卷七、光绪《长子县志》卷六、乾隆《汾州府志》卷五、乾隆《汾阳县志》卷三、咸丰《汾阳县志》卷三、光绪《汾阳县志》卷三、光绪《孝义县续志》上、民国《襄垣县志》卷六、光绪《平遥县志》卷四、嘉庆《介休县志》卷三、民国《介休县志》卷一五、同治《阳城县志》卷六、乾隆《浑源州志》卷三、民国《校订偏关志》上、光绪《寿阳县志》卷四、民国《陵川县志》卷六、光绪《浑源州续志》卷二、乾隆《广灵县志》卷二、光绪《广灵县志》卷二、民国《天镇县志》卷三、乾隆《五寨县志》下、康熙《保德州志》卷一、乾隆《解州全志》卷四、光绪《绛县志》卷一四、民国《续修昔阳县志》卷二、光绪《忻州志》卷一一、乾隆《代州志》卷一、光绪《代州志》卷五、道光《繁峙县志》卷二、光绪《繁峙县志》卷二、乾隆《解州安邑县志》卷四、民国《芮城县志》卷三、民国《新绛县志》卷七、同治《稷山县志》卷二、乾隆《闻喜县志》卷二、民国《闻嘉县志》卷一三、康熙《隰州志》卷九、光绪《续修隰州志》卷二、乾隆《蒲县志》卷四、光绪《蒲县志》卷四、民国《永和县志》卷三、乾隆《武乡县志》卷一、光绪《辽州志》卷二、民国《和顺县志》卷二、光绪《榆社县志》卷三、光绪《夏县志》卷二、光绪《榆社县志》卷三、光绪《夏县志》卷二、民国《沁源县志》卷五、民国《平陆续志》卷二、民国《乡宁县志》卷七、民国《岳阳县志》卷五、民国《安泽县志》卷五、民国《归绥县志》《教育志》、乾隆《太谷县志》卷二、民国《太谷县志》卷七、民国《阳曲县志》卷四。

清代陕西书院辑自：

乾隆《大清一统志》卷一七八至一九六、嘉庆《重修一统志》卷二二六至二五〇、雍正《陕西通志》卷二七、民国《续修陕西通志稿》卷三六至三八、乾隆《西安府志》卷一九、嘉庆《咸宁县志》卷一三、民国《咸宁长安续志》卷九、道光《陕志辑要》

卷一至卷六、乾隆《西安县志》卷四、民国《重修咸阳县志》卷二、民国《兴平县志》卷二、乾隆《临潼县志》卷一、民国《户县志》卷四、光绪《兰田县志》卷九、宣统《泾阳县志》卷六、乾隆《三原县志》卷三、光绪《三原新志》卷四、民国《周至县志》卷四、光绪《新续渭南县志》卷三、光绪《富平县志稿》卷二、乾隆《醴泉县志》卷七、民国《续修醴泉县志稿》卷六、乾隆《同官县志》卷五、嘉庆《延安府志》卷三五、嘉庆《长安县志》卷一七、乾隆《凤翔府志》卷六、宣统《眉县志》卷四、雍正《乾州新志》卷三、光绪《乾州志稿》卷八、乾隆《续耀州志》卷二、嘉庆《耀州志》卷二、道光《安定县志》卷二、乾隆《宜川县志》卷二、民国《宜川县志》卷一九、嘉庆《扶风县志》卷五、康熙《陇州志》卷二、光绪《沔县志》卷二、康熙《延绥镇志》卷二、咸丰《同州府志》卷一五、乾隆《郃阳县全志》卷一、乾隆《韩城县志》卷二、乾隆《浦城县志》卷四、光绪《蒲城县新志》卷四、康熙《蒲城县志》卷一、乾隆《白水县志》卷二、光绪《孝义厅志》卷六、咸丰《保安县志》卷二、同治《武功县志》卷二、光绪《武功县续志》卷一、民国《洛川县志》卷一九、光绪《绥德州志》卷四、光绪《同州府续志》卷七、民国《大荔县志稿》卷七、乾隆《大荔县志》卷六、道光《大荔县志》卷九、乾隆《朝邑县志》卷七、道光《清涧县志》卷二、乾隆《延长县志》卷二、光绪《靖边县志稿》卷二、民国《重修岐山县志》卷六、民国《宝鸡县志》卷四、光绪《麟游新志草》卷二、民国《南郑县志》卷三、光绪《洋县志》卷六、民国《洋县志》卷三、光绪《定远厅志》卷一一、道光《留霸厅志》卷四、民国《佛坪县志》卷二、光绪《新修凤县志》卷二、光绪《宁羌州志》卷二、光绪《略阳县志》卷二、清修《神木县志》卷一、道光《葭州志》卷六、民国《葭县志》卷二、乾隆《府谷县志》卷一、民国《横山县志》卷三、咸丰《安康县志》卷十、嘉庆《续兴安府志》卷

四、光绪《续修平利县志》卷六、嘉庆《白河县志》卷四、光绪《白河县志》卷五、道光《石城县志》卷二、民国《砖坪县志》卷一、嘉庆《续潼关县志》上、民国《商南县志》卷三、民国，訾州新志稿》卷一、乾隆《淳化县志》卷一四、民国《淳化县志》卷一四、嘉庆《中部县志》卷一、民国《中部县志》卷一七、光绪《米脂县志》卷二、道光《吴堡县志》卷二。

清代甘肃书院辑自：

乾隆《大清一统志》卷一九八至二一二、嘉庆《重修一统志》卷二五一至二八〇、乾隆《甘肃通志》卷九、宣统《甘肃通志》卷三五、乾隆《皋兰县志》卷七、道光《兰州府志》卷三、道光《皋兰县续志》卷三、光绪《重修皋兰县志》卷一五、康熙《金县志》上、乾隆《狄道州志》卷四、民国《渭源县志》卷五、道光《靖远县志》卷二、康熙《河州志》卷二、民国《和政县志》卷二、民国《重修漳县志》卷五、光绪《通渭新志》卷三、光绪《洮州厅志》卷八、民国《平凉县志》卷三、民国《华亭县志》卷二、宣统《固原州志》卷四、民国《隆德县志》卷二、民国《重修灵台县志》卷一、乾隆《秦州新志》卷三、民国《秦州新志续编》卷一、道光《雨当县志》卷三、嘉庆《徽县志》卷三、民国《重修镇原县志》卷八、道光《敦煌县志》卷三、民国《新纂康县志》卷七、道光《会宁县志》上、民国《朔方道志》卷十、乾隆《银川小志》、嘉庆《宁夏府志》卷六、嘉庆《灵州志》卷一、民国《豫旺县志》卷三、顺治《肃镇志》卷二、乾隆《甘州府志》卷七、民国《张掖县志》“学校”、道光《山丹县志》卷六、民国《临泽县志》卷三、乾隆《永昌县志》卷二、道光《镇番县志》卷五、乾隆《五凉全志》卷三、民国《西宁府续志》卷二、民国《崇信县志》卷二、民国《大通县志》卷二。

清代东北书院辑自：

乾隆《大清一统志》卷三八至四九、嘉庆《重修一统志》卷五七至七一、乾隆（元年）《盛京通志》卷二一、民国《奉天通志》卷一五〇、光绪《吉林通志》卷四九、《吉林外纪》卷六、民国《黑龙江通志辑要》卷一二、民国《复县志略、、学务表》、民国《铁岭县志》卷四、民国《盖平县志》卷五、民国《锦县志》卷六、民国《沈阳县志》卷四、民国《辽阳县志》卷一九、民国《兴京县志》卷四、民国《兴城县志》卷四、民国《义县志》中卷、宣统《海城县志》、民国《海城县志》卷六、民国《昌图县志》卷三、民国《安东县志》卷三、民国《双城县志》卷八、民国《宁安县志》卷二。

清代山东书院辑自：

乾隆《大清一统志》卷一二六至一四七、嘉庆《重修一统志》卷一六二至一八四、乾隆《山东通志》卷一四、民国《山东通志》卷八八、八九、民国《续修历城县志》卷一五、民国《邹平县志》卷四、康熙《邹平县志》卷四、乾隆《济阳县志》卷五、民国《济阳县志》卷二、道光《长清县志》卷八、民国《长清县志》卷七、光绪《陵县志》卷一一、民国《陵县志》卷二、民国《德县志》卷七、光绪《德平县志》卷二、民国《德平县续志》卷二、民国《曲阜志》卷四、民国《阳谷县志》卷三、光绪《寿张县志》卷二、宣统《聊城县志》卷四、光绪《馆陶县志》卷七、民国（二十五年）《馆陶县志·政治志》、道光《冠县志》卷四、康熙《益都志》卷三、光绪《益都县图志》卷二一、乾隆《诸城县志》卷七、光绪《临朐县志》卷七、民国《临朐续志》卷一二、道光《蓬莱县志》卷三、光绪《蓬莱县志》卷三、光绪《滋阳县志》卷五、乾隆《平原县志》卷四、民国《平原县志》卷四、民国《福山县志稿》卷二、同治《黄县志》卷二、民国《莱阳县志》卷二、同治《宁海州志》卷七、光绪《文登县志》卷二、光绪《掖县志》卷二、乾隆《掖县志》卷二、民国《四续掖县志》卷一、乾隆《莱州府志》卷四、道光《平度州志》卷九、民国《平度县续志》卷四、道光《胶州志》卷一三、民国《胶州志》卷二二、乾隆《潍县志》卷二、民国《潍县志稿》卷二二、乾隆《昌邑县志》卷四、光绪《昌邑续志》卷四、光绪《高密县志》卷五、民国《高密县志》卷九、同治《即墨县志》卷三、光绪《利津县志》、民国《利津续志》卷六、民国《沾化县志》卷六、民国《青城县志》卷三、嘉庆《莒州志》卷二、宣统《蒙阴县志》《书院》、民国《重修泰安县志》卷四、光绪《日照县志》卷十、同治《泰安县志》卷六、民国《武城县志》卷四、道光《滕县志》卷五、光绪《高唐州志》卷三、民国《乐安县志》卷六、光绪《泗水县志》卷七、乾隆《郯城县志》卷六、嘉庆《续修郯城县志》卷四、光绪《费县志》卷六、道光《东阿县志》卷七、民国《续修东阿县志》卷六、民国《朝城县续志》卷一、咸丰《济宁州志》卷五、民国《济宁州续志》卷七、民国《东平县志》卷七、乾隆《东平州志》卷八、民国《莱芜县志》卷一二、民国《莱芜县续志》卷一四、光绪《曹县志》卷二、光绪《荷津县志》卷五、民国《钜野县志》卷一、道光《观城县志》卷三、民国《续修范县志》卷三、同治《金乡县志》卷四、民国《鱼台县志·学校》、民国《茌平县志》卷四、民国《莘县志》卷五、民国《临淄县志》卷九、道光《博兴县志》卷三、民国《重修博兴县志》卷四、嘉庆《昌乐县志》卷六、民国《昌乐县续志》卷一四、民国《寿光县志》卷四、民国《重修新城县志》卷五、民国《齐东县志》卷三、民国《齐河县志》卷一八、道光《荣城县志》卷四、道光《商河县志》卷四、民国《无棣县志》卷五、咸丰《滨州志》卷二、光绪《定陶具志》卷二、民国《定陶县志》卷二、乾隆《章邱县志》卷二、道光《章邱县志》卷二、民国《夏津县志续编》卷三、民国《临清县志》卷十、同治《临邑县志》卷四、嘉庆《长山县志》卷二、光绪《峄县志》卷九、民国《续修清平县志》《学校》。

清代江苏书院辑自：

乾隆《大清一统志》卷五〇至七三、嘉庆《重修一统志》卷七二至一〇七、乾隆《江南通志》卷九〇、乾隆《上元县志》卷九、嘉庆《江宁府志》卷一六、乾隆《句容县志》卷六、光绪《句容县志》卷三、嘉庆《溧阳县志》卷七、光绪《续纂江宁府志》卷五、光绪《溧阳县志》卷五、光绪《续修高淳县志》卷五、民国《重修高淳县志》卷五、乾隆《苏州府志》卷一六、光绪《苏州府志》卷二六、民国《吴县志》卷二七、康熙《吴县志》卷二四、光绪《昆新续志》卷四、光绪《常昭合志》卷一四、民国《重修常昭合志》卷九、道光《虞乡志略》卷二、光绪《吴江县续志》卷三、乾隆《吴江县志》卷八、嘉庆《同里志》卷三、乾隆《震泽县志》卷七、雍正《崇明县志》卷四、光绪《崇明县志》卷三、民国《崇明县志》卷八，嘉庆《宜兴县志》卷四、光绪《宜荆县志》卷四、光绪《无锡金匮县志》卷六、光绪《江浦埤乘》卷一二、光绪《溧水县志》卷七、康熙《浒墅关志》卷一三、光绪《嘉定县志》卷九、光绪《武进阳湖县志》卷五、光绪《武阳志余》卷三、光绪《靖江县志》卷六、道光《江阴县志》卷五、光绪《江阴县志》卷五、道光《宜荆县志》卷三、光绪《青浦县志》卷九、光绪《松江府志》卷一七、民国《青浦县续志》卷八、乾隆《华亭县志》卷七、嘉庆《松江府志》卷三一、光绪《重修华亭县志》卷五、同治《上海县续志》卷九、光绪《川沙厅志》卷二、民国《江阴续志》卷六、民国《嘉定县志》卷七、光绪《海门厅志》卷一三、光绪《娄县志》卷七、光绪《重修奉贤县志》卷五、光绪《重修金山县志》卷一四、民国《上海续志》卷九、光绪《南汇县志》卷七、民国《南汇县续志》卷六、光绪

《丹徒县志》卷一九、民国《丹徒县志摭余》卷三、光绪《金坛县志》卷七、民国《金坛县志》卷六、光绪《丹阳县志》卷十、民国《丹阳续志》卷七、民国《续纂山阳县志》卷七、乾隆《淮安府志》卷十、光绪《淮安府志》卷二一、同治《重修山阳县志》卷八、乾隆《盐城县志》卷八，光绪《盐城县志》卷五、咸丰《清河县志》卷九、光绪《清河县志》卷十、民国《淮阴志征访稿》卷四、民国《阜宁县新志》卷七、光绪《阜宁县志》卷九、光绪《安东县志》卷六、民国《六合县志》卷八、嘉庆《重修扬州府志》卷一九、民国《新修甘泉县志》卷八、同治《续纂扬州府志》卷三、光绪《重修仪征县志》卷一八、康熙《扬州府志》卷一六、雍正《扬州府志》卷一二、乾隆《江都县志》卷五、民国《江都县志》卷八、光绪《江都续志》卷一六、光绪《甘泉县志》卷六、嘉庆《高邮州志》卷一、道光《增修高邮州志》卷五、道光《重修宝应县志》卷三、民国《宝应县志》卷六、咸丰《重修兴化县志》卷四、嘉庆《瓜州志》卷四、道光《泰州志》卷八、宣统《续纂泰州志》卷六、民国《泰县志稿》卷一四、嘉庆《东台县志》卷一二、乾隆《徐州府志》卷六、同治《徐州府志》卷一五、民国《铜山县志》卷一六、嘉庆《萧县志》卷六、光绪《续萧县志》卷八、乾隆《砀山县志》卷四、民国《沛县志》卷七、乾隆《沛县志》卷三、同治《宿迁县志》卷一二、咸丰《邳州志》卷七、光绪《邳志补》卷九、嘉庆《如皋县志》卷九、乾隆《通州志》卷六、咸丰《海安县志》卷一、光绪《泰兴县志》卷一三、民国《太仓州志》卷九、嘉庆《海州志》卷一八、民国《沭阳乡土志》下、光绪《赣榆县志》卷六、康熙《通州志》卷二、光绪《通州志》卷五、《海曲拾遗》卷一、光绪《宝山县志》卷五、民国《宝山县续志》卷七、道光《上元县志》卷九。

清代安徽书院辑自：

乾隆《大清一统志》卷七六至九四、嘉庆《重修一统志》卷一〇八至一三四、乾隆《江南通志》卷九〇、光绪《重修安徽通志》卷九二、民国《安徽省通志稿》“教育考”三、康熙（十四年）《安庆府志》卷六、康熙（六十年）、《安庆府志》卷七、康熙《怀宁县志》卷一三、道光《怀宁县志》卷一二、民国《怀宁县志》卷八、康熙《潜山县志》卷五、乾隆《潜山县志》卷四、民国《潜山县志》卷六、乾隆《大湖县志》卷五、同治《大湖县志》卷一四、民国《宿松县志》卷二一、道光《宿松县志》卷一四、乾隆《望江县志》卷四、康熙《歙县志》卷四、道光《歙县志》卷三、民国《歙县志》卷二、道光《徽州府志》卷三、康熙《休宁县志》卷二、嘉庆《休宁县志》卷三、光绪《婺源县志》卷十、道光《婺源县志》卷八、同治《祁门县志》卷一八、嘉庆《黟县志》卷十、同治《黟县志》卷十、民国《黟县志》卷十、乾隆《绩溪县志》卷三、嘉庆《宁国府志》卷一九、乾隆《宣城县志》卷八、光绪《宣城县志》卷八、乾隆《宁国府志》卷八、嘉庆《泾县志》卷八、道光《泾县志》卷一、同治《宁国县志》卷四、民国《宁国县志》卷六、嘉庆《旌德县志》卷三、民国《南陵县志》卷八、乾隆《太平县志》卷四、嘉庆《太平县志》卷四、乾隆《池州府志》卷一七、乾隆《青阳县志》卷二、光绪《青阳县志》卷二、康熙《石埭县志》卷三、乾隆《石埭县续志》卷三、乾隆《建德县志》卷二、宣统《建德县志》卷七、嘉庆《东流县志》卷十、康熙《太平府志》卷一九、乾隆《当涂县志》卷一二、嘉庆《芜湖县志》卷二、民国《芜湖县志》卷一八、康熙《繁昌县志》卷七、嘉庆《庐州府志》卷一七、光绪《庐州府志》卷一七、嘉庆《合肥县志》卷十、光绪《舒城县志》卷二〇、道光《巢县志》卷七、康熙《巢县志》卷一一、康熙《凤阳府志》卷一八、光绪《凤阳府志》卷一三、嘉庆《怀远县志》卷三、光绪

《凤阳县志》卷八、光绪《凤台县志》卷六、乾隆《寿州志》卷五、光绪《寿州志》卷九、乾隆《灵璧县志》卷二、乾隆《颍州府志》卷四、乾隆《阜阳县志》卷六、同治《六安州志》卷一五、光绪《宿州志》卷八、民国《涡阳县志》卷九、乾隆《颍上县志》卷四、民国《太和县志》卷五、乾隆《亳州志》卷二、光绪《亳州志》卷七、光绪《滁州志》卷三、康熙《滁州续志》"古迹"、康熙《全椒县志》卷六、民国《全椒县志》卷七、光绪《和州志》卷八、乾隆《含山县志》卷六、乾隆《广德州志》卷九、乾隆《英山县志》卷六、乾隆《霍山县志》卷二、乾隆《泗州志》卷六、乾隆《盱眙县志》卷五、康熙《天长县志》卷二、康熙《虹县志》上、光绪《泗虹合志》卷六、康熙《婺源县志》卷五、乾隆《婺源县志》卷八。

清代江西书院辑自：

乾隆《大清一统志》卷二三八至二五六、嘉庆《重修一统志》卷三〇七至三三三、雍正《江西通志》卷二一、二二、光绪《江西通志》卷八一、八二、民国《江西省通志稿》卷二三、民国《南昌县志》卷一三、同治《瑞州府志》卷五、民国《万载县志》卷六、同治《清江县志》卷三、同治《乐安县志》卷四、民国《盐乘县志》卷四、道光《分宜县志》卷九、民国《分宜县志》卷五、同治《临江府志》卷七、光绪《庐陵县志》卷一四、顺治《吉安府志》卷一五、光绪《吉安府志》卷一九、同治《永新县志》卷一四、民国《宁冈县志》卷四、同治《上饶县志》卷七、同治《饶州府志》卷七、同治《广信府志》卷四、同治《南康府志》卷十、光绪《南安府志补正》卷二、同治《九江府志》卷二二、同治《德化县志》卷二二、同治《安义县志》卷四、同治《萍乡县志》卷四、民国《昭萍合志》卷六、同治《万安县志》卷六、光绪《抚州府志》卷三三、道光《宜黄县志》卷九、同治

《新城县志》卷四、同治《续修沪溪县志》卷一、同治《玉山县志》卷四、同治《贵溪县志》卷四、同治《兴安县志》卷七、同治《余干县志》卷六、同治《万年县志》卷四、同治《南安府志》卷五、同治《赣县志》卷二二、同治《兴国县志》卷九、道光《定南厅志》卷一、光绪《龙南县志》卷四、同治《袁州府志》卷四、同治《德兴县志》卷四、《南昌纪事》卷三。

清代浙江书院辑自：

乾隆《大清一统志》卷二一六至二三六、嘉庆《重修一统志》卷二八一至三〇六、雍正《浙江通志》卷二五至二九、光绪《杭州府志》卷一六、民国《杭州府志》卷一六、乾隆《海宁县志》卷二、乾隆《海宁州志》卷一、民国《海宁州志稿》卷四、光绪《嘉兴府志》卷八、光绪《石门县志》卷四、光绪《桐乡县志》卷四、同治《湖州府志》卷一八、光绪《归安县志》卷三、康熙《海宁县志》卷六、嘉庆《於潜县志》卷三、道光《昌化县志》卷六、民国《昌化县志》卷三、宣统《临安志》卷三、光绪《嘉善县志》卷五、光绪《平湖县志》卷三、光绪《海盐县志》卷一一、同治《长兴县志》卷四、嘉庆《长兴县志》卷四、光绪《长兴志拾遗》上、康熙《德清县志》卷三、嘉庆《德清续志》卷二、民国《德清县志》卷二、道光《武康县志》卷八、光绪《孝丰县志》卷三、雍正《宁波府志》卷九、乾隆《鄞县志》卷五、民国《鄞县通志·古迹》、光绪《鄞县志》卷九、雍正《慈溪县志》卷四、光绪《奉化县志》卷九、光绪《镇海县志》卷十、民国《镇海县志》卷一一、道光《象山县志》卷五、民国《象山县志》卷一四、民国《临海县志》卷八、康熙《绍兴府志》卷一八、乾隆《绍兴府志》卷二〇、嘉庆《山阴县志》卷一九、康熙《萧山县志》卷一三、民国《萧山县志稿》卷十、乾隆《诸暨县志》卷一二、宣统《诸暨县志》卷一四、光绪《上虞县志》卷三四、光绪《余姚县志》卷十、光绪《上虞县志校续》卷三七、民国《嵊县志》卷五、康熙《临海县志》卷二、民国《临海县志》卷八、光绪《黄岩县志》卷八、光绪《宁海县志》卷四、嘉庆《太平县志》卷五、光绪《太平县志》卷二、光绪《仙居县志》卷六、光绪《金华县志》卷四、康熙《金华府志》卷十、道光《东阳县志》卷十、嘉庆《义乌县志》卷三、民国《永康县志》卷二、光绪《浦江县志稿》卷四、康熙《永康县志》卷七、康熙《衢州志》卷六、民国《衢县志》卷三、嘉庆《西安县志》卷十、民国《汤溪县志》卷四、雍正《常山县志》卷三、光绪《常山县志》卷三二、民国《龙游县志》卷五、民国《平阳县志》卷十、同治《江山县志》卷四、光绪《淳安县志》卷二、光绪《严州府志》卷六、乾隆《桐庐县志》卷五、民国《遂安县志》卷五、光绪《分水县志》卷四、乾隆《温州府志》卷七、光绪《永嘉县志》卷七、光绪《乐清县志》卷四、嘉庆《瑞安县志》卷二、光绪《玉环厅志》卷七、雍正《处州府志》卷三、光绪《处州府志》卷七、同治《丽水县志》卷二、光绪《青田县志》卷二、乾隆《缙云县志》卷二、道光《缙云县志》卷四、光绪《缙云县志》卷四、乾隆《松阳县志》卷三、光绪《松阳县志》卷三、光绪《遂昌县志》卷一、乾隆《龙泉县志》卷五、光绪《龙泉县志》卷五、嘉庆《庆元县志》卷四、同治《景宁县志》卷五、民国《景宁续志》卷八、光绪《宣平县志》卷六、民国《续修宣平县志》卷六、同治《云和县志》卷五、嘉庆《余杭县志》卷五、光绪《富阳县志》卷一三、道光《嘉禾志》卷七、民国《绍兴县志资料·学校》、民国《重修新昌县志》卷五、民国《建德县志》卷六、乾隆《建德县志》卷三、道光《建德县志》卷七、民国《台州志》卷五六。

清代福建书院辑自：

乾隆《大清一统志》卷三二五至三三七、嘉庆《重修一统志》

卷四二四至四三九、乾隆《福建通志》卷一八、同治《福建通志》卷六二至六六、民国《福建通志》卷二四、乾隆《福州府志》卷一一、道光《闽都记》卷六、民国《平潭县志》卷一四、民国《连江县志》卷一三、民国《古田县志》卷一四、民国《永泰县志》卷五、光绪《莆田县志》卷九、乾隆《仙游县志》卷二四、乾隆《泉州府志》卷一五、乾隆《晋江县志》卷四、民国《晋江县志》卷一四、民国《同安县志》卷七、道光《厦门志》卷二、光绪《金门志》卷四、民国《金门县志》卷九、乾隆《海澄县志》卷二、民国《诏安县志》卷六、乾隆《铜山县志》卷四、民国《南平县志》卷八、乾隆《延平府县》卷十、道光《顺昌县志》卷二、民国《尤溪县志》卷三、民国《云霄县志》卷一一、嘉庆《云霄厅志》卷二、民国《沙县志》卷七、雍正《永安县志》卷六、道光《永安县续志》卷四、民国《建瓯县志》卷九、民国《建阳县志》卷六、民国《崇安县新志》卷一二、光绪《浦城县志》卷一七、民国《政和县志》卷一三、光绪《邵武府志》卷一二、康熙《松溪县志》卷三、光绪《光泽县志》卷九、光绪《长汀县志》卷一一、民国《长汀县志》卷六、乾隆《汀州府志》卷一二、康熙《宁化县志》卷六、同治《宁化县志》卷六、民国《明溪县志》卷七、民国《连城县志》卷一四、乾隆《福宁府志》卷一三、嘉庆《福鼎县志》卷三、光绪《福安县志》卷九、乾隆《宁德县志》卷二、乾隆《永春州志》卷四、民国《永春县志》卷一三、民国《大田县志》卷四、道光《龙岩州志》卷四、民国《龙岩县志》卷一三、道光《漳平县志》卷二、康熙（三十五年）《台湾府志》卷二、康熙（五十一年）《台湾府志》卷二、《台湾通史》卷一一、乾隆《台湾府志》卷二、乾隆《重修台湾府志》卷八、乾隆《续修台湾府志》卷八、乾隆《重修台湾县志》卷五、道光《续修台湾县志》卷三、民国《嘉义县志》卷一一、民国《云林县志》卷五、民国《高雄县志稿》卷四、民国《苗栗县志》

卷五、道光《彰化县志》卷四、民国《台北县志》卷二五、同治《淡水厅志》卷五、民国《新竹县志初稿》卷三、咸丰《噶玛兰厅志》卷四、民国《基隆市志》卷一七、乾隆《澎湖纪略》卷四、道光《澎湖纪略续编》、光绪《澎湖厅志稿》卷四、光绪（甲午）《新修台湾澎湖志》卷四、乾隆《马巷厅志》卷六。

清代湖北书院辑自：

乾隆《大清一统志》卷二五八至二七四、嘉庆《重修一统志》卷三三四至三五二、雍正《湖广通志》卷二二、民国《湖北通志》卷五九、同治《江夏县志》卷三、光绪《武昌县志》卷七、道光《蒲圻县志》卷二、光绪《咸宁县志》卷五、光绪《沔阳州志》卷五、光绪《大冶县志续编》卷五、同治《续辑汉阳县志》卷十、光绪《汉阳县志》卷二、光绪《孝感县志》卷四、光绪《黄州府志》卷九、民国《麻城县志前编》卷四、道光《安陆县志》卷十、光绪《德安府志》卷七、光绪《云梦县志略》卷三、乾隆《湖北下荆南道志》卷八、光绪《潜江县志》卷五、同治《襄阳县志》卷二、光绪《宜城县续志》卷二、光绪《襄阳府志》卷一三、民国《南漳县志》卷八、民国《光化县志》卷二、同治《郧阳县志》卷二、光绪《续辑均州志》卷五、同治《房县志》卷四、乾隆《竹山县志》卷一五、民国《郧西县志》卷四、乾隆《荆门州志》卷十、同治《当阳县志》卷五、光绪《当阳县志补续志》卷一、同治《远安县志》、《书院》、民国《公安志》卷四、乾隆·《江陵县志》卷一五、光绪《续江陵县志》卷一五、乾隆《荆州府志》卷一四、同治《宜都县志》卷二、光绪《荆州府志》卷二一、同治《枝江县志》卷四、同治《宜昌府志》卷六、同治《东湖县志》卷七、光绪《兴山县志》卷一二、同治《巴东县志》卷五、同治《施南府志》卷七、光绪《施南府志续编》卷四、同治（三年）《恩施县志》卷五、同治（七年）《恩施志》卷五、同治《咸丰县志》卷五、光绪《利川县志》卷八、道光《建始县志》卷一、同治《建始县志》卷二。

清代湖南书院辑自：

乾隆《大清一统志》卷二七六至二九〇、嘉庆《重修一统志》卷三五三至三八二、雍正《湖广通志》卷二一三、同治《湖南通志》卷六八至七〇、光绪《善化县志》卷一一、乾隆《长沙府志》卷一三、嘉庆《长沙县志》卷十、同治《长沙县志》卷一一、光绪《湘阴图志》卷二四、同治《浏阳县志》卷八、同治《醴陵县志》卷四、民国《醴陵县志》卷四、嘉庆《湘潭县志》卷五、光绪《湘潭县志》卷一二、同治《宁乡县志》卷一三、同治《湘乡县志》卷四、同治《茶陵县志》卷一三、乾隆《清泉县志》卷一二、同治《清泉县志》卷五、光绪《耒阳县志》卷三、同治《酃县志》卷八、道光《永州府志》卷四、同治《祁阳县志》卷一九、光绪《零陵县志》卷五、光绪《东安县志》卷四、光绪《道州志》卷五、嘉庆《宁远县志》卷三、光绪《宁远县志》卷五、嘉庆《新田县志》卷三、同治《江华县志》卷五、道光《宝庆府志》卷九二、光绪《邵阳县志》卷四、光绪《邵阳乡土志》卷一、同治《新化县志》卷十、光绪《华容县志》卷五、光绪《桃源县志》卷四、同治《龙山县志》卷三、同治《桑植县志》卷三、道光《晃州厅志》卷一八、光绪《兴宁县志》卷八、民国《汝城县志》卷一七、同治《桂东县志》卷三、光绪《会同县志》卷四、民国《澧县志》卷四、民国《安乡县志》卷一四、同治《慈利县志》卷四、同治《桂阳州志》卷十、嘉庆《石门县志》卷一五、同治《石门县志》卷五、民国《兰山县图志》卷一五、民国《嘉禾县志》卷一二、同治《城步县志》卷二。

清代广东书辑自：

乾隆《大清一统志》卷三三九至三五三、嘉庆《重修一统志》卷四四〇至四五九、雍正《广东通志》卷一六、道光《广东通志》卷一三七至一四〇、光绪《广州府志》卷一六、同治《番禺县志》卷一六、民国《番禺县志》卷十、道光《南海县志》卷四、宣统《续修南海县志》卷六、乾隆《佛山忠义乡志》卷七、民国《顺德县志》卷二、咸丰《顺德县志》卷五、民国《东莞县志》卷一七、康熙《新安县志》卷五、嘉庆《新安县志》卷九、民国《龙门县志》卷一六、康熙《丛化县志》《学校》、光绪《新宁县志》卷九、民国《赤溪县志》卷三、嘉庆《三水县志》卷五、同治《香山县志》卷六、民国《香山县志》卷四、光绪《清远县志》卷四、宣统《番禺续志》卷十、同治《乐昌县志》卷二、民国《乐昌县志》卷八、同治《韶州府志》卷一八、民国《仁化县志》卷二、光绪《曲江县志》卷十、道光《南雄州志》卷一四、乾隆《南雄府志》卷五、光绪《惠州府志》卷十、嘉庆《增城县志》卷五、道光《新会县志》卷三、乾隆《归善县志》卷八、民国《潮州志·教育志》、乾隆《潮州府志》卷二四、光绪《潮州府志》卷二四、光绪《潮阳县志》卷六、光绪《揭阳县志》卷一、嘉庆《澄海县志》卷一五、民国《大埔县志》卷八、乾隆《陆丰县志》卷五、光绪《丰顺县志》卷二、宣统《高要县志》卷一二、道光《肇庆府志》卷六、光绪《高明县志》卷七、民国《开平县志》卷九、道光《封川县志》卷二、道光《鹤山县志》卷一、道光《广宁县志》卷九、光绪《高州府志》卷一四、光绪《茂名县志》卷三、道光《电白县志》卷八、民国《感恩县志》卷五、光绪《嘉应州志》卷一六、同追《连州志》卷三、乾隆《普宁县志》卷四，道光《高要县志》卷七、光绪《四会县志》卷二、民国《阳春县志》卷五、道光《恩平县志》卷八、民国《恩平县志》卷六、康熙《恩平县志》卷四、光绪《海阳县志》卷一九、民国《始兴县志》

卷七、道光《西宁县志》卷四、民国《罗定县志》卷二、光绪《昌化县志》卷二、道光《万州志》卷四、咸丰《兴宁县志》卷三、乾隆《博罗县志》卷四、道光《阳江县志》卷二、民国《阳江县志》卷一七、光绪《吴川县志》卷四、民国《石城县志》卷四、道光《遂溪县志》卷三、咸丰《琼山县志》卷四、道光《琼州府志》卷七、民国《儋县志》卷四、嘉庆《琼东县志》卷五、宣统《徐闻县志》卷五、康熙《海康县志》中。光绪《海阳县志》卷一九、乾隆《揭阳县志》卷二、光绪《德庆州志》卷五。

清代广西书院辑自：

乾隆《大清一统志》卷三五五至三六六、嘉庆《重修一统志》卷四六至四七四、雍正《广西通志》卷三七、三八、嘉庆《广西通志》卷一三三至一三五、嘉庆《临桂县志》卷一四、民国《阳朔县志》卷三、光绪《广西通志辑要》卷三、道光《天河县志》卷二、乾隆《柳州县志》卷五、乾隆《马平县志》卷五、民国《雒容县志》上、乾隆《象州志》卷二、同治《象州志》上、民国《三江县志》卷五、光绪《富川县志》卷六、民国《贺县志》卷六、民国《信都县志》卷五、光绪《容县志》卷一二、同治《梧州县志》卷六、光绪《北流县志》卷九、民国《崇善县志》卷五、民国《同正县志》卷八、光绪《宁明州志》卷下、民国《龙津县志》卷九、民国《雷平县志》卷六、民国《邕宁县志、学校》、民国《桂平县志》卷一四、民国《贵县志》卷八、民国《平南县志》卷一、乾隆《寻州志》卷九、民国《怀集县志》卷二、民国《岑溪县志、艺文志》、光绪《藤县志》卷八、光绪《平乐县志》卷五、民国《平乐县志》卷四、民国《宾阳县志》卷五、民国《柳城县志》卷六、民国《罗城县志、文化》、民国《来宾县志、教育》、民国《融县志》卷三、民国《灵川县志》卷一一、民国《思恩县志三编》、民国《迁江县志》卷六、光绪《石邑厅志》卷四、民国《凌云县志》卷六、光绪《恭城县志》卷二、民国《昭平县志》卷三、光绪《新宁州志》卷三、民国《隆安县志》卷四、光绪《镇安府志》卷一五、道光《归顺州志》卷九、光绪《云林州志》卷六、民国《陆川县志》卷九。

清代云南书院辑自：

乾隆《大清一统志》卷三六九至三八九、嘉庆《重修一统志》卷四七五至四九八、雍正《云南通志》卷七、民国《新纂云南通志》卷一三四至一三六、光绪《昆明县志》卷四、康熙《云南府志》卷九、民国《昆明县志》卷二、光绪《续修嵩明州志》卷五、道光《昆阳州志》卷九、民国《大理县志稿》卷七、道光《宁远府志》卷一五、民国《宜良县志》卷五、光绪《云南县志》卷五、咸丰《邓川州志》卷六、光绪《浪穹县志略》卷五、雍正《建水县志》卷四、民国《续修建水县志》卷二、乾隆《石屏州志》卷二、民国《石屏县志》卷七、雍正《阿迷州志》卷一五、民国《黎县旧志、学校》、光绪《续蒙自县志》卷六、宣统《楚雄县志》卷三、光绪《镇南州志略》卷三、民国《路南县志》卷四、道光《广南府志》卷二、光绪《顺宁府志》卷一五、咸丰《南宁县志》卷二、光绪《沾益州志》卷二、道光《陆凉州志》卷六、光绪《宣威州志》卷四、民国《宣威州志》卷六、光绪《永昌府志》卷二四、光绪《永宁府志》卷二四、光绪《腾越厅志》卷六、民国《马关县志》卷四、民国《巧家县志》，卷六、民国《蒙化具志稿》卷二、民国《昭通志稿》县三、乾隆《广西府志》卷一四、乾隆《弥勒州志》卷七、光绪《云南武定州志》卷四、民国《禄劝县志》卷六、民国《新平县志》卷九、雍正《白盐井志》卷三、民国《龙陵县志》卷八、光绪《永昌府志》卷二四、光绪《腾越州志》卷六、民国《景东县志稿》卷八、民国《禄丰县志》、民国《元江志稿》卷九、道光《新平县志》卷二。

清代贵州书院辑自：

乾隆《大清一统志》卷三九一至四〇三、嘉庆《重修一统志》卷四九九至五一五，康熙《贵州通志》卷一五、乾隆《贵州通志》卷九、道光《思南府续志》卷五、民国《思南县志稿》卷四、民国《贵定县志稿》卷二、《定番县乡土教材调查报告》、民国《八寨县志稿》卷一一、民国《三合县志略》卷二二、光绪《荔波县志》卷五、民国《麻江县志》卷七、民国《施秉县志》、道光《黄平州志》卷五、民国《黄平县志》卷十、康熙《天柱县志》上、民国《石阡县志》卷七、乾隆《开泰县志》、乾隆《平远州志》卷九、咸丰《安顺府志》卷一八、道光《永宁州志》卷六、民国《平坝县志、教育志》、道光《安平县志》卷六、民国《羊场分县访册》卷二、民国《独山县志》卷一九、民国《德江县志》卷二、民国《沿河县志》卷十、道光《印江县志》卷二、咸丰《兴义府志》卷一九、民国《安南县志稿》卷二、乾隆《南笼府志》卷四、道光《遵义府志》卷二四、民国《遵义府志》卷一五、光绪《正安州志》卷六、民国《桐梓县志》卷一三、嘉庆《正安州志》卷二、乾隆《绥阳志、古迹》、民国《瓮安县志》卷一一、光绪《普安直隶厅志》卷七、民国《兴仁县志》卷七。

清代四川书院辑自：

乾隆《大清一统志》卷二九二至三二三、嘉庆《重修一统志》卷三八三至四二三、雍正《四川通志》卷五、嘉庆《四川通志》卷七七、嘉庆《华阳县志》卷一五、同治《续修成都县志》卷四、嘉庆《成都县志》卷一、民国《华阳县志》卷三、嘉庆《温江县志》卷一六、民国《温江县志》卷四、同治《新繁县志》卷七、民国《新繁县志》卷二、嘉庆《金堂县志》卷七、民国《新都县志》二编，民国《郫县志》卷二、乾隆《灌县志》卷四、民国

《灌县志》卷九、光绪《彭县志》卷四、嘉庆《崇宁县志》卷一、民国《崇宁县志》卷五、民国《简阳县志》卷二〇、民国《简阳县续志》卷十、光绪《崇庆州志》卷四、民国《崇庆县志》卷七、民国《双流县志》卷二、民国《什邡县志》卷六、嘉庆《汉州志》卷一二、同治《汉州志》卷六、民国《巴县志》卷七、民国《江津县志》卷八、民国《长寿县志》卷七、光绪《永川县志》卷五、民国《续修涪州志》卷五、民国《大足县志》卷三、民国《新修武胜县志》卷五、道光《保宁府志》卷二七、咸丰《阆中县志》卷一八、民国《南川县志》卷七、民国《重修广元县志稿》卷一六、同治《剑州志》卷三、民国《南充县志》卷七、光绪《蓬州志》卷七、光绪《叙州府志》卷二四、民国《叙永县志》卷四、民国《宜宾县志》卷一五、乾隆《富顺县志》卷二、民国《富顺县志》卷六、民国《南溪县志》卷三、同治《高县志》卷一五、民国《筠连县志》卷三、光绪《珙县志》卷六、光绪《兴文县志》卷二、光绪《雷波厅志》卷一六、民国《云阳县志》卷一一、乾隆《江油县志》上、民国《西昌县志》卷七、光绪《越嶲厅志》卷五、嘉庆《清溪县志》卷三、同治《会理州志》卷二、民国《雅安县志》卷二、民国《名山县新志》卷一一、民国《荥经县志》卷五、民国《乐山县志》卷五、嘉庆《峨眉县志》卷二、嘉庆《洪雅县志》卷五、嘉庆《夹江县志》卷三、民国《犍为县志、文事》、民国《荣县志》卷二、乾隆《威远县志》卷三、嘉庆《威远县志》卷二、光绪《威远县志三编》卷二、民国《三台县志》卷一七、民国《中江县志》卷一三、民国《遂宁县志》卷七、道光《蓬溪县志》卷七、道光《乐至县志》卷七、民国《万源县志》卷五、民国《宣汉县志》卷九、同治《渠县志》卷一五、民国《渠县志》卷三、民国《大竹县志》卷五、嘉庆《眉州属志》卷四、民国《眉山县志》卷六、民国《重修彭山县志》卷四、民国《邛崃县志》卷四、民国《泸县志》卷四、嘉庆《纳溪县志》卷

五、民国《江安县志》卷二、民国《续修资州志》卷四、同治《内江县志》卷二、光绪《井研县志》卷十、民国《绵阳县志》卷五、嘉庆《德阳县志》卷一五、道光《德阳县志》卷四、民国《德阳县志》卷五、民国《安县志》卷一六、民国《绵竹县志》卷十、咸丰《梓潼县志》卷二、嘉庆《重修罗江县志》卷一四、同治《罗江县志》卷六、民国《汶川县志》卷三、光绪《酆都县志》卷二、民国《重修酆都县志》卷二、光绪《梁山县志》卷五、光绪《秀山县志》卷七、民国《松潘县志》卷二、同治《万县志》卷二、咸丰《开县志》卷八。

明清纪元简表

皇　帝	年　号 （在位年限）	元年干支 （公元纪年）
太祖（朱元璋）	洪武（31）	戊申（1368）
惠帝（朱允炆）	建文（4）*	己卯（1399）
成祖（朱棣）	永乐（22）	癸未（1403）
仁宗（朱高炽）	洪熙（1）	乙巳（1425）
宣宗（朱瞻基）	宣德（10）	丙午（1426）
英宗（朱祁镇）	正统（14）	丙辰（1436）
代宗（朱祁钰）	景泰（8）	庚午（1450）
英宗（朱祁镇）	天顺（8）	丁丑一（1457）
宪宗（朱见深）	成化（23）	乙酉（1465）
孝宗（朱祐樘）	弘治（18）	戊申（1488）
武宗（朱厚照）	正德（16）	丙寅（1506）
世宗（朱厚熜）	嘉靖（45）	壬午（1522）
穆宗（朱载垕）	隆庆（6）	丁卯（1567）
神宗（朱翊钧）	万历（48）	癸酉（1573）
光宗（朱常洛）	泰昌（1）	庚申八（1620）
熹宗（朱由校）	天启（7）	辛酉（1621）
思宗（朱由检）	崇祯（17）	戊辰（1628）
* 建文四年，成祖废除建文年号，改为洪武三十五年。		
太祖（爱新觉罗·努尔哈赤）	天命（11）	丙辰（1616）
太宗（爱新觉罗·皇太极）	天聪（10） 崇德（8）	丁卯（1627） 丙子四（1636）
世祖（爱新觉罗·福临）	顺治（18）	甲申（1644）
圣祖（爱新觉罗·玄烨）	康熙（61）	壬寅（1662）
世宗（爱新觉罗·胤禛）	雍正（13）	癸卯（1723）
高宗（爱新觉罗·弘历）	乾隆（60）	丙辰（1736）
仁宗（爱新觉罗·颙琰）	嘉庆（25）	丙辰（1796）
宣宗（爱新觉罗·旻宁）	道光（30）	辛巳（1821）
文宗（爱新觉罗·奕詝）	咸丰（11）	辛亥（1851）
穆宗（爱新觉罗·载淳）	同治（13）	壬戌（1862）
德宗（爱新觉罗·载湉）	光绪（34）	乙亥（1875）
爱新觉罗·溥仪	宣统（3）	己酉（1909）
1616年，努尔哈赤建立后金；1636 年，改国号为清； 1644 年，清入关。		

◆ 制表参考《现代汉语词典》（第 5 版，商务印书馆，2010 年）。

◆ 年中改元时，在干支后用数字注出改元的月份。

后　记

1995年，拙著《中国古代书院发展史》曾由天津大学出版社出版。去年秋，在纪念辛亥革命一百周年纪念会上，故宫出版社编辑杨付红女士就室相访，以为该书大量使用地方志，资料充实，有关论著颇多征引，且于明清书院发展历程论述独详。为便学界利用，建议将其改名《明清书院研究》，收入该社拟编出版之《明清史学术文库》，再版行世。因即遵嘱对原书章节目录进行必要改动，并校改文字错误多处，并改变原书格式，制定表格，以便学者阅读。目下，科研手段一日千里，飞速进步，一本学术著作，能在读者书架上存在十年，已属大幸，而拙著竟获再版机会，实觉惶恐。值此书稿付梓之际，谨向故宫出版社领导及责任编辑表示深深的谢意。

白新良

2012年5月于南开大学

编后说明

《明清史学术文库》旨在整合出版上世纪以来，明清史学研究领域中学术影响深远的专题论著（暂未包括专有出版权与其他出版机构有合同约束的论著）。

由于所选书稿在此前分别由不同的出版社出版，因此在编辑制作过程中，我们尤其注重构建本丛书的体例。特作说明如下。

一　内容

为保持与相关领域学术发展同步，本丛书出版前，各册书稿内容均请作者、作者家属或相关学者在原著基础上作了厘正。

二　结构

丛书各册内容按照章、节等体例安排层级关系，图表按章排序。

三　文字

文献名、引文、年号、姓名等文字中，如遇异体字或无对应的现行简化字，则保留原字。

四　注释

1. 相同文献的相同版本信息，只在第一次出现时予以标注（该文献如在书中出现其他版本信息，则逐一标注；如来稿每则注释皆信息完整，且体例统一，则不予改动；如信息查询未果，则维持缺项）。

2. “二十四史”等常见古籍，如无特殊需要，皆不注明版本信息。

3. 古籍卷数用“卷”与汉字表示，如卷一九、卷一三五等。

五　年代换算

明清两朝的干支纪年不逐一换算成公元纪年，对于原著未附纪元表的专著，附以《明清纪元简表》，以便参考。

六　寄语

本丛书各册作者皆为相关领域学术大家，故每册卷首均设作者寄语。寄语或为约请作者提供，或从其专著中援引。

宫廷历史编辑室

二〇一二年七月

图书在版编目（CIP）数据

明清书院研究 / 白新良著. — 北京：故宫出版社，2012.7

（明清史学术文库）

ISBN 978-7-5134-0288-0

Ⅰ. ①明… Ⅱ. ①白… Ⅲ. ①书院-研究-中国-明清时代 Ⅳ. ①G649.299

中国版本图书馆 CIP 数据核字（2012）第 163859 号

明清书院研究

著　　者：白新良
责任编辑：杨付红　艾珊歌
封扉设计：李　猛
出版发行：故宫出版社
　地址：北京市东城区景山前街 4 号　邮编：100009
　电话：010-85007808　010-85007816　传真：010-65129479
　网址：www.culturefc.cn　邮箱：ggcb@culturefc.cn
制　　版：保定市万方数据处理有限公司
印　　刷：保定市中画美凯印刷有限公司
开　　本：787 毫米 × 1092 毫米　1/16
印　　张：19.75
字　　数：260 千字
版　　次：2012 年 7 月第 1 版
　　　　　2012 年 7 月第 1 次印刷
印　　数：1~3000 册
书　　号：ISBN 978-7-5134-0288-0
定　　价：42.00 元